Radegundis Stolze

Fachübersetzen – Ein Lehrbuch für Theorie und Praxis

Forum für Fachsprachen-Forschung
Hartwig Kalverkämper (Hg.)

Band 89

Radegundis Stolze

Fachübersetzen – Ein Lehrbuch für Theorie und Praxis

Frank & Timme

Verlag für wissenschaftliche Literatur

3., korrigierte Auflage 2013
1. Auflage 2009

ISBN 978-3-86596-257-7
ISSN 0939-8945

Herstellung durch das atelier eilenberger, Taucha bei Leipzig.
Printed in Germany.
Gedruckt auf säurefreiem, alterungsbeständigem Papier.

www.frank-timme.de

INHALT

EINLEITUNG

Das Fachübersetzen ist heute unbestritten der zentrale Arbeitsbereich professionell tätiger Translatoren, aber auch Journalisten und Fachlehrer wirken hier mit, und davon bleibt auch die Fachsprachenforschung nicht unberührt. Gleichzeitig bewirkt die globalisierte Verflechtung einen gewaltigen Anstieg des Übersetzungsvolumens besonders im fachsprachlichen Bereich. Die fachliche und wissenschaftliche Kommunikation auf internationaler Ebene ist ein Gebot der Stunde, und so rückt die interkulturelle Fachkommunikation (IKF) ins Zentrum des Interesses. Dem sollte die Ausbildung künftiger Übersetzerinnen und Übersetzer Rechnung tragen.

In der Translationssoziologie und Translationsethik wird der Status von Sprachmittlern als „selbstverantwortlichen PartnerInnen im gesamten Handlungsgefüge" diskutiert. Um hier professionell zu handeln, bedarf es einen spezifischen Wissens. Die Abnehmer kaufen Übersetzungen ein, weil sie damit am Markt ein Ziel verfolgen, daher sind solche Ziele in den translatorischen Blickwinkel aufzunehmen. Übersetzungsunternehmen haben weitgehend den Wechsel hin zum Denken in Projekten, Prozessen und Vernetzungen vollzogen. Die Übersetzer müssen daher nicht nur kompetent übersetzen, sondern auch immer mehr Lösungsanbieter und Prozessunterstützer für Ihre Kunden sein. Neben viel Routine für die Arbeit unter Zeitdruck benötigen sie Fachwissen und kundenorientiertes Verständnis.

Der moderne Übersetzerarbeitsplatz ist dadurch gekennzeichnet, dass Texte verschiedenartigster Qualität und Quantität, Sprachenkombination, Herkunft und Zielsetzung – oft unter hohem Zeitdruck – nacheinander übersetzt werden müssen, und dass zugleich der Ruf nach einer „Qualitätssicherung bei Übersetzungen" immer lauter wird. So sind von der Übersetzerin und dem Übersetzer äußerste Flexibilität und zugleich professionelle Zuverlässigkeit des Handelns in der Fachsprache gefordert.

Die in der IFK notwendige Übersetzungskompetenz ist sehr komplexer Natur. Einzelaspekte und übergreifende Zusammenhänge müssen in ihrer Interrelation wahrgenommen werden. Vernetztes Denken, Einbezug vielfältiger neuer Aspekte und Offenheit der Perspektive sind gefordert. Personalisierte Übersetzungskompetenz kann nicht vollständig durch maschinelle Werkzeuge ersetzt werden:

o Gefordert ist *Selbstsicherheit* aufgrund klarer Vorstellungen über das Produkt und seine Qualitätskriterien. Qualitätssicherung kann man nur betreiben, wenn man weiß, was hier Qualität ist.

o Gefordert ist *Flexibilität* für neue Aufgaben, also die Fähigkeit sich auf ständig neue Bedingungen einzustellen, ohne die eigene Identität zu verlieren. Jeder Text sieht anders aus und stellt andere Anforderungen.

o Gefordert ist *multiperspektivisches Denken*, d. h. in einem ganzheitlichen Ansatz rasch die wesentlichen Punkte in einem Text zu erfassen, um sodann funktional angemessene Formulierungsentscheidungen treffen zu können. Dies verlangt eine auf Fachwissen basierende Sicht auf die Texte.

o Gefordert ist *Reflexion* als Kennzeichen von Professionalität. Nur wenn wir selbstkritisch wissen, was wir zu tun haben, können wir dies auch den Abnehmern gegenüber begründen.

Solche Übersetzungskompetenz baut auf einem spezifischen Wissen auf. Dabei ist einerseits die Spezialisierung auf bestimmte Fachgebiete unvermeidlich, doch andererseits verstärkt sich auch die Tendenz eines mehr oder minder qualifizierten „Generalistentums" unter den Berufskolleginnen und -kollegen. So mancher nennt sich „Fachübersetzer", was nicht mehr bedeutet, als dass er oder sie in allen möglichen Fachbereichen außerhalb der schöngeistigen Literatur translatorisch tätig war oder ist.[1] Dies ist fragwürdig. WILSS (1998, 148) benennt nun „die

---

[1] Für die Bedarfsträger der Übersetzungen ergibt sich hieraus eine große Unsicherheit. Aus Gründen der Flexibilität wird aber gerade von großen Sprachendiensten beispielsweise gefordert: „Im Idealfall sollten die Übersetzer der Kommission nicht nur sprachkundige Fachleute sein, sondern realistischer sachkundige Generalisten mit möglichst breiten Sprachkenntnissen", wie ein Vertreter der EU-

Frage, was die Berufspraxis vorwiegend sucht, den Fachmann mit Fremdsprachenkenntnissen oder den Sprachler mit Fachkenntnissen".

Wenn wir hier den Fachübersetzer als „Sprachexperten mit Fachkenntnissen" betrachten, so ist nun zu klären, worin denn das spezifische erforderliche Sprachwissen besteht, das sich natürlich nicht auf reine Fremdsprachengewandtheit beschränken kann.

Wie könnte also die Aufgabenstellung interkultureller Fachkommunikation durch Übersetzen theoretisch fundiert werden, und welches sprachliche Wissen neben Fachkenntnissen ist relevant? Dieser Frage soll hier nachgegangen werden. Inzwischen liegt eine Flut fachsprachlicher Einzelstudien vor, woraus sich aber nicht automatisch eine adäquate Übersetzungskompetenz ergibt. So hat es sich die vorliegende Einführung zum Ziel gesetzt, diejenigen Ergebnisse zusammenzutragen und auszuwerten, welche ein angemessenes Sprachverhalten in der IFK fundieren helfen. Im Sinne eines ganzheitlichen Ansatzes und vernetzten Denkens, wie es in der heutigen Zeit allein sinnvoll ist, werden die einzelnen anzusprechenden Probleme hier aber nicht sprachenpaarspezifisch diskutiert, sondern problemorientiert mit Blick auf mehrere Sprachen.

Die Aufgabe der nachfolgenden Kapitel wird nicht die Entwicklung einer weiteren grundlegenden „Übersetzungstheorie" für die Fachübersetzung sein, sondern die theoretisch reflektierte Beispieldiskussion von Fachtexten und deren Übersetzungen. Weil viele Studien am Beispiel der englischen Sprache erstellt wurden, kommt dieser auch hier im Vergleich mit dem Deutschen eine tragende Rolle zu. Doch sollen, wo möglich, auch Beispiele für romanische Sprachen diskutiert werden.

Kommission äußerte (TEXTconTEXT 6/1991). Und der Ausbildungsleiter einer Werkzeugmaschinenfabrik verlangt von den Kandidaten „Teamfähigkeit, Sprachkompetenz, Eigenverantwortung, ganzheitliches Denken" (*Darmstädter Echo*, 6.1.1998). Ein Bericht über den Arbeitsmarkt für Übersetzer gelangt zu dem Schluss, dass deren Bild als „Generalisten" weiterhin zutreffe und sich sogar noch verstärke (*Lebende Sprachen* 2/1998, 56).

Das zugegebenermaßen ehrgeizige Vorhaben eines Überblicks über das Sprachwissen zur Fachübersetzung kann freilich nur unvollständig, wenn überhaupt exemplarisch sein. Dennoch haben die eigene praktische Übersetzertätigkeit, Erfahrungen in der Fachsprachendidaktik für Germanisten sowie Fortbildungsveranstaltungen für erfahrene Übersetzungspraktiker schon gezeigt, dass es sehr hilfreich ist, das inzwischen durchaus vorhandene, wissenschaftlich erarbeitete spezifische Wissen auszuwerten und einige grundsätzliche Kategorien aufzuzeigen. Damit wird natürlich die Problematik einer bestimmten Übersetzungsaufgabe nicht gelöst. Aber vielleicht kann so aufgezeigt werden, in welche Richtung das problemorientierte Denken überhaupt gehen sollte. Eine Sensibilisierung für die Gesamtproblematik ist das Ziel unseres Vorhabens.

Eine forschungsorientierte Interrelation zwischen germanistischer Kulturanthropologie, fachsprachlicher Semiotik und übersetzungswissenschaftlicher Linguistik dürfte daher auch geeignet sein, gewisse Beschränkungen der Einzeldisziplinen aufzubrechen und neue fruchtbare Forschungsgebiete aufzuzeigen.

Begriffsbildung und Terminologie, fachhermeneutische Evidenz und fachsprachliche Wortbildung, soziolektale Präferenzen und Funktionalstile, Verständlichkeitsmaximen und Textsortenkonventionen, Kulturspezifika und kulturelle Schreibkonventionen sowie rechtliche Vorschriften neben pragmatischen Intentionen sind in Fachtexten jeweils auf spezifische Weise miteinander verknüpft. Darin liegt ja das spezielle Formulierungs- und Übersetzungsproblem. Die übersetzende Person ist daher gerade in ihrer linguistischen Kompetenz angesprochen, und wer sich der fachsprachlichen Regeln und Konventionen bewusst ist, gewinnt beim Formulieren der Übersetzung größere Sicherheit.

Die einzelnen Kapitel bieten sich auch als Gegenstand eines Einführungskurses zum Fachübersetzen in den neuen Bachelor-Studiengängen mit einer Vertiefung im Master an. Fachübersetzen ist kein einfacher Gegenstand, sodass Anfänger sich gewiss von der Fülle des Dargestellten abgeschreckt fühlen mögen. Mit dem Blick auf Übersetzungsdidaktiker, Germanisten, Daf-Lehrer, fortgeschrittene Übersetzerstudenten und Praktiker mit einem Interesse an Reflexion wird jedoch in verständlicher Ausdrucksweise eine wissenschaftlich fundierte und praxisnahe Einführung in das Übersetzen von Fachtexten vorgelegt und die Sensibilität für Fachsprachlichkeit geschärft. Besonders auch für Nichtmuttersprachler des Deutschen könnte dieses Lehrbuch interessant sein.

Es handelt sich bei diesem Buch um die grundlegend überarbeitete Neuauflage eines Studienbuches, das 1999 bei Narr in Tübingen erschienen war und inzwischen vergriffen ist. Nachdem jedoch weiterhin ein Interesse an den genannten Fragestellungen signalisiert wird, habe ich mich zu einer Neubearbeitung entschlossen.

Radegundis Stolze   Darmstadt, im Juni 2009

1   Grundlagen der Fachkommunikation

1.1   Translatoren und Fachkommunikation

1.1.1   Theorie und Praxis

Bevor Fachsprachen und Fachtexte in ihrer Bedeutung fürs Übersetzen untersucht werden, ist es sinnvoll, erst einmal einige Begriffsinhalte zu klären. Das Verhältnis zwischen Theorie und Praxis ist vielfach unklar.

Praxis – Die Praxis ist das Feld des konkreten Handelns im Beruf. Bei Sprachmittlern wären dies Übersetzer, Dolmetscher, Technischer Autor, für Germanisten könnten dies sein: Deutschlehrer, Journalist, Medien-berichterstatter, Hochschullehrer, Werbetexter, etc. Konkret geht es hier um die zu verwendenden Werkzeuge wie Fachwörterbücher, Com-puter, Translation Memories, automatische Übersetzungssysteme, Lite-ratur, Bibliotheken, aber auch um die persönliche Rolle im Projektma-nagement und Arbeitsteam, das eigene Zeitmanagement, Umgang mit Kunden und Kollegen, Honorargestaltung, Abrechnungsmodalitäten, Steuerfragen und Gehalt. Das Ziel ist Professionalität im Handeln.

Praxis   *Handeln*
                Werkzeuge
                Arbeitsplatz, Kollegen
                Vergütung

Professionalität – Diese Eigenschaft zeichnet Berufstätige aus, die nicht nur ihre Arbeit gut machen, sondern auch distanziert und selbstkritisch darüber nachdenken. Sie verfügen über angemessenes Fachwissen, benutzen die adäquaten Hilfsmittel und sind zu Investitionen und stän-diger Fortbildung bereit. Sie können Probleme verallgemeinern und gehen methodisch vor. Sie können ihre Entscheidungen selbstbewusst wissenschaftlich begründen, haben aber zugleich zeitsparende Routine entwickelt. Hierzu benötigt man Expertenwissen.

Professionalität	*gute Leistung*
	Selbstbewusstsein, Selbstkritik
	Investitionsbereitschaft, Fortbildung
	Methodik, Routine

Expertenwissen – Experten unterscheiden sich dadurch von Laien, dass sie etwas nicht nur intuitiv können, sondern es gelernt haben. Dieser Begriff ist also relativ, denn jeder kann auf einem Gebiet zum Experten werden, und durch lebenslanges Lernen entwickelt sich die Kompetenz weiter. Expertenwissen ist nach Erkenntnissen der Kognitionsforschung *abstrakt*, denn Experten können die oberflächlichen Merkmale eines Problems auf die zu Grunde liegenden Prinzipien zurückführen und daher ganzheitlich betrachten. Es ist *strategisch*, indem die Anwendung von Methoden prospektiv im Hinblick auf das Gesamtziel erfolgt. Es ist *prozeduralisiert*, indem Experten ihr Wissen der Verfahren automatisch anwenden. Und es ist *selbstreflexiv*, indem Experten bewusst ihr eigenes Problemlöseverhalten reflektieren und so lenken können. Dies gilt auch für die Translationskompetenz, und dazu gehört Theorie.

Expertenwissen	*abstrakt*
	strategisch
	prozeduralisiert
	selbstreflexiv

Theorie – kommt von gr. $\theta\varepsilon\omega\rho\iota\alpha$, das Anschauen, Betrachten. Theorie meint also das auf ein Wissenschaftsgebiet bezogene Gedankengebäude, die Modellbildung. Ein Theoretiker ist ein Wissenschaftler, der sich mit einer Sache grundsätzlich auseinandersetzt. Bezogen auf das Übersetzen geht es um die Frage, wie dieses an sich funktioniert, nicht etwa um konkrete Arbeitsanweisungen oder die Entwicklung von Hilfsmitteln in der Praxis.

Ziel der Theorie ist das Finden von Definitionen, wozu Hypothesen gebildet werden, die dann überprüft werden. Die Grundlagenforschung ist hier angesiedelt. Von der Theorie kann man keine präskriptiven Aussagen für praktisches Handeln erwarten. Es ist auch nicht sicher, ob theoretische Einsichten überhaupt etwas für die Praxis austragen. Die Beschäftigung mit Theorie ist aber legitim, weil der menschliche Forscherdrang einfach wissen möchte, „was hinter den Dingen und Vorgängen steckt". Theorie basiert auf Forschung.

Theorie	*Anschauung, Betrachten*
	Gedankengebäude, Modellbildung
	Definitionen

Forschung – Die Forschung ist Grundlage zur Entwicklung von Theorien. Sie umfasst jene Methoden und Mittel, die zur Entfaltung der theoretischen Modelle, zur Analyse von Gegenständen und zur Verifizierung von Hypothesen angewendet werden. Forschung geht entweder deskriptiv, also analytisch beschreibend in Fallstudien oder empirisch vor, indem Fragebögen oder Korpora ausgewertet werden, sowie experimentell, wenn Versuchsanordnungen gebildet und Reaktionen getestet werden. Forschungsergebnisse hängen natürlich auch vom Blickwinkel des Forschers ab, ja sie haben ihre kognitive Validität nur in Bezug auf diesen sie betrachtenden Forscher.

Sprach-	*deskriptiv*	*empirisch*	*experimentell*
Forschung	*Textvergleich als*	*elektronische*	*Protokolle des*
	Fallstudie	*Korpusanalyse*	*lauten Denkens*
	Kontrastive	*Fremdsprachen-*	*Log-File-Analyse*
	Stilistik	*lernen und*	*des Schreibens*
	Fehleranalyse	*Interferenz*	*retrospektive*
	Paralleltextanalyse	*Empfänger-*	*Interviews*
	Phraseologie-	*reaktionen*	
	forschung	*Verständlich-*	
	Lexikologie	*keitsforschung*	
	Terminographie	*Fragebogen*	

Angewandte Wissenschaft – Sie versucht den Brückenschlag zwischen Theorie und Praxis vor allem in Lehre und Unterricht. Einerseits können z. B. die in der Forschung beobachteten typischen Fehler in Fachübersetzungen zum Anlass genommen werden, in der Ausbildung besonders darauf einzugehen, um eine Verhaltensänderung bei den Lernenden zu bewirken. Für Deutschlehrer wären zum Beispiel typische Defekte bei der Textproduktion interessant. Andererseits könnten aufgrund einer neuen theoretischen Definition des Übersetzens durchaus ganz neue Problemstellungen auch für die professionelle Praxis erwachsen.

Angewandte Wissenschaft zu Sprache und Übersetzen

Wird Sprache als Ausdruck des „Weltbildes einer Muttersprache" angesehen, dann werden beim Fremdsprachenlernen und Übersetzen v. a. die interkulturellen Unterschiede und das Verstehen des Fremden diskutiert.

Wird z. B. das Dolmetschen als eine „interkulturelle Botschaftsvermittlung" aufgefasst, dann wäre zu fragen, wie viel Kulturkenntnis die Dolmetscher denn eigentlich haben, und ob hier nicht auch etwas in der Aus- und Fortbildung verbessert werden müsste.

Sieht man Sprache als „Mittel der Kommunikation", dann wären Zwecke und Formen zwischenmenschlicher Kommunikation zu diskutieren. Das geschieht z. B. in der Medienforschung und auch in der Fachsprachenforschung.

Sieht man Sprache als „Zeichenstruktur", so richtet sich der Blick auf Inhalt, Form und Verknüpfung der Zeichen. Hier ist der linguistische Sprachvergleich sowie die Funktionalstilistik angesiedelt und Übersetzen gilt als ein interlingualer Transfer.

Praxisorientierte Forschung – Und schließlich kann die Angewandte Wissenschaft auch konkrete Probleme aus der Praxis, wie z. B. zu Terminologie- oder Stilfragen, aufgreifen und wissenschaftlich erörtern. Hier sind dann auch konkrete Arbeitsanweisungen, wie man es besser machen könnte, zu erwarten.

Eine solche Forschung setzt freilich ein klares theoretisches Konzept vom fachkommunikativen Sprachverhalten und Übersetzen voraus. Praktische Netzwerke der gegenseitigen Unterstützung führen nicht zu einer veränderten Sicht der Dinge im Ganzen, wie dies nur die Theorie leisten kann. Der alte Gegensatz zwischen Grundlagenforschung und Angewandter Wissenschaft bleibt bestehen.

1.1.2 WISSENSMANAGEMENT

Wissen ist ein wirtschaftliches Gut und die Grundlage von Betätigung in Theorie und Praxis. Auch hier sind zunächst einige Begriffe zu unterscheiden (vgl. BUDIN 2002):

Fähigkeit zu etwas ist die Voraussetzung für Wissen, die angeborene Anlage etwas zu erlernen und zu vollbringen.

Fertigkeit ist ein implizites, subjektives Wissen über bestimmte Handlungen, wir nennen es auch „Können".

Kompetenz bezeichnet die Gesamtheit aller gegenstandsbezogenen und methodischen Formen von Wissen zu einem bestimmten Vorgang, den wir im Rahmen beruflicher Aktivitäten bewusst und mit einem bestimmten Ziel durchführen (Experten, Fachleute).

Soziales und interkulturelles Handlungswissen heißt, man muss seine eigene Kultur und Fremdes kennen, um Kommunikationsbarrieren zu erspüren, um sich in der Begegnung mit Fremden angemessen zu verhalten, um Kunden betreuen und Verhandlungen führen zu können.

Sprach- und Kommunikationswissen: möglichst perfektes Wissen über die Sprachen, aus denen bzw. in die übersetzt wird. Dazu gehören Grammatik, funktionale Fachsprachenstilistik, Lexik, Textsortenkonventionen, Verständlichkeitsregeln, besondere Zeichen (semiotisches Wissen) und andere extralinguistische Kommunikationsmittel (Abbildungen, Textanordnung, etc.)

Terminologiewissen bezieht sich auf die fachsprachliche Lexik. Terminologie sind die Fachwortschätze, also Fachtermini mit spezifischen Begriffen als ihren Wortbedeutungen.

Fachgebietsspezifisches Sachwissen: Da die Spezialisierung in allen Wissenschaftsdisziplinen, in den Bereichen der Wirtschaft, des Rechts, des Sozialwesens und aller ingenieurwissenschaftlichen Bereiche immer mehr voranschreitet, ist man einerseits gezwungen, überhaupt Sachwissen zu erwerben und andererseits sich auf bestimmte Bereiche zu spezialisieren. Ohne Sachwissen ist es unmöglich, einen Fachtext zu verstehen.

Wissensmanagement stellt die Gesamtheit der Methoden der Wissens-
arbeit dar und ist integraler Bestandteil aller wirtschaftlichen Vorgänge.
Dazu gehört Lernen, Weitergabe von Wissen (*knowledge sharing* in der
Gruppe), Sammeln und Speichern von Informationen (Informationsmanagement), Verwaltung und Auswertung von Wissensbeständen, Be-
standserhebung über einzelne Zuständigkeiten in einer Organisation
und über Wissensdefizite, z. B. in einem Unternehmen.

Dem modernen Übersetzer steht inzwischen sehr viel ausgefeilte Software für das Informationsmanagement zur Verfügung. Für eine gute
Übersetzung reicht das aber nicht. Übersetzer müssen als **moderne
Wissensarbeiter** in der Lage sein, die durch EDV und Informationsmanagement verfügbaren Informationen schnell und effizient zu finden, zu
validieren und zu strukturieren, um dann eine individuelle und konkur-
renzlose geistige Leistung erbringen zu können – das professionelle
Übersetzen.

1.1.3   RAHMEN UND TRÄGER DER FACHKOMMUNIKATION

Menschliche Gemeinschaften sind in ihrer Lebenswelt immer auch handelnde Gemeinschaften, die zieldefinierten Beschäftigungen nachge-
hen, was man als „Arbeit" bezeichnen kann. Und sie tun dies als sprechende, kommunizierende Gemeinschaften. Dabei wird zwischen den
Lebensbereichen von „privatem Alltag" und „Fest" einerseits und dem
Bereich der „Arbeit" andererseits unterschieden.

Das „Fach" ist eine soziale Orientierungsgröße, in der die Arbeit als ein
„fachliches Handeln", nämlich ein systematisches, bereichsspezifisches,
methodisches, sozial transparentes und reflektiertes Handeln, eine
fachliche Qualifikation, also Expertenwissen voraussetzt. Arbeiten im
einzelnen „Fach" sind erfassbar in einem speziellen Regel- und Anwei-
sungswerk, und die Tätigkeiten sind somit lehr- und lernbar (KALVERKÄM-
PER 1998a, 2). Damit ist die Qualifikation heraushebend und gruppen-
konstituierend und erklärt das hohe Sozialprestige der Fachleute oder
„Experten". Der Laie ist demgegenüber der Handelnde im Alltag, ist
negativ zum Fachmann definiert als einer, der ohne fachbezogenen

Ausweis ist: ungelernt, etwas nicht gelernt habend, von etwas nichts verstehend, nicht versiert, ohne Kenntnis. Diese Kenntnisse beziehen sich auf einzelne Arbeitsbereiche, und dieser Status ist relativ, denn zum Experten kann jeder in irgendeinem Bereich werden.

Der Bereich der Arbeit ist also das Handlungsumfeld des Fachmanns (Experten, Spezialisten, Sachverständigen), und hier interessiert uns die **Fachkommunikation** als ein Sprechen im und über das Fach. Dieses wird eigentlich gerade und nur durch diese Kommunikation über es konstituiert. Die außersprachliche Welt kann nur durch „Kommunizieren über sie" erkannt, erlebt und erfasst werden.

> ### Beispiel
> KALVERKÄMPER (1998b, 31) bringt ein sehr sprechendes Beispiel zur **Fachlichkeit**:
> Einem Apfel ist genauso wenig oder genauso viel an Fachlichkeit eigen – als natürliche Eigenschaft – wie einem Fernsehturm. Man kann über einen Apfel z. B. kommunizieren als Genießer, Hungriger, Obstfreund, Vegetarier, Biobauer, LKW-Spediteur, Marktfrau, Schulkind, Pflanzenschutzchemiker, Biologe, Umweltschützer, Theologe (Eva), EU-Kommissar, usw. Erst durch das Sprechen über den Apfel wird klar, welche fachliche Sichtweise der Sprecher oder die Sprecherin einnimmt. Eine Kategorie des menschlich geordneten Handelns hat der Apfel nicht an sich, sondern er wird dazu durch die Sichtweise, in der Aussagen über ihn gemacht werden.

Eine Qualität der „Fachlichkeit" an Gegenständen wird erst durch die Art und Weise des Kommunizierens über sie konstituiert. So ist **Fachlichkeit** als Qualität eines Gegenstandes, Sachverhalts oder Handlungszusammenhangs „im Fach" keine naturgegebene, sondern eine „kommunikative Eigenschaft" (KALVERKÄMPER 1983, 154).

Der Rahmen für das „Fach" ist die außersprachliche Welt, die Bedingung der „Fachlichkeit" darin ist die Fachkommunikation. Träger dieser Fachkommunikation sind „(1) der *Autor* (noch nicht einmal so sehr der Empfänger!) und (2) der sprachliche Ausweis des *Textes* in seiner – nicht in (irgend)einer! – Kommunikationssituation" (KALVERKÄMPER 1998b, 32).

Die **Träger der Fachkommunikation** sind aber keine statische Gruppe: dazu gehört stets der Fortschritt vom Status des Laien zu dem des Fachmanns, also der fachlich ausgewiesenen und fachsprachlich sich äußernden Person, wobei der Zuwachs an Kenntnissen vom Alltagswissen über Lehre, Studium, Aus-, Fort- und Weiterbildung allmählich zum Aufbau eines spezifischen Arsenals sprachlicher Kommunikationsnotwendigkeiten (insbesondere Termini) und Konventionen (zu Texten, Textsorten, kommunikationspragmatischen Abläufen) führt, was als Bündelung von Wissen und Können, also als „Kompetenz" dann wieder sozial nutzbar wird (KALVERKÄMPER 1998b, 32). Zum Experten kann jeder in irgendeinem Bereich werden.

Der Forschungsgegenstand der Fachsprachenforschung impliziert, dass es sich um einen spezifischen Sprachgebrauch durch Fachleute, Wissenschaftler, Studierende, Handwerker, Berufstätige usw. handelt. Bei der IFK im Dienste der Verständigung zwischen Angehörigen verschiedener Muttersprachen kommt nun noch der Aspekt der Übersetzung in oder aus einer Fremdsprache hinzu.

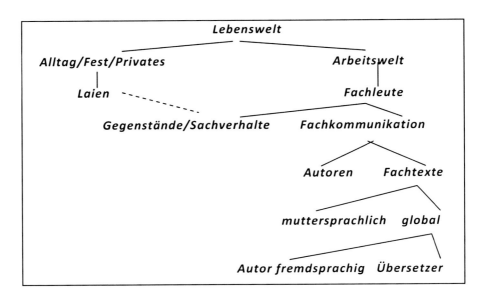

Träger der interkulturellen Fachkommunikation sind also Personen, die sich in einer Fremdsprache ausdrücken, solche die ihre fachlichen Mitteilungen selbst übersetzen, aber vor allem die Übersetzer und Übersetzerinnen, die als Experten der Sprachmittlung für diese IFK zuständig sind. Sie übernehmen die Rolle eines Kommunikators.

1.1.4 DIE ROLLE DER FACHÜBERSETZUNG

In der interkulturellen Fachkommunikation soll Übersetzen vor allem die Sprach- und Kulturbarriere überbrücken und so der Verständigung dienen. Übersetzungen fallen dort an, wo die fachliche Kommunikation über Sprachgrenzen hinweg stattfinden soll, also dort, wo Wissenschaftler sich international austauschen, wo Firmenvertreter im weltweiten Handel tätig sind, wo Menschen ein Recht in einem anderen Land begründen, wo Ausländer sich integrieren möchten. Eine besondere Rolle spielt die Übersetzung naturgemäß in den Wissenschaften. Dort kann von einem Veröffentlichungs-, Rezeptions- und Kritikgebot gesprochen werden: Arbeitsergebnisse sollen rasch veröffentlicht werden, und die auf einem bestimmten Gebiet tätigen Fachleute haben wiederum ein Interesse daran, solche Veröffentlichungen mit geringstmöglicher Verzögerung zur Kenntnis zu erhalten, um darauf reagieren zu können.

> Das Übersetzen spielt hier eine große Rolle, denn trotz der (zunehmenden) Bedeutung des Englischen als Verständigungsmittel in der „Scientific Community" werden doch immer wieder wichtige Veröffentlichungen in anderen Sprachen vorgenommen (z. B. Russisch und Japanisch ...) (BARCZAITIS/ARNTZ 1998, 793f).

Der weitaus größte Teil aller in der Praxis zu übersetzenden Texte, so zeigt eine Untersuchung aus den Jahren 1988/89 (SCHMITT 1990, 97f), entfällt heute auf das Gebiet der Technik: 76 % der Befragten gaben an, vorwiegend mit dem Fachgebiet „Technik" ohne nähere Spezifizierung zu tun haben, dahinter folgen weit abgeschlagen die Bereiche Wirtschaft (12 %) und Recht (6 %). Beim Textsortenspektrum stehen anwendungsorientierte Bereiche, wie Bedienungsanleitungen, Systembeschreibungen, Korrespondenz, Urkunden und Verträge im Vordergrund. Dieser Befund dürfte auch Anfang des 21. Jhs. noch gültig sein.

Die Träger der Fachkommunikation in weltweiter Perspektive haben eine besondere **Verantwortung**, hat doch die Fachkommunikation entscheidende Bedeutung für das Leben der Menschen. Jedes naive Herangehen an diese Aufgabe kann gefährlich sein. Aus der Sicht der Übersetzerin stellt sich die Aufgabe, eine Textvorlage richtig zu verstehen und sie funktionsgerecht für die entsprechenden Zielempfänger neu zu formulieren.

Fachlichkeit ist eine Eigenschaft von Texten in ihrer spezifischen Sprachform, welche von der fachlichen Sichtweise bedingt ist (s. Kap. 1.1.3). Daher ist auch die Fachübersetzung ein vorrangig sprachliches Problem, und sie kann sinnvollerweise von der Problematik der erforderlichen Sprachentscheidungen her dargestellt werden. Von praxisrelevantem Interesse sind also Antworten auf die Frage, wie man denn mit einem Text umgehen soll, und wie die eigene Sprachentscheidung methodisch, linguistisch und fachlich zu begründen wäre. Wichtig wird in unserer Darstellung ein Perspektivenwechsel sein – weg von der Faktenbeschreibung als Forschungsgegenstand, hin zu der Frage nach Handlungsgrundlagen eines Translators als Person.

In der Übersetzungswissenschaft wird man als Praktiker diesbezüglich kaum fündig, wie stets aufs neue beklagt wird (BERGLUND 1990, 145).[2] Die Übersetzungswissenschaft hat sich vielmehr bisher vorwiegend in theoretischer Perspektive auf den Entwurf eines Modells vom Übersetzungsvorgang, die Darstellung eines sprachenpaarbezogenen Zeichentransfers, die Diskussion von Äquivalenzforderungen für Texte, die Deskription von Texttypologien und textlinguistischen Strukturen, die

---

[2] Noch fast 20 Jahre später wird die Rolle von Praktikern und Theoretikern diskutiert. Daniel Gile bemerkt: „Certainly, translation practitioners have a more intimate knowledge of Translation than outsiders. (...) and they are in a better position than outsiders to assess the relative weight of various parameters and relative frequencies of occurrence in real life of certain phenomena which are observed in experiments. On the other hand, unless they were trained as researchers, they do not possess good research skills (...)". Posted 8 Oct. 2008, www.est-translationstudies.org/reseach issues

Darstellung von Translation als interkultureller Kommunikation im Modell, die Analyse funktionaler Übersetzungsprobleme, die Modalitäten des Verstehens als Voraussetzung für das Übersetzen, ideologische Aspekte des Übersetzens und die übersetzungsdidaktische Beschreibung der kognitiven Prozesse konzentriert.[3]

Geändert hat sich die Perspektive erst in jüngster Zeit, als der Bedarf an einer Ausbildung von „Fachübersetzern" drängend wurde. Ein adäquates Sprachverhalten ist nämlich nur möglich, wenn man weiß, wofür bestimmte Normen gut sind, oder warum bestimmte Tatsachen und Sachverhalte in einer spezifischen Art und Weise bezeichnet werden. Die Fachsprachendidaktik, nicht weniger als die Übersetzungsdidaktik, ist daher vor die Aufgabe gestellt, pragmatische und funktionale Begründungen für die vorgefundenen Fakten zu liefern. Insbesondere in der Fachsprachenforschung hat sich nach den früher eher einzelsprachlichen Analysen im Rahmen der Philologien nun auch die kontrastive Perspektive als fruchtbar erwiesen (BAUMANN/KALVERKÄMPER 1992; HOBERG 1998, 959).

1.2   DER FACHLICHE ÜBERSETZUNGSAUFTRAG

1.2.1   TRANSLATION IM HANDLUNGSGEFÜGE

Der Translator ist ein entscheidender Faktor im Translationsprozess, und so können seine Einbettung in ein soziales Handlungsgefüge gesondert analysiert und die Bedingungen aufgezeigt werden, unter denen das translatorische Handeln erfolgt. Die Praxis verlangt oft genug vom Übersetzer sehr weitgehende Entscheidungen (bis hin zur Nichtübersetzung, weil der herzustellende Zieltext für den Bedarfsträger irrelevant wäre), doch solche Handlungsentscheidungen sind ja nicht allein der Subjektivität des Translators zu überlassen. Sie sind situativ und funktional zu begründen. Um diese situative Einbettung in die Theorie mi-

---

[3] Zur Darstellung der Übersetzungstheorien vgl. STOLZE (2008).

teinzubeziehen, hat Holz-Mänttäri (1986) das „translatorische Handeln" modellhaft zu fassen versucht. Sie meint, es sollten

> Texte als Botschaftsträger in Funktionssituationen betrachtet werden, so dass die zu vollziehende translatorische Produktionshandlung „fallbezogen spezifiziert" werden kann.
>
> Auch ein Text kann und muß bei professioneller Herstellung wie jedes Produkt hinsichtlich seines Verwendungszwecks in einer bestimmten Situation beschrieben werden. Spezifikationen sind Teil der Textbestellung und damit Bestandteil des Vertrags zwischen Bedarfsträger und Produzent (Holz-Mänttäri 1986, 351f).

Diese „Theorie über translatorisches Handeln als umfassendes Handlungskonzept" (ebd., 352) soll den Faktorenrahmen für „Professionalität" (s. Kap. 1.1.1) liefern. Übersetzen in diesem Bereich ist eine Dienstleistung zur Fortsetzung der fachlichen Kommunikation über die Sprachbarrieren hinweg. Der Translator ist dann Experte für die Produktion von Botschaftsträgern als „Textdesign" in der IFK. Holz-Mänttäri führt aus, dass die Erstellung eines Translats und seine Funktion in allen relevanten Komponenten zwischen den Entscheidungsbefugten abgesprochen werden kann und muss, z. B. in einem Unternehmen zwischen dem Exportleiter, dem Entwicklungsingenieur und dem Übersetzer. Auf diese Weise wird translatorisches Handeln funktionsbezogen beschreibbar. Translatorische Entscheidungen beruhen keineswegs nur auf vorgefundenen Strukturen im Ausgangstext, sondern auch auf funktionalen Gruppenentscheidungen. So gesehen ist der Translator nicht situationsintegrierter Kommunikationsteilnehmer oder -verlängerer, sondern ein Außenstehender, in eigener Situation Handelnder, ein „Botschaftsträgerproduzent für fremden Bedarf" (Holz-Mänttäri 1986, 363). Im Blick auf den Textinhalt gehört er meist nicht zu den intendierten Adressaten.

Der Translator muss also **für fremden Bedarf texten** können. Dabei ergibt sich sein Handlungsauftrag aus der zielkulturellen Textfunktion. Außerdem soll er den Bedarfsträger bei der Spezifizierung seines Bedarfs beraten können. All dies führt zu dem Erfordernis, dass in der

Ausbildung die Berufsprofile beschrieben werden müssen und dass werdende Translatoren auch mit einem Minimum an fachlich-technischem Verständnis ausgestattet werden.

Das äußere Bedingungsgefüge beim Übersetzungsprozess ist im „Faktorenmodell für die Translation" dargestellt (REISS/VERMEER 1984, 148): Der Translator hat den ausgangssprachlichen Textproduzenten mit seinem Informationsangebot für die Rezipienten der Ausgangskultur zu beachten, wobei auch die Textsorte, die Situation und der soziokulturelle Kontext eine Rolle spielen. Alle diese Faktoren beeinflussen andererseits auch die Verbalisierung des Informationsangebots in der zielsprachlichen Übersetzung. Situation und Kultur sind hier eine andere, und die Wahl derselben oder einer anderen Textsorte obliegt dem Übersetzer als Experten aufgrund seines Übersetzungsauftrags.

1.2.2 NORMEN ZUR ABWICKLUNG VON ÜBERSETZUNGSAUFTRÄGEN

Seit April 1998 gibt es die DIN-Norm 2345 „Übersetzungsaufträge", die am runden Tisch des DIN mit seinem Normenausschuss Terminologie unter Beteiligung der interessierten Kreise als Konsensdokument entwickelt wurde.[4] Damit sollte allen an Übersetzungsaufträgen Beteiligten, also Auftraggebern und freiberuflichen Übersetzern und Übersetzerinnen, Sprachendiensten oder Übersetzungsbüros ein Hilfsmittel an die Hand gegeben werden, das durch Festlegung einheitlicher Verfahren die Bearbeitung erleichtert. In der Norm werden die Anforderungen für Übersetzungsaufträge festgelegt, die sich im einzelnen auf folgende Punkte beziehen: Ausgangstext; Zusammenarbeit zwischen den am Übersetzungsauftrag Beteiligten; Auswahl des Übersetzers; Ablauforganisation; Zieltext (Übersetzung); Prüfung von Übersetzungen.

Die **Qualität** der Übersetzung wird als Einhaltung der mit dem Auftraggeber getroffenen Vereinbarungen, also als optimale Nutzungsfähigkeit für den Abnehmer definiert. Nach BONE/GRIGGS (1993, 109) ist Qualität eben „nicht die Güte eines Produktes oder einer Dienstleistung, son-

---

[4] Bezugsquelle: Beuth-Verlag, Burggrafenstraße 6, D-10772 Berlin, Fax (030) 2601 1260.

dern die Übereinstimmung mit den Anforderungen des Kunden". Qualitätsmaßstäbe können daher sehr verschieden sein. Auch wenn die Auftraggeber meist Qualität und Zuverlässigkeit der Leistung einfach erwarten, sind sie nunmehr gezwungen, ihre Anforderungen genauer zu spezifizieren.

Schließlich enthält die Norm Regeln für den Umgang mit dem Ausgangstext (§ 5) und Hinweise zum Zieltext (§ 6). Auf inhaltliche Kürzungen oder Ergänzungen gegenüber dem Ausgangstext muss der Übersetzer den Auftraggeber hinweisen. Es wird aber deutlich, dass interkulturelle Aspekte kaum beachtet wurden und die Norm nur für Deutschland gilt. Problematisch sind die Begriffe „Qualifikation" oder auch „Kompetenz", deren Inhalt nicht präzise definiert wird.

Während mit der Anwendung der Norm zwar das Verhältnis zwischen Auftraggeber und Auftragnehmer transparenter wird, sagt sie nichts über die sprachliche Qualität von Fachübersetzungen aus. Der Begriff „Übersetzungsqualität" wird nicht definiert, es werden quantitative, aber keine qualitativen Kriterien angesetzt. Abgesehen von dem Verweis auf „terminologische Richtigkeit" oder „Angemessenheit des Sprachgebrauchs" wird und kann nicht definiert werden, was denn eine „gute Übersetzung" von einer „schlechten" unterscheidet. Es fehlen auch genauere Definitionen darüber, was eine „Rohübersetzung", eine „Informationsübersetzung", eine „Zusammenfassung" ist. Qualität wird nicht sprachlich definiert, sondern es wird nur festgelegt, dass es sich hierbei um „Einhaltung der zieltextbezogenen Vereinbarungen mit dem Auftraggeber" handelt (§ 7.1). Die Norm enthält keine Vorgaben für Qualitätskriterien, was aber eigentlich das Hauptanliegen der Auftraggeber ist. Hier ist die Norm unscharf, und hier liegt weiterhin das Aufgabenfeld von Übersetzungswissenschaft und Fachsprachenforschung, deren Ergebnisse in der Aus- und Fortbildung zu vermitteln sind.

Mit der Veröffentlichung der Norm DIN EN 15038 zur „Qualitätssicherung von Übersetzungsdienstleistungen" im Jahr 2006 hat die Diskussion über die **Qualitätssicherung** einen erneuten Aufschwung genommen.[5] Die Norm, die auf europäischer Ebene unter Mitwirkung von Vertretern großer Übersetzungsbüros als Übersetzungsdienstleistern entwickelt wurde, legt besonderen Wert auf Qualitätssicherung durch Gegenlesen (Vier-Augen-Prinzip). Der Übersetzungsprozess, der genau dokumentiert werden muss, wird wie folgt beschrieben: Übersetzung, Nachprüfung durch den Übersetzer, Korrekturlesen durch eine andere Person, fachliche Prüfung, Fahnenkorrektur und Freigabe. Diese Aspekte werden ausführlich behandelt. Auch sollen Übersetzungsdienstleister nur qualifizierte Mitarbeiter beauftragen.

Während eine genaue **Prozesskontrolle** für klare juristische Nachverfolgbarkeit sorgt und das Vertrauen von Abnehmern in die Zuverlässigkeit von Übersetzungsdienstleistungen steigern kann, bleibt freilich auch hier, wie in der Vorgängerversion, die Entscheidung darüber ob eine Übersetzung korrekt oder qualitativ angemessen ist, beim Übersetzer selbst oder beim Korrektor. Diese Personen müssen über das ausreichende sprachliche und fachliche Wissen verfügen.

In der Translationsdidaktik wird nun angenommen, es genüge einen „Übersetzungsauftrag" (NORD 1993, 15) zu formulieren, um die übersetzerischen Leistungen zu steuern. Es heißt, auch wenn der Übersetzer die Einzelheiten seines Übersetzungsauftrags aus der Situation selbst erschließen müsse, gelte doch, dass die Zielsituation nicht von der Übersetzerin „aus eigener Machtvollkommenheit festgesetzt", sondern vom „Initiator", also dem Auftraggeber, bestimmt werde. In der Praxis ist das Problem allerdings nicht so einfach, da der Initiator ja gerade die Kenntnis der Entscheidungskriterien bei seinem Übersetzer als Professionalität voraussetzt. Unter Professionalität verstehen wir „die exzellente Leistung aufgrund einer zur Performanz befähigenden Kompetenz" (HACKER 1996, 6). Der kompetente Translator muss also selbst wissen, wie ein zu erstellender adäquater Fachtext sprachlich auszusehen hat.

---

[5] Die EN 15038-2006 erhielt zum 01.08.2006 in der deutschen Fassung den Status einer DIN-Norm. Sie war zuvor am 13.04.06 auf englisch vom Europäischen Komitee für Normung angenommen worden.

1.2.3 Der Forschungsprozess und Intertextualität

Für die Wissenschaften ist Sprache unmittelbar konstitutiv. Wissenschaftliche 'Fakten' werden nicht nur diskursiv hergestellt, sondern sind auch v. a. in sprachlichen Aussagen vorhanden und als solche Gegenstand der wissenschaftlichen Entwicklung.

Ein Basiskriterium für Wissenschaft ist ihre Theoriefähigkeit, und Kennzeichen der Theorie sind überwiegend **sprachlicher Natur** (einschlägiges Vokabular, vor-gestellt in Definitionen, einige bereichsspezifische Grundsätze). Es herrscht die Auffassung, dass ein Wissensbereich durch logisches Argumentieren aus den Definitionen und Grundsätzen aufgespannt werde (KRETZENBACHER 1998, 134). In den experimentellen Naturwissenschaften folgt die deduktive Argumentation dem traditionellen euklidischen Schema von Definition, Axiom und Propositionen, die durch experimentelle Belege gestützt den Beweis führen. In den Geisteswissenschaften ist die jeweils historische und kulturell bestimmte Perspektive auf die Forschungsgegenstände wesentlich, die damit in immer neuem Licht erscheinen (BEINER 2009).

Der Forschungsprozess ist eine Verschränkung von Sprache und Handeln. Das Sammeln von Daten wird erst dann zur Wissenschaft, wenn sie in einem theoriegeleiteten Diskurs versprachlicht und interpretiert werden. Ein Forschungsergebnis wird erst durch seine Mitteilung an die Wissenschaftsgemeinschaft zu einem wissenschaftlichen Faktum. Deswegen gilt ein allgemeines „Veröffentlichungs- und Falsifikationsgebot" (s. Kap. 1.1.4), und deswegen sind auch Übersetzungen unverzichtbar.

Dadurch aber wird die öffentliche wissenschaftliche Äußerung zu einem Text mit persuasiver Funktion, zu einer rhetorischen Sprachhandlung. Nicht zufällig sind ja erfolgreiche wissenschaftliche „Fakten" oft in beispielhaft eleganter wissenschaftsrhetorischer Gestalt präsentiert worden (KRETZENBACHER 1998, 136). Wenn andererseits die Sprachform wissenschaftlicher Veröffentlichungen nicht der Erwartungsnorm entspricht, werden sie möglicherweise nicht gebührend wahrgenommen. Dabei kommt der wissenschaftlichen Kommunikation eine besondere

Dialogizität zu: einmal als Auseinandersetzung mit anderen Texten, aber auch als Dialog mit ihren Rezipienten.

> (A) Der intertextuelle **Bezug zu bereits existierenden Texten** wird meistens in Form von bibliographischen Hinweisen zu Anfang einer Publikation, auch im Vorwort eines Buches, hergestellt. Daher sind für Wissenschaftstexte ein Anmerkungsapparat und Literaturverweise typisch. Aber nicht nur mit der bereits existierenden Literatur wird ein intertextueller Dialog aufgespannt; indem die Autoren auf die Bedeutung ihrer Erkenntnisse hinweisen und zukünftige Forschungsdesiderate formulieren, stellen sie einen virtuellen intertextuellen Bezug mit zukünftigen Publikationen her.
>
> (B) Dialogisch sind wissenschaftliche Publikationen aber auch als argumentative und damit **überzeugen wollende Texte,** weil sie nämlich Widerspruch und Einwände aktiv mit einbeziehen. Der Dialog wird mit dem intertextuellen Mittel des **Zitats** als Berufung auf unterstützende und als Auseinandersetzung mit konkurrierenden Theorien sowie intratextuell als argumentative Antizipation möglicher Einwände oder Verständnisschwierigkeiten der Leserschaft ausgetragen (vgl. KRETZEN-BACHER 1998, 137).

Der translatorische Umgang mit Zitaten wird hier wichtig. Zitate eröffnen den Blick in das wissenschaftliche Diskursfeld hinein, denn erst in der Einordnung in ein Gesamtbild gewinnt ein Einzelaspekt seine eigentliche Bedeutung. Wissenschaftliches Arbeiten ist daher nicht nur die Darstellung von immer differenzierteren Einzelfakten, sondern auch das Sortieren solcher Fakten, das Aufzeigen von Zusammenhängen im Hinblick auf das Handeln. **Interdisziplinarität** ist der wissenschaftliche Einbezug von Methoden und Erkenntnissen verschiedener Disziplinen, um so einen erweiterten Blick auf die Dinge zu erhalten und vielleicht neue Ergebnisse zu finden. Sie kann aber auch zunächst als Öffnung der Perspektive innerhalb einer Wissenschaft selbst verstanden werden. Werden benachbarte Forschungsfelder nicht beachtet, führt dies unter Umständen dazu, dass viele Phänomene zwar richtig beschrieben werden, ohne dass aber so recht erklärbar würde, welchen Sinn sie denn haben. Erst durch die übergreifende Zusammenschau entsteht ein Verständnis. Auch in der Übersetzungsforschung konzentrieren sich die Modellentwicklungen vornehmlich auf einzelne Aspekte, wie die technologischpraktische Seite des Fachübersetzens mit den Tools, die Fragen der Terminologieverwaltung, die kulturübergreifende Dimension oder die pragmatischen Zwänge im Zusammenspiel mit Auftraggebern. Das Problem der IFK besteht freilich darin, dass alle diese Aspekte in einem Fachtext miteinander verknüpft sind.

Einzeltexte als individuelle Einheiten sind in ihrer Sprachstruktur keineswegs homogen. Sie vereinigen in sich eine Vielzahl unterschiedlicher Elemente, was mit der Bezeichnung „Multiperspektivität" der Texte zum Ausdruck gebracht werden kann (STOLZE 1992, 44). Die „multidimensionale Translation" bezeichnet demgegenüber die intersemiotische Übertragung eines Textes aus einem Zeichensystem in ein anderes, wie z. B. gesprochen zu geschrieben (Filmuntertitelung), oder gesprochen zu gebärdet (für Gehörlose), oder visuell zu auditiv (Hörbeschreibung für Blinde).[6]

So bedeutet jede Verabsolutierung eines Teilaspekts in Textanalysen eine Verkürzung der Textwirklichkeit. Stets ist eine Bezugnahme auf den Gesamthorizont von Kontext und Situation wichtig. Dieses Verhältnis wird noch komplexer, wenn die kontrastive Perspektive hinzukommt. Während auch in dem „Faktorenmodell" (REISS/VERMEER 1984, 148) alle relevanten Faktoren des Übersetzungsprozesses einschließlich der zentralen Stellung des Translators genannt sind, wird aber für die Praxis die Frage nicht beantwortet, wie denn nun Fachkenntnisse und Sprachwissen im Vollzug miteinander verknüpft werden sollen.

1.2.4 SPRACHWISSEN ALS BASIS

In der traditionellen Fremdsprachendidaktik und in der noch an die Philologien gebundenen Übersetzerausbildung bleibt die Didaktik an „paarspezifische Übersetzungsprobleme" gebunden (NORD 1993).[7]

---

[6] Vgl. dazu MuTra 2005 – *Challenges of Multidimensional Translation*. Proceedings of the first MuTra Conference in Saarbrücken, 2-6 May, 2005, edited by Heidrun Gerzymisch-Arbogast and Sandra Nauert. Available on-line at www.euroconferences.info.proceedings 2005.

[7] Genannt werden bei NORD: PÜP = pragmatische Übersetzungsprobleme (1993, 211ff), wie z. B. „Ausdrucksfunktion", „Eigennamen", „Musterzitate", „poetische

Besprochen werden dabei die in einem Text vorfindlichen punktuellen Übersetzungshindernisse, doch solches führt nicht zu einer übergreifenden Schau des Ganzen. Wir sind vielmehr der Meinung, dass ein professionelles, ganzheitliches Herangehen an Texte aufgrund einer spezifischen linguistischen Wissensbasis von vorn herein die Arbeit erleichtert und bestimmte Probleme gar nicht erst auftauchen lässt. Gewisse „schwierige Strukturen" in Ausgangstexten beruhen oft nicht auf Fremdsprachproblemen, sondern auf (evt. unbekannten) funktionalen Normen und Konventionen, die anhand fachsprachlicher Forschung expliziert werden können und Elemente der Übersetzungskompetenz bilden. Die Ergebnisse der Fachsprachenforschung finden hier eine sinnvolle Anwendung, und solche Kenntnisse sind gelegentlich ja auch bei Verfassern von Originaltexten nicht gegeben.

> ### Beispiel
> Es gibt verunglückte Texte, bei denen die Formulierungsnormen nicht beachtet wurden, wie eine Meldung im *Darmstädter Echo* von Juni 1996 zeigt:
> Wer im Messeler Gemeindearchiv die Tagesordnung der Parlamentssitzungen aus der Legislaturperiode von 1956 bis 1960 nachliest, kommt ins Schmunzeln. (...) Mit der deutschen Sprache nahm man es nicht so genau. Mit schöner Regelmäßigkeit hieß es da „Vergebung" statt „Vergabe", wie zum Beispiel „Vergebung des Gemeindewohnhauses", „Vergebung der Straßenbauarbeit". Auch das schöne Wort „Erbauung" wurde sehr gern gebraucht. „Erbauung einer Klosettanlage in der Schule" und „Erbauung von zwei Nebenerwerbssiedlungen" konnte man unter anderem lesen.
> Schlimmer waren noch die Formulierungen „Genehmigung des Obst- und Gartenbauvereins betreffs Setzung eines Zaunes ihrer Obstanlage", „Genehmigung des Umbaus von J. Steuer auf der alten Fluchtlinie" oder (...) als Krönung „Wasseranschluß von Baulustigen, welche von außerhalb kommen". (...)

Funktion", KÜP = kultur-paarspezifische Übersetzungsprobleme (1993, 247ff), wie z. B. „poetische" oder „semantische Konventionen", SÜP = sprachenpaarspezifische Übersetzungsprobleme (1993, 262ff), wie z. B. „Artikelsetzung", „Syntax", „Genitiv", usw. Eine solche Gliederung ist verwirrend und recht wenig differenziert.

Es erscheint uns aus der Sicht der Übersetzer als Träger der interkulturellen Fachkommunikation eine Darstellung des erforderlichen Sprachwissens mit Blick auf mehrere europäische Sprachen ausgehend vom Deutschen durchaus als sinnvoll. (In der Praxis kommt es immer häufiger vor, dass ein identischer Text gleich in mehrere Sprachen übersetzt werden muss.) Dabei können Einzelprobleme nur exemplarisch dargestellt werden. Während es für manche Fakten gleiche Strukturen in verschiedenen Sprachen gibt, sind andere Phänomene offensichtlich eher einzelsprachspezifisch und in ihrer Diversität relevant. Sie werden dann unter dieser Sprache genannt.

Das Verstehen von Fachtexten ist natürlich ganz wesentlich abhängig von der Sachkompetenz des Lesers und der Frage, ob er/sie zu den intendierten Empfängern der Textsorte gehört. Nun ist genau dies beim Translator nur in eingeschränktem Maße gegeben, denn sonst hätten wir es in der Tat ja mit einem internen Kommunikationsteilnehmer, einem der Fachleute mit Fremdsprachenkenntnissen zu tun. Vielmehr sind Übersetzerinnen und Übersetzer in der Praxis Außenstehende und in unterschiedlichen Fachbereichen tätig, auch wenn diese sinnvollerweise eine gewisse Bandbreite nicht überschreiten sollten. Ihr Expertentum erstreckt sich auf die Kenntnis der fach*sprach*lichen Aspekte entsprechender Texte, welche wiederum bei den Verfassern und Adressaten dieser zu übersetzenden Texte nicht Gegenstand wissenschaftlicher Reflexion sondern allenfalls erlernter oder intuitiver Kompetenz sind. Diese Aspekte auf allen linguistischen Ebenen sollen hier aus dem Blickwinkel der Translation dargestellt werden.

Für die interkulturelle Fachkommunikation ist also ein spezifisches deklaratives und methodisches Wissen notwendig. Wissensmanagement als der bewusste und sorgfältige Umgang und die kritische Reflexion eigenen Wissens sind eine wichtige Voraussetzung adäquaten Übersetzens in der interkulturellen Fachkommunikation (s. Kap. 1.1.2). Im Folgenden sollen nun die verschiedenen Aspekte erforderlichen Wissens dargestellt werden, wobei zunächst die Frage nach der Art der Kommunikation wichtig ist.

1.3 MODELLE DER KOMMUNIKATION

1.3.1 INFORMATION IM NACHRICHTENKANAL

Theoriebildung führt zur Entwicklung von Modellen, welche die Vorstellung von einem Begriffsinhalt ermöglichen sollen. Die Kommunikationswissenschaft untersucht Bedingungen, Struktur und Verlauf des Wissensaustauschs auf der Basis von Zeichensystemen. So sind in der Sprachwissenschaft verschiedene Kommunikationsmodelle entwickelt worden, in denen sich eine ständige Differenzierung durch Erweiterung des Beobachtungsbereichs spiegelt.

Grundkomponenten eines nachrichtentechnischen Kommunikationsmodells sind (a) Sender und Empfänger (Sprecher/Hörer), (b) Kanal bzw. Medium der Informationsübermittlung (akustisch, optisch, taktil), (c) Kode (Signale, Zeichenvorrat und Verknüpfungsregeln), (d) Nachricht (Mitteilungsinhalt), (e) Störungen (Rauschen), (f) pragmatische Bedeutung (Intention, Wirkung), (g) Rückkoppelung (Empfängerreaktion). Es geht hier eigentlich um technische Fragen: Funken, Telegramm, Fernsprecher, Datenfernübertragung. Die Nachricht wird zu Übermittlungszwecken enkodiert (verschlüsselt) und beim Empfang wieder dekodiert (entschlüsselt).

Der Kode-Begriff wurde in die Sprachwissenschaft übernommen, indem man – vereinfacht ausgedrückt – die Lexik einer Sprache mit dem Zeichenrepertoire und den Zeichenverknüpfungsmechanismus mit der Syntax gleichsetzte. In der sprachlichen Kommunikation (Rede, Textmitteilung) dient der Kode (Sprache) dazu, eine Nachricht (N) von einem Sender (S) zu einem Empfänger (E) zu transportieren:

Das *Übersetzen* stellt dann einen Sonderfall dar: zwischen Sender und Empfänger muss der Translator (oder der Computer) treten, der einen

Kodierungswechsel vornimmt, weil ja der Empfänger des Textes nicht über den gleichen Kode (Sprache) wie der Sender verfügt. Dabei muss aber der Informationsgehalt eines Textes invariant bleiben. Nach KADE (1968a:203) kann man den zweisprachigen Kommunikationsvorgang der Übersetzung als dreiphasigen Prozess folgendermaßen veranschaulichen:

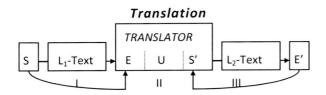

Der Übersetzer ist nicht nur „Kodeumschalter", sondern zugleich Empfänger (E) der AS-Nachricht und erneut Sender (S') der gleichen ZS-Nachricht, die dann vom zielsprachlichen Empfänger (E') im Verstehen wieder dekodiert wird. Der Blick ist hier auf die Information gerichtet, die unversehrt weitergeleitet werden soll. Dies geschieht durch *code-switching* im interlingualen Transfer, wobei Äquivalenz erzielt werden soll. Diese gilt als Garant für den Erhalt der Information in der Übersetzung. Die linguistische Übersetzungswissenschaft beschreibt demnach die Zuordnungsbeziehungen zwischen zwei Sprachsystemen und sucht nach „potentiellen Äquivalenzrelationen" (KOLLER 1992, 229) im Sinne einer Eins-zu-eins-, Eins-zu-viele-, Eins-zu-Teil- oder Eins-zu-Null-Entsprechung. Dies ist v. a. relevant für die Lexik.

1.3.2   DIE ZEICHENFUNKTIONEN IM GEBRAUCH

Die Sprache dient zwar als zeichenhaftes Mittel für die Kommunikation, doch letztere findet zwischen Menschen statt. Man kann also fragen, welche Funktionen ein Sprachzeichen konkret erfüllt. Im Blick auf die Funktion der Sprachzeichen in der Rede zielt BÜHLERS Organon-Modell der Sprache (1934:28) daher auf den Gebrauch ab.

Das Sprachzeichen (Z) steht in einem dreifachen Verhältnis zu seiner Umgebung, genauer gesagt, es „funktioniert als Zeichen" gerade durch dieses dreifache Verhältnis. Die drei Relationen sind der Sprecher, der es äußert (Sender), der Hörer, der es aufnimmt (Empfänger), und die Gegenstände und Sachverhalte, die es benennt (Referent). So steht ein Zeichen in Bezug auf die Wirklichkeit in der Funktion der Bezeichnung (Symbolfunktion), in Bezug auf den Sprecher tut es dessen Status kund in der Funktion des Ausdrucks (Symptomfunktion), in Bezug auf den Hörer, bei dem es eine Reaktion bewirken soll, hat es die Funktion des Appells (Signalfunktion).

BÜHLERS drei Sprachfunktionen werden von Roman JAKOBSON (1960) noch um drei weitere ergänzt. Er unterscheidet als Funktionen der Sprache in der Kommunikation: 1) *Mitteilung*: in der Bezeichnungsfunktion sendet der Sprecher eine Mitteilung an den Empfänger, 2) *Kontext*: dies erfolgt in der außersprachlichen Welt, 3) *Appell*: die Mitteilung will etwas bewirken, 4) *Kontakt*: die phatische Funktion dient zur Eröffnung, Führung und Beendigung der Kommunikation, 5) *Kode*: die metalinguistische Funktion betrachtet den Zeichenkode, 6) *Form*: die poetische Funktion meint die Gestalt der Mitteilung.

Hier wird schon deutlich, dass Kommunikation mehr ist als nur die Bezeichnung von Gegenständen und die Weiterleitung von Information.

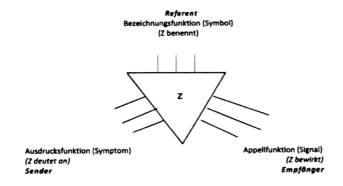

1.3.3 Das Kommunikationsquadrat

Das psychologische „Kommunikationsquadrat" ist inzwischen das bekannteste Modell, da es der Realität am nächsten kommt (SCHULZ VON THUN 1989). Kommunikation gilt als Ereignis auf vier Ebenen.

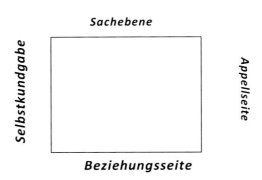

Die vier Ebenen der Kommunikation haben nicht nur Bedeutung für das private Miteinander, sondern auch und vor allem für den beruflichen Bereich, wo das Fachliche und das Menschliche ständig miteinander verzahnt sind. Wenn ich als Mensch etwas von mir gebe, bin ich auf vierfache Weise wirksam: Jede meiner Äußerungen enthält vier Botschaften gleichzeitig, nämlich

Eine Sachinformation (worüber ich informiere)

Eine Selbstkundgabe (was ich von mir zu erkennen gebe)

Einen Appell (was ich beim Partner erreichen möchte)

Einen Beziehungshinweis (wie ich zum Anderen stehe).

Bekannt geworden ist dieses Modell auch als „Vier-Ohren-Modell": den vier „Schnäbeln" einer Form der Kommunikation entsprechen vier „Ohren" des Kommunikationspartners, der die Aussagen wahrnimmt und interpretiert. Psychologisch gesehen sind, wenn wir miteinander reden, auf beiden Seiten 4 Schnäbel und 4 Ohren beteiligt, und die Qualität der Kommunikation hängt davon ab, in welcher Weise diese zusammenspielen.

Auf der **Sachebene** des Gesprächs steht die Sachinformation im Vordergrund, hier geht es um Daten, Fakten und Sachverhalte. Dies entspricht Bühlers Zeichenmodell der Bezeichnungsfunktion (Symbol) als Bezug auf den Referenten. Hier gilt zum einen das Wahrheitskriterium: wahr/unwahr oder zutreffend/nichtzutreffend, zum anderen das Kriterium der Relevanz (sind die aufgeführten Sachverhalte für das anstehende Thema von Belang oder nicht?)

Der Bereich **Selbstkundgabe** besagt, dass jede Äußerung unwillkürlich einen Hinweis darauf gibt, das was in mir selbst vorgeht, wie ich meine Rolle auffasse. In der Fachkommunikation zeigt sich zum Beispiel, ober der „Sender" ein Wissenschaftler oder ein Werkstattmitarbeiter ist. In BÜHLERS Zeichenmodell ist dies die Ausdrucksfunktion (Symptom) als Bezug zum Sender. Der Empfänger achtet darauf, was ihm das über den Anderen sagt.

Die **Appellseite** des Modells verweist darauf, dass wenn jemand eine Mitteilung macht, er meist auch etwas bewirken möchte, Einfluss nehmen, zu einer Handlung anleiten will. Offen oder verdeckt geht es hier um Wünsche, Appelle, Ratschläge, Handlungsanweisungen, Effekte, usw. Bei BÜHLER heißt dies Appellfunktion (Signal). Der Empfänger fragt sich: Was soll ich jetzt machen oder denken? Ist die Äußerung verständlich?

Die **Beziehungsseite**, die Bühler so nicht gesehen hat, meint dass wenn ich jemanden anspreche, ich durch Formulierung, Tonfall, Mimik auch zu erkennen gebe, wie ich zum Anderen stehe, was ich von dem halte. Dies ist durchaus mit dem Bereich Selbstkundgabe verknüpft, und hier zeigt sich die Kommunikationsrelation, z. B. ob ich auf gleicher Höhe von Wissenschaftler zu Wissenschaftler rede und schreibe, oder von oben nach unten, etwa wenn Laien etwas erklärt werden soll.

In den genannten **Modellen** wurde die Vorstellung kontinuierlich erweitert: von der reinen Informationsweitergabe über die Aspekte des Sprachgebrauchs im Blick auf Bezeichnung, Ausdruck und Appell bis hin zur sozialen Relation. Dies kommt bei der Untersuchung der Fachsprachen nach verschiedenen Schichten wieder zum Tragen.

1.4 GEMEINSPRACHE UND FACHSPRACHEN

1.4.1 ABGRENZUNGSPROBLEME

Wichtig ist die Frage nach dem, was Fachtexte als solche auszeichnet, welche spezifischen Unterschiede zwischen Fachbereichen im Spiegel ihrer Texte bestehen, welche Rolle die sprachlichen Charakteristika in der jeweiligen Kommunikationssituation spielen, und vor allem wie hier die einzelsprachlichen Besonderheiten aufgrund der Kulturunterschiede voneinander abzuheben sind.

Das Mittel der Fachkommunikation ist die **Fachsprache**. Insgesamt gilt die allgemeine Definition HOFFMANNS (1985, 53):

> Fachsprache – das ist die Gesamtheit aller sprachlichen Mittel, die in einem fachlich begrenzbaren Kommunikationsbereich verwendet werden, um die Verständigung zwischen den in diesem Bereich tätigen Menschen zu gewährleisten.

Das Wissen von den Dingen oder die humanorientierte Erfahrung ist zwar auch ohne Sprache möglich, aber jede Wissenschaft tritt uns immer als sprachlich definiertes und klassifiziertes Wissen entgegen. Sprache ist dabei zwar Voraussetzung der Kommunikation in den Wissenschaften, doch die Fachsprachen sollen diese Wirklichkeit ordnen, definieren und klassifizieren helfen.

Fachwissen lässt sich nur durch fachliche Kommunikation repräsentieren (s. Kap. 1.1.3) und wird so weiter auf- und ausgebaut. Das wissenschaftliche Sprechen dient der Erkenntnis des jeweiligen Gegenstands oder Sachverhalts und der Mitteilung des Erkannten, und so entwickelt die Sprache der Wissenschaften und Handwerke ein **Zeichensystem** für komplexe Beziehungen mit dem Ziel der größtmöglichen Verallgemeinerung.

> ### *Beispiel*
> Die in der Natur wachsenden Pflanzen werden geordnet durch die wissenschaftliche Unterscheidung in „Nutzpflanzen" und „Unkraut", Pilze werden unterschieden nach „Speisepilzen" und „Giftpilzen". Weitere Unterscheidungen sind möglich.

Der Aufbau und das Abrufen von systematischem Wissen ist also nur über Versprachlichung möglich. In der sprachwissenschaftlichen Forschung findet man hierzu Bezeichnungen wie *Arbeitssprache, Berufssprache, Gruppensprache, Sekundärsprache, Sondersprache, Standessprache* oder *Teilsprache*. „Allen diesen Bezeichnungen eignet die Vorstellung, daß die bezeichnete Sache auf bestimmte Sachgruppen beschränkt, von der Gemeinsprache isoliert oder einfach ausgesondert sei und ein eigenes Sprachsystem bilde" (FLUCK [5]1996, 11). Wir reden von Fachsprachen.

Es ist aber bemerkenswert, dass zur Beschreibung des fachlichen Wissens zunächst die Gemeinsprache verwendet wird. Die **Fachsprachen** sind aus der Gemeinsprache heraus entstanden. Dabei bezeichnet „Gemeinsprache" eine usuelle oder präskribierte Varietät, die in einer Sprachgemeinschaft überregional und transsozial als allgemeines Verständigungsmedium dient (nicht zu verwechseln mit der *Norm*, die auf Richtigkeit und Präferenz abhebt). Sie ist die Wurzel, aus der die Fachsprachen hervorgingen. Die Ausdrucksmittel der einzelnen Fachsprachen in den Wissenschaftsgebieten vermehren sich aber in einer Weise, dass die Fachlexika schon nach kurzer Zeit veralten; der Wortschatz der Fachsprachen ist schon seit langem weitaus umfangreicher als der der Gemeinsprache.

Die Begriffe „Fachsprachen" und „Gemeinsprache" sind „bis heute nicht gültig definiert" (FLUCK [5]1996, 11), doch kann man sagen, dass der Gemeinsprache eine größere Zahl von primär sachgebundenen Sprachen als Subsysteme angehören.[8] Man kann auch sagen, ein Kern der Gemeinsprache sei von Fachsprachen umgeben, die zum Rand des Feldes hin immer spezieller werden, teilweise auch einander überlagern und Varietäten der Gesamtsprache darstellen (MÜLLER 1975, 172).

---

[8] WEINRICH (1975) plädiert darum für ein interdisziplinäres Wörterbuch, das dieser Durchdringung Rechnung trüge: Um ein Grundwörterbuch mit einem umgangssprachlichen Grundbestand müsste sich ein Kranz mehrerer kongruenter Fachwörterbücher für die wichtigsten wissenschaftlichen und technologischen Gebiete legen, mit Querverweisen.

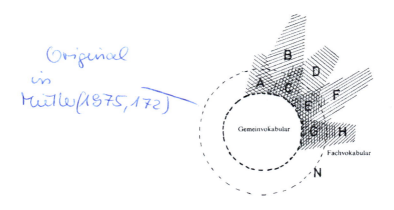

Original in Muttle (1975, 172)

Gemeinvokabular

Fachvokabular

Auch wenn linguistisch der Unterschied zwischen Fachsprachen und Gemeinsprache nicht eindeutig ist, so gilt doch, dass die Fachsprachen spezifische Zwecke erfüllen und darauf ausgerichtet sind.

> Die Besonderheit der Fachsprachen (...) liegt einmal in ihrem speziellen, auf die Bedürfnisse des jeweiligen Faches abgestimmten Wortschatz, dessen Übergänge zur Gemeinsprache fließend sind und der auch gemeinsprachliche und allgemeinverständliche Wörter enthält. Zum anderen liegt ihre Besonderheit in der Gebrauchsfrequenz bestimmter (gemeinsprachlicher) grammatischer (morphologischer, syntaktischer) Mittel (FLUCK [5]1996, 12).

1.4.2 DER FACHTEXT ALS KOMPLEXES PHÄNOMEN

Abgrenzungskriterien zwischen Gemeinsprache und Fachsprachen sind im außersprachlichen Bereich der Fächer nicht zu finden, und auch in den Fachtexten sind beide Aspekte miteinander verwoben, wobei das **Fachsprachliche auffällig** wird. Die sprachlichen Aspekte fasst GLÄSER (1990, 18) in ihrer Definition so zusammen:

> Ein Fachtext ist eine zusammenhängende sachlogisch gegliederte und abgeschlossene komplexe sprachliche Äußerung, die einen tätigkeitsspezifischen Sachverhalt widerspiegelt, situativ adäquate sprachliche Mittel verwendet, und durch visuelle Mittel, wie Symbole, Formeln, Gleichungen, Graphika und Abbildungen ergänzt sein kann.

Im Fachtext verweben sich gemeinsprachliche und fachsprachliche Phänomene. Das Verhältnis zwischen beiden wird hier als eine bipolare Relation gesehen, die sich wechselseitig in dynamischem Austausch befindet. Die spezifisch fachsprachlichen Merkmale sind die der Auffälligkeit, des Besonderen:

> Jede Fachsprache wäre unter diesen Umständen ein relativ selbständiges Kommunikationsmittel und verhielte sich zur Gesamtsprache wie das *Besondere* zum *Allgemeinen*; ihre Besonderheit läge aber nur in der Auswahl und Zusammenstellung der sprachlichen Mittel zu einem speziellen Zweck, nicht in den sprachlichen Mitteln selbst (HOFFMANN 1985, 50).

Neben der Koexistenz von Varietäten im einzelsprachlichen Fachtext (Gemein-sprachliches und Fachliches) gibt es auch die Koexistenz verschiedener Ebenen, die linguistisch bei den Einzelsprachen untersucht werden. KALVERKÄMPER (1998b, 39) stellt fest: „Als Rahmenbedingungen einzelsprachlicher Fachsprachen haben *sprachsystematische Funktionsebenen* zu gelten (in aufsteigender Komplexität und hierarchischer Anordnung zueinander)":

```
                                           ¬ Kultureme
                                    ¬ Textsorten
                             ¬ Texte
                      ¬ Sätze
               ¬ Syntagmen
        ¬ Lexeme
  ¬ Morpheme
```

Nach diesen **Sprachbeschreibungsebenen** werden Fachtexte analysiert und beschrieben. Auch in unserer Darstellung wird immer wieder auf diese Ebenen rekurriert werden.

Wenn „Fachsprachlichkeit" als eine „Eigenschaft von referentiellen Texten-in-Funktion" aufgefasst wird, dann ist es sinnvoll, mit KALVERKÄMPER (1990, 117ff) eine „Skala der abnehmenden Fachsprachlichkeit" solcher Texte von sehr hoch fachlichen Texten mit eingeschränkter Verständlichkeit bis zu ziemlich gemeinsprachlichen Texten mit breiterer Verständlichkeit anzunehmen.

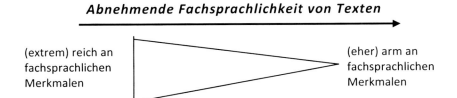

(extrem) reich an
fachsprachlichen
Merkmalen

(eher) arm an
fachsprachlichen
Merkmalen

KALVERKÄMPER sieht die Fachtexte auf einer gleitenden Skala, wobei je nach **Fachsprachlichkeitsgrad** der Merkmalreichtum verschieden ist. Auf der einen Seite der Skala sind die Texte anzusiedeln, die (extrem) reich an fachsprachlichen Merkmalen sind. Hier nennt KALVERKÄMPER exemplarisch das streng fachliche Kommunizieren zwischen Fachleuten und Wissenschaftlern. Auf der anderen Seite sind die Texte zu einem fachlichen Gegenstand anzuordnen, die bisher eher als „gemeinsprachlich" eingestuft wurden und in diesem Modell als arm an denjenigen Merkmalen charakterisiert werden, die in Fachsprachen auffällig vorhanden sind.

Als **fachsprachliche Merkmale** gelten dabei eine spezielle *Fachterminologie* (Lexeme), ggf. auch Abbildungen, sowie bestimmte sprachlich-stilistische Besonderheiten (Syntagmen, Sätze, Textsorten), die auch übersetzungsrelevant und daher hier noch genauer zu analysieren sind. Nach den linguistischen Sprachbeschreibungsebenen sind die *Texte* in ihrer Domäne situiert, die *Textsorten* unterscheiden sich nach der Kommunikationssituation, und die *Kultureme* (Kulturspezifika) beziehen sich auf das kulturelle Umfeld, das auch in der Fachkommunikation wirksam ist.

Letztendlich wird durch KALVERKÄMPERS Modell der „gleitenden Skala" die Dichotomie 'Fachsprachen vs. Gemeinsprache' zugunsten einer Pluralität von Fachtexten unterschiedlichen Fachsprachlichkeitsgrades ersetzt, die sich durch Rückgriff auf pragmatische Kriterien und textsortenspezifische sprachliche Charakteristika voneinander abgrenzen lassen. Es wird insbesondere „der Fachsprachenbegriff nicht auf die Sprache eines (extrem) hohen Fachsprachlichkeitsgrads" reduziert (GÖPFE-RICH 1995, 26).

Zur Frage nach der übersetzungsdidaktisch durchaus relevanten **„Schwierigkeit" von Fachtexten** stellen ARNTZ/EYDAM (1993, 199) fest: „Der Fachlichkeitsgrad eines Fachtextes steigt demnach mit dem Grad der Komplexität der dargestellten Sachverhalte (vertikale Komplexität), und mit dem immanenten Grad der Spezialisierung innerhalb eines Fachgebiets (horizontale Spezialisierung)." Ein hoher „Fachlichkeits-grad" bewirkt eine höhere Schwierigkeit entsprechender Texte.

Kriterien für die Bestimmung der **vertikalen Komplexität** eines Fachtex-tes sind die Fachwortfrequenz und deren Kompliziertheit wie z. B. For-meln, der Abstraktionsgrad der sprachlichen Darstellung, sowie der Umfang außersprachlicher Kommunikationsmittel, wie zum Beispiel Abbildungen, im Text. Der Ausgangspunkt für die **horizontale Speziali-sierung** ist das eigentliche „Fach", dem die Kernaussagen des Textes zugeordnet sind, also das Fachwissen des Autors und das vorausgesetz-te Fachwissen der Adressaten, sowie die Textfunktion (BAUMANN 1986, 98). Nach außen hin schließen sich die fachlich spezielleren Erweiterun-gen an, die den Kern umlagern. So führt eine zunehmende Spezialisie-rung zu einer Erhöhung des fachlich-inhaltlichen Schwierigkeitsgrades.

Die Textvorkommen in der Fachkommunikation sind thematisch an Sachinhalten orientiert, die tendenziell nur von einem Kreis von Fach-leuten beherrscht werden. Dabei werden die Gegenstände und Sach-verhalte in Fachtexten so benannt, dass Fachleute möglichst wider-spruchsfrei darüber kommunizieren können. Für Laien ist die wissens-vermittelnde Funktion der Medien wesentlich, und so wird die Gemein-sprache stark von den Fachsprachen beeinflusst.

1.4.3 DER EINFLUSS VON FACHSPRACHEN AUF DIE GEMEINSPRACHE

Obwohl die Fachsprachen aus der Gemeinsprache heraus entstehen, ist deren Rückwirkung auf diese Gemeinsprache v. a. im lexikalischen und syntaktischen Bereich heute enorm. Technik und Wissenschaften wir-ken über die Konsumption von technischen Gütern, aber auch durch den Wissenstransfer über die Medien auf die Gemeinsprache ein. Die Verwendung von Fachausdrücken gilt als modern, und Stilformen fachlichen Redens und Schreibens, wie z. B. Fremdwörter, Wortzusammensetzungen oder gestelzte amtsstilartige Formulierungen, finden sich immer häufiger in der öffentlichen Rede. Ein unreflektierter Gebrauch fachsprachlicher Elemente kann aber auch zum Kommunikationshindernis werden.

> ### Beispiel
> Die **Ausbreitung exklusiver Fachwörter in breitere Bevölkerungsschichten** zeigt sich sehr gut im Bereich der Computertechnologie. Was anfangs für die meisten völlig unverständlich war, wie *Chip, RAM-Speicher, Zentraleinheit, Net-Browser, E-Mail* usw., ist heute vielen geläufig, sogar als Fremdwort. Mit den Erfindungen kommen immer neue Ausdrücke auf.
> Man denke auch an den Störfall 1986 im Kernkraftwerk Tschernobyl, Ukraine, als die Zeitungen voll waren von Informationen über atomare Strahlung. Messdaten wie *Rem, Millirem, Cäsium 239, Halbwertszeit* usw. wurden den Lesern jeweils erklärt. Entsprechende Wissensbestände können aber auch sehr rasch wieder in der Versenkung verschwinden.

Fachliche Inhalte werden stets in einer spezifischen fachsprachlichen Form mitgeteilt, und Transportmittel für die fachsprachlichen Elemente in die Gemeinsprache hinein sind die Massenmedien, aber auch Sach- und Fachbücher, sowie die Werbung. Der Einfluss auf die gemeinsprachliche **Lexik** besteht vor allem in einer Vermehrung des Wortschatzes in den Bereichen Wissenschaft, Technik, Politik, Wirtschaft, Arbeit, Ausbildung, Freizeit. Vielfach tauchen Wortübernahmen zunächst in der Umgangssprache auf, entweder weil dies von den Sprachteilhabern als „modern" angesehen wird, oder weil es für die neuen Inhalte noch gar keine anderen Ausdrucksmöglichkeiten gibt, vgl. z. B. *starten, röntgen, Computer, Know-how,* usw. Daneben aber werden Fachausdrücke in der Gemeinsprache oft metaphorisch verwendet und auf andere Gebiete übertragen: z. B. *einen Kurzschluss auslösen, entgleisen, die gleiche Wel-*

lenlänge haben, in Form sein, eine Hürde nehmen, Schützenhilfe leisten, etwas torpedieren.. Die Sprache wird dadurch bereichert.

Es gibt aber auch den verbreiteten Vorwurf, dass die Fachsprachen zur Entmenschlichung der Sprache beitrügen, z. B. *das Mitarbeitermaterial, „die Galle" auf Zimmer 15, der Abgabepflichtige, die Verkehrsteilnehmer, die Erdbebenopfer.* Es handelt sich hier um Menschen, aber besprochen wird nur deren Rolle. Der Bestand an Fachwörtern insgesamt in der Gemeinsprache lässt sich kaum datieren, da es auch regionale Unterschiede gibt und dies zudem stark vom aktuellen Thema in der öffentlichen Diskussion abhängig ist. Wahrscheinlich ist dieser Bestand sehr fluktuierend, Wörter und Themen kommen und gehen.

Der Einfluss auf die gemeinsprachliche Syntax zeigt sich wesentlich in einer generellen **Substantivierungstendenz**, die aus dem Bestreben resultiert, in knapper und präziser Form möglichst viel Inhalt zu übermitteln. Diese Tendenz wird auch oft bei der Politikersprache angeprangert: *ein Prozess des Auslotens, Beibehaltung oder Deckelung der Ausgaben, Vorziehen der Steuerreform, wir haben die Erwartung dass..., unsere Ausgabenreserve umfasst ...*

Häufig ist auch die Verwendung von **Funktionsverbgefügen**, wie z. B. *zum Ausdruck bringen, einen Beschluss fassen,* von satzsparenden **Wortkomposita** wie *gesellschaftsrelevant,* ausgiebigem Präfixgebrauch wie *abkassieren, belüften, verformen* oder werblichen **Neubildungen** auf –e, Beisp.: *die Frische, die Leuchte, die Spüle.*

Der allgemeine Effekt ist eine **Intellektualisierung der Gemeinsprache**, denn durch zunehmende Ausbreitung wissenschaftlich-technischen Denkens wird die intellektuelle Seite der Sprache zu ungunsten der emotionalen verstärkt. Diese intellektuelle Seite ermöglicht es ja besonders, den Zusammenhang und die Kompliziertheit des Denkens auszudrücken. Allerdings sehen viele hier auch die Gefahr von Kommunikationsstörungen mit Menschen, die dieser Entwicklung nicht folgen, was dann zu Verwerfungen in einer modernen Wissensgesellschaft führt.

1.4.4 SCHICHTUNG DER FACHSPRACHEN

Während in einer **horizontalen Gliederung** die Fachsprachen auf die verschiedenen Fächer verteilt sind, z. B. *Sprache der Medizin, Sprache des Fahrzeugbaus, Sprache der Textilverarbeitung, Rechtssprache,* usw., wurden die Fachsprachen als linguistischer Forschungsgegenstand (und darin noch relativ unscharfer Begriff) auch in verschiedenen Modellen einer **vertikalen Schichtung** nach pragmatischen Kriterien unterzogen, wie sich dies im Modell des Kommunikationsquadrats schon andeutete (s. Kap. 1.3.3). Dies schärft das Bewusstsein von der fachsprachlichen Problematik und zeigt, dass Fachsprache keineswegs ein einheitliches Phänomen ist.

In der Sprachverwendung zeigt sich das Problem der Schichtung konkret in unterschiedlichen Ausdrücken für denselben Gegenstand, beispielsweise für ein defektes Fahrzeug: *die Karre steht, die Rostlaube streikt, das Auto ist kaputt, der Wagen ist nicht fahrtüchtig, das Kraftfahrzeug ist abgemeldet, unsere Limousine läuft nicht mehr.*

1.4.4.1 EINTEILUNG NACH DER GEBRAUCHSEBENE

Ein Beispiel für ein pragmatisches Schichtenmodell ist das von ISCHREYT (1965, 39ff), der drei Schichten des Gebrauchs von Fachausdrücken unterscheidet:

Dreischichtenmodell

a) Die „wissenschaftlich-technische Fachsprache" mit dem höchsten Grad an Fachwörtlichkeit und Exaktheit, z. B. *Kühl- und Gefrieranlage*

b) Die „Werkstattsprache" mit einem geringeren Grad an Exaktheit, verbunden mit einem höheren Maß an Allgemeinverständlichkeit, was zu einem Gewinn an Kommunikation unter den Betriebsangehörigen führt, z. B. *Kühlschrank*

c) Die „Verkäufersprache" mit hoher Variationsbreite. Sie richtet sich an bestimmte Zielgruppen außerhalb des Fachs, etwa in der Werbung, z. B. *„Frische-Maxi", „Bio-Fresh"*

1.4.4.2 EINTEILUNG NACH DER KOMMUNIKATIONSDISTANZ

Walther v. HAHNS (1983, 76ff) dreidimensionales Modell der Schichtung umfasst die drei Achsen a) „Kommunikationsdistanz", b) „Handlungen" und c) „Adressaten", und ist damit an der Situation der Kommunikationsteilnehmer interessiert. Die Achse „Kommunikationsdistanz" variiert nach HAHN „von der direkten, d. h. face-to-face-Kommunikation, bis zur anonymen Kommunikation über zahlreiche unbekannte Instanzen", in seinem Modell nennt er die drei Stufen „eng", „mittel" und „weit".

Auf der Achse „Handlungen" findet sich die Einteilung in die drei Kategorien „Instruktion", „Information" und „Organisation". Auf der Achse „Adressaten" schließlich unterscheidet er vier Kategorien: „Nutzung", „Vermittlung", „Technologie" und „Wissenschaft". Damit sind schon einige Aspekte angedeutet, die für die Analyse der Fachsprachen und Fachtexte wichtig sind. Wir können jeden vorliegenden Text dann an einer bestimmten Stelle einordnen.

Kommunikationsdistanz		
eng	*mittel*	*weit*
z. B. direkte Fachkommunikation am Arbeitsplatz	betriebliche fachinterne Kommunikation	externe anonyme Kommunikation
Handlungen		
instruktiv	*informativ*	*organisatorisch*
z. B. Bauanleitung	Versuchsbericht	Verfügung
Adressaten		
Nutzung	Vermittlung	Technologie	Wissenschaft

1.4.4.3 EINTEILUNG NACH DER ABSTRAKTIONSSTUFE

Ein recht komplexes **Fünfschichtenmodell** nach der in den naturwissenschaftlich-technischen Fachsprachen verwendeten Abstraktionsstufe im Verhältnis zur Kommunikationsrelation bietet HOFFMANN (1985, 66), indem er vor allem die Struktur der Texte einbezieht. Er unterscheidet

dabei folgende Gesichtspunkte: 1. Abstraktionsstufe, 2. äußere Sprach-
form, 3. Umgebung der Textvorkommen, 4. die Kommunikationsträger.
Die Gliederung von A bis E nennt in fünfstufiger Rangfolge bestimmte
„Milieus" der Fachkommunikation, orientiert an einem abnehmenden
Abstraktionsgrad der Lexik. Im Blick auf die entsprechenden Textvor-
kommen könnte man denken an *Formelsammlungen (A)*, *Laborberichte
(B)*, *Darstellung eines Herstellungsverfahrens (C)*, *Einbauanleitung (D)*,
Produktwerbung zu einem Gegenstand (E).

	Kommunikations- relation	Abstraktionsstufe	Sprachmerkmale
A	Wissenschaftler ↔ Wissenschaftler	Höchste Abstraktions- stufe, theoretische Grundlagenwissensch.	Künstliche Symbole für Elemente und Relatio- nen, viele Fremdwörter
B	Wissenschaftler/ Tech- niker ↔ Wissenschaft- ler/ Techniker ↔ wiss./techn. Hilfskräfte	Sehr hohe Abstrakti- onsstufe experimentelle Wis- senschaften	Künstliche Symbole für Elemente, natürliche Sprache für Relationen (syntaktische Struktur)
C	Wissenschaftler/ Tech- niker ↔ wiss.tech. Produktionsleiter	Hohe Abstraktionsstu- fe Angewandte Wissen- schaften / Technik	Natürliche Sprache mit einem sehr hohen Anteil an Fachterminologie und einer streng deter- minierten Syntax
D	Wiss.tech. Produktions- leiter ↔ Meister ↔ Facharbeiter (Ange- stellte)	Niedrige Abstraktions- stufe materielle Produktion	Natürliche Sprache mit einem hohen Anteil an Fachterminologie und einer relativ ungebun- denen Syntax
E	Produktionsvertreter ↔ Handelsvertreter ↔ Konsumenten ↔ Konsumenten	Sehr niedrige Abstrak- tion Konsumption	Natürliche Sprache mit einigen Fachtermini und ungebundener Syntax

Die verschiedenen Schichtenmodelle können zwar das Bewusstsein um
die fachsprachliche Problematik schärfen, denn sie zeigen wie der Forschungsgegenstand 'Fachkommunikation' aus unterschiedlicher wissen-

schaftlicher Perspektive erfasst wird. Doch jeder Übersetzungstext ist auch immer wieder ein Einzelfall.

In ihrer **Allgemeinheit** sind die Modelle relativ wenig aussagekräftig, und eine klare Zuordnung oder Abgrenzung entsprechender Einzeltexte ist nicht leicht. Meist wurde auch auf konkrete Textbeispiele verzichtet. In unserer nachfolgenden Darstellung der Problematik des Fachübersetzens wird jedoch wiederholt auch auf solche Schichtungsaspekte Bezug genommen, weshalb dies hier eingeführt wurde. Bei konkreten Übersetzungsaufgaben sind ja die **verschiedenen Gebrauchsebenen eines Wortes** durchaus relevant. Dies zeigen folgende Beispiele.

> *Beispiel*
> Übersetzung des Titels einer amerikanischen Militärnorm
> (*universal screw nut – machine screw, hexagonal*) nach SCHMITT
> (1986, 260):
> *Universalschraubenmutter – sechseckig, Maschinenschraube*
> (aus einer übersetzten Spezifikation).
> Das hört sich zunächst unverfänglich an. Aber was ist eigent
> lich eine „Maschinenschraube"? Von „Maschinenschrauben"
> spricht der Laie, wenn er (im Gegensatz zu Schrauben mit
> Spitzgewinde, wie z. B. Holzschrauben) eine Schraube meint,
> die man in eine Gewindebohrung drehen oder mit einer Mut
> ter verwenden kann. Manche Eisenwarenhändler behaupten
> auch, „Maschinenschrauben" hätten keinen Schaft und das
> Gewinne gehe bis zum Kopf.
> Kurioserweise wird der Begriff Maschinenschraube in der
> neueren Fachliteratur überhaupt nicht erwähnt, obwohl er in
> der Praxis immer wieder benutzt wird. In den einschlägigen
> Lehrbüchern gibt es nur die Sorten Kopfschrauben, Einzieh
> schrauben, Durchsteckschrauben, Passschrauben, Dehnschrau
> ben, Stiftschrauben, Gewindestifte, Schlitzschrauben, Blech
> schrauben und Holzschrauben, die man wiederum nach Art des
> Kopfes differenzieren kann (z. B. Sechskantschraube, Linsen
> holzschraube mit Kreuzschlitz, usw.)
> Was ist hier passiert? Es wurde einfach unreflektiert ein Jargo
> nausdruck übernommen. Das Übersetzungsbüro hat sich nicht
> die Mühe gemacht, sich darüber zu orientieren, um welche Art
> Schraube es sich im Text genau handelt. Dabei bewegt sich der

Text einer Militärnorm auf der wissenschaftlich-technischen Gebrauchsebene, und nicht auf der der Umgangssprache.

Beispiel Französisch

Es können für die *Benennungen des Gefrierfachs* (im Kühlschrank) für das Französische folgende Ebenen festgestellt werden (vgl. PAEPCKE 1975, 297f):

Die wissenschaftlich-technische Gebrauchsebene mit dem höchsten Grad an Fachwörtlichkeit und Exaktheit, die im Bereich der Naturwissenschaften und Technik maßgebend ist: *chambre de congélation*.

Die Werkstatt- und Firmensprache mit geringerem Grad an Exaktheit und Begriffsschärfe, verbunden mit einem höheren Maß an Allgemeinverständlichkeit. Eine solche betriebsinterne Formulierung ist: *compartiment réfrigérateur*.

Die Gebrauchssprache verzeichnet den Gebrauchswert von Lexemen in der Umgangssprache, die durch häufige Verwendung ihre fachwörtliche Eingrenzung und Exaktheit verloren haben: *congélateur*.

Die Verkaufs- und Werbesprache des Marketing hat ein hohes Maß an Variationsbreite zur Erreichung unternehmerischer Ziele. Sie richtet sich an bestimmte Zielgruppen zum Zweck der Produktwerbung: *le freezer*.

Die kommunikative Funktion im fachlichen Diskurs erschöpft sich aber keineswegs in der Referenz, also der Bezeichnungs- oder Darstellungsfunktion der Sprache (s. Kap. 1.3.2), sondern geht beispielsweise als Anweisung, Bericht, Argumentation etc. weit darüber hinaus (MÖHN/PELKA 1984, 10). Übersetzen ist mehr als nur der Umgang mit schwierigen Wörtern.

Die Frage, ob die entsprechende kommunikative Funktion in einem Zieltext dieselbe sei wie im Ausgangstext oder nicht, spielt allerdings für den Übersetzer eine eher untergeordnete Rolle, da sie tatsächlich meist unverändert ist; die Fachübersetzung dient ja dazu, eine begonnene fachliche Kommunikation über die Sprachgrenzen hinweg fortzusetzen. Doch man muss sich insgesamt über die Verwendung der entsprechenden funktionsgemäßen Sprachmittel beim Übersetzen im Klaren sein.

1.4.5 Zur Bedeutung des Fachdenkens

Bei einer ganzheitlichen Betrachtung der Textvorkommen in ihrer Funktion, womit es ja auch der Translator zu tun hat, wird rasch deutlich, dass die „Fachtexte" kein homogener Bereich sind.

> Fachlichkeit als eine Qualität von Situationen in ihrem Verlauf, von Handlungen, Abläufen, Aktivitäten, Prozeduren und auch von Gegenständen, Objekten und Sachverhalten (...) manifestiert sich durch „Versprachlichung", also durch Texte. (...)
>
> Die Sprache signalisiert im Kommunikationsprozeß, daß die angesprochenen bzw. gehörten Abläufe, Handlungen und Sachverhalte so verstanden werden sollen, daß sie eingebettet sind in ein bestimmtes Handlungssystem, zu dem sie gehören und das man kennen bzw. erlernt haben muß, um sie vor diesem Hintergrund richtig zu verstehen (Kalverkämper 1983, 130).

Die Zuordnung zu einem Fach vermittels der Sprache erfolgt aus der Sicht der Sprachverwender als **Fachdenken** und ist daher eine relative Größe. Damit können aber Fachtexte nicht als direkte Reflexe der außersprachlichen Fächer angesehen werden, sodass mit jedem sich neu etablierenden Fach auch eine völlig neue Fachsprache angenommen würde. In der Fachsprachenforschung gibt es Schätzungen, die von ca. 300 Fachbereichen ausgehen (Fluck [5]1996, 16). Weiterführend sind hier Überlegungen von Baumann, der den Begriff des „Fachdenkens" in die Diskussion eingebracht hat:

> Die Kategorie *Fachdenken* beinhaltet die Besonderheiten des Erkenntnisprozesses in einem bestimmten fachlich begrenzbaren Bereich der Wirklichkeit. (...) Die Ergebnisse des Fachdenkens werden schließlich in den Bereich des (sprachlich-kommunikativen) Handelns übertragen. Da das Fachdenken in bestimmten Kommunikationssituationen bzw. bei der Lösung bestimmter Aufgaben bevorzugt mit einigen sprachlichen Mitteln und Strukturen operiert (z. B. 'Schluß' –> Komplexverfahren Argumentieren –> Kommunikationsverfahren Schlußfolgern –> Verwendung konstruktiver Konjunktionen, performativer Verben usw.), kann versucht werden, auf der Ebene des Fachtextes eventuelle Regularitäten in den Beziehungen zwischen Fachsprache und Fachdenken nachzuweisen (Baumann 1987, 93f).

Es sollen dabei vor allem die Erscheinungen eines bestimmten Fachbereichs in ihren inneren Zusammenhängen begriffen werden. Wahrscheinlich bestehen enge Beziehungen zwischen Denk- und Sprachstil. BAUMANN (1992, 37) verweist darauf, „dass jede wissenschaftliche Disziplin (...) ihren spezifischen Denkstil besitzt." Wenn dies stimmt und sich das Fachdenken auf die Textkomposition auswirkt, und wenn thematische Textbaupläne und die Dimension des Fachdenkens sich stilistisch durch eine Vielzahl von Erscheinungsformen am Fachtext verfolgen lassen, wie BAUMANN (1987, 102) andeutet, dann werden beispielsweise Texte aus dem Bereich der Physik sprachlich signifikante Unterschiede zu Wirtschaftstexten aufweisen, die natürlich übersetzungsrelevant sind. Weil aber, wie gesagt, die Fächer nicht exakt abgrenzbar sind, möchten wir annehmen, dass bestimmte benachbarte Fachbereiche aufgrund ähnlicher Verarbeitung der Mitteilungsinhalte (Fachdenken) auch sprachlich ähnliche Grundstrukturen aufweisen.

Ein Fachtext kann nur fachimmanent verstanden werden, im Sich-Einlassen auf die fachliche Denkwelt. Jede Aussage ist motiviert, und die Motivation fachlicher Aussagen ist die **fachliche Denkwelt**. Wie jeder Text hermeneutisch eine Antwort auf eine bestimmte Fragestellung darstellt, ist dies in besonderem Maße für Fachtexte der Fall. Die über den Text hinausgehenden Informationen des außersprachlichen Hintergrunds sind im Falle von Fachtexten an **Fachwissen** gebunden, welches die Verstehensvoraussetzung bildet. Für das Verstehen etwa von Fachausdrücken ist ein Wissen notwendig, das mit diesen Ausdrücken verknüpft ist. Während Wörter der Gemeinsprache durch ihren Kontext monosemiert werden, „veranlassen die Termini im (Fach-)Text ganz im Gegenteil ihr Verständnis nicht primär aus dem umgebenden Kontext herauszuholen, sondern es als Vorwissen, als Wissenshorizont, als systematisierten Texthintergrund, als Modalität spezifischer 'Sehweise' notwendig präsent zu haben" (KALVERKÄMPER 1983, 155).

> Das 'Wort' der Alltagssprache wird im 'Terminus' der Fachsprache tendenziell zum kontextfrei interpretierbaren Sprachzeichen, das idealiter eine vereinbarte Einheit von fest definiertem Begriff und dessen

Benennung in umkehrbar eindeutiger Relation (Eineindeutigkeit) bildet und zudem aus konventionalisierten Oppositionsbeziehungen zu anderen Termini seinen semantischen Gehalt bezieht (BARCZAITIS/ARNTZ 1998, 794).

Dass sich hier dem Translator das „Problem des Fachwissens" (GERBERT 1972; SCHMITT 2003) stellt, ist einleuchtend. So ist für die Rezeption von Fachtexten die Annahme bedeutsam, dass durch einen sprachlichen Input ein ganzer **Referenzbereich**, das entsprechende fachbezogene Szenario, kognitiv aktiviert wird. Beim Verstehen von Fachausdrücken werden diejenigen Konzepte selektiert (so sie gespeichert sind), die am besten in den Kontext passen bzw. die stärksten Verbindungen zu den entsprechenden fachlichen Konzepten aufweisen. (Problematisch werden dann Verwechslungen der Laien mit gleichlautenden Formativen aus einem anderen Wissensgebiet.)

Fachliche Textproduktion bedeutet Exteriorisierung von Wissen im Fach. Dazu gehört auch die sprachliche Form der Repräsentation solchen Wissens in Texten, was in der Fachsprachenforschung untersucht wird.[9] Fachliche Gedächtnisschemata bilden nicht nur Strukturen des Wissens ab, sondern sie sind auch inhaltsspezifisch determiniert (ABELSON/BLACK 1986, 4ff). Die Inhaltsspezifik erscheint uns speziell für Fachtexte von Bedeutung, ja sie könnte zu einer genaueren Begründung des Textstatus, also des Qualitätsunterschiedes zwischen Fachtexten und Texten in anderen Diskursfeldern, z. B. Literatur herangezogen werden.

Eine mögliche Unterteilung der Fachbereiche aus dem Blickwinkel des Übersetzers geht vor allem von dem Gedanken aus, dass die hier zusammengefassten Fachbereiche eine ähnliche sprachliche Grundorientierung aufweisen, die auf der Vernetzung des Fachdenkens basiert (STOLZE 1992, 102ff). Ganz ähnlich bringt HOFFMANN (1985, 58-62) eine horizontale Gliederung der Fächer nach ihrem Verwandtschaftsgrad.

Es ist ja plausibel anzunehmen, dass die Organisation der kognitiven Schemata des Wissens von den Inhalten der verschiedenen Fachgebiete

---

[9] Vgl. hierzu *HSK – Fachsprachen – Languages for specific purposes.* Hrsg. von L. Hoffmann et al., 2 Bände, Berlin (1998).

abhängig ist. Schemata bezüglich soziologischen Wissens werden deutlich anders strukturiert sein als z. B. Schemata, die das Gebiet der Mathematik oder Physik betreffen. Spezifische fach- und sachbezogene Inhalte können die Organisation des Schemas bestimmen. Wenn wir ein gewisses fachliches Vorwissen als unverzichtbaren Bestandteil der rezeptiven Übersetzungskompetenz ansehen, so heißt dies, dass unseres Erachtens ein Übersetzer mit Kenntnissen in „Ökonomie" in der Lage sein müsste, unterschiedliche Texte aus den dort angesiedelten Bereichen zu verstehen und zu übersetzen. Dieselbe Kompetenz wird man etwa in den Bereichen „Chemie" oder „Maschinenbau" nicht von ihm erwarten.

1.4.6 Unterscheidung der Wissenschaften

Bei der Betrachtung einer größeren Anzahl von Texten drängt sich auch alsbald die Unterscheidung zwischen „naturwissenschaftlichen" und „geisteswissenschaftlichen" Textvorkommen auf, wobei jene Zweiteilung in Bezug auf die außersprachlichen Wissensbereiche lange als überholt galt, und erst neuerdings wieder aufgegriffen wird (Beiner 2009). Aufgrund der unterschiedlichen Aufgabenbereiche und dementsprechend der verschiedenartigen Forschungsmethoden ist es allerdings angebracht, eine Vierteilung der Wissensbereiche vorzunehmen in Naturwissenschaften und Technikwissenschaften (NWT) neben Sozialwissenschaften und Geisteswissenschaften (SGW).

Im Blick auf die **erkenntnistheoretische Unterscheidung** der Wissenschaften als Fachkommunikation sowie auf die unterschiedliche **Fundierung der Forschungsarbeit** gibt es einen Streit um die Bezeichnungen. „Eine erste Orientierung liefert die bereits von Wilhelm Windelband Ende des 19. Jh. eingeführte Unterscheidung von ‚nomothetisch' verfahrenden, auf Gesetzmäßigkeiten ausgerichteten (Natur-)Wissenschaften und ‚idiographisch' verfahrenden, auf Besonderheiten und Individuelles, Einmaliges ausgerichteten (Geistes-)Wissenschaften" (Beiner 2009, 13). Eine andere Unterscheidung ist diejenige zwischen Formalwissenschaften und Realwissenschaften. Zu ersteren wird insbesondere die Logik und die Mathematik als Träger von abstraktem Fundamentalwissen gerechnet. Zur zweiten Gruppe gehören die Realwissenschaften, die sich über die beiden großen Gegenstandsbereiche von Natur und Kultur, also von Vorgefundenem und Gemachtem erstrecken. Schon um 1900 setzte sich dazu Heinrich Rickert für die gerade in jüngerer Zeit wieder populär gewordene Bezeichnung „Kulturwissenschaft" neben den „Naturwissenschaften" ein und zwar in Abgrenzung vom spezifisch deutschen Ausdruck „Geisteswissenschaft", bei dem der Bedeutungsgehalt von „Seele" eine zu große Rolle spiele. „Humanities" sind das Pendant in der englischen Wissenschaftssprache.

Allerdings wird der Begriff „Kulturwissenschaften" heute teilweise für eine nur kleine Disziplinengruppe (Ethnologie, Archäologie, Kultur-Anthropologie) verwendet, die bei weitem nicht abdeckt, was eigentlich von den „Geisteswissenschaften" erfasst wird. Daneben haben sich inzwischen die „Sozialwissenschaften" weitgehend als ein eigener Bereich mit spezifischen Methoden und einem definierten Gegenstandsbereich etabliert (Rechts- und Wirtschaftswissenschaften, Psychologie, Pädagogik, Soziologie, Politologie). „Dann blieben als Geisteswissenschaften Wissenschaften übrig, die sich mit immaterieller, sprachlich verfasster, auf Verständnis und Orientierung zielender Auseinandersetzung mit der Welt, mit ‚Sinn-Produktion' und nichtmaterieller Lebensbewältigung befassen, etwa die historischen Wissenschaften, die Philologien als Sprach- und Literaturwissenschaften, große Teile der Philosophie und die Theologie" (BEINER 2009, 12f).

Auch die Terminologiebildung bzw. die **Struktur des Fachwortschatzes** ist in diesen Fachbereichen spezifisch verschieden, was somit übersetzungsrelevant ist. Für sprachdidaktische Überlegungen hält es HOBERG (1994a, 333) für sinnvoll, vier Gebiete zu unterscheiden, und zwar die „Wissenschaftssprachen" (z. B. *Formeln, Abkürzungen, Diagramme*), sodann „Wissenschafts-Bereichssprachen" (z. B. *Sprache der Natur-, Technik-, Sozial- und Geisteswissenschaften*), „Fachbereichssprachen" (z. B. *die Sprache des Maschinenbaus*) und „Fachgebietssprachen" (z. B. *die Sprache der Fahrzeugtechnik*).

In der Kommunikation mit anderen über sich selbst und die Welt gibt es ja zwei **verschiedene Perspektiven**, eine nach innen und eine nach außen gerichtete. Der Mensch kann in der fachlichen Kommunikation mit anderen die außersprachliche Welt der Gegenstände und Sachverhalte betrachten, benennen und klassifizieren. Solche Wissenschaften sind „nomothetisch", eine „Ordnung setzend". Damit kann man Aussagen über die Dinge machen wie sie sind, aber auch Macht ausüben. Die Gegenstände sind sichtbar, daher ist eine Einigung über deren „objektive Realität" unter den Menschen leichter, auch wenn immer noch in den jeweiligen Köpfen geringfügig abweichende Vorstellungen vorhanden sind. Diese Weise des benennenden Umgangs mit der Wirklichkeit entspricht den Natur- und Technikwissenschaften, im Vordergrund steht die referenzielle Funktion der präzisen Darstellung der Objektwelt im Sinne der Qualifizierbarkeit und Quantifizierbarkeit.

Die Erfahrung und Wahrnehmung des Menschen betraf aber wohl zunächst seine innere Befindlichkeit. Gefühle wie Hunger, Schmerz, Angst, Freude, Lust, Hass, Traurigkeit, dann aber auch Fragen, Zweifel, Meinungen, Deutung von Entwicklungen, Veränderungen, usw. sollen anderen Menschen mitgeteilt werden. Alle diese Dinge sind unsichtbar, sind innerlich, und so kann die Sprache hier nur beschreibend, deutend, unspezifisch sein. Diese Weise des Sprechens und Schreibens kommt v. a. in den Geistes- und Sozialwissenschaften, zum Tragen. Derartige Äußerungen werden im Verstehen erfasst, weshalb diese Wissenschaften auch „hermeneutisch" heißen.

So kommen die Geisteswissenschaften vom Menschen her, und ihre Redeweise steht der Gemeinsprache näher. Die geisteswissenschaftliche Argumentation über Inneres, über Gefühle und Meinungen ist notwendigerweise rhetorischer Natur, man appelliert an ein gemeinsprachlich gegebenes Vorverständnis auf der Basis einer nicht hinterfragbaren Plausibilität.

Benennen und Deuten sind die beiden Weisen des Umgangs mit der Welt, für welche die Sprache als Instrument der Kommunikation dient. Wegen dieser verschiedenartigen Perspektive im Fachdenken weist die

Fachlexik in den jeweiligen Bereichen eine unterschiedliche Verstehensproblematik auf, wie darzustellen sein wird.

Außerdem unterscheiden sich die Textvorkommen auch in textgrammatischen und stilistischen Aspekten, sodass etwa die produktive Kompetenz des Formulierens in Fachbereichen wie „Bauwesen" einerseits und „Medien" andererseits sehr unterschiedlich ist und von den einzelnen Übersetzern und Übersetzerinnen nicht in gleichem Maße beherrscht wird. Grundsätzlich sehen wir eine sprachliche Verwandtschaft jeweils innerhalb der Wissenschaftsbereiche der Naturwissenschaften und Technikwissenschaften (NWT), sowie der Sozialwissenschaften und der Geisteswissenschaften (SGW) als gegeben an.

Der Unterschied liegt in der erkenntnistheoretisch verschiedenen **Forschungsmethode** der Wissenschaften.

Bei den **Natur- und Technikwissenschaften** geht es um Objektivität, Kausalität, umfassende Datensammlung, klare Korrelation von Fakten, Eindeutigkeit und logische Inferenzketten, Präzision der Testmethoden, Reproduzierbarkeit der Versuchsanordnung, Exaktheit der Beschreibung, Operationalisierung der Methodik, Standardisierung der Formate, Explikation, Quantifizierung und Qualifizierbarkeit, sowie Stringenz der Schlussfolgerung (DENZIN/LINCOLN 1994; SALMON 1998).

Demgegenüber sind Grundkategorien der **geisteswissenschaftlichen Forschungsarbeit,** die so auch für die Sozialwissenschaften gelten, die Historizität, Dialogizität/Intersubjektivität, Spezifizität, Perspektivität, Verbalität, Reflexivität und Universalität (BEINER 2009). Forschungsgegenstände werden hier als geschichtlich Gewordene angesehen, die aus einer immer wieder neuen Perspektive in ihrem Umfeld betrachtet werden. Das gesellschaftlich relevante Spezifische des Gegenstandes wird in der Forschungsarbeit herausgearbeitet und damit der Forschungsgegenstand erst konstituiert. Diese Forschungsarbeit besteht in einem verbalen, intersubjektiven Argumentationsdiskurs, der ständig zu reflektieren und zu begründen ist. Die Mannigfaltigkeit der so entstehenden Gegenstände, die auch die Natur- und Technikwissenschaften einschließt (z. B. Technikfolgenabschätzung), impliziert eine prinzipielle

Universalität des Ansatzes. Es sind die Mühen der Perspektivität, die Geisteswissenschaftler in interdisziplinären Konstellationen ihren Partnern abverlangen (müssen). Schwierigkeiten gibt es, wo das Wissenschaftsverständnis der Kooperationspartner von einer Eindeutigkeit geprägt ist, die Geisteswissenschaftlern fremd sein muss.

Im Folgenden sollen nun übersetzungsrelevante Aspekte der Fachsprachlichkeit auf diversen linguistischen Beschreibungsebenen vorgestellt werden.

2 DER FACHAUSDRUCK

2.1 SACHE, BEGRIFF, DEFINITION UND TERMINUS (NWT)

Ein wesentlicher Aspekt von Fachtexten ist ein intakter Fachwortschatz. Dieser ist immer nur vorläufig und befindet sich in fortwährender Weiterentwicklung in dem Maße, wie Wissenschaft und Forschung voranschreiten.

2.1.1 BEGRIFF VERSUS BEDEUTUNG

Naturwissenschaften verwenden die Sprache vornehmlich in ihrer Funktion als Werkzeug zur exakten Beschreibung fachlicher Vorstellungen im „Begriff" und benutzen dazu eine eigens geschaffene, logisch strukturierte Fachterminologie. **Begriffe** sind sprachunabhängige (und daher nicht mit linguistischen Bedeutungen identische) kognitive Denkeinheiten als Konzept. Sie werden als mentale Repräsentationen materieller und immaterieller Gegenstände angesehen.

Wird ein Denkinhalt, eine begriffliche Vorstellung dann einzelsprachlich bezeichnet, so spricht man von der **Bedeutung** eines Wortes (SAUSSURE 1967, 10). Bedeutungen sind semantische Einheiten, die die Inhaltsseite eines aus Bedeutung und Form bestehenden einzelsprachlichen Wortes darstellen, während Begriffe im allgemeinen auch unabhängig von sprachlichen Benennungen existieren können und gelegentlich sogar in verschiedene Benennungen in einer Sprache einfließen. Beim Übersetzen suchen wir die äquivalenten Ausdrücke für einen Begriff.

> **Beispiel**
>
> Dies kann man anhand von vier Termini aus der englischen Baseball-Fachsprache verdeutlichen (vgl. WEISSENHOFER 1994, 320), nämlich *walk, base on balls, free check* und *free ride*. Es handelt sich hierbei um vier verschiedene Termini, die ein- und demselben Begriff zugeordnet sind, der in den offiziellen Baseballregeln definiert wird als „an award of first base granted to

a batter who, during his time at bat, receives four pitches outside the strike zone" (National Baseball Congress 1984, p. 6).

Obwohl alle vier Benennungen derselben kognitiven Vorstellung zugeordnet sind, besitzen sie jeweils eine Reihe unterschiedlicher Bedeutungsmerkmale auf der Wortebene, wie z. B. die konnotativ-stilistische Komponente „umgangssprachlich" in *free ride*, „offiziell" in *base on balls*, sowie „obsolet" in *free check*. Hier zeigen sich die Register einer unterschiedlichen fachsprachlichen Schichtung (s. Kap. 1.4.4). Außerdem unterscheiden sich *walk* und *base on balls* semantisch insofern voneinander, als der Terminus *walk* ausdrückt, dass der Schläger hier nicht unter Zeitdruck steht. Dagegen wird in *base on balls* hervorgehoben, dass dem Schläger das erste Mal (nach Zuwurf von vier Fehlbällen durch den Werfer) automatisch zugesprochen wird.

Es handelt sich in diesem Fall also um begriffliche Synonyme (da alle Termini ein- und derselben kognitiven Vorstellung zugeordnet sind), jedoch keinesfalls um semantische Synonyme als „gleiche Wortbedeutungen", denn die Wortbedeutung ist wie gezeigt verschieden. Die Bezeichnung ist also eine Frage der Perspektive: ob auf den Denkinhalt (Begriff) oder auf den Wortinhalt (Bedeutung).

2.1.2 DIE WISSENSCHAFTLICHE BEGRIFFSBILDUNG

Wissenschaftliche Begriffe werden benötigt, um über die vielfältigen Gegenstände und Sachverhalte kommunizieren zu können. Ein Begriff als kognitive Vorstellung sieht von der ungeordneten Vielfalt der Einzelphänomene ab und greift durch eine Reihe analytisch-synthetischer Schritte der **Verallgemeinerung** (Abstraktion) nur das Wesentliche heraus. Eine solche Begriffsbildung bringt Ordnung in die Vielfalt der Erscheinungen und macht Kommunikation hierüber erst möglich. Diese erfolgt mittels der einzelsprachlichen Benennungen, und entsprechende Ergebnisse stehen dann in den Wörterbüchern, wobei freilich die verwendeten Abstraktionskriterien nicht immer dieselben sind. Darin zeigt sich eine unterschiedliche Tiefe der analytischen Beschreibung des Gegenstandes, wie nachfolgendes Beispiel zeigt:

Beispiel

 „FISCHE"

Wir finden folgende **Angaben in verschiedenen europäischen Wörterbüchern:**

Fisch. Im Wasser lebendes Wirbeltier mit paarig angeordneten Brust- und Bauchflossen, unpaarigen Rücken- und Schwanzflossen, Kiemenatmung und mit Schuppen bedeckter Haut (*Wahrig, Deutsches Wörterbuch*).

Fisch. Im Wasser lebendes, durch Kiemen atmendes Wirbeltier mit einem von Schuppen bedeckten Körper und Flossen, mit deren Hilfe es sich fortbewegt (*Duden, Dt. Universalwörterbuch*).

Fish. A water animal. Any of la large group of cold-blooded water-breathing vertrebrates with fins, gills, and usu. scales (*The Merriam-Webster Dictionary*).

Fish. 1. Any of numerous cold blooded aquatic vertebrates of the superclass PISCES, characteristically having fins, gills, and a streamlined body and including specifically: a. Any of the class Osteichthyes, having a bony skeleton; b. Any of the class Chondrichthyes, having a cartilaginous skeleton and including the sharks, rays and skates; c. Any of the class Agnatha, lackling jaws and including the lampreys and hagfisches. 2. Any of various unrelated aquatic animals such as jellyfish, cuttlefish or crayfish. 3. The flesh of such animals used as food. 3. (informal) A person: "a cold fish". (*American Heritage Dictionary, 4th ed.*).

Fish. I.1.a In popular language, any animal living exclusively in the water; primarily denoting vertebrate animals provided with fins and destitute of limbs; but extended to include various cetaceans, crustaceans, mollusces, etc. – In modern scientific language (to which popular usage now tends to approximate) restricted to a class of vertebrate animals, provided with gills throughout life, and cold-blooded; the limbs, if present, are modified into fins, and supplemented by unpaired median fins. (*Oxford English Dictionary*).

Poisson. Animal vertébré inférieur, vivant dans l'eau et muni de nageoires (*Petit Robert*).

Poisson. Vertébré aquatique, à corps fuselé couvert d'écailles, se déplaçant dans l'eau à l'aide de nageoires (*Dictionnaire du français contemporain*).

Poisson. Vertébré aquatique, respirant toute sa vie au moyen de branchies et pourvu de nageoires - Zool.: Les *poissons* forment une classe de vertébrés comprenant des animaux aquatiques, à température variable, respirant au moyen de branchies, généralement recouverts d'écailles et pourvus de nageoires (*Grand Larousse Encyclopédie VIII*).

Pesce. Ogni vertebrato acquatico, di pelle squamosa, che respira per mezzo di branchie, si muove per mezzo di pinne, ha sangue freddo, ed è generalmente oviparo, sebbene la femmina di alcune rare specie sia vivipara (*Palazzi*).

Pez. Cualquier animal de la clase de los peces (*Vox*).

Pesce. Animale vertebrato acquatico di varia grandezza, spec. fusiforme, rivestito di squame e provvisto di pinne per nuotare, con respirazione branchiale, scheletro osseo o cartilagineo (...) (*Garzanti*).

Peixe. (do lat. pisce). 1. Zool.: Animal cordado, guastomado, aquático, com nadadeiras sustentadas por meio de raios ósseos, pele geralmente coberta de escamas, coração com uma só aurícula, e aberturas nasais que não se comunicam a boca. Respira por brânquias. São os condrictes e os ostéictes. 2. Iquaria feita com peixe (*Aurélio*).

Diese verschiedenartigen und voneinander unabhängigen Eintragungen einiger Wörterbücher zeigen den Unterschied zwischen „Erfahrungsobjekten" und „Denkobjekten". Im gewöhnlichen Reden orientiert man sich über Erfahrungsobjekte, man beschreibt sie mit der ganzen Flüchtigkeit, Ungenauigkeit und Oberflächlichkeit der Alltagssprache in Abhängigkeit von wechselnden Zwecken. Unterschiedliche Beobachtungen werden herausgehoben.

> Wissenschaftliches Denken fragt [demgegenüber] nach dem Beharrenden und Gleichbleibenden. Aus der *unendlichen* Fülle der Merkmale, die häufig bedeutungslos sind und das Erfahrungsobjekt konstituieren, wählt der *wissenschaftliche Definitionsakt* eine *endliche* Zahl von relevanten Merkmalen aus, die für den Erkenntniszweck herausgehoben werden sollen. So wird mit sprachlichen Mitteln nach dem Prinzip der Kumulation dem Erfahrungsobjekt ein bewußt zweckmäßig geschaffenes Denkobjekt oder Erkenntnisobjekt gegenübergestellt. Der wissenschaftliche Definitionsakt ist daher bewußt und willkürlich. Es werden strikte Festlegungen und klare Grenzziehungen auf sprachlicher Seite vorgenommen, während die Gemeinsprache sich mit Begriffen begnügt, die einen deutlichen Kern, aber verfließende, unscharfe Randzonen haben (PAEPCKE 1980, 250).

In der Wissenschaft wird in fortgesetzten **Abstraktionsschritten** das Besondere ausgeschaltet, bis die Vorstellung im *Begriff* das Allgemeine erreicht, als gedankliche Zusammenfassung von individuellen Gegenständen zu einem gedachten 'allgemeinen Gegenstand', einer Kategorie. Der Kommunikation in der Fachwissenschaft liegen nicht die konkreten Zusammenhänge der Dinge, sondern die gedanklichen Zusammenhänge der Probleme zugrunde. Dabei kommt es auf die **Wahl der Unterscheidungskriterien** zur Bildung von allgemein gültigen Kategorien an.

Auf die Frage *Wie kategorisiert man?* lautet die klassische Antwort seit Aristoteles, der die bis heute gültigen Gesetze der formalen Logik formuliert hat: Die Kategorisierung erfolgt auf der Grundlage **gemeinsamer Eigenschaften.** Verschiedene Objekte in einer Kategorie kann man dann zusammenfassen, wenn die zusammengefassten Elemente über eine bestimmte Anzahl gemeinsamer Attribute verfügen. Diese entscheidenden Attribute sind sorgfältig festzulegen. Um z. B. über die Zugehörigkeit eines X zur Kategorie der „Fische" zu entscheiden, muss man nur nachprüfen, ob das betreffende X die Attribute besitzt, die dem festgelegten gemeinsamen Nenner entsprechen, d. h. ob es ein *Tier* ist, genauer gesagt: ein *Wirbeltier*, genauer gesagt: ein *Kaltblüter*, genauer gesagt: ein *Fisch*, noch genauer gesagt: ein *Barsch*, eine *Forelle*, usw. Die so konzipierte Kategorisierung heißt „Modell der notwendigen und hinreichenden Bedingungen", und in der Begriffslehre ist es das „Modell der definitorischen Eigenschaften". Dieses Kategorienmodell beinhaltet eine strenge Trennung zwischen *wesentlichen* Merkmalen und *unwesentlichen* oder *zufälligen* Merkmalen, die kein Bestandteil der Definition sind.

Das Bedingungsbündel der Kategorie „Fisch" bildet dann die Bedeutung der Bezeichnung *Fisch*. Jede Bedingung führt zu einer *analytischen* Wahrheit: Wenn „Tier" eine notwendige Bedingung für *Fisch* ist, so ist der Satz *Ein Fisch ist ein Tier* analytisch, d. h. allein aufgrund seiner Bedeutung wahr. Ein Satz wie *Ein Fisch ist glitschig* fällt dagegen nicht unter diese Kategorisierung, denn hier handelt es sich um ein unwesentliches Merkmal. Dieses aristotelische Kategorienmodell beruht auf folgenden Annahmen:

- Die begrifflichen Kategorien sind **Entitäten**, Einheiten mit scharfen Grenzen.
- Die **Zugehörigkeit** einer bestimmten Entität zu einer Kategorie beruht auf dem Prinzip wahr/falsch.
- Die **Vertreter derselben Kategorie** haben den gleichen kategorialen Status, da jeder Vertreter die Eigenschaften besitzt, die aufgrund der Definition der Kategorie, also des Begriffs erforderlich sind.
- Ein **Begriff** ist also eine Denkeinheit, welche die gemeinsamen für den betreffenden Gegenstand relevanten Merkmale zusammenfasst. Die Auswahl dieser Merkmale kann nicht willkürlich sein, da sonst die fachlich präzise Kommunikation nicht möglich wäre.

2.1.3 BEGRIFFSBILDUNG NACH DER DIN NORM

Der DIN-Normenausschuss hat Kriterien für die Begriffsbildung[10] entwickelt.

- Ein ‚Begriff' ist eine Denkeinheit, die diejenigen gemeinsamen Merkmale zusammenfasst, welche Gegenständen zugeordnet werden (DIN-Norm 2342).

- ‚Merkmale' basieren auf den festgestellten Eigenschaften von Gegenständen (z. B. aufgrund von Beobachtung, Messergebnissen, allgemein akzeptierten Aussagen über die Gegenstände, genormten Festlegungen). Die Eigenschaften, die als Merkmale betrachtet werden sollen, müssen sorgfältig ausgewählt werden, damit sie klar festgelegt und leicht erkennbar sind (DIN Norm 2330). Es stehen an erster Stelle die Qualitätsmerkmale, dann folgen die Funktions- und die Relationsmerkmale.

- In fortgesetzten Abstraktionsschritten wird das Besondere ausgeschaltet, bis die Vorstellung im Begriff das Allgemeine erreicht hat, als gedankliche

---

[10] DIN 2330 (1993-12): Begriffe und Benennungen – Allgemeine Grundsätze. Berlin. DIN 2331 (1980-04): Begriffssysteme und ihre Darstellung. Berlin: Beuth. DIN 2332 (1988-02): Benennen international übereinstimmender Begriffe. Berlin: Beuth. DIN 2333 (1987-12). Fachwörterbücher – Stufen der Ausarbeitung. Berlin: Beuth. DIN 2342-1 (1992-10): Begriffe der Terminologielehre – Grundbegriffe. Berlin: Beuth.

Zusammenfassung von individuellen Gegenständen zu einem gedachten ,allgemeinen Gegenstand' (DIN-Norm 2330).

- Unter dem „Umfang eines Begriffs" versteht man die Gesamtheit aller individuellen Gegenstände, die sämtliche Merkmale dieses Begriffs aufweisen (DIN-Norm 2330).

- Definitionen dienen dazu, einen möglichst eindeutigen Zusammenhang zwischen Begriffen und Benennungen herzustellen. Sie grenzen einen Begriff ab, indem er zu anderen (bekannten oder bereits definierten) in Beziehung gesetzt wird (DIN-Norm 2330).

- Ein Begriffssystem ist eine Menge von Begriffen, zwischen denen Beziehungen bestehen oder hergestellt worden sind und die derart ein zusammenhängendes Ganzes darstellen (DIN Norm 2331).

- Begriffe sind nicht an einzelne Sprachen gebunden, sie sind jedoch von dem jeweiligen gesellschaftlichen und kulturellen Hintergrund einer Sprachgemeinschaft beeinflusst (DIN Norm 2342-1).

- Bei der Verständigung über Gegenstände ist zu beachten, dass die Festlegung und Abgrenzung eines Gegenstandes in verschiedenen Sprachen unterschiedlich ausfallen kann. Solche Unterschiede zeigen sich auch beim Vergleich von Einzelsprachen und beim Vergleich der Feststellung und Abgrenzung eines Gegenstandes durch verschiedene Wissenschaften (DIN Norm 2330).

2.1.4 DAS BEGRIFFSSYSTEM

Ein Objekt wird zunächst an bestimmten Merkmalen erkannt. Die zu verwendenden **Merkmale sind hierarchisch** gegliedert nach **Qualität, Funktion und Relation**. Eine **Definition** ist dabei die **Inhaltsbeschreibung** (Intension) des Begriffs, und sie kann erst nach Aufdeckung, Strukturierung und Auswahl der Merkmale verfasst werden. Durch ständiges Hinzufügen eines weiteren Spezifizierungsmerkmals entsteht eine Definitionskette. Dabei werden anhand der unterscheidenden Merkmale **Ober-** und **Unterbegriffe** gebildet.[11] Den Begriffsumfang (Extension) bildet die Gesamtheit aller individuellen Gegenstände, die sämtliche Merkmale dieses Begriffs auf einer bestimmten Ebene aufweisen. Ein

---

[11] Andere Ausdrücke aus der Sprachwissenschaft sind: „Oberbegriff – *Hyperonym*, „Unterbegriff" – *Hyponym*, „Gegenbegriff" – *Antonym*.

Unterbegriff enthält immer mindestens ein distinktives Merkmal mehr als sein Oberbegriff. Bei den „logischen Leitern" schränkt also jeder weiter unten stehende Begriff den darüber stehenden durch Hinzufügen eines einschränkenden Merkmals der bezeichneten Sache ein. Die auf der gleichen Abstraktionsstufe nebengeordneten Begriffe nennt man auch „logische Reihe", denn hier werden Variationen eines bestimmten Merkmals koordiniert (z. B. *Fahrzeuge = Raum-, Wasser-, Luft-* und *Bodenfahrzeuge*). Ein **Oberbegriff** enthält weniger selektive Merkmale, ist daher „allgemeiner" und weniger differenziert, und er impliziert den Unterbegriff immer. Der Unterbegriff stellt dagegen einen speziellen Ausschnitt aus seinem Oberbegriff dar, er ist konkreter.

Die Beziehungen zwischen **Ober- und Unterbegriffen**, sowie den nebengeordneten Unterbegriffen lassen sich formelhaft darstellen:

Oberbegriff: a

Unterbegriff: $a + x_n$

                nebengeordnete Unterbegriffe: $a + x_1$ $a + x_2$ $a + x_3$ etc.

Die Unterscheidung zwischen Ober- und Unterbegriffen findet sich schon bei Immanuel KANT. Er sagt über den *Gebrauch der Begriffe* (Werke VI. Schriften zur Logik § 16):

> Ein jeder Begriff kann *allgemein* und *besonders* (*in abstracto* und *in concreto*) gebraucht werden. *In abstracto* wird der niedere Begriff in Ansehung seines höheren, *in concreto* der höhere Begriff in Ansehung seines niederen gebraucht." Und dann heißt es weiter bei KANT, dass die Ausdrücke des Abstrakten und Konkreten sich nicht auf die Begriffe 'an sich' beziehen, weil jeder Begriff ja abstrakt ist, sondern auf ihren *Gebrauch.* Auf die Frage des Vorzugs eines abstrakten oder konkreten Begriffsgebrauchs meint KANT, dass sich darüber nichts entscheiden ließe, weil „durch sehr abstrakte Begriffe wir an *vielen* Dingen *wenig,* durch sehr konkrete Begriffe wir an *wenigen* Dingen *viel* erkennen (zit. nach PAEPCKE 1980, 249).

Ein Begriff steht auch nicht für sich allein, sondern immer in einem **systematischen Zusammenhang** mit anderen Begriffen in einem **Begriffssystem**. Jeder einzelne Begriff ist durch seine Position innerhalb des

Begriffssystems bestimmt. Die Gliederungsstruktur der Begriffssystematik wird durch die Ordnung der distinktiven Merkmale gebildet und stellt ein klar gegliedertes **Netz** aus Begriffen dar, zwischen denen Beziehungen bestehen.

Insbesondere im Bereich der **Technik** kann eine exakte Begriffsanalyse mittels der Merkmalszuweisungen der Gegenstände erfolgen (vgl. BARCZAITIS 1992, 6):

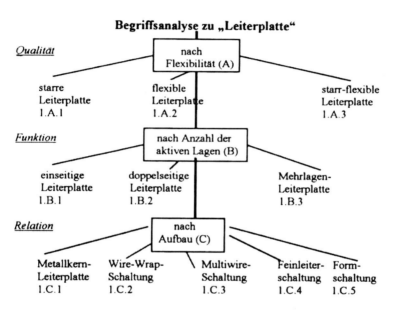

Begriffsanalyse zu „Leiterplatte"

2.1.5 TERMINI UND BENENNUNGSSYSTEME

Die Begriffe werden dann mit leicht zu handhabenden Benennungen, den Termini bezeichnet, dem Begriffssystem wird ein Benennungssystem zugeordnet. Definitionen dienen dabei dazu, einen möglichst eindeutigen Zusammenhang zwischen Begriffen und Benennungen herzustellen. Sie grenzen einen Begriff ab, indem er zu anderen (bekannten oder bereits definierten) in Beziehung gesetzt wird. Die Benennung ist dann keine Kurzdefinition von Begriffen, sondern sie kann theoretisch beliebig lauten. Man rekurriert jedoch im allgemeinen auf den vorhandenen Zusammenhang, um neue Benennungen abzuleiten. Die Benennungen werden in präzisen Nomenklaturen für eine gewisse Zeit festgehalten.

Eine **Benennung** ist die mindestens ein Wort umfassende Bezeichnung eines Begriffs (DIN Norm 2330). Es gibt Einwortbenennungen (Stammwörter und Komposita mit bis zu drei Elementen, z. B. *Feinleiterschaltung*) und Mehrwortbenennungen (z. B. *flexible Leiterplatte*). Sie sollen sprachlich richtig, treffend, leicht ableitbar und eineindeutig sein.

Eine Benennung, ein **Terminus** als zentrales Element der Terminologielehre steht nicht für sich allein, sondern immer in einem systematischen Zusammenhang mit anderen Termini. Man kann das **Benennungssystem** auch im Strukturbaum oder Baumgraphen abbilden.

Die Systematik kann natürlich an jeder Stelle durch weitere unterscheidende Merkmale ergänzt und präzisiert werden, auch Querverbindungen bestehen, so dass ein weitläufiges **vernetztes System** entsteht.

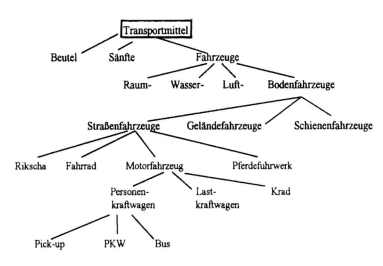

Die **Entstehung neuer Begriffe und Benennungen** erfolgt häufig nicht durch völlig neue Bildung, sondern durch Verknüpfung bereits bekannter Begriffe (vgl. Arntz/Picht 1982, 54-62). Logische Begriffsverknüpfungen erscheinen dabei

- als **Determination** (nähere Bestimmung), z. B. *Werkzeugmaschine +* durch Drehen > *Drehbank*; *Fahrzeug* + Wasser > *Wasserfahrzeug* > *Schiff*,

- als **Konjunktion** (Inhaltsvereinigung), z. B. *Mähmaschine + Dreschmaschine = Mähdrescher*, fr. *faucheuse-batteuse*, e. *combine harvester*,

- als **Disjunktion** (Umfangsvereinigung) [in der Logik die Verknüpfung zweier Aussagen durch 'oder'], z. B. *Henne/Hahn > Huhn*: Die Begriffsumfänge werden vereinigt und das Ergebnis ist der gemeinsame Oberbegriff.

- als **Integration** (Bestandsvereinigung) [im Gegensatz zur logischen die ontologische Verknüpfung], z. B. sind *Nabe, Speichen* und *Felge* die Bestandteile eines *Rades*.

2.2 Translatorischer Terminologievergleich

2.2.1 Der Äquivalenzstatus

Differenzierungen von Benennungen machen sprachkontrastiv die Unterscheidung der Denotatsidentität vom Denotatsdurchschnitt erforderlich, wobei das Denotat in der Bezeichnungsfunktion (s. Kap. 1.3.2) der von den Experten *per definitionem* festgesetzte Bedeutungskern des Wortes ist. Dasselbe außersprachlich Gemeinte, der fachliche Gegenstand in seiner Begriffsvorstellung, verbindet dabei die Ausdrücke in den verschiedenen Sprachen als „tertium comparationis" (Mounin) miteinander. Koschmieder[12] präzisiert Mounins (1967) Position, indem er vom Charakter der Sprache als Kommunikationsinstrument ausgeht. Er definiert: „'Übersetzen' heißt nämlich: 1. zu Z^x in L^x über B^x das G finden und 2. zu demselben G in L^y über B^y das zugeordnete Z^y finden" (1965, 104).

---

[12] E. Koschmieder (1965): Beiträge zur allgemeinen Syntax, Heidelberg: „Das Gemeinte", S. 101-106. „Das Problem der Übersetzung", S. 107-115.

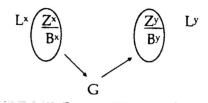

Anders ausgedrückt: Übersetzen heißt, zum ausgangssprachlichen Zeichen über das ausgangssprachlich Bezeichnete (Wortbedeutung) das Gemeinte (Begriff) finden und zu demselben Gemeinten in der Zielsprache über das zielsprachlich Bezeichnete das zugeordnete zielsprachliche Zeichen finden, ganz im Sinne des nachrichtentechnischen Kommunikationsmodells.

Die internationale Kommunikation wird durch Ähnlichkeit von Benennungen in unterschiedlichen Sprachen natürlich erleichtert, aber auch erschwert, je nachdem, ob die diesen Benennungen zugeordneten Begriffe übereinstimmen oder nicht übereinstimmen (DIN Norm 2332). Die Termini sind freilich in mehreren Sprachen **keineswegs immer bedeutungsgleich**. Es werden drei Fälle unterschieden: 1) die Begriffsinhalte decken sich vollständig, 2) teilweise, 3) nicht. Daher ist der Äquivalenzstatus zu prüfen.

Bei der Erstellung mehrsprachiger **Glossare** als Liste der Termini ist oftmals eine Auswahl unter den Benennungen zu treffen, die die Durchschnittswerte enthält und bei ähnlichen Bedingungen in Texten eine weitgehende Annäherung der Benennungen zwischen verschiedenen Sprachen anstrebt. Wenn sich Begriffe in zwei Sprachen nicht völlig decken, wenn also keine denotative Identität oder Kongruenz zwischen den Termini vorliegt, können diese nicht als „Äquivalente", sondern nur als „Entsprechungen" bezeichnet werden. Ein Vergleich von Termini unterschiedlicher Sprachen kann grundsätzlich zu folgenden Ergebnissen führen, wie ARNTZ/PICHT/MAYER (2002, 143) darstellen:

Die Begriffe A und B stimmen voll überein (Kongruenz).
Äquivalent   A+B

A ist weiter als B, schließt B aber ganz ein (Inklusion).
Ober- mit Unterbegriff   A+B'

Der Begriff A bzw. der Begriff B fehlt in der anderen Sprache
Lücke   A, B?

Die Begriffe A und B sind nur teilweise äquivalent, weil ein Begriff oder beide Begriffe über einen gemeinsamen Kern wesentlicher Merkmale hinausgehend noch je eigene wesentliche Merkmale aufweisen. *Entsprechung*   B ~ A

Bei fehlender Äquivalenz stehen die Möglichkeiten der **Übernahme** oder der **Lehnübersetzung** eines Wortes aus der Ausgangssprache, des Prägens eines **neuen Ausdrucks**, oder die Schaffung einer erklärenden **Umschreibung** zur Verfügung. Bei der Übernahme in andere Sprachen besteht zunächst eine **lexikalische Lücke.** Die erste Reaktion ist daher, den fremdsprachlichen Terminus als **Lehnwort** einfach zu übernehmen, freilich mit einzelsprachspezifischen Grammatikformen (z. B. *Computer, Blister*), oder man konstruiert neue Namen mit einheimischem Material. In einem weiteren Schritt erfolgt dann oft die **Lehnübersetzung** (*computer > ordinateur > Rechner, random access memory > RAM > Arbeitsspeicher*).

Beispiel

Die italienische Benennung *saldare* ist in einer für die Übersetzung ins Deutsche fatalen Weise zweideutig und der Translator muss sich entscheiden. Die Benennung umfasst nämlich die beiden Begriffe „Schweißen" und „Löten". Demgegenüber kennt das Englische: *löten – to solder, schweißen – to weld*. Die Problematik wird deutlich, wenn man sich die Normdefinitionen für diese Fügeverfahren anschaut (BACHMANN 1992, 148).
„Schweißen wird definiert als das Vereinigen von Werkstoffen in der Schweißzone (örtlich begrenzter Bereich, in dem der Werkstoff während des Schweißens in leicht plastisch verformbaren oder flüssigen Zustand versetzt wird) unter Anwen-

dung von Wärme und/oder Kraft ohne oder mit Schweißzu-satz" (DIN 1910:1974). Es geschieht also als Anschmelzen der Oberfläche, mit oder ohne Pressdruck.

„Das Löten wird definiert als thermisches Verfahren zum stoff-schlüssigen Fügen und Beschichten von Werkstoffen, wobei eine flüssige Phase durch Schmelzen eines Lotes (Schmelzlö-ten) entsteht. Die Solidustemperatur der Grundwerkstoffe wird nicht erreicht" (DIN 8505 T1:1979). Es wird ein Lot als Verbindungsmittel verwendet, wobei das Weichlöten unter 450° C, das Hartlöten über 450 °C mit Flußmittel, und das Hochtemperaturlöten über 900 °C mit Schutzgas erfolgt.

Anderes Beispiel

Der Ausdruck *Drei-Wege-Katalysator* bezeichnet nicht ein Ge-rät mit drei Arbeitskammern, wie man meinen könnte, son-dern dies ist eine unglückliche Übersetzung von am. *three-way-catalyst*, was eigentlich „Dreifach-Wirkungs-Katalysator" bedeutet: es werden nämlich in e i n e m Reaktionsraum dreierlei Giftstoffe (CO, CH, NO_x) umgewandelt (in CO_2, N_2, H_2O).

Oft wird nicht erkannt, wie hilfreich und manchmal sogar notwendig der **Vergleich eines Benennungssystems** als Kernelement terminologischen Arbeitens zur Analyse und Veranschaulichung von Äquivalenzproble-men in einem bestimmten technischen Teilgebiet ist. ARNTZ/PICHT/ MAYER (2002, 145ff) stellen „Methoden des systematischen Terminolo-gievergleichs" dar. So kann z. B. ein Benennungssystem in zwei Spra-chen anhand der Fachliteratur gesondert erarbeitet werden. Termini werden aus Originaltexten entnommen und systematisch nach Katego-rien zusammengestellt. Beim Vergleich der Systematik werden dann Teilentsprechungen und **Lücken** sofort deutlich. Dann kann durch Lehn-übersetzung ein Terminus neu geschaffen und so die Lücke in einem System auf der Ebene der Benennungen geschlossen werden.[13]

---

[13] So arbeiten im übrigen die Lexikographen. In einem Fachgebiet werden Paral-leltexte analysiert und heuristisch die entsprechenden Fachausdrücke einander gegenübergestellt. Dabei werden oft aus unstrukturierten Wortlisten in beiden Sprachen die Benennungen nach abnehmender Zugänglichkeit herausgesucht und korreliert (vgl. Vortrag 22.5.98 in Berlin: „Des Lexikographen Dilemma" von Johan-nes Hampel, Mitarbeiter bei Langenscheidts Fachwörterbuch *Technik und ange-*

2.2.2 TERMINOLOGIENORMUNG

Unverzichtbar für die technische Kommunikation ist die zuverlässige Exaktheit der Terminologie in allen Sprachen. 1917 wurde auf Anregung des Deutschen Ingenieurvereins in Berlin das **Deutsche Normen-Institut DIN** gegründet. Wissenschaftlich entscheidenden Anstoß für eine Terminologienormung gab das Buch von WÜSTER: *Internationale Sprachnormung in der Technik* (1931). Häufig begegnen Techniker ja der Sprache als einem wenig exakten, für die Funktion der genauen Darstellung nicht genügend tauglichen Werkzeug mit Misstrauen. Die Bemühungen um nationale und internationale Terminologienormung haben hier eine ihrer Wurzeln. Das Desiderat einer internationalen Terminologienormung als planmäßige, unter Beteiligung aller jeweils interessierten Kreise gemeinschaftlich durchgeführte Vereinheitlichung von Terminologien auf gemeinnütziger Grundlage setzt als ersten Schritt eine Vereinheitlichung des Bestands nationaler Fachausdrücke voraus, die im Zuge der rasanten Forschungsentwicklung unkontrolliert als Spontanschöpfungen entstehen und oft eine Zeitlang nebeneinander existieren.

Die Normung darf nur Gültigkeit beanspruchen, wenn eine mit internationaler Autorität versehene Institution solche Normen durchsetzt. International genormte Benennungen sind eigens gekennzeichnet. [14]

---

*wandte Wissenschaften. Deutsch-Italienisch. 2. Aufl 1998). – Dies führt leider dazu, dass Translatoren neuere Termini, die noch nicht in der Literatur sind, auch nicht in den Wörterbüchern finden.

[14] Deutsche **Normen tragen die Bezeichnung** DIN; internationale Normen die Bezeichnung ISO/R. Die DIN EN, DIN IEC und DIN ISO sind deutsche Übersetzungen der entsprechenden internationalen Normen. IEC-Normen betreffen die Elektrotechnik, EN-Normen den Maschinenbau (*engineering*), P bezeichnet eine vorläufige Norm (prelimiary standard). Die numerische Klassifikation der Normen folgt der Universal Decimal Classification (UDC). – Französische Normen tragen die Bezeichnung NF, amerikanische die Bezeichnung ANSI, britische die Bezeichnung BS, österreichische die Bezeichnungen ÖNORM, polnische die Bezeichnung PN, russische die Bezeichnung GOST, spanische die Bezeichnung UNE, portugiesische die Bezeichnung NP. – Wichtige Normungsstellen sind:
DIN = Deutsches Institut für Normung e.V., Berlin; ISO = International Organisation for Standardization, Genf/Organisation Internationale de Normalisation, Genève; IEC = International Electrotechnical Commission, Genf, CEN = Comité Européen de Normalisation, Europäisches Komitee für Normung, Brüssel; CENELEC = Europäisches Komitee für elektrotechnische Normung, Brüssel; CEN/CENELEC = Gemeinsame Europäische Normeninstitution (seit 1982); AFNOR = Association française de

Während die Terminologienormung meist einsprachig und national orientiert ist, steht in der übersetzungsorientierten **Terminographie** die mehrsprachige Gegenüberstellung von Glossaren im Vordergrund. Sie werden heute vorzugsweise elektronisch gespeichert. Da die Menge der Fachtermini immer stärker ausufert und für den einzelnen nicht mehr überschaubar ist, sind Experten wie Übersetzer auf die Fachglossare der Normungsinstitute und die Terminologie-Datenbanken, auch im Internet angewiesen.

Um die bei den vielen unterschiedlichen Organisationen und Institutionen geleistete praktische und theoretische Arbeit in der Terminologieforschung und -erfassung effizienter zu gestalten, ist eine Koordination erforderlich.[15] So wurde „Infoterm" im Rahmen von UNISIST, dem all-

---

normalisation, Paris; ANSI = American National Standards Institute; BSI = British Standards Institution, London; BESA = British Engineering Standards Association, ÖN = Österreichisches Normungsinstitut, Wien; IRANOR = Instituto Nacional de Racionalización y Normalización (Spanien), PKNIM = Polski Komitet Normalizacji i Miar (Polen); ASITO = Sowjetisches Normeninstitut, Moskau, ABNT = Associação Brasileira de Normas Tecnicas, COBEI = Comitê Brasileiro de Eletricidade.

[15] Terminographiezentren:
INFOTERM = Internationales Informationszentrum für Terminologie; NEOTERM = International Committee for the Unification of Terminological neologisms, TERM-NET = International Network for Terminological Activities; GTW = Association for Terminology and Knowledge Transfer; IITF = International Institute for Terminology Research; POINTER = Proposals for an Operational Infrastructure for Terminology in Europe; ELRA = European Language Resources Association; EAfT = European Association for Terminology; RINT = Réseau international de néologie et de terminologie; CTN = Centre de Terminologie et de néologie, Paris; BTG (Kanada), TEAM (BRD); TERMDOC (Schweden).
Wichtige Terminologiedatenbanken: DIN-TERM = Datenbank des DIN, bietet etwa 20 000 Termini zu den DIN-Normen, Berlin. IATE = Datenbank der EU-Kommission (Luxemburg) zur Unterstützung der Suche nach terminologischen Entsprechungen in den EU-Arbeitssprachen mit Schwerpunkt Terminologie und Technik in durchschnittlich sechs Sprachen. EUR-LEX = Juristische Datenbank der EU in Luxemburg. LEXIS – Bundessprachenamt, Köln. Schwergewicht Technik, Naturwissenschaften, Medizin. Anordnung zweisprachig mit Deutsch und acht Fremdsprachen. TERMIUM = Datenbank der kanadischen Regierung, Ottawa, Kanada, Schwerpunkt Verwaltungsrecht Französisch/Englisch.
Europäische Dokumentationszentren sind Spezialbibliotheken an Hochschulen. Sie enthalten sämtliche Veröffentlichungen der EU und haben freien Zugang zu den wichtigsten Datenbanken. – Über neuere Entwicklungen informiert das viermonatlich erscheinende Bulletin *Terminologie et traduction*, Luxemburg: Office des publications officielles des CEE. – Eine *wichtige Quelle für Übersetzr* ist neben den spezifischen Fachwörterbüchern der jährlich erscheinende Katalog „English Translations of German Standards" von DIN beim Beuth-Verlag, Berlin. Er umfaßt sowohl die

gemeinen Informationsprogramm der UNESCO 1971 beim österreichischen Normungsinstitut ins Leben gerufen.[16] Die Auswahl und Festlegung sowie die **konsistente und korrekte Verwendung** von Fachwörtern sind Grundvoraussetzungen für eine erfolgreiche Fachübersetzung.

2.2.3 TERMINOLOGIEVERWALTUNG

Angesichts der stetig wachsenden Menge von Fachinformationen wird die effektive Sammlung und Verwaltung von übersetzungsrelevanter Terminologie im Hinblick auf die Reduktion der Kosten immer wichtiger. Die Verlässlichkeit und problemlose Wiederverwendbarkeit der erarbeiteten Terminologie spielt dabei eine entscheidende Rolle. Wichtige Hinweise für die Gestaltung eines entsprechenden **terminographischen Eintrags für eine Datenbank** gibt HOHNHOLD (1988). Hierhin gehören neben der Begriffsdefinition vielerlei weitere Informationen, wie z. B. Quelle und Zeitpunkt des Eintrags, Hinweise auf orthographische Varianten, Kurzformen des Terminus, internationale wissenschaftliche Benennungen, Synonyme, Antonyme, Querverweise, feste Wendungen, Gebrauchsnorm bestimmter Gruppen und Äquivalenzstatus, der ja das oberste Ziel der Erarbeitung mehrsprachiger Terminologie ist. Über die technischen Aspekte der rechnergestützten Terminologieverwaltung informieren u. a. FELBER (1984; 1990), SAGER (1990) und FREIBOTT/GREWE (1995).

Bei Vorhandensein verlässlicher Terminologiesammlungen, aber nur dann, kann sich das Übersetzen auf den quasiautomatischen Ersatz von Zeichenmaterial der Ausgangssprache durch solches der Zielsprache beschränken und entsprechende Übersetzungen werden sinnvollerwei-

---

gedruckten englischen Übersetzungen deutscher Normen als auch internationale Normen. Andere Dokumentationsstellen, z. B. Danmarks Tekniske Bibliotek in Kopenhagen, veröffentlichen *Bibliographien,* die die Wörterbücher bestimmter Fachgebiete aufführen.

[16] Angeschlossen an das „Institut für Wissenschaftstheorie und Wissenschaftsforschung der Universität Wien". – Die Hauptaufgabe von „Infoterm" ist es, Impulse für die Zusammenarbeit zu geben, Informationen, z. B. über Terminographiezentren zu sammeln und zu verbreiten, sowie alle terminologischen Bemühungen beratend zu fördern mit dem Ziel, ein internationales Netz für das gesamte Terminologiewesen aufzubauen, das den Namen 'TermNet' trägt.

se maschinell erstellt. Doch dieses Ideal, das noch MOUNIN (1967, 159) vorschwebte und das er durch die „internationale Vereinheitlichung der Wörter" erreichen wollte, bleibt außerhalb von Datenblättern und Standardtexten[17] wohl auch weiterhin ein Ideal. Neben der Nutzung von Wörterbüchern, Terminologiediensten und mehrsprachigen Normen ist die Übersetzerin stets auf ihr spezielles Fachwissen angewiesen.

Inzwischen bietet auch das **Internet** vielfältige Möglichkeiten des Datenbankzugriffs durch Bereitstellung von Terminologie und selbst erarbeiteter Dokumentation, sowie eine Basis terminologischer Kooperation an. Schon WÜSTER (1970, 143) hatte sich ein globales „Blitzwörterbuch" vorgestellt, auf das man von überall her in der Welt zugreifen könnte. Solches ist heute möglich, wobei man zwischen primären und sekundären Quellen der Terminologiearbeit unterscheiden kann.

Primärquellen bestehen in Online-Texten, z. B. Artikeln über Terminologieforschung und -methoden, in terminologischen Datenbanken und Werkzeugen für die Terminologiearbeit. Ein Problem dabei ist freilich die Einschätzung der Qualität solcher Publikationen, die oft nicht der von Buchproduktionen entspricht. Besonders interessant sind Online-Glossare und Wörterbücher zu spezifischen Fachgebieten, die einzeln oder in Zusammenarbeit mit anderen erstellt werden. Die vielfach vorhandenen „verborgenen" Wortlisten werden im Internet leicht für eine interessierte Öffentlichkeit verfügbar. Während Zeichnungen in gedruckten Vokabularien von jeher eine große Rolle spielen, denn sie können lange Definitionen ersetzen, kann im Web zusätzlich dazu auch Ton, Animation und Video zur Erläuterung verwendet werden.

Sekundärquellen sind solche, die Informationen aus den Primärquellen aufarbeiten, beispielsweise terminologische Literatur und Vokabular,

---

[17] Solche Standardtexte können durchaus die Dimension von mehreren hundert Seiten annehmen und sich auch von daher für maschinelle Übersetzung anbieten, z. B. Konzern-Bilanzen, die formal alljährlich dieselbe Form haben; Bedienungsanleitungen, die bei geringfügigen Veränderungen immer wieder neu abgefasst werden; Hilfe-Dateien bei neueren Software-Versionen, usw.

häufig auch als Bibliographie oder Adressenliste.[18] Auch derartige Sammlungen gibt es schon im Web, wenn auch noch nicht allzu zahlreich. Die vielfach noch unkoordiniert entstehenden Angebote und Projekte der Terminologiearbeit könnten mit Hilfe des Internet wirklich zu weltweiter Zusammenarbeit führen. Das Projekt LOGOS ist z. B. eine frei zugängliche Datenbank als mehrsprachiges Wörterbuch, das aus freiwilliger Mitarbeit entsteht und regelmäßig von einem Netz professioneller Übersetzer korrigiert wird. Daneben bietet das Internet auch neue Möglichkeiten des Verkaufs eigener technischer Glossare. Im Gegensatz zum Technikwortschatz ist das Problem in den Geisteswissenschaften anders gelagert.

2.3 APPROXIMATIVE BEGRIFFSEVIDENZ (SGW)

2.3.1 VERSTÄNDNIS DURCH PLAUSIBILITÄT DER BEGRIFFSWÖRTER

Es gibt ein Sprachverhalten des Benennens und Klassifizierens von Gegenständen und Sachverhalten, aber auch ein solches der Beschreibung der menschlichen Innenwelt (s. Kap. 1.4.6). Während in Naturwissenschaft und Technik (NWT) die Bezeichnung der Dinge mit einer eigens dazu geschaffenen, logisch strukturierten Fachterminologie erfolgen kann und muss, kommt die Fachsprache der Geistes- und Sozialwissenschaften (SGW) in ihrer hermeneutischen Deutung des Inneren zum Zweck der Verhaltensabstimmung untereinander vom Menschen her, und ihre Sprache steht der Gemeinsprache näher.

Die geisteswissenschaftliche Argumentation über Inneres, über Gefühle und Meinungen ist notwendigerweise rhetorischer Natur, man appelliert an das sprachlich gegebene Vorverständnis auf der Basis einer zunächst nicht hinterfragbaren Plausibilität des Ausdrucks. Verstehen ist trotzdem möglich, weil grundlegende Schemata als Prototypen der

---

[18] So veröffentlicht beispielsweise TermNet eine Serie internationaler Bibliographien zur Terminologiearbeit (z. B. Studien und Bücher, Zeitschriften, Dissertationen, Normen, Vokabularien, Wörterbücher, Bibliographien und Kataloge, Führer zu terminologischen Aktivitäten und Who's who).

Bedeutung im Wissen der Menschen vorhanden sind, die dann in der Kommunikation aus dem Kontext angereichert und präzisiert werden.

Die Bedeutung von Wörtern kann hier als eine Art **Gruppenleistung** aufgefasst werden, indem im Dialog die Meinungen immer präziser ausdiskutiert werden, Gebräuche in der Gruppe herausgebildet und rechtliche Normen in der Gesellschaft gefunden und fortentwickelt werden. Ausgangspunkt der Verständigung ist die Einigung über das Wort, das zunächst als plausibel angenommen wird. In SGW ist die Sprache prinzipiell auch selbst als Mittel der Erkenntnis und Wahrheitsfindung anerkannt, ja Sprache ist oft nicht nur Medium, sondern auch gleichzeitig Gegenstand der Fachkommunikation selbst.

Gemeinsam ist den Aussagen der nomothetischen und der hermeneutischen Wissenschaften immer das Bemühen um Präzision in der Fachkommunikation. Der Evidenzbegriff der historisch-juristisch-sozialwissenschaftlichen Disziplinen ist dabei eher approximativ. In ihnen geht es nicht um eine widerspruchsfreie Systematik, sondern um eine apriorische Evidenz von der Sprache her als eine auf die Sache hingerichtete Ahnung. Die Evidenzerfahrung ist stets nur vorläufig, denn mit jedem Hinzutreten einer neuen Meinung beginnt aufs neue der Diskurs der Inhaltsabstimmung (STOLZE 2009, 12). Wir bezeichnen solche Ausdrücke daher nicht als „Termini", sondern als „Begriffswörter". Begriffliche Definitionen als Inhalt der Begriffswörter sind hier nicht „richtig oder falsch", sondern mehr oder weniger zweckmäßig.

> **Beispiel**
> Es gibt bis heute noch keine allgemein anerkannte, endgültige Definition dessen, was „Inflation" ist. Vielmehr macht der Wandel der wirtschaftlichen Verhältnisse immer wieder eine Neuinterpretation des Begriffsinhalts erforderlich (vgl. ausführlich *Handbuch der Wirtschaftswissenschaft HdWW* 1978, S. 159-179):
> Viele Anhänger fand z. B. die allgemeine, nicht begründende Definition, Inflation sei ein fortwährender Anstieg des Preisniveaus (Teuerung).

Wissenschaftlich dominierten zunächst Definitionen, die auf die Währung bezogen waren: demnach wäre Inflation ein dauernder <u>Anstieg der Geldmenge</u> einer Volkswirtschaft (Notenpresse).

Die neuere Inflationstheorie umfasst verschiedenartige, z. T. widersprüchliche Modelle. Der Schwerpunkt liegt auf der <u>inflatorischen Lücke</u> als Differenz zwischen Gesamtnachfrage und Gesamtangebot in einer Volkswirtschaft (Nachfrageinflation, Güterverknappung, z. B. nach Katastrophen).

Daneben gibt es Probleme der <u>Kostenentwicklung</u>, die sich in administrierten Preisen ausdrückt (Kosteninflation durch Importdruck, s. Ölkrise).

Eine Rolle spielt auch der <u>Verteilungskampf</u> um die Früchte des Wachstums. Politische Inflationstheorie: Kostensteigerung wird überwälzt (Lohn/Preis-Spirale).

Neuerdings ist wieder von der Geldmenge als monetärem Inflationsfaktor die Rede (neue Quantitätstheorie), wobei sich auch das jeweilige <u>Zinsniveau</u> auswirkt (Spekulationskapital).

Das Übersetzungsproblem ist nicht in dem Ausdruck „Inflation" zu sehen, sondern man muss den relevanten gedanklichen Hintergrund, die theoretische Schule kennen.

2.3.2 KONVENTIONELLE BEGRIFFSBILDUNG IM FACHLICHEN DISKURS

Die Fachsprache in SGW dient vornehmlich der **Interpretation** von Lebenszusammenhängen sowie der Beschreibung von Prozessen und Entwicklungen. Der fachliche Sachverhalt als theoretisches Konstrukt ist nicht, wie die Objekte in NWT, sichtbar und einfach benennbar. Das Habbare ist nur die Bezeichnung, das Wort, wie zum Beispiel bei Ausdrücken wie *Anerkennung, Sicherheit, Vertrauen, Prinzip, Unabhängigkeit, Freiheit, Stand der Technik, Inflation,* usw.

Hier kann keineswegs von der Eineindeutigkeit der Begriffsbenennungen die Rede sein. Die Begriffe sind hier nicht systematisch hergeleitet oder terminologisch fixiert, sondern sie werden im wissenschaftlichen Diskurs konventionell vereinbart und sind daher oft auch strittig und damit vorläufig. Der Begriff **„Konvention"** bezieht sich auf Verhaltensregularitäten in menschlicher Kooperation. LEWIS (1969) definiert den

Begriff als „Erzielung eines koordinativen Gleichgewichts" als der Kombination von Verhaltensweisen mehrerer Personen in einer bestimmten Situation, bei der alle eine Intention verfolgen, die nur realisiert werden kann, wenn sich nahezu alle in bestimmter Weise verhalten. Weil sie wissen, dass ein eigenmächtiges Verhalten eines einzelnen oder gar von jedem nicht zu einem besseren Ergebnis führt, halten sich alle an die Vereinbarungen.[19] Das ursprüngliche Koordinationsproblem ist dann gelöst, wenn nahezu alle einheitlich handeln und so ein koordinatives Gleichgewicht entsteht.

Sprachliche Konventionen haben nun den Zweck, das Gelingen der Kommunikation zu sichern, sie zu rationalisieren und zu erleichtern. Solche Konventionen können aber jederzeit von der Gemeinschaft geändert werden, und der Änderungsprozess setzt ein, sobald ein Mitglied nicht mehr mit der geltenden Konvention zufrieden ist. Der entstehende Diskurs, der Streit um den Inhalt von Begriffswörtern füllt ganze Bibliotheken.

So sind Begriffsinhalte sozial-geisteswissenschaftlicher Fachausdrücke auch interpretatorisch offen. Das Verstehen vertraut zunächst auf eine Evidenz, bei der Geahntes mit dem Ausgesprochenen verknüpft wird. Bei dieser Evidenz wird vom Wort ausgegangen. Wenn Übereinstimmung über das Wort hergestellt ist, wird gefragt, ob auch über die Sache Übereinstimmung besteht.

---

[19] LEWIS (1969, 78) definiert wie folgt: „A regularity R in the behaviour of members of a population P when they are agents in a recurrent situation S is a convention if and only if it is true that, and it is common knowledge in P that, in almost any instance of S among members of P,
(1) almost everyone conforms to R;
(2) almost everyone expects almost everyone else to conform to R;
(3) almost everyone has approximately the same preferences regarding all possible combinations of actions;
(4) almost everyone prefers that any one more conform to R, on condition that almost everyone conform to R;
(5) almost everyone would prefer that any one more conform to R', on condition that almost everyone conform to R',
where R' is some possible regularity in the behaviour of members of P in S, such that almost no one in almost any instance of S among members of P could conform both to R' and to R''.

Beispiel

Wenn unter Wissenschaftlern etwa vom „Gefühl" die Rede ist, dann verbinden alle zunächst eine subjektiv bestimmte Vorstellung damit, weil das Wort ja plausibel erscheint. Dann beginnt die Diskussion: Ein <u>Psychologe</u> meint wohl, hier den Begriff für *Andeutungen* und *Stimmungen* zu haben; der <u>Behaviorist</u> wird sagen, dieser Begriff sei ihm zu konkret, weil er 'romantische' Besonderheiten mit einschließe, und er ziehe daher den Ausdruck *Verhaltensantrieb* vor; der <u>Inhaltsforscher</u> mag dagegenhalten, er wähle den Begriff des *Affekts*, dann habe er die Triebursprünge mitberücksichtigt und drücke sich erst dann ganz abstrakt aus. Der <u>Theoretiker</u> mag die Bezeichnung *Emotionen* bevorzugen, um möglichst alle Aspekte einzubeziehen; Affekt sei ihm zu einseitig auf Triebe bezogen; es gäbe doch auch äußere Einwirkungen der Gefühlsregung. Ein <u>Wirtschaftspsychologe</u> schließlich spricht von *Motivation* durch Ziele.

Solche **Begriffswörter** sind also auslegungsbedürftig, man streitet sich darüber. Im Diskurs wird schrittweise eine Einigkeit erreicht. Aufgrund dieser Einigkeit ist auch Verständigung möglich, jedoch bleibt diese immer vorläufig. Auch sind wissenschaftliche Einsichten und Theorieentwürfe sehr stark mit den Namen ihrer Urheber verbunden. Es entstehen geisteswissenschaftliche „Schulen", die eine ganz bestimmte Weltsicht vertreten. Dabei dient der Begriffsapparat zur immer engeren Feinabstimmung in der Sprache.

> So werden in der Rede über die Sache nach und nach Unterscheidungen über das Wort eingebracht, bis über sämtliche Unterschiede hinsichtlich Sache und Wort Einmütigkeit hergestellt ist. Diese Evidenzerfahrung geht von dem Grundsatz aus, dass der lógos als verläßlich gilt, wenn man weiß, was er bedeutet. Dann kann nämlich die Allgemeinheit des Wortes auf die gemeinten Unterschiede bezogen werden, weil das Viele im lógos eins ist. Hier ist Sprache ein dialektisches Mittel der Erkenntnis, und Wörter sind Werkzeuge und Mittel der Handlung (PAEPCKE 1979, 248).

Es gibt in diesem Zusammenhang verschiedene **Vorgehensweisen**:

a) Die sprachliche Formel wird beibehalten, der Inhalt jedoch uminterpretiert, was entweder zu einer Erweiterung oder zu einer Verengung führen kann.

b) Wenn sich der alte Begriff als zu ungenau oder irreführend erwiesen hat, ist eine Neudeutung erforderlich. Der Streit zwischen der alten und der neuen Bedeutung kann oft nur durch eine neue Formulierung behoben werden. Ist diese neue Form als Adstrat da, dann wird sie die alte substituieren, zum Beispiel: *Geisteswissenschaften > Kulturwissenschaften > Lebenswissenschaften > Humanwissenschaften.*

Um solche Rede zu verstehen, muss man selbst in dem geistigen **Überlieferungshorizont** stehen oder in ihn eintreten, man muss den kulturellen und fachlichen Hintergrund eines Textes kennen. Das besondere Problem des Verstehens entsprechender Texte als Vorbereitung auf das Übersetzen zeigt sich nämlich in dem Erfordernis einer tieferen Kenntnis des hinter den Begriffen stehenden Gedankengebäudes, der „wissenschaftlichen Schule".

Theoretische Begriffe beziehen ihren Inhalt aus ihrer Relation zu anderen Begriffen innerhalb dieser Theorie und haben deshalb nur als Teil dieser Theorie Bedeutung (OESER/SEITELBERGER 1988, 45), nicht jedoch im Sinne einer Stelle in einem exakten Begriffssystem. Daher ist es einsichtig, dass die entsprechende Begrifflichkeit in jeder Kultur gesondert entstanden ist, und dass Bedeutungen niemals intersubjektiv ganz identisch sein können. Damit wird die Hermeneutik der Denkschule zum entscheidenden Übersetzungsproblem.

Das Verstehensproblem bei den Fachsprachen in SGW ergibt sich daraus, dass als fachliche Begriffswörter solche **aus der Gemeinsprache mit fachsprachlicher Fixierung** verwendet werden. Für die Übersetzer entsteht daraus die eminente Schwierigkeit, solche Fachausdrücke in einem Text zu erkennen.

2.3.3 Unterschiedliche Begriffssysteme in NWT und SGW

Im Universum der Wissenschaften ist also zu unterscheiden zwischen dem geschlossenen System, das durch Systemzusammenhang und Kodifizierung repräsentiert wird wie in NWT, und dem offenen System der interpretierenden SGW. In einer solchen Unterscheidung steht der Ablauf von Problementdeckung, Prinzipienbildung und Systemverfestigung zur Debatte. Während das geschlossene System den Anspruch erhebt, auf jede denkbare Nachfrage eine Antwort zu erhalten oder sie mittels logischer Denkoperationen aus dem System heraus herzuleiten (wie im Baumgraphen der Inferenz, wo kontrastiv terminologische Lücken deutlich werden) (s. Kap. 2.2.1), versucht das offene System Problem- und Systemdenken miteinander zu verbinden. Zu solchen offenen Systemen mit humanorientierter Problemsicht, veränderten Lösungsvorschlägen und konkreten Beschreibungen theoretischer Sachverhalte gehören viele Begriffe der Rechts- und Sozialwissenschaften.

So stellt sich die **Bildung von Fachausdrücken** in Naturwissenschaften und Technik (NWT) neben den Sozial- und Geisteswissenschaften (SGW) verschiedenartig dar. Vielleicht ist dies mit ein Grund für die bis heute beklagte Schwierigkeit des interdisziplinären Dialogs zwischen Natur- und Geisteswissenschaften (Beiner 2009, 125). Das Problem diskutiert auch Jahr (2005). Dies sollte dem Translator bewusst sein, denn es führt zu grundlegend verschiedener Textgestaltung in den betreffenden Wissenschaftsbereichen.

NWT	SGW
Benennen	Beschreiben
Sprache als Bezeichnungsinstrument	Sprache als Erkenntnismittel
Gegenstandsbezogenheit	Humanorientierung
äquivalente Begriffe	apriorische Evidenz der Begriffe
Terminus	Begriffswort
Bedeutung systematisch fixiert	Bedeutung konventionell vereinbart
deduktive Herleitung	diskursive Präzisierung
Bedeutung normierbar	Bedeutung interpretatorisch offen
kumulative Anhäufung von Benennungen	Uminterpretation von Bezeichnungen

Objekte, Sachverhalte	Ideen, Prozesse, Entwicklungen
Terminus hat Ort im Fachbereich	Begriffswort aus Denkschule
geschlossenes System	offenes System
Analyse	Interpretation

2.4 DAS VERSTEHENSPROBLEM DER BEGRIFFSWÖRTER

Während der Übersetzer in NWT v. a. mit dem Problem des Auftretens mehrerer Bezeichnungen (Synonymie) unterschiedlicher Bedeutungstiefe für dieselbe Sache und mit verschiedenen Gebrauchsebenen zu kämpfen hat, ist er in SGW mit dem Problem der Mehrdeutigkeit (Polysemie) von Ausdrücken konfrontiert, die zudem überwiegend formal der Gemeinsprache entnommen sind. Es fehlt hier das Auffälligkeitsmerkmal der Fachtermini, und die fachhermeneutisch spezifische Bedeutung ist oft nicht leicht erkennbar.

2.4.1 SOZIALWISSENSCHAFTLICHE UND ÖKONOMISCHE BEGRIFFE

Der Fachbereich der **Soziologie** weist die genannte Problematik in besonderer Weise auf. Hierzu führt RANDOW (1990, 146) aus:

> Die wenigen Untersuchungen, die es bislang zur Sprache der Sozialwissenschaften gibt, liefern keine besonderen sprachlichen Beweismittel für die populäre Anschauung von der Unverständlichkeit insbesondere soziologischer Fachtexte. Regelhaftigkeiten im Gebrauch und die Häufigkeit syntaktischer Mittel, die speziell soziologische Fachtexte kennzeichnen, können nicht nachgewiesen werden.

> Es wird daher vermutet, dass es eher die Termini sind, die der Sprache der sozialwissenschaftlichen Disziplinen den schlechten Ruf einbringen, dadurch dass die Theoriebildung an das vortheoretische Wissen der sozialwissenschaftlichen Laien, die Umgangssprache, methodisch anknüpfen muß, d. h. Begriffe und Konzepte, die in der Allgemeinsprache angelegt sind, können zu einem großen Teil in eine wissenschaftliche Disziplin übernommen werden, werden hier zwar definiert und präzisiert, existieren aber gleichwohl auch noch in einer gleichsam vorwissenschaftlichen Alltagsvariante im Kopf der Rezipienten. Vermischen sich die Konzepte, dann wird so Verstehen schwergemacht.

Nun ist es auch für Fachvertreter oft schwer, eindeutig und übereinstimmend zu definieren, was ein Fachwort innerhalb der betreffenden Disziplin ist. Bei soziologischen Fachtexten fällt auf, dass besonders viele Wörter auch als Nicht-Fachwörter geläufig sind (z. B. Rolle, Familie, Verhältnis, Macht, etc.). Soziologen sind Experten auf einem Gebiet, das sie mit Nichtsoziologen teilen: ihr Untersuchungsgegenstand ist der Lebensraum eines jeden von uns, nämlich die Gesellschaft oder die soziale Welt. In der Abgrenzung des fachlichen vom nichtfachlichen Bereich oder, anders ausgedrückt, in der Fachbezogenheit der soziologischen Termini liegt ein gewichtiger Grund für viele der Verständnisschwierigkeiten. Die Mehrdeutigkeit der gebrauchten Termini wird sogar noch fachintern gefördert und weiter verstärkt durch Um- und Neudefinitionen bereits bestehender Termini, etwa, weil sich die alten Begriffe als untauglich, irreführend, wertend oder unpräzis erwiesen haben. Dadurch verliert die Terminologie an Allgemeinverständlichkeit und behindert den Transfer von Erkenntnissen und Ergebnissen in die Gesellschaft.

In diesem Zitat handelt es sich um eine relativ genaue **Problembeschreibung**, doch es wird das Charakteristikum der sozialwissenschaftlichen Begriffsbildung übersehen, und so findet sich keine Erklärung für das Phänomen. Hier kann es nun einmal keine naturwissenschaftlich exakte Terminologie geben. Jeder diesbezügliche Versuch bleibt unvollständig und wird durch das weitere wissenschaftliche Nachdenken dauernd überholt. Auch THELEN fragt sich[20]:

What makes up the distinction between term and word? In the process of specialized translation, terms can in some cases clearly and without any problem be distinguished from words, whereas in others this is not so obvious, especially in cases where terms turn out to behave like words as in such disciplines like psychology, sociology, art & art criticism, leisure & tourism, etc.

Die Forderung nach der Bildung von eindeutigen Termini geht an der Thematik vorbei, sie ist dort ein wissenschaftsfernes Postulat, wo es um Prozesse, Entwicklungen und Theoriebildung geht.

Während der Theoriebildung ist die in der natürlichen Sprache erreichbare semantische Vagheit durchaus von Nutzen. (...) Überall dort,

---

[20] Marcel THELEN 30 July 2005, m.m.g.j.thelen@hszuyd.nl – siehe auch Webseite www.est-translationstudies.org/research issues, posted 30 July 2005.

wo wissenschaftliche Theoriebildung im Gange ist, herrschen 'kern-prägnante' Ausdrücke vor, wie sie Weinrich als Kennzeichen der Gemeinsprache darstellt, weil ihr heuristischer Wert ungleich höher ist (KRETZENBACHER 1998, 135).

Angemessen ist es dagegen, wenn sich Übersetzer solcher Texte das Spezifikum der Begriffsbildung in SGW bewusst machen und in ihrem kritischen Umgang mit Texten darauf achten. Die symptomatische Beobachtung RANDOWS und THELENS gilt für alle sozial- und geisteswissenschaftlichen Texte, doch ist gerade in den Sozialwissenschaften der Anteil gemeinsprachlicher Begriffswörter besonders hoch.

Damit sind Texte im Bereich der Soziologie reich an **implizitem Vorwissen**.[21] Ein Verstehen solcher Texte erfordert Kenntnisse über den wissenschaftlichen Hintergrund der Begriffswörter (LEPENIES 1986, 126). Was meint z. B. der Begriff „Sozialabbau"? Hier gibt es je nach Perspektive unterschiedliche Auffassungen, bei denen auch der kulturelle Hintergrund durchscheint. In wissenschaftlichen Darstellungen wird es daher nie eine allgemein gültige fixierte Definition geben, sondern man wird eigene Begriffe jeweils mit Verweis auf die Literatur eigens bestimmen müssen. Ohne diese Mühe des **reflexiven Definierens** wird ein wissenschaftlicher Beitrag wenig nutzen.

Für den Übersetzer ist dabei auch die Frage nach den Adressaten des Fachtextes unverzichtbar, gerade weil er selbst nicht zu diesen gehört. Er wird sich so viel „Fachwissen" zu erarbeiten haben, wie für ein adäquates Verständnis dieser Fachausdrücke nötig ist. Während für den Soziologen ein solcher Text keine „Verstehensprobleme" mit sich bringt, könnte dies bei der Übersetzerin durchaus der Fall sein, und sollte daher als Problem reflektiert werden.

---

[21] In ihrer Übersetzungskritik zur ersten deutschen Übersetzung von Erich Fromms *The Art of Loving* (New York 1956) widmet HESSELING (1982, 85) am Ende den „zentralen Begriffen" ein Kapitel. Sie stellt fest: „Als ein wesentlicher Faktor fällt die ausgeprägte Inkonsequenz des Wortgebrauchs besonders bei der Übersetzung der zentralen AS-Wörter auf, die dem nachweislichen Streben des Autors nach einheitlicher und damit semantisch eindeutiger Wortwahl zuwiderläuft." Der psychologische Hintergrund des Werkes, der ja in der Übersetzung überhaupt nicht durchscheint, war dem Übersetzer offenbar nicht bewusst (*Die Kunst des Liebens*. Übers. v. G. Eichel. Frankfurt/M 1971).

Beispiel

Der nachstehende soziologische Beispieltext aus einem Lehrbuch erscheint z. B. Studienanfängern als „schwierig". Er
enthält sogar eine doppelte Schwierigkeit, denn es wird nicht
nur die fachspezifische Bedeutung soziologischer und psychologischer Begriffswörter wie *soziale Systeme, Frustration, Individuum, Verhalten* usw. als beim Leser bekannt vorausgesetzt,
sondern es wird in dieser Bucheinleitung auch noch auf verschiedene existente Theorien verwiesen. (Die entsprechenden
Ausdrücke sind unterstrichen.) Das relevante Wissen ist auch
für den Übersetzer gefordert.

WHAT IS RATIONAL CHOICE THEORY in sociology? A rela-
tively straightforward way of gaining a sense of rational choice
theory in sociology is to specify three kinds of criteria that
many would agree should be met if sociological theory is to be
wholly satisfactory:

1.   The set of phenomena to be explained by the theory is the
behavior of social systems (large or small), and not the behavior of individuals.

2.   Explanation of the behavior of social systems requires explanation in terms of the behavior of actors in the system, thus
implying

a) a theory of transitions between the level of social system
behavior and the level of behavior of individual actors, often
expressed as the micro-macro problem; and

b) a psychological theory or model of the springs of individual
action.

No wholly satisfactory theory exists in sociology because no
theory has been able to simultaneously meet these criteria.
Different theoretical traditions can be characterized by the criterion or criteria they sacrifice or give short shrift to. These
sacrifices constitute theoretical wagers that the element sacri-
ficed is less important than those taken as problematic.

The class of theories that maintains the first criterion and sacrifices criteria 2a and 2b can be termed holistic. Functionalist
theory is perhaps the prominent example but is by no means
the sole member of this class. (...)

The class of theories that maintains criteria 1 and 2b but ig-
nores 2a is that class which explains system behavior in terms
of like behavior or tendencies on the part of individuals. The
micro-macro transition is assumed to occur through simple ag-
gregation. This class is exemplified by theories of panic or

crowd behavior that posit some emotional „tendency" at the individual level that gives rise to the behavior which, when <u>aggregated</u>, constitutes panic. Another example is a theory that tries to explain why <u>revolutions</u> are associated with improving conditions by positing <u>increased frustration of expectations</u> under such conditions. Such a theory then employs an <u>expressive mechanism</u> (an instance of criterion 2b), namely <u>frustration</u> is expressed in <u>aggression</u>. The step from the level of <u>individual aggression</u> to the <u>systemic level of revolution</u> is not treated, so by tacit implication it involves only simple <u>aggregation of similar behavior tendencies</u> in the population. Thus in such theories what is taken as problematic are the properties of <u>individual psychology</u> that lead to the tendencies to behave in observed ways, for example, some forms of <u>collective behavior</u> (Coleman 1990, pp. 472-479).

<u>Rational choice theory</u> in sociology belongs to still another class of theories: little attention is paid to criterion 2b, that is, the psychological model of the <u>springs of individual action</u>. It may seem odd to describe a theoretical approach named after its chief psychological assumption as giving short shrift to psychology. We believe this is accurate, however. What is problematized in rational choice theory is not individual psychology, it is the component of the theory labeled 2a above – the <u>transitions</u> between the <u>micro level</u> of individual action and the <u>macro level</u> of <u>system behavior</u>. In what is probably the most significant instantiation of this distinction, the macro level can be described as the <u>institutional structure</u>, and the micro level as the <u>behavior of the actors within</u> such as structure.

[*Introduction. Rational Choice Theory - Advice and Critique.* Eds. James S. Coleman/Thomas J. Fararo. Newbury Park/ London/ New Delhi: SAGE Publications. Key Issues in Sociological Theory 7, p. IX-X]

Auch in der **Wirtschaft** haben die Begriffswörter oft nur vorläufigen Charakter und können nicht genormt werden. Das Beispiel „Inflation" wurde schon erwähnt (s. Kap. 2.3.1). Die Begriffsinhalte müssen vielmehr in der fachlichen Darstellung jeweils entweder eigens definiert oder mit einem Verweis auf die Denkschule, die „herrschende Meinung" usw. versehen werden, sonst ist eine wissenschaftliche Debatte kaum möglich. Gegenstand des fachlichen Diskurses ist häufig gerade die Abstimmung über den Bedeutungsinhalt der Begriffswörter selbst, jeder stellt seine Interpretation als richtig hin. Ist dies vorläufig geklärt, endet die wissenschaftliche Diskussion.

> **Beispiel**
> Nicht der einzelne Wirtschaftswissenschaftler, sondern z. B. die Gesamtheit der wissenschaftlichen Konzeptionen und Analysen sind die letzte Instanz, die bei dieser Ordnung des terminologischen Feldes ausschlaggebend sind. Man vergleiche die Einleitung bei F. U. Willeke (*Wettbewerbspolitik*. Tübingen 1980, 17): „In weitgehender Anlehnung an die in der mikroökonomischen Theorie und Wettbewerbstheorie übliche Terminologie soll ein 'Anbieter' je nach den für ihn geltenden Marktbeziehungen wie folgt bezeichnet werden" (...).
> Interpretationen liegen auch vor im Bereich des Wirtschaftsrechts, etwa dem Wettbewerbsrecht. Benennungen wie *marktbeherrschendes Unternehmen, überragende Marktstellung, größter Marktanteil, wesentlicher Wettbewerb* (alle § 22 GWB: Gesetz gegen Wettbewerbsbeschränkungen i.d.F.v. 3. Jan. 1966, BGBl. I S. 37) bezeichnen relative Größen oder veränderliche Sachverhalte.

Zur Darstellung der Vorstellungsinhalte in SGW wurde, wie schon gesagt, eine sprachliche **Metaphorik** entwickelt, da Interpretationen von Lebensumständen, Prozessen und Entwicklungen ja nicht konkret vorstellbar sind. Die verwendeten Ausdrücke eröffnen aber in ihrer Plausibilität die Möglichkeit der Kommunikation.

> **Beispiel**
> So kann etwa in der Geldtheorie die durch das Spekulationsmotiv bedingte Geldnachfrage in Relation zur Zinshöhe zwar leicht mit einem Schaubild visualisiert werden (Zinshöhe auf Y-Achse, Spekulationsnachfrage auf X-Achse), doch darüber hinaus werden auch Metaphern eingesetzt, die diesen Sachverhalt verstehbar machen sollen. Dort wird im Hinblick auf Spekulation nicht nur von der Zinselastizität der Geldnachfrage gesprochen, sondern auch von der Liquiditätsfalle.
> Letztere bezeichnet Folgendes: „Nach Keynes wird nun die Zinselastizität dieser Geldnachfrage unendlich elastisch, wenn

der Zins so tief liegt, dass alle Wirtschaftssubjekte diese Zins-
höhe als eine Art 'absoluter Untergrenze' ansehen; in der Erwartung, dass der Zins in der Zukunft nur steigen kann und
damit die Kurse nur sinken können, kaufen die Wirtschaftssubjekte keine Wertpapiere. Weil in dieser Situation alles von der
Notenbank zusätzlich geschaffene Geld in der Spekulations-
kasse 'verschwinden' würde, spricht man von der Keynesschen
Liquiditätsfalle" (nach O. Issing (1987): *Einführung in die Geld-
theorie.* 6. Aufl., München, S. 38).
Hier wird ein komplexer Sachverhalt, der sich auch durch Diagramme und/oder Formeln erfassen läßt, mit Hilfe metaphorischer Konzepte („Elastizität", Liquidität = „Flüssigkeit", „Falle",
zusätzlich die Basismetaphorik von „steigen/erhöhen" und
„fallen/sinken") versprachlicht.

Beispiele dieser Art tauchen nicht nur in Lehrwerken, sondern auch in
theoretischen Abhandlungen oder institutionellen Texten häufig auf
(Hundt 1998, 111). Es wird deutlich, wie die Fachsprachen in SGW in
besonderer Weise in der Gemeinsprache wurzeln und sich darin vermi-
schen.

2.4.2 Vage Ausdrücke auf der Textebene

In Fachtexten der Ökonomie können allgemeine und fachsprachliche
Ausdrücke in ein und demselben Makrokontext nebeneinander vor-
kommen, was sich aus der Sicht des Übersetzers als **Vagheit** solcher
Texte darstellt. Das Problem soll exemplarisch am Beispiel des engli-
schen Adjektivs *individual*, das eine allgemeine und eine ökonomische
Fachbedeutung hat, in einem Wirtschaftstext dargestellt werden. *Indi-
vidual* deckt einen variablen Bedeutungsbereich ab, der erst vermittels
Kollokationen präzisiert wird.

INDIVIDUAL	
einzel, Individual- [allgemein]	**Privat-, Personen-, Allein- [fachlich]**
- *apartment* eigene Wohnung	- *assets* Privatvermögen
- *bargaining* Einzel(tarif)-verhandlungen	- *banker* Privatbankier
- *case* Einzelfall	- *credit* Personalkredit
	- *company* Personengesellschaft

- *earnings* Pro-Kopf-Einkommen	- *creditor* Privatgläubiger
- *income* Individualeinkommen	- *entrepeneur* Einzelunternehmer
- *insurance* Einzelversicherung	- *estate* persönliches Vermögen
- *liberty* Freiheit des Einzelnen	- *partner* Privatgesellschafter
- *portion* Einzelportion	- *proprietor* Alleininhaber
- *psychology* Individualpsychologie	- *proprietorship* einzelkaufmännisches Unternehmen

Beispielsätze

(1) It is, of course, not at all surprising to see business executives, economists and journalists calculating how the tax reform will reflect the earnings and cash flow of INDIVIDUAL companies and industries. This newspaper yesterday carried an exhaustive and informative survey of likely effects on various sectors of the American economy. That is a useful exercise, but there are certain intangibles that cannot yet be factored into such equations with any high degree of certainty. [*Wall Street Journal*, Aug. 19, 1986, p. 22]

(2) The suitability of equipment leasing as a tax shelter investment for INDIVIDUAL investors depends basically on three tax attributes – the depreciation deduction, the interest expense deduction and the investment tax credit. [A. Anderson & Co., *Tax Shelters – The Basics* (1983), p. 67]

(3) Partners are subject to income tax on their INDIVIDUAL share of the partnership profit. A corporate partner is taxed at regular corporate rates, while an INDIVIDUAL partner is taxed at graduated INDIVIDUAL rates. [Arthur Andersen & Co., *International Investment in U.S. Business* (1979), p. 271]

(Alle zit. nach GERZYMISCH-ARBOGAST 1989, 188).

Kommentar

Der Übersetzer sucht nach Kriterien der Unterscheidung, wann und wo INDIVIDUAL den allgemeinen Begriff „einzeln" oder aber den fachlichen Begriff „nicht körperschaftlich eingetragen", also „Privat-", „Personen-(gesellschaft)" meint.

Eine Möglichkeit wäre die Frage nach der fachbegrifflichen Opposition. Im Kontext des ersten Beispielsatzes findet sich keine Opposition zwischen Körperschaften und Individuen, so dass hier die Rede von „einzelnen Gesellschaften" ist. Das zweite Beispiel handelt dagegen gerade von der unterschiedlichen steuerlichen Behandlung privater oder körperschaftlicher Investoren, so dass INDIVIDUAL hier wohl die fachliche Bedeutung „Personal-" hat. Im dritten Beispiel wird beides angesprochen: „einzelne Anteile" und „Privatgesellschafter".

Ein spezielles Problem in wirtschaftlichen Texten sind Begriffswörter zu definierten Inhalten, die sowohl als Oberbegriffe wie auch als spezifischere Unterbegriffe nebeneinander verwendet werden. GERZYMISCH-ARBOGAST (1987, 23) stellt unter dem Begriff „Passepartoutwörter" die vage Verwendungsweise einiger wirtschaftswissenschaftlicher Ausdrücke im *Englischen* dar, die als Oberbegriffe „auf der Leiter des begrifflichen *Systems* in der Regel eine ranghohe Position besetzen, auf *Normebene* jedoch häufig die Position des spezifischen Unterbegriffs einnehmen." Mit der „Normebene" ist hier die vielfach verwendete Gemeinsprache bezeichnet. Es handelt sich meist um sehr weitgefasste Begriffe, ähnlich wie bei der gemeinsprachlichen Polysemie, jedoch sind Passepartoutwörter Fachausdrücke. Das Übersetzungsproblem besteht in der **fehlenden Äquivalenz**, d. h. ihre Entsprechung im *Deutschen* ist nicht immer ein gleichermaßen abstrakter Oberbegriff.

Als **Beispiele** aus der amerikanischen Wirtschaftssprache nennt GERZYMISCH-ARBOGAST *en*. *assets, property, money, income, profit, earnings, wealth, funds,* die oft im selben Text auf verschiedenen semantischen Spezifizierungsebenen gebraucht werden, im Kontrast zu *de*. *Aktiva, Vermögensgegenstände, Anlagevermögen, Anlagen, Geld.*
Ähnliche Ausdrücke sind u. E. aber auch **en**. agreement, contract, covenant, warranty im kontrastiven Vergleich zu **de**. Vertrag, Vereinbarung, Absprache, Abmachung, Übereinkunft, Abkommen, Zusicherung, Zusatzabrede, Garantie.

Die **semantische Variabilität der Ausdrücke** zeigt sich in einem einfachen Zeitungsartikel:

Beispieltext	Übersetzung
Manufacturing management₃	Produktionslenkung

Beispieltext

Manufacturing management$_3$

Time and motion studies, long dismissed as a primitive, divisive management$_3$ tool, have helped a GM-Toyota joint venture to succeed spectacularly.

FREDERICK WINSLOW TAYLOR is perhaps the most popular bogeyman of modern management$_1$ thinkers. One of the first people to study work systematically, Taylor argued that the productivity of physical labour could be increased greatly by measuring in minute detail the activities of workers, and then standardizing and accelerating their tasks. He called this "scientific management$_1$". Expounded in a book published in 1911, his methods were widely applied as mass production spread. (...) "Taylorism" is now vilified as the epitome of a hierarchical, authoritarian style of management$_2$ which caused decades of labour strife. No right-thinking manager$_4$ today would describe himself as a disciple of Taylor. (...)

[*The Economist*, January 23, 1993, p.73]

Übersetzung

Produktionslenkung

Zeit- und Bewegungsstudien, die lange als ein primitives, die Mitarbeiter spaltendes Organisationsinstrument verpönt waren, haben einem GM-Toyota-joint-Venture zu spektakulärem Erfolg verholfen.

Der wohl bekannteste Buhmann bei den Vordenkern des modernen Managements ist Frederick Winslow Taylor. Als einer der ersten, die Arbeitsverfahren systematisch untersuchten, argumentierte er, man könne die Produktivität körperlicher Arbeit dadurch stark erhöhen, dass die Tätigkeiten von Arbeitern bis ins kleinste Detail gemessen und ihre Aufgaben dann standardisiert und beschleunigt würden. Er nannte dies „wissenschaftliche Betriebsführung". Seine Methoden, die er in einem 1911 erschienenen Buch entwickelte, fanden breite Anwendung, als die Massenproduktion um sich griff. (...) Der „Taylorismus" wird heute als der Inbegriff eines hierarchischen und autoritären Führungsstils geschmäht, der jahrzehntelange Arbeitskämpfe ausgelöst hat. Kein vernünftig denkender Manager würde sich heute noch als Anhänger Taylors bezeichnen.

(1) Unternehmensführung, Management als Theorie, (2) Führungsstil, Leitungsform, (3) Organisationsstruktur, Lenkung, Steuerung, (4) Betriebsleitung, Direktion, Management, Leitungsmannschaft.

Häufig gehen Übersetzer, auch wegen des großen Zeitdrucks, zu naiv an ihre Texte heran und bewegen sich nur auf der gemeinsprachlichen Bedeutungsebene, ohne überhaupt in fachliche Recherche einzutreten.

Für den angemessenen Umgang mit solchen Begriffswörtern ist aber eine „Semanalyse", eine Untersuchung der verschiedenen Bedeutungsbereiche des Lexems erforderlich (vgl. STOLZE 1992, 123-136). Die fälschliche Verwendung weit gefasster Oberbegriffe in nachstehender Beispielübersetzung verstellt uns den Zugang zur gemeinten Wirklichkeit.

Beispieltext
INVESTMENT TAX CREDIT
To stimulate investment in depreciable assets$_1$, taxpayers may claim a credit equal to 10% of the amount invested in new tangible personal property$_2$ having a useful life of seven years or more. Up to $100,000 in used property$_1$ also qualifies. The credit is reduced for an asset$_2$ with a useful life of three to six years. [A. Andersen Co., *International Investment in U. S. Business*, 1979, p. 24].

Gedruckte Übersetzung
Um Investitionen in abschreibungsfähigen Gütern anzuregen, wird den Steuerpflichtigen eine Steuergutschrift von 10% der Anschaffungs- oder Herstellkosten von neuen unbeweglichen oder beweglichen Wirtschaftsgütern mit einer Nutzungsdauer von 7 oder mehr Jahren gewährt. Auf die Anschaffungskosten von gebrauchten Gegenständen, soweit sie 100.000 Dollar pro Jahr nicht übersteigen, wird ebenfalls eine Steuergutschrift gewährt. Die Gutschrift ist geringer für Vermögensgegenstände mit einer Nutzungsdauer von 3-6 Jahren. [A. Andersen & Co., Ausländische Gewerbliche Investitionen in den Vereinigten Staaten, Genf 1980, S. 31]. (- Verwischt bleibt die Bedeutung von „Gütern" und „Gegenständen" -).

Neuübersetzung
Steuerliche Begünstigung für Investitionen
Zur Förderung von Investitionen in langlebige Wirtschaftsgüter können Steuerpflichtige einen Betrag von 10% der in neue Sachgüter mit einer Nutzungsdauer von sieben oder mehr Jahren investierten Summe steuermindernd absetzen. Bis zu 100.000 US-$ investiert in gebrauchte Sachanlagen als materielles Anlagevermögen sind auch absetzbar. Die Steuergutschrift fällt geringer aus bei Vermögensgegenständen mit einer Lebensdauer von drei bis sechs Jahren.

> **Kommentar**
>
> Nach der Darstellung bei Gerzymisch-Arbogast (1989, 191) funktioniert ASSET einmal als Oberbegriff: materielles Anlagevermögen, Wirtschaftsgüter, und auch als spezifischerer Unterbegriff: bewegliches Anlagevermögen, (einzelne) Vermögensgegenstände.
>
> Das Synonym PROPERTY funktioniert als Oberbegriff: Wirtschaftsgüter, Sachanlagen (Syn. *tangible fixed assets*) und als Unterbegriff: materielle Vermögenswerte, Sachgüter, bewegliche Wirtschaftsgüter (Syn. *tangible movable assets*).

2.4.3 Politische Bedeutungsträger

Auch die politische Fachsprache weist die Besonderheit der sozialwissenschaftlichen Rede auf. Strauß/Zifonun (1985) beschreiben ausführlich „die Semantik schwerer Wörter im Deutschen" und heben vor allem im Bereich der Gesellschaftswissenschaften und der öffentlichpolitischen Kommunikation die Wörter mit „sprechergruppen-bezogenen Bedeutungen" hervor. Solche (inhalts)schweren, konnotativ belasteten Wörter sind im **Deutschen**: *Frieden, Freiheit, Gerechtigkeit, Krieg, Gewalt, Selbstbestimmung, Mündigkeit, Vaterland, Leistung, Kontrolle, links, rechts, Konfession*, aber auch „*Intellektueller, Künstler, Dichter, Extremist, Radikaler, Terrorist, Sympathisant, Ultra, Loyaler*" (Strauß/Zifonun 1985, 357).

An dieser Stelle ist vor den sog. „falschen Freunden" sprachkontrastiv formal wörtlicher Entsprechungen zu warnen, denn oft ist die **soziale Bedeutung einzelkulturell verschieden**: *extremer Liberalismus* oder *Neoliberalismus* ist in Deutschland schon rechts, während *extreme liberalism* in Amerika eher links ist; das deutsche Wort *Feminismus* hat aggressivere Untertöne als en. *feminism*.

Auch in der Objektwelt gibt es Unterschiede, fr. *banlieue* hat z. B. die Konnotation „Unterschichtwohngebiet", en. *suburb* dagegen ist Mittelschicht, de. *Vorstädte* ist ein veralteter, *Vorort* ein verwaltungstechnischer Ausdruck. *Demokratie* bedeutet in den Vereinigten Staaten von Amerika etwas ganz anderes als in der Sowjetunion, wo sie als „Diktatur des Proletariats" voll vereinbar mit einem Einparteiensystem als Repräsentanz der Arbeiter- und Bauernklasse war.

Der Einfluss anderer Sprachen auf das Deutsche ist immens. Doch die ungeprüfte Übernahme von Bezeichnungen fördert den Irrtum. Die fehlerhafte Eindeutschung im Sinne eines interlingualen Transfers produziert nicht nur fehlerhaftes Deutsch, sondern auch oft ein falsches Bild von den Dingen.

> ### Beispiel
> SCHÄFFNER/HERTING (1994, 31) zeigen auf, wie das Nichtwissen um politisch-gesellschaftliche Hintergründe zu Fehlleistungen in der Übersetzung führt. Dabei zitieren sie einen Beispielsatz aus einer längeren Übersetzung eines Journalistenberichts über die neuen Entwicklungen in Polen nach der Wende:
> *"This 'plenum-like' Solidarity in Poland, the Forum, finds itself inadvertently adopting the Communist terminology of the last fourty years – then appoints a series of 'commissions'. By the time I arrive, there are four: ..., and Conceptional – the last 'to handle the political science aspect', as one Forum spokesperson-interpreter rather quaintly puts it."*
> **De**: *„Dieses 'Plenum' beruft nun eine ganze Anzahl von 'Kommissionen'... und eine konzeptionelle, letztere „um den politischen Wissenschaftsaspekt zu behandeln."*
> Aus fachlicher Unkenntnis wurde die englische Wortkomposition 'political science aspect' (Aspekt „Politische Wissenschaft") falsch aufgelöst. In der fraglichen Übersetzung **mangelt es an Kenntnis der politischen Terminologie** aus dem Bereich, wie SCHÄFFNER/HERTING anmerken: „evidence of communist terminology which had dealt with Marxist-Leninist teachings as a political science".

Eine **bilderreiche Ausdrucksweise** ist inzwischen im politischen Bereich zur Mode geworden. SCHUMACHER (1988, 74) bringt in einem Beitrag über die „Metaphern des europäischen Sprachgebrauchs" eine reichhaltige Zusammenstellung an Wortbildungen und auch Stilblüten im Zusammenhang mit der Europapolitik, wie u.a. *Europa wächst, Europa wird erwachsen, Europa kapselt sich ab* usw., womit der Prozess der Entstehung der europäischen Staatengemeinschaft beschrieben wird.

Solche Metaphern werden in den verschiedensten Sprachen verwendet. Entsprechende sprachliche Ausformungen sind gegebenenfalls beim Übersetzen von **Pressekommentaren** oder **Parlamentsreden** im europäischen Rahmen zu beachten, denn dort sind diese Bilder am häufigsten.

2.4.4 Theologische Begrifflichkeit

Auch theologische Texte werden Fachübersetzern vorgelegt und sie bieten aus übersetzungswissenschaftlicher Sicht vergleichbare Verstehensprobleme. Sie setzen ein **theologisches Vorverständnis** voraus, ohne welches bestimmte Begriffswörter, ja oft eine ganze Argumentation, nicht verständlich sind. Für Übersetzer mit theologischer Vorbildung besteht natürlich kein Verstehensproblem.

> **Beispiel**
> T e x t: Le rapport masculin-féminin peut être illustré par la catégorie de révélation (...). La révélation est dévoilement dans la rencontre, que celle-ci soit corporelle, affective, intellectuelle. [A. Dumas: Antagonisme, fusion, dévoilement. WCC Publ., Genève 1973, p. 79]
> Ü b e r s e t z u n g: So kann das Verhältnis zwischen den Geschlechtern mit der Kategorie der Offenbarung beschrieben werden. Offenbarung ist Enthüllung in der Begegnung, sei diese nun körperlicher, gefühlsmäßiger oder geistiger Art.
> K o m m e n t a r: Dieser Gedanke der Geschlechterbeziehung als Offenbarung erscheint ohne ein Vorwissen über „Offenbarung" (révélation) nicht besonders plausibel. Die Begriffsvorstellung „Offenbarung" wird nämlich landläufig oft falsch aufgefaßt als ein nicht jedermann zugängliches, unangreifbar sicheres Sonderwissen, das den Offenbarungsträger in eine Position sozialer Überlegenheit bringt und sich damit insgesamt gerade gemeinschaftsbehindernd auswirkt. Bei einem solchen Fehlverständnis wird nicht klar, wieso nach Meinung des Autors jener Begriff 'Offenbarung' ein Paradigma zwischenmenschlicher Beziehungen sein sollte.
> *Offenbarung* ist <u>psychologisch</u> ein Erschließungsgeschehen, in dem sich einem bei bestimmter Gelegenheit unerwartet die Wirklichkeit neu und anders zeigt. Dieses veränderte Wirklich-

keitsbild bezieht den zunächst passiven Empfänger der Offenbarung so personhaft mit ein, dass er dann dem ihm neu „aufgegangenen" Sachverhalt deutend und gestaltend aktiv Rechnung tragen kann und muß. Eine solche Reaktion ist nicht exklusiv, sondern gerade Bedingung der Möglichkeit zwischenmenschlichen Zusammenlebens.

Zu dem Text gehört nun aber auch noch ein theologisches Vorverständnis. Bei einer religiösen Offenbarung wird das Verhältnis zwischen dem menschlichen Leben und der Ursprungsmacht (Gott) erschlossen. Weil sich jeder Erschließungsvorgang an einem situativen Anlass entzündet, handelt es sich nicht um abstrakte Erkenntnis, sondern um eine sinnliche Affektion, die deshalb eine verändernde Wirkung auf das Personsein des Empfängers hat.

Vor solchem Hintergrund wird die Aussage unseres Textes erst ganz nachvollziehbar. „Offenbarung" ist ein Durchbrechen geistig-seelischer Barrieren, das bis zum Kern des Personseins vordringt.

Das Zustandekommen des Wirklichkeitsbezugs von menschlichem Leben als Folge der „Enthüllung in der Begegnung" führt zur bewussten Gestaltung das Lebens miteinander, aus der Begegnung zweier Individuen heraus.

Im Verstehen des Fremden wird das eigene Vorwissen aktiviert und in einem Lernprozess angereichert, doch ganz ohne Vorwissen geht es eben nicht:

> Ich verstehe einen über Musik handelnden Text nur, wenn und soweit ich ein Verhältnis zur Musik habe (weswegen denn in Thomas Manns „Doktor Faustus" manche Partien für manche Leser unverständlich sind), einen mathematischen Text nur, wenn ich ein Verhältnis zur Mathematik habe, eine Geschichtsdarstellung nur, sofern mir geschichtliches Leben vertraut ist (...) (BULTMANN 1965, 218).[22]

Zentrale Begriffe im Bereich **kirchlich-ökumenischer Kommunikation** sind abstrakter Natur und betreffen das Verhältnis der Menschen untereinander: *Miteinander, Teilen, Verbundenheit, Bewahrung, Entgegenkommen, Verknüpfung, Aufbruch, Dialog, Gemeinschaftssinn, Unterwegssein, Begegnung, Bedrängte,* sowie biblische Begriffe wie *Versöh-*

---

[22] Vgl. Rudolf B. BULTMANN (1965): *Glauben und Verstehen.* 2 Bde. Gesammelte Aufsätze. 4. Aufl., Tübingen: J.C.B. Mohr (Paul Siebeck).

nung, Umkehr, Gnade, Barmherzigkeit, Gerechtigkeit, Sünde, Nachfolge, usw. Diese der Form nach gemeinsprachlichen Wörter tragen spezifische ideologische Bedeutungen.

Umgekehrt gibt es englischsprachige Ausdrücke aus dem kirchlichen Bereich, die gleichermaßen als schwer übersetzbar gelten: *sharing, denomination, commitment, integrity, sustainability,* etc. Hierzu findet man nicht einmal etwas Brauchbares in spezifischen Glossaren.[23] Als Wörter erscheinen diese Ausdrücke zunächst recht vage. Es sind Wörter mit einer Kernbedeutung und unscharfen Rändern. Sie werden erst im Kontext ihres Satzvorkommens präzisiert und können dann nach einer semantischen Analyse übersetzt werden.

2.4.5 DIE EIGENART DER RECHTSBEGRIFFE

Die Rechtssprache hat im Juristen und im Rechtsbefolger zwei **verschiedene Adressaten.** Die juristische Fachsprache unterscheidet sich daher von mancher anderen Fachsprache vor allem dadurch, dass sie Fachausdrücke aus beiden Bereichen, also **Termini und Begriffswörter** enthält.

Sie kennt Ausdrücke, die der Form nach mit denen der Gemeinsprache übereinstimmen, auf der Inhaltsebene aber davon abweichen können. Zwar kann eine spezifische Terminologie die Zwecke des Rechts, vor allem im Blick auf die Institutionen, durchaus optimal erfüllen, doch gilt auch,

> „daß das Recht an der Allgemeinsprache anknüpfen muß, weil es auf konkrete Lebenszusammenhänge bezogen ist. Da Rechtssicherheit aber nur durch möglichst eindeutige Begriffe gewährleistet ist, müssen die 'natürlichen' Begriffe der Gemeinsprache in ihrer Bedeutung durch Legal-Definitionen eingeengt werden" (FUCHS-KHAKHAR 1987, 39).

> Zutreffend ist auch, „daß das Rechtsdenken in besonders weitem Umfang an die allgemein erfahrbaren Gegebenheiten des menschlichen Daseins anknüpft und in weiten Bereichen auf die Beschreibung der

---

[23] Vgl. *Deutsch-Englisches Glossar des kirchlichen Sprachgebrauchs.* Evangelisches Missionswerk in Deutschland, Hamburg. 2. Aufl. 1994

natürlichen 'vorrechtlichen' Beziehungen und Handlungen der Menschen angewiesen ist" (MÜLLER-TOCHTERMANN 1969, 91).

So findet der Übersetzer in juristischen Texten ein spezifisches Miteinander von exakten Termini und unbestimmten Begriffswörtern des Rechts vor, die im Horizont unterschiedlicher Rechtsordnungen stehen. Die Lexik der juristischen Fachsprache ist dabei durch verschiedene Abstraktionsebenen gekennzeichnet.

2.4.5.1 Unbestimmte und bestimmte Rechtsbegriffe

Verständnisschwierigkeiten für den Laien entstehen, wenn gemeinsprachliche Wörter wie *Mensch, Geburt, Vater, Tier, Verwandtschaft, Sache, Dunkelheit, Nachtruhe,* usw. durch den juristischen Gebrauch auf einige spezifische Verwendungsweisen festgelegt werden. Juristisch bedeutet z. B. der Begriff „Vater" eben auch die Übernahme des Sorgerechts über ein Kind mit allen finanziellen Folgen.

Immer wieder kann es über die Bedeutung solcher Wörter Streit geben. Derartige Begriffe sind nämlich weniger eindeutig, als der Laie glaubt, dies zeigt etwa ein an die 500 Seiten langer Kommentar zum Artikel 3 GG *„Alle Menschen sind vor dem Gesetz gleich"*, „wobei schwerlich alle Zweifel geklärt sind" (OKSAAR 1986, 103).

Das Bürgerliche Gesetzbuch schreibt vor, dass die Normen der Gemeinsprache beachtet werden sollen. § 157 BGB sagt z. B.: „Verträge sind so auszulegen, wie Treu und Glauben mit Rücksicht auf die Verkehrssitte es erfordern". Das Problem ist jedoch, dass die Normen der Gemeinsprache semantisch von Gruppe zu Gruppe variieren können und sich auch fortentwickeln. Was früher noch ein Skandal war, ist heute vielleicht schon gesellschaftlich „normal".

So gibt es „unbestimmte" oder **„wertausfüllungsbedürftige Rechtsbegriffe"**, welche die Rechtssprache als Fachsprache unexakt machen, aber für sie notwendig sind, wie *Treu und Glauben, gute Sitten, wichtiger Grund, Wert, Schutz der Persönlichkeit, Sicherheit und Ordnung, freie Meinungsäußerung, Freiheit des Eigentums, anerkannte Regeln der Technik, Stand der Technik,* u. a. Diese Bezeichnungen der Rechtsgüter werden im Einzelfall nach den jeweiligen örtlich und zeitlich herrschenden Anschauungen und rechtserheblichen Umständen im Rahmen der geltenden Rechtsordnung ausgelegt (OKSAAR 1979, 102) und ein Streit wegen subjektiv verschiedener Interpretation ist gerichtlich zu klären. Oft wird ja moniert, dass die Gesetze zu ungenau, zu „allgemein" formuliert wären, aber es kann eben nicht jeder Einzelfall gesetzlich geregelt werden. Die dann notwendige „Wertung" richtet sich nicht nach der persönlichen Ansicht etwa eines Richters, sondern nach der allgemeinen Auslegung eines „objektiven Sittengesetzes". In Bezug auf dieses wird jeweils entschieden, ob eine Gesinnung „ehrlos", ein Beweggrund „niedrig", eine Forderung „angemessen" oder eine Darstellung „gotteslästerlich" ist.

Daneben verwenden Juristen auch sog. **„bestimmte" Rechtsbegriffe** aus der Gemeinsprache: *Kauf, Tausch, Miete, Beleidigung, Raub, Betrug, Täuschung, Schulden, Vorgesetzter* usw. Das formale Mittel, um die juristische Bedeutung dieser Wörter zu fixieren, ist „meist nichts anderes als die Beschreibung ihrer rechtserheblichen natürlichen Merkmale im sogenannten gesetzlichen Tatbestand" (MÜLLER-TOCHTERMANN 1969, 90).

Beispiele

Man vergleiche die Abgrenzung zwischen Diebstahl und Betrug im Strafgesetzbuch. Wo liegt der Unterschied für den Juristen? „Diebstahl" ist laut gemeinsprachlichem Wörterbuch (*WAHRIG*) „das unrechtmäßige Ansichbringen fremden Eigentums, das Stehlen". Und „Betrug" ist „Täuschung in der Absicht, sich einen Vorteil zu verschaffen, sich zu bereichern". –
Hierzu sagt der § 242 StGB: „Wer eine fremde bewegliche Sache einem anderen in der Absicht wegnimmt, dieselbe sich rechtswidrig zuzueignen, wird wegen Diebstahls (...) bestraft. Der Versuch ist strafbar." Hier werden also die Ausdrücke *Ansichbringen, Eigentum, unrechtmäßig* genauer rechtlich definiert. –
Zum „Betrug" heißt es in der Gesetzesquelle (§ 263 StGB): „Wer in der Absicht, sich oder einem Dritten einen rechtswidrigen Vermögensvorteil zu verschaffen, das Vermögen eines

anderen dadurch beschädigt, dass er durch Vorspiegelung falscher oder durch Entstellung oder Unterdrückung wahrer Tatsachen einen Irrtum erregt oder unterhält, wird (...) bestraft.
Der Versuch ist strafbar." –
Zur **Abgrenzung** finden wir eine Begründung des BGH: „Beide
Tatbestände schlössen einander aus; für den Diebstahl im Gegensatz zum Betrug sei es kennzeichnend, dass der dem Verletzten zugefügte Schaden ausschließlich durch eine eigen-
mächtige Handlung des Täters herbeigeführt werde, während
der Schaden beim Betrug 'infolge der Vermögensverfügung
des (vom Täter getäuschten) Verletzten eintrete (BGHSt, S.
209)'" (zitiert nach SIMONNÆS 1998, 219).

Das Problem des **kognitiven Hintergrunds bei Begriffswörtern** schließt
soziologisch auch die Diskursfelder ein, z. B. *marriage*: *Hochzeit* bezeichnet das umgangssprachliche Ereignis, welches etwas gehobener
auch als *Heirat* bezeichnet wird, *Eheschließung* bezeichnet den standes-
amtlichen Verwaltungsvorgang, *Trauung* meint den kirchlichen Seg-
nungsakt, *Vermählung* signalisiert aristokratische Einstellung, *Verehe-
lichung* ist aus der älteren Amtssprache. Wer entsprechende Unterschiede nicht kennt, wird sich beim Übersetzen schwertun.

2.4.5.2 DEFINIERTE RECHTSBEGRIFFE

Auf der nächsten Abstraktionsebene liegen Fachwörter für nicht unmittelbar fassbare sondern nur noch gedanklich definierte Phänomene, wie
Beziehungen und Handlungen in ihrer rechtlichen Bedeutung. Solche
Begriffe lehrt die juristische Fachausbildung, wie etwa *Beförderungser-
schleichung* für „Schwarzfahren", oder *Besitz* als „tatsächliche Sachherrschaft" und *Eigentum* als „rechtliche Verfügungsmacht".

> ### *Beispiel*
> Wir unterscheiden zwischen Besitz und Eigentum (*possession*
> und *property, ownership*). Wie sind die Verhältnisse bei einer
> Mietwohnung? Der Hausbesitzer als Grundstückseigentümer
> hat die rechtliche Verfügungsmacht, ihm „gehört" die Woh-
> nung. Der Wohnungsbesitzer oder Wohnungsinhaber, zum
> Beispiel der Mieter, hat die tatsächliche Sachherrschaft, ihm

„gehört" die Wohnung im Vergleich zu den anderen Mietpar-
teien. Der Hausbesetzer stellt mit seiner Aktion eine tatsächliche Sachherrschaft her, ohne aber rechtliche Verfügungsmacht
oder rechtmäßige Inhaberschaft zu erlangen.

Andere Fachausdrücke sind *Buchgrundschuld, Zwangsvollstreckung,
Rechtsnachfolger, Willenserklärung, Gläubigerverzug, Mängelhaftung,
Erlass, Freispruch, Gleichstellung* u.a. Sie sind lexikographisch als **juristische Termini** in den Fachwörterbüchern relativ gut dokumentiert. Auch
in ihrer Wortbildung (siehe unten) sind sie eher als Fachausdrücke erkennbar. Das Ergebnis noch weitergehender Abstraktion sind dann
rechtswissenschaftliche Begriffe, wie *Unterlassungsklage, Idealkonkur-
renz, Subsidiarität*. Der genau definierte Begriffsinhalt wird in der juristischen Ausbildung gelehrt.

Beispiel
Wichtig sind zur Unterscheidung u. a. die <u>Sprechergruppen</u>,
deren Sprachgebrauch sich in einem terminologischen System
spiegelt:

Gesetz – wird vom Parlament verabschiedet (z. B. Brand-
schutzgesetz)
Rundschreiben – Beispiel: Der „Bundesminister für Verkehr"
sendet ein „Rundschreiben" oder „Schreiben" an die Landes-
verkehrsministerien über das neue Gesetz, diese machen daraus einen „Erlass".
Erlass – ergeht von Landesministerien im Rahmen der Verwaltung zur Durchsetzung des Gesetzes als behördliche Anordnung oder amtliche Verfügung an nachgeordnete Behörden.
Beispiel: Einführung der neuen Rechtschreibung per „Erlass"
des Kultusministeriums eines Bundeslands.
Verfügung – ergeht immer von einer Behörde (z. B. Polizeiprä-
sidium, Oberschulamt) an die nächst niedrigere Behörde und
enthält intern einzelne Anordnungen.
Dekret – das ist eine behördliche oder richterliche Verfügung.
Verordnung – ist die schriftliche Verfügung mit Ausführungs-
bestimmungen, wird von den unteren Behörden oder Fachmi-
nisterien für die Öffentlichkeit erstellt. Diese geben darüber
Bericht nach oben (z. B. Brandschutzverordnung, Straßenver-

kehrsordnung StVO, Durchführungsverordnung). Ein Gesetz wird ausgeführt durch Richtlinien auf Verordnungsebene.

2.4.5.3 UNTERSCHIEDE DER RECHTSGRUNDLAGEN

Das oft benannte Hauptproblem bei juristischen Übersetzungen besteht in den unterschiedlichen Rechtsquellen, weshalb Gesetzestexte oft kaum miteinander vergleichbar sind. Sie stehen vor einem völlig verschiedenen **Denkhorizont** (s. Kap. 1.4.5). Die Unterschiede der europäischen Rechtsgrundlagen liegen v. a. im Gegensatz zwischen dem Gewohnheitsrecht des Common Law in angloamerikanischen Rechtsordnungen und dem Zivilrecht auf der Grundlage des römischen Staatsrechts. Und diese Unterschiede schlagen sich in der Sprachgestalt des Textes nieder.

Das **Common Law** ist das in England von den königlichen Richtern im 12. und 13. Jh. über spezielle Klageformen geschaffene Recht, das in den drei Londoner Zentralgerichten und von umherreisenden Richtern des Königs, die „Gerichtstag" hielten, entwickelt wurde und das einfachere anglo-saxonische Lokalrecht der Gemeinden, Grundbesitzer und Kirchen verdrängte (vgl. ŠARCEVIC 1988, 308). Es basiert auf Urteilssammlungen: Die Richter hatten vergleichbare Streitigkeiten mit Bezug auf ein früheres Urteil ähnlich entschieden (*case law*). Hier ist der Präzedenzfall sehr wichtig, und Urteile verweisen auf vergleichbare andere Entscheidungen. In angloamerikanischen Ländern sind daher Gesetze häufig in kasuistischem (einzelfallbezogenem) Stil abgefasst, wodurch die Rechtssprache anschaulicher wirkt. Das Gericht ist wie ein Schlachtfeld, auf dem sich die Parteien, auch im Kreuzverhör, gegenseitig bekämpfen, der Richter moderiert nur.

Dem **Zivilrecht** dagegen liegt ein kodifiziertes Recht, eine Verfassung zugrunde. Daher müssen Urteile im Bezug auf das Gesetz entscheiden. Es kommt vom römischen Staatsrecht her, auf dem die Rechte in romanischen Ländern und auch in Deutschland aufbauen. Die Rezeption des römischen Rechts im 15. Jahrhundert bewirkte, dass Laienrichter durch gelernte Doctores, also durch am römischen Recht ausgebildete Berufs-juristen verdrängt wurden, die auch in die Kanzleien der Fürstenhöfe einzogen. Dies führte dazu, dass bis heute die Gesetze, die Sprache und Denkweise der deutschen Juristen von der römischen „Begriffsjurispru-denz" beeinflusst sind. Die Sprache nahm an Abstraktion zu. Heute ist freilich international immer mehr eine gewisse Annäherung zu beo-bachten.

Schließlich ist die Beachtung der verschiedenen **Rechtsgebiete**, wie Zivil-, Straf-, Verwaltungs-, Arbeits-, Völkerrecht usw. von der Überset-zerin zu beachten, da hier teilweise signifikante Unterscheide in der Terminologie vorfindlich sind.

Auch innerhalb von Sprachgebieten gibt es Unterschiede. So ist die **deutsche Rechtssprache** eigentlich kein einheitliches Gebilde. Histori-sche und einige vorwiegend politische Entwicklungen der letzten Jahr-zehnte haben dazu geführt, dass ein auf Deutsch verfasster juristischer Text aus einem der folgenden **Rechtsordnungen** bzw. Gültigkeitsräume stammen kann: der Bundesrepublik Deutschland, der Republik Öster-reich, der Schweizerischen Eidgenossenschaft/Liechtenstein, der Auto-nomen Provinz Bozen-Südtirol und der Europäischen Union.

Das **Recht der Europäischen Union** ist mehrsprachig. Alle Rechtsakte werden in sämtlichen 11 Amtssprachen formuliert, und alle Textversio-nen in allen Mitgliedsländern haben gleiche Gültigkeit und Authentizi-tät. Da die Texte zumeist aus den Urversionen in Englisch oder Franzö-sisch, den primären Arbeitssprachen der Gemeinschaft, in die Landes-sprachen übersetzt werden, stellt sich hier ein gravierendes Problem, denn die inhaltliche Übereinstimmung zwischen den Texten ist beson-ders wichtig. Es wird bei EU-Rechtstexten davon ausgegangen, dass sämtliche Textversionen des Gemeinschaftsrechts einen einheitlichen Sinn tragen. Dies ist allerdings nur eingeschränkt möglich, so dass Un-klarheiten in bestimmten Fällen der besonderen Klärung bedürfen. So-dann ist auch bei genauer Übereinstimmung der sprachlichen Fassun-gen zu beachten, dass das Gemeinschaftsrecht eine eigene besondere Terminologie verwendet, deren Übereinstimmung oder Abweichung von nationaler Terminologie dann wieder zu überprüfen ist. Der Sinn einer gemeinschaftsrechtlichen Bestimmung ist letztendlich niemals ganz klar, aber es muss strikt zwischen nationalrechtlichen und europäischen Termini z.B. auf Englisch unterschieden werden.

Die Probleme mit der Ermittlung des Sinnes gemeinschaftsrechtlicher Texte beruhen auf dem multilingualen Charakter und der rechtspluralistischen Basis des EU-Rechts. Die einzelnen 16 EU-Mitgliedsländer haben unterschiedliche Rechtsordnungen. Weil die in den EU-Texten verwendeten Begriffe ja den nationalen Rechtsordnungen sprachlich entstammen, wird auch in Zukunft eine ständige Wechselwirkung zwischen Gemeinschaftsrecht und nationalem Recht der Mitgliedsländer bestehen. Außerdem befindet sich die europäische Rechtsordnung erst im Aufbau. Es muss immer abgeklärt werden, in welchem **Rechtsraum** die Übersetzung stattfindet, ob es sich um eine Translation in einem einzigen Rechtsraum handelt, wo die Textinhalte in Ausgangs- und Zieltext identisch sind und nur die Sprachbarriere zu überwinden ist, oder ob es sich um eine national grenzüberschreitende Translation handelt, wo zwei verschiedene Rechtsordnungen miteinander in Kontakt kommen. Unter dem Blickwinkel der Zahl der beteiligten Rechtsordnungen sind dabei folgende Hauptfälle der Rechtsübersetzung zu unterscheiden (KJÆR 1999, 65):

1. Die Übersetzung von Texten im Rahmen eines mehrsprachigen nationalen Rechtssystems, wie z. B. in Südtirol, der Schweiz, Finnland, Belgien[24], Luxemburg und Kanada.

---

[24] Ein praktisches Beispiel liefert Belgien (Flandern, Wallonien), wo neuerdings die Sprachen Französisch und Niederländisch gleichberechtigt sind. „Am Anfang war das Gesetz. Die belgische 'constitution' ist, nach dem napoleonischen Modell, französisch geschrieben und dann ins Niederländische, später auch ins Deutsche übersetzt worden; die Flamen urteilen ganz richtig, dass ihre Gesetze fremd aussehen, denn der französische Hintergrund und die archaische Rechtssprache mit ihrer französischen Terminologie hat viele Spuren im modernen niederländischen Gesetz hinterlassen. Auch die neuen Gesetze, die jetzt direkt in niederländischer Sprache geschrieben und noch immer nach dem 'belgizistischen' übersetzerischen Modell formuliert werden, sind auf die französische Tradition zurückzuführen, weil immer noch die alte Terminologie verwendet wird. Noch heute kann

2. Die Übersetzung von Texten internationalen oder supranationalen Rechts, z. B. die Übersetzung internationaler Verträge und Abkommen, bzw. die Übersetzung von EU-Rechtsakten.
3. Die Übersetzung von Texten, die zu einem einsprachigen nationalen Rechtssystem gehören, in eine andere Sprache, z. B. die Übersetzung von Texten bundesdeutschen Rechts ins Englische, oder von italienischen Texten im Rechtsverkehr ins Deutsche.

Die Übersetzung von Texten im Rahmen eines mehrsprachigen nationalen Rechtssystems impliziert in besonderem Maße die **Identität der Begriffsinhalte**, da alle Bürger vor dem Gesetz gleich sind, und dieses auch in ihrer Muttersprache gleich interpretieren sollen. Bei dieser Übersetzung ist besonders auf **nationalsprachliche Besonderheiten** zu achten, damit nicht Fehlinterpretationen aufgrund sprachlicher Ähnlichkeiten in die Übersetzung Eingang finden.[25] Bekanntlich weisen die Sprachen Deutsch, Französisch, Italienisch beispielsweise in Südtirol und in der Schweiz[26] spezifische Besonderheiten auf, die durchaus von Bedeutung sind. Wie ein Blick in einschlägige Wörterbücher zeigen kann, werden bestimmte Rechtsinstitute in den einzelnen Ländern u. U. verschieden benannt, wenn sie nicht überhaupt inhaltlich verschieden definiert sind.

Das Übersetzen im Bereich der Geistes- und Sozialwissenschaften insgesamt setzt hinsichtlich der **Begriffswörter** eine Kenntnis der außersprachlichen Sachverhalte und deren Interpretation voraus. Wegen ihrer Ähnlichkeit zu gemeinsprachlichen Ausdrücken besteht hier die

---

kein flämischer Rechtsanwalt seinen Beruf ausüben, ohne über eine gute Kenntnis der französischen Sprache zu verfügen. Doch sind in der Zwischenzeit auch neue Tendenzen entstanden, denn jetzt werden gelegentlich Gesetze aus dem Niederländischen ins Französische übertragen und sogar vom Englischen ins Niederländische, dann auch ins Französische (natürlich ins Französische der Belgier...)" (Lambert, vgl. STOLZE 1999, 166).

[25] Das Englische in Kanada und in den Vereinigten Staaten von Amerika ist vielfach verschieden.

[26] Gesetzestexte entstehen hier in deutscher und französischer Sprache und werden hernach ins Italienische und Rätoromanische übersetzt.

Gefahr des Missverständnisses durch Laien. Demgegenüber besteht das Übersetzungsproblem in den Technik- und Naturwissenschaften vor allem im Zugriff auf die ausufernde **Terminologie**. Die dargelegte Art der Begriffsbildung ist ein translatorisches Problem, eben weil die Fachübersetzer meist nicht nur in einem, sondern in vielerlei Fachgebieten tätig sind.

3 DIE FACHSPRACHLICHE WORTBILDUNG

3.1 KATEGORISIERUNGSELEMENTE

Die Besonderheit sämtlicher Fachsprachen als Subsystemen der Gemeinsprache wird in der häufigeren Verwendung bestimmter morphologischer Mittel gesehen (FLUCK [5]1996, 12). So stellt nicht allein der Inhalt von Fachwörtern ein Problem dar, sondern auch die sprachliche Bildungsmöglichkeit. Auch wenn der Einfluss der englischen Sprache in fast allen Fachbereichen erdrückend ist, bleibt es für die wissenschaftliche Forschung und die Fachkommunikation in den einzelnen Ländern unverzichtbar, dass auch dort Fachwörter gebildet werden.

3.1.1 WORTBILDUNGSREGELN IM DEUTSCHEN

Oft behandeln Übersetzungstexte **innovative** Fachgebiete und Themen, bei denen die zu verwendende Terminologie in der Zielsprache (noch) gar nicht existiert. Deshalb muss die Terminologie erst geprägt oder aus existierenden Fachwörtern das am besten geeignete ausgewählt werden. Doch angesichts der riesigen und außerdem ständig wachsenden Anzahl von Wörtern in Naturwissenschaft und Technik erscheint ein Wörterbuch, das seinen Aufgaben in jedem einzelnen Abfragefall auf der Suche nach Wortäquivalenzen gerecht wird, illusorisch.

Doch hier kommt eine wichtige Eigenschaft der Sprachen zu Hilfe, nämlich dass die Sprachsysteme **regelhafte Möglichkeiten zur Bildung** von Wörtern für neu zu Benennendes enthalten, und zwar mit wenigen Ausnahmen auf der Grundlage der bereits vorhandenen Wörter und einer überschaubaren Menge von Wortbildungselementen. Für den Übersetzer geht es darum, einige Grundregeln der fachsprachlichen Wortbildung kennenzulernen, um in der Lage zu sein, ggf. bei fehlender Äquivalenz des Ausdrucks und unzureichender Wörterbuchnotierung neben der Übernahme oder der Lehnübersetzung (s. Kap. 2.2.1) auch selbst ein Fachwort bilden zu können.

Bei der Durchsicht der relevanten Literatur ist festzustellen, dass inzwischen zwar massenhaft Publikationen zu Fachsprachen vorliegen (vgl. FLUCK [5]1996, 233-281), dass aber auch ein ziemliches Chaos in der Darstellung herrscht. Die Gliederung der beobachteten Phänomene sowie die Darstellung ihrer Funktion erfolgt wegen des jeweils unterschiedlichen Erkenntniszieles recht divergent. Einzelne Phänomene können auch immer aus unterschiedlichen Blickwinkeln betrachtet und zugeordnet werden.

So können auch wir hier wiederum nur eine Anordnung verwenden, die auf der Fragestellung des Übersetzers basiert. In unseren Ausführungen und Beispielzitaten können wir uns dabei auf die Beiträge von ARNTZ/PICHT/MAYER (2002), FLUCK ([5]1996), FORNER (1992), GLÄSER (1996), LEPSCHY/LEPSCHY (1986), KALVERKÄMPER (1992), KOCOUREK (1991), MÖHN/PELKA (1984), MÜLLER (1975), NEUBERT (1989) und vielen anderen stützen.

Die grundlegenden **Begriffskategorien** (s. Kap. 2.1.2) in einem Fachgebiet lassen sich aus dessen allgemeinen Zielen herleiten, z. B. für die *Technik*: Vom Menschen (P) werden mit Hilfe technischer Mittel (M) technische Vorgänge (V) an technischen Objekten (O) vollzogen, wobei die Charakteristika (C) der M, V und O auf wissenschaftliche Weise erfaßt werden (vgl. NEUBERT 1989, v):

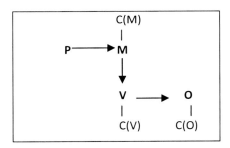

Diese Kategorisierungen werden nun in der Benennung durch bestimmte **Wortbildungssignale** wie z. B. Endungen realisiert. So entstehen Bezeichnungen für spezifizierende Unterbegriffe. Verbindungen mit kategorisierenden Wörtern werden in allen Fachgebieten ständig ad hoc gebildet und stehen nicht in einem 1:1-Verhältnis zu Wörtern einer anderen Sprache. Daher ist es wichtig, die Funktionsmechanismen der Fachwortbildung zu kennen.

> **Beispiele**
>
> Durch Endungen entsteht z. B. ein neues Fachwort: Nähen > Näher*in* (P), waschen > Wasch*maschine* (M), schmelzen > Schmelz*methode* (V), gießen > Gieß*erei* (F) > Guss*teil* (O).
>
> Dabei haben sich in einigen Fällen auch Fachgebietsgepflogenheiten herausgebildet: so ist etwa deutsch -*ware* zur Einordnung in die Kategorie O im wesentlichen auf die Glas-, Keramik-, Textil- und Holztechnik beschränkt (*Geschirrware, Spielwaren*); -*gut* (*Gefriergut*) wird für O der spanenden Bearbeitung nicht verwendet.
>
> Einige Wörter kategorisieren aber nicht eindeutig: ein Heiz*körper* ist ein [M zum Heizen], Form*körper* ist ein [geformtes O]; ein Pass*stück* ist ein [M], ein Guss*stück* ein [O]; ein Dreh*teil* kann ein M [ein sich drehendes Teil] oder ein O [ein auf der Drehmaschine bearbeitetes Teil] sein (vgl. NEUBERT 1989, VI).

3.1.2 SPEZIFIZIERUNGSFORMEN IM KONTRASTIVEN VERGLEICH

Die Bedeutung **kategorisierend verwendeter Wörter** ist oft relativ breit und unbestimmt, so dass sie in vielen Kombinationen wirksam sein können. Das heißt auch, dass beim Übersetzen eine größere Freiheit der Wortwahl besteht und im Wörterbuch keine sehr präzisen Wortäquivalenzen angegeben werden können.

Dennoch ist es für die Übersetzerin interessant, eine kleine, selbstverständlich nicht erschöpfende Zusammenstellung der häufigsten Wörter zur Verfügung zu haben, mit denen die fachlichen Kategorien Mittel (M), Vorgänge (V), Objekte (O) und der Aspekt der Fachlichkeit (F) bezeichnet werden. Beim Übersetzen empfiehlt es sich, im Wörterbuch nach sachlich verwandten Wortbildungsprodukten in demselben Fachgebiet zu suchen. Umgekehrt sind Fachwörter auch an solchen typischen Wortbildungselementen erkennbar, die man für mehrere Sprachen zusammentragen kann.

KATEGORISIERUNGSSIGNALE IN DEN FACHSPRACHEN				
	Deutsch	*Englisch*	*Französisch*	*Italienisch*
M	-anlage, -anordnung, -apparat, -baugruppe, -einheit, -einrichtung, -element, -gerät, -glied, -körper, -maschine, -material, -mechanismus -medium, -mittel, -organ, -stoff, -stück, -system, -teil, -vorrichtung, -werkzeug	agent, apparatus, arrangement, assembly, component, device, element, equipment, facility, gear, installation, machine, material, means, mechanism, medium, member, plant, set, substance, system, tool, unit, structure	Suffixe *-euse* (la moisson-neuse-batteuse), *-atrice* (la génératrice, perforatrice), *-oire* (la bouilloire, l'écumoire), *-aille* (les tenailles), *-ante* (l'mprimante), *-ette* (la pipette), *-eur* (le générateur, transformateur, ordinateur), *-oir* (le laminoir, semoir, pressoir), *-ail* (le gouvernail), *-ant* (le battant)	agente, attrezzo, impianto, macchina, materia, sistema, sostanza. Suffixe *-tore* (rotatore, motore), *-trice* (fresatrice), *-ante* (accellerante)
V	-ablauf, -aktion, -behandlung, -betrieb, -bewegung, -funktion, -methode, -operation, -prozeß, -tätigkeit, -technik, -technologie, -verfahren, -vorgang Suffixe -(er)ei, -ung, -ion	activity, adaptation, control, function, control, method, mode, motion, operation, practice, procedure, process, technique, technology, treatment, way, work, working Suffixe -ition, -ance, -ity, -ment	action, réaction, fonction Suffixe *-...ion* (corrosion, oxygénation), *-ure* (découpure, armature), *-aison* (inclinaison), *-...nce* (résonance), *-is* (le semis), *-age* (le forage, atterrissage), *-ment* (relèvement, agencement, équipement), *-ing* (le camping), *-at* (le filtrat)	azione, reazione, funzione, tecnica Suffixe *-aggio* (lavaggio), *-...ura* (laccatura, armatura), *-...ione* (concentrazione), *-mento* (smaltimento)

O	-artikel, -teil, -erzeugnis, -gut, -material, -menge, -objekt, -ware, -produkt, -substanz, -stoff, -stück	article, component, element, material, object, part, piece, product, set, stock, substance, ware, work, workpiece	article, extrait, élément, fraction, particule, pièce, produit, objet	prodotto, articolo, materia, oggetto, sostanza, pezzo
F	-bau, -fach, -forschung, -gewerbe, -handwerk, -herstellung, -industrie, -kunde, -theorie, -kunst,-lehre, -technik, -verarbeitung, -wesen, -wirtschaft, -wissenschaft Suffixe -(er)ei, -graphie, -ik, -ismus, -ur, -logie, -nomie, Adjektiv-komposita -fachlich, sonder-, spe-zial-, kunst-, lehr-, …	expertise, instruction, studies, science/art, knowledge, theory/ practice Suffixe -nomy (agronomy, taxonomy), -ics (civics), -logy (archeology), -y (forestry, philately), -graphy (geography), -ing (map reading, engineering) Adjektive special, expert, technical, professional, trained, skilled, qualified, specialist	science/art, études, instruction Suffixe -nomie (agronomie), -logie (pharmacologie), -ie (philatélie), -ique (oculistique), -graphie (géographie), -isme (philatélisme), -ure (architecture) Adjektive spécialisé, professionnel, expert, technique, qualifié	scienza, educazione, studio, competenza, materia, settore, categoria Suffixe -nomia (agronomia), -logia (geologia), -ica (dietetica), -grafia (geografia) Adjektive specializzato, tecnico, professionale, esperto, qualificato

Fachausdrücke als von der Gemeinsprache abweichende **Sonderformen** zeigen sich deutlich in Bildungen mit den vorgenannten Kategorisierungsformen. Texte, die gehäuft entsprechende Wörter aufweisen, sind sehr wahrscheinlich Fachtexte.

Die **Wortbildung** kann aber noch genauer untersucht werden. Die Fachsprachen verwenden eine endliche Menge linguistischer Wortbildungsverfahren, die im wesentlichen als „syntagmatisch" oder „semantisch" zu bezeichnen sind. Syntagmatische Wortbildungsverfahren erfolgen mit Mitteln der Grammatik, wohingegen bei semantischen Wortbildungsverfahren der Begriffsinhalt verändert wird.

3.2   SYNTAGMATISCHE WORTBILDUNGSVERFAHREN

3.2.1   KONVERSION UND DERIVATION

Wörter werden in den verschiedenen **grammatischen Wortklassen** benötigt. Das *Englische* besitzt im Vergleich zu anderen Sprachen sehr viele einsilbige Wörter und gestattet es häufig, ein Wort unverändert in mehreren Wortklassen zu verwenden, so z. B. ein Arbeitsmittel (*pump*) und die entsprechende Handlung (*to pump*). Im *Deutschen* sind bei einer solchen Wortklassenänderung (Konversion) zumindest grammatische Anpassungen nötig, wie Großschreibung und *ung*-Endung, kategorisierende Endungen werden angehängt, in den *romanischen Sprachen* als morphologische Erweiterung.

> **Beispiele für Konversion**
> Englisch: *hammer > to hammer, coke > to coke, engineer > to engineer, run > to run, power > to power, pump > to pump, sand > to sand; chemical > to chemical, dirty > to dirty, warm > to warm.* (Substantiv/Adjektiv > Verb)
> Deutsch: *bearbeiten > das Bearbeiten, die Bearbeitung; schmelzen > das Schmelzen; weiß > das Weiß, hämmern > der Hammer, verkoken > Koks, mit Luftpost befördern > Luftpost.* (Verb Infinitiv > Substantiv)
> Französisch: *dériver > dérivation; unifier > unification; moisir > moisissure;* (Verb > Substantiv)
> *pesanteur > pesant ; sécheresse > sec; amplitude > ample; vitre > vitré; fer > ferreux.* (Substaniv > Adj.)
> Italienisch: *mancare > ammanco* (Fehlbetrag), *convalidare > convalida* (Bestätigung), *bloccare > blocco* (Sperre), *bonificare*

> *bonifica* (Trockenlegung), *verificare* > *verifica* (Überprüfung), *notificare* > *notifica* (Meldung), *decollare* > *decollo* (Abflug).

Oft ist es erforderlich, dass translatorisch in Sätzen bestimmte Wortarten oder grammatische Kategorien der AS in der ZS[27] durch andere ersetzt werden. Wenn z. B. ein englisches Verb im Deutschen zum Substantiv wird, nennt man dies sprachvergleichend „Transposition".

Beispiele
en. As the pressure *increases* > **dt**. mit dem Ansteigen des Druckes/beim Druckanstieg (Verb > Substantiv);
en. *Thoroughly mix the solution by running the pump to circulate the mixture with the feed-cock closed* > **dt**. Die Lösung gründlich durchmischen, indem man die Pumpe bei geschlossenem Hahn laufen lässt (ing-Form > finite Konstruktion);
en. *muscular activity* > **dt**. Muskeltätigkeit;
en. *electrical engineer* > **dt**. Elektroingenieur (Adj.+Subst. > Zusammensetzung) (vgl. JUMPELT 1961, 94/101).

Fachliche Gegenstände werden oft auch mittels **onymischer Ableitung** aus Eigennamen (gr. *onyma*) von Erfindern oder einfach wichtigen Forschern[28] benannt (Derivation). Diese Strukturen werden in der Fachsprachenonomastik erforscht (GLÄSER 1996). Aus Namen gebildete Fachwörter sind als Benennungen zugleich Internationalismen und werden auch in fremden Sprachen verwendet, typischerweise in der Physik[29], aber auch in anderen Wissenschaften.

---

[27] AS bedeutet Ausgangssprache, AS-Text ist der Ausgangstext; ZS bedeutet Zielsprache, ZS-Text ist der zielsprachliche Text. – In Beispielen werden die ISO-Sprachkodes verwendet: en = englisch, de = deutsch, fr = französisch, it = italienisch.
[28] Die Herkunft der Namen wird erläutert im *Poggendorf-Handwörterbuch* als dem weltweit ältesten und umfassendsten internationalen biobibliographischen Nachschlagewerk der exakten Naturwissenschaften. Es geht zurück auf das von Johann Christian Poggendorf 1963 in Berlin begründete *Biographisch-Literarische Handwörterbuch zur Geschichte der exakten Wissenschaften*.
[29] Vielleicht weil hier die wissenschaftshistorischen Zusammenhänge fachlicher Sachverhalte keine Rolle spielen und das Fach sehr einheitlich gelehrt wird, da es keine wissenschaftlichen „Schulen" gibt. Nur durch einen Namen im Terminus kann daher einem Wissenschaftler Ehre erwiesen werden.

> **Beispiel**
>
> <u>Eigennamen</u> können als Konstituenten von Benennungen für Fachbegriffe auftreten: *Ohm, Langerhanssche Inseln, Morbus Koch, Sapir-Whorf-Hypothese, Vernersches Gesetz, Curium, Germanium, Bäumlerit, Goethit, Braunsche Röhre, Hookesches Gesetz, Hall-Effekt, Schrödinger-Gleichung, der Zeppelin, das Einsteinium, das Darmstadtium, die Bach-Blütentherapie.*
>
> Davon werden oft auch <u>Ableitungen</u> in andere Wortklassen gebildet, nicht nur im Deutschen:
> Chemiker Louis Pasteur (1822-1895) > *pasteuriser/pasteurisieren*; L. Hendrik Baekeland > *le bakélite*; Blaise Pascal > *Pa > le pascal*; Physiker A. Celsius (1701-1744) > *Grad Celsius > °C*; Maschineningenieur R. Diesel (1858-1913) > *Dieselkraftstoff, Dieselmotor > dieseln*; Physiker Wilhelm Conrad Röntgen (1845-1923) > *Röntgenstrahlen > röntgen*; Physiker Alessandro Volta (1745-1827) > *il volt > V > voltaisch*; Physiker A. *Watt > a Watt > W.*

Diese onymischen Bestandteile in Fachausdrücken können ein spezielles Problem der Übersetzung darstellen, denn hier gibt es bei flüchtigem Übersetzen viele **falsche Freunde** und Differenzen im Vergleich ***Englisch-Deutsch***.[30] So gibt es im Englischen Appellative aus Eigennamen, denen im Deutschen ein gewöhnliches Nomen gegenübersteht, und es gibt auch die Verwendung verschiedener Namen in beiden Sprachen. Schließlich kann der Ausdruck in der einen Sprache differenzierter oder auch paraphrasiert sein, während dies beim Äquivalent in der anderen Sprache nicht der Fall ist.

Fehlende Sachkenntnis führt hier unter Umständen zu Falschübersetzung,[31] worauf besonders bei naturwissenschaftlichen und medizinischen Texten zu achten ist. Dem gegen solche lexikalischen Darstellun-

---

[30] Vgl. Beispiele in *The Compact Dictionary of Exact Science and Technology English – German* von A. KUCERA, oder auch GLÄSER 1996a.

[31] In einer deutschen Übersetzung aus dem Englischen findet man weiche Verben (s. engl. weak verbs) statt schwache Verben, Neugrammatiker (s. e. Neogrammarians) statt Junggrammatiker, Verner's Gesetz (s. e. Verner's Law) statt Vernersches Gesetz. – Vgl.: H.H. Christmann, „Generative Sprachwissenschaft in deutscher Sprache. Zur 'Performanz' und zur 'Kompetenz' der Übersetzer", in: B. Allemann/E. Koppen [Hrsg.]: Teilnahme und Spiegelung. Festschrift für Horst Rüdiger. Berlin/New York 1975, S. 610-624, hier S. 618.

gen gerne vorgebrachten Argument, nur Sachkenntnis und Kontext
entscheide über die richtige Analyse der Fachausdrücke, ist entgegen-
zuhalten, dass für den Übersetzer als Sprachexperten durchaus ein Bewusstsein solcher linguistischer Probleme sinnvoll ist.

Beispiele	
E	D
Verschiedenheit der Morphologie	
Crohn's disease	Morbus Crohn
Bunsen burner	Bunsenbrenner
Claisen flask (chem.)	Claisen-Kolben
Florence flask (chem.)	Florentiner Flasche
Delon rectifier	Delon-Gleichrichter
Verner's Law	Vernersches Gesetz
Frasch process	Fraschverfahren
Basedow's disease / Graves's disease	Basedowsche Krankheit / der Basedow
Parkinson's disease	Parkinsonsche Krankheit / Schüttelläh-mung
Gaussian noise (phys.)	Gaußsches Rauschen
Eigenname vs. Nomen	
Allen screw	Innensechskantschraube
American option (econ.)	terminoffene Anleihe
Barkhausen-Kurz oscillator	Bremsfeldröhre (DIN 44400)
Brunswick black	Asphaltlack
Colorado beetle (zool.)	Kartoffelkäfer
Norway rat, Norwegian rat	Wanderratte
Davy lamp (min.)	Grubenlampe, Wetterlampe, Sicher-heitslampe
Hodgkin's disease (med.) / Hansen's disease	Lymphogranulomatose, Lepra
Jamaica pepper (bot.)	Nelken(pfeffer)
verschiedene Namen	
Argand diagram (math.)	Gaußsche Zahlenebene
Avogadro number (phys.)	Loschmidtsche Konstante
Belgian slag (techn.)	Thomasschlacke
Bessemer process (techn.)	Thomasverfahren
Weiss universal joint (techn.)	Bendix-Weiss-Gelenk
Flemish bond (build.)	polnischer Verband

Differenzen der Explizitation	
Bragg method	Braggsche Drehkristallmethode, Bragg-Verfahren
Cladni figures (phys.)	Cladnische Klangfiguren, Schallabbilder
Duddell arc	tönender, singender Lichtbogen
Dippel's oil	Dippels Tieröl
Dwight-Lloyd machine	Dwight-Lloyd-Sintermaschine
Condy's fluid (chem.)	Condysche Desinfektionsflüssigkeit
Maxwell-Boltzmann distribution law	Maxwell-Boltzmannsches Geschwindigkeitsverteilungsgesetz
(Beispiele teilweise aus GLÄSER 1996a).	

3.2.2 INTERNATIONALE AFFIXSYSTEME DER KLASSIFIKATION

Das produktivste Wortbildungsmittel bei allen Wortarten ist die Wortableitung durch **Verbindung mit Suffixen und Präfixen.** Im *Deutschen* wirken

Präfixe bei Verben wie ab-, an-, auf-, aus-, be-, ein-, ent-, er-, fehl-, ge-, in-, miss-, nicht-, ver-, vor-, un- ... /

heimische Suffixe bei Adjektiven wie -bar, -los, -frei, -sicher, -lich, -ig, -haft und bei Substantiven wie -e, -er, -(er)ei, -heit, -keit, -ung, -isch, -werk, -zeug ... /

fremde Suffixe wie -tion, -iv, -al, -ell, -er, -on, -nt, usw.

Suffixe überführen Wörter meist in eine andere Wortklasse (Konversion), bringen aber auch eine eigene Bedeutungskomponente ins Wortbildungsprodukt ein, nämlich hier die fachsprachliche Kategorisierung (s. Kap. 3.1.1).

Suffixbildungen sind ausdrucksökonomisch günstig, weil sie die **Straffung von Aussagen** gestatten, z. B. *mit drei Spindeln > dreispindlig,* analog *festwandig, gleichphasig; Sendegerät > Sender, Verstärkungsapparat > Verstärker.* Durch englische Muster erhielt diese Bildungsweise im Deutschen einen wesentlichen Auftrieb, siehe den *Absorber, Videorecorder, Reader* usw. Eingespart werden dabei häufig die Grundwörter *-gerät, -maschine, -apparat,* die auch in der Gemeinsprache oft entfallen (*Müllschlucker, Rasenmäher, Kugelschreiber*) (vgl. FLUCK [5]1996, 53).

Die Suffixe dienen auch der präzisen **Unterscheidung**: *fremdsprachige (Länder)* und *fremdsprachliche (Texte)* zum Beispiel. Mehrere Wissenschaften haben ganze **Affixsysteme** der Klassifikation entwickelt, deren Schreibweise sich jeweils nach den graphischen Regeln der Einzelsprache richtet, und die dann **international wirksam** sind. Oft werden mit bestimmten fachspezifischen Suffixen ganze Serien kategorisierender Benennungen, auch Kunstwörter, gebildet, beispielsweise:

> **Allgemein**: *-ik* für Ingenieurwissenschaften: Elektrik, Elektronik, Technik, Hydraulik, Pneumatik, Physik, Informatik

Gegenüber der Gemeinsprache und anderen Teilsprachen verfügen die Fachsprachen dann noch über eigene Inventare der Derivation und **Komposition mit lateinisch-griechischen Wortelementen**, wobei diese Bildungsmöglichkeiten vor allem in den *romanischen Sprachen* produktiv sind, aber als **Internationalismen** in allen westeuropäischen Sprachen vorkommen.

> ### *Internationalismen*
> *Englisch*: -able, -ness, -er, -ation, -age, -al, -ant, -ent, -ic, -ical, -ize, -ify ... /
> a-, anti-, bi-, co-, de-, dis-, ex-, in-, non- ...
> *Französisch*: a-, aéro-, auto-, bi-, bis-, bio-, cosmo-, démo-, di-, dis-, dia-, épi-, hydro- hyper-, iso-, juxta-, métall-, micro-, mono-, morpho-, phono-, poly-, psych(o)-syn-, télé-, typo- ... /
> -algie, -cide, -cole, -ème, -ère, -fuge, -gène, -gramme, -graphe, -logie, -mane, -mètre, -morphe, -pare, -phile, -phobe, -ptère, -scope, -thèque, -vore
> Verben auf -iser, -ifier, <u>Substantive</u> auf -isation, -ification, -age, <u>Adjektive</u> auf -el, -al, -ier, -if, -ique
> *Italienisch*: a-, inter-, para-, pre-, post-, super-, aero-, auto-, mini-, moto-, radio-, tele-
> <u>Adjektive</u> auf -ale, -ario
> <u>Verben</u> auf -are, -eggiare (sein wie), -izzare (machen zu).

Die Inflation einiger Suffixe in den Fachsprachen reicht bis in die Gemeinsprache hinein (s. Kap. 1.4.3) und beeinflusst hier die **Neuwortbildung** sehr stark.

Die weltweite Kommunikation unter Spezialisten, der Brauch, Erstbezeichnungen von Sprache zu Sprache zu übernehmen, die traditionelle Bindung der Wissenschaften an den **lateinisch-griechischen Benennungsfundus**, die Priorität einzelner Sprachen auf bestimmten Gebieten und der wachsende Zwang zu übernationaler Zusammenarbeit fördern die Internationalisierung der Fachterminologien, und dies erleichtert natürlich die **Normung** (s. Kap. 2.2.2). Dies zeigt z. B. die Nuklearphysik mit der Vielzahl ihrer Terme (MÜLLER 1975, 154):

französisch	*englisch*	*deutsch*	*spanisch*	*italienisch*
radioactivité	radioactivity	Radioaktivität	radioactividad	radioattività
atome	atom	Atom	átomo	atomo
alphatron	alphatron	Alphatron	alfatrón	alfatrone
réacteur	reactor	Reaktor	reactor	reattore
quantum	quantum	Quant	cuanto	quanto

Keineswegs können solche Internationalismen aber mechanisch in eine Zielsprache übertragen werden, es ist stets auf die einzelsprachspezifische Grammatikendung, sowie evt. damit verbundene Bedeutungsdifferenzierungen zu achten.

3.2.3 KOMPOSITION UND WORTGRUPPE

3.2.3.1 ZUSAMMENSETZUNG IM DEUTSCHEN UND ENGLISCHEN

In den *germanischen Sprachen* sind entsprechend die **Wortzusammensetzung** als *Substantiv-Substantiv-* oder *Adjektiv-Substantiv*-Komposition und die **Wortgruppe** als Wortbildungsverfahren sehr produktiv. WILSS (1986) hat hierüber einen wertvollen Beitrag gegeben. Die von ihm analysierten „Wortbildungstendenzen in der deutschen Gegenwartssprache" finden insbesondere in den genannten fachsprachlichen Kommunikationsbereichen und ihren Übergängen zur Gemeinsprache Verwendung. WILSS nennt Substantiv/Adjektiv-Komposita, Zusammensetzungen des Typs Substantiv-*fähig*, Substantiv/Partizip-I-Komposita, Substantiv/Partizip-II-Komposita.

Im *Deutschen* fällt die Unterscheidung formal leicht, denn Zusammensetzungen werden stets zusammen oder mit Kopplungsbindestrich geschrieben. Solche Wortbildungen ermöglichen sprachökonomisch eine semantische Konzentration auf geringstmöglichem Raum.

Das Grundwort steht am Ende der Bildung und wird durch das Be-stimmungswort determiniert: *Hochofen* ('ein Ofen, der hochgestellt ist'). Im Deutschen und Englischen steht das Grundwort am Ende, das Bestimmungswort davor. In den romanischen Sprachen ist es umge-kehrt, auch das Russische folgt deren Ordnung. Anhand eines mehr-gliedrigen Begriffs kann die Struktur verdeutlicht werden:

ungewöhnlich sind, insbesondere für populärwissenschaftliche Texte.

Dennoch sind vom Sprachsystem her diverse andere Übersetzungen möglich, die jedoch nicht dem fachlichen Funktionalstil entsprechen:

- *Unterseebasaltvulkane* (unüblich)
- *unterseeische basaltische Vulkane* (Adjektiv, kein Fachausdruck)
- *unterseeische Vulkane aus Basalt/des Basalts* (unnötige Explizitierung)
- *basaltische unterseeische Vulkane* (Focus umgedreht, Vulkanqualität unklar)
- *basaltische Unterwasservulkane* (dito, unklar)
- *basaltische Vulkane unter Wasser* (dito, unklar)
- *Basaltvulkane unter dem Wasser* (mangelnde Präzision)
- *Unterwasservulkane aus Basalt* (gemeinsprachlich)
- *Vulkane aus Basaltgestein, die unter dem Wasser liegen* (literarisch).

Die fachsprachlichen Wortbildungen im **Deutschen** sind freilich nicht immer ganz eindeutig, worauf G. NEUBERT (1985, 284) und andere hinweisen. So kann der Ausdruck *Deckenbefestigung* in einer Gebrauchsanleitung sowohl „Befestigung (eines Geräts) an der Decke" oder „Befestigungsvorrichtung" als auch „Befestigung der Decke (des Gehäuses)" bezeichnen. Anhand von Abbildungen kann aber hier eine mehrdeutige Benennung oft disambiguiert werden.

Zusammensetzungen aus Substantiv und Adjektiv oder Adverb sind oftmals verbunden mit der Bildung von Antonymen, sie helfen bei der unterscheidenden Klassifizierung (*Großhirn* und *Kleinhirn*, *Hochbau* und *Tiefbau*, *Frühgemüse* und *Spätgemüse*, *schadstoffreich* und *schadstoffarm*).

Im **Englischen** ist Zusammenschreibung (compounding) relativ selten und die Setzung des Bindestrichs nicht besonders streng. Die dort häufigen **Reihungen aus Substantiven und Adjektiven** folgen auch nicht immer regelmäßigen Wortbildungsmustern. Daher ist die für das Übersetzen unverzichtbare Analyse der internen Bezüge vor allem bei längeren Wortgruppen manchmal schwierig.

Beispiele

repulsion-start induction motor /Induktionsmotor mit Repulsi-
onsanlauf;
low capacitance small-area silicon diode detector /kleinflächige
Silizium-Empfangsdioden mit geringer Sperrschichtkapazität.
change notice due to operational reasons /betriebsbedingte
Änderungskündigung;
fire extinguishing method /Feuerlöschmethode;
alternative current /Wechselstrom; *in-the-mill drying*
/Mühlentrocknung; *problem-defining language*
/Problembeschreibungssprache; *process-paid film* /Film, dessen Kaufpreis die Entwicklung einschließt; *processor-status
word* /Prozessor-Statuswort; *open drainage channel design*
/Konstruktion offener Entwässerungskanäle.

Hilfreich ist die Orientierung am Verb, wodurch die Nominal- und Ob-
jektphrase bestimmt wird. Nicht immer besteht auch eine 1:1-
Entsprechung der Satzglieder. Spezifisch ist eine hohe Anzahl an Einzelwörtern im Englischen. (Angenommen werden 700 000 Wörter, doppelt
so viele wie das Deutsche, und dreimal so viele, wie das Französische
hat (AMMON 1998).

Beispiele

*Primary coolant system interconnecting piping is carbon steel
with internal stainless steel weld deposit cladding.* – Die Ver-
bindungsleitungen des Primärkühlsystems bestehen aus Bau-
stahl mit einer Schweißplattierung aus rostfreiem Stahl auf den
Innenflächen.

Auch im *Italienischen* ist, wahrscheinlich nach englischem
Vorbild, die Bildung von Zusammensetzungen sehr produktiv.
Sie folgen jedoch stets dem italienischen Sprachmuster: das
Grundwort (Determinatum) steht vor dem Bestimmungswort
(Determinans): *borsa valori* /Wertpapierbörse, *cassa integra-
zione* /Lohnausgleichskasse, *formato cartolina* /Postkarten-
format, *treno merci* /Güterzug.

3.2.3.2 VERBALE WORTBILDUNGSPRODUKTE IM DEUTSCHEN

Die Wortkomposition tritt auch als **Adjektiv-Verb-Verbindung** auf. Allerdings kommen manche Zusammensetzungen meist nur in Partizipialformen vor oder wiederum als Verbalsubstantiv. Es werden im allgemeinen keine persönlichen Flexionsformen gebildet (*buntweben* *ich *buntwebe*). In **technischen Übersetzungen** sind solche Wortbildungsprodukte bewusst einzusetzen.

> ### Beispiele
> Besonders in der Sprache der Metallverarbeitung sind verbale Wortbildungstypen produktiv:
> Bildungen mit Suffixen (verbalisierte Substantive) nieten, härten
> Bildungen mit Präfixen erhärten, vernieten, verstärken
> Bildungen mit Halbpräfixen aushärten, aufnieten, abschleifen, einfärben
> Bildungen mit Adjektiven und Adverbien festschrauben, kaltnieten, nassgleitschleifen, tiefkühlen, buntweben
> Bildungen mit Substantiven gewindeschleifen, oberflächenhärten,
> Partizipialformen kugelgelagert, farbabweisend, feuerverzinkt, faserverstärkt
> Verbalsubstantive Sandstrahlen, Handschliff
> Bildungen mit anderen Verben als Zwillingsverben tauchhärten, sprengnieten, trennschleifen, spritzgießen.
> (REINHARDT 1986, 186, zit. nach FLUCK [5]1996, 67f).

3.2.4 SYNTAGMATISCHE ERWEITERUNG IN ROMANISCHEN SPRACHEN

3.2.4.1 MEHRGLIEDRIGE FORMEN

Die begriffliche Zergliederung der Objektwelt bis in die kleinsten analysier- oder theoretisierbaren Einheiten/Zustände/Vorgänge hinein verlangt von jeder Fachsprache entsprechend sondernde Termini, die im Vergleich zu den Bezeichnungen der Gemeinsprache auffallend vielgliedrig sein können und müssen. Dies resultiert aus dem Erfordernis, dass der Fachterminus alle charakteristischen Merkmale der präzisen

Individuation enthalten soll. Diese Möglichkeit wird vor allem in den romanischen Sprachen, speziell im *Französischen* genutzt.

Die Übersetzerin sollte solche Möglichkeiten der **Terminologisierung** kennen, um das Problem der gleichlautenden Ausdrücke aus verschiedenen Arbeitsbereichen in der Gemeinsprache zu erkennen: *fr boîte* ist *Schachtel* als Lexem des französischen Grundwortschatzes, *boîte de vitesse* ist *Getriebe* als motortechnisches Fachwort mit starkem Verlust an allgemeiner Verständlichkeit. Solche Ergänzungen durch syntagmatische Qualitätszeichen liegen vor in: *cage* (Käfig) – *cage thoracique* (Brustkorb), *scie* (Säge) – *scie à ruban* (Bandsäge). Dabei ändert sich dann auch die Bedeutung des Grundworts.

Über den einfachsten Typ der syntagmatischen Erweiterung, nämlich die Fügung Substantiv + Adjektiv (*le joint universel*) hinaus bestehen Fachwörter aus einer **Summe immer feiner unterscheidender Beschreibungselemente**, und zwar in wachsender Zahl in dem Maße, wie die Spezialisierung der Sache fortschreitet. Die Fachbezeichnung konstituiert sich in einer vom Allgemeinen zum Besonderen laufenden Definitionskette (s. Kap. 2.1.2), die die zutreffenden distinktiven Merkmale (+), die in Opposition zu allen nicht zutreffenden Merkmalen (–) stehen, mittels Präpositionen addiert und so sprachlich benennt. Je spezieller das Bezeichnete, desto mehr Morpheme (s. Kap. 1.4.2) müssen aufgeboten werden, um ein einziges Fachwort syntagmatisch zu konstituieren.

Beispiel

Schreibmaschine	- machine à écrire
manuelle Schreibmaschine	- machine à écrire manuelle
manuelle Reiseschreibmaschine	- machine à écrire manuelle de voyage
Spezialschreibmaschine	- machine à écrire d' usage spécial
Kugelkopfnormalschreibmaschine	- machine à écrire électrique à tête interchangeable pour exécutions normales

Mehrgliedrige Bildungen dieser Art im *Französischen* aber auch *Italienischen* geraten freilich oft unhandlich und tendieren von vornherein zur Verkürzung. Geschieht die Verkürzung durch Eliminierung der funktionalen Elemente, die die Bezüge markieren, kommen syntagmatische Kurzformen wie die Binomina (siehe unten) zustande. Bei den Termini im Französischen liegt insgesamt eine geringere interne Kohäsion vor, die Ausdrücke bestehen aus mehreren noch autonomen Wörtern, die auch im Plural oder mit Artikel erscheinen können.

Um intentionsadäquate Übersetzungen zu erzielen, müssen zielsprachlich die fachlichen Wortbildungsmöglichkeiten auch genutzt werden. Ein Übersetzungsproblem entsteht hier nur, wenn diese Sprachtendenzen im Sprachenpaar verschieden sind, wie z. B. bei der Übersetzung aus *romanischen Sprachen* ins *Deutsche*. Der syntagmatischen Zusammensetzung ersterer entspricht oft die Wortkomposition in letzterer, die Wesentliches zur Straffung einer Aussage leistet. Dies bedeutet allerdings für die Übersetzerin einen Verzicht auf die mechanisch so einfache „wörtliche Übersetzung". Bei der Übersetzung ins Deutsche ist nämlich häufig der Fehler der, dass ein solcher Ausdruck zergliedernd nachgebildet und nicht als **semantische Einheit** betrachtet wird: *it. immagine di Maria – *Bild der Maria > Marienbild*.

> **Beispiele Französisch**
> *les flux de demande de biens* - *Ströme der Nachfrage nach
>   Gütern >Güternachfrageströme
> *la hausse des dépenses* - Steigerung der Ausgaben > Ausgabenerhöhung
> *la hausse des matières premières* - Preisanstieg bei den Rohstoffen > Rohstoffverteuerung
> *l'excès de demande* - Nachfrageüberhang > Überschussnachfrage
> *déficit de la balance des paiements* - Zahlungsbilanzdefizit
> *la formation de capital fixe* - Anlagekapitalbildung
> *l'hôpital du district*   -*Krankenhaus des Landkreises > Kreiskrankenhaus
> *l' hôpital universitaire des enfants* -*universitäres Hospital für
>   Kinder > Universitätskinderklinik

la loi sur le travail -*Gesetz über die Arbeit > Arbeitsrecht
histoire des idées -*Geschichte der Ideen > Ideengeschichte
approvisionnement de la ville en eau potable
-*Versorgung der Stadt mit Trinkwasser >
städtische Trinkwasserversorgung

Umgekehrt müssen die **inklusiven Wortbildungsprodukte** des *Deutschen* in romanischen Sprachen in die längeren Syntagmen transferiert werden. Hierbei ist es nötig, die interne Relation durch Präpositionen zu verdeutlichen.[32]

Beispiele Italienisch
Fugendichtungsbänder - nastri da guarnizione delle giunture
Papiergroßhandel - commercio all'ingrosso di carta
Dehnungsfugenprofile - profili per i giunti di dilatazione
Polyesterfasern - fibre di poliestere
Bohrspülmittel - sostanze di risciacquo per foratura
Ausbildungsende - completamento della formazione
Wärmeübertragungsflüssigkeiten - liquidi di convezione calorica
Betonverflüssigungsmittel - sostanze di liquefazione per
calcestruzzo

In den meisten Fällen finden sich solche komplexen fachsprachlichen Wortbildungsprodukte nicht in den Fachwörterbüchern verzeichnet. Wenn der Übersetzer aber über die Bildungsmöglichkeiten im Sprachsystem informiert ist, kann er selbst solche Ausdrücke aus den Einzelangaben bilden.

3.2.4.2 BINOMINA IM FRANZÖSISCHEN
Während die einfache zweigliedrige Wortkomposition in der *französischen* Gemeinsprache kaum vorkommt, findet sie sich durchaus als fachsprachliches Wortbildungsmuster (CLAS 1988, 221ff) (vgl. *un deuxpièces – ein Zweiteiler, ruban de coton > ruban coton - Baumwollband*).

---

[32] Dadurch werden die Ausdrücke länger. Hierbei gelten folgende Erfahrungswerte: bei einer Ausgangssprache **Deutsch** mit 100% Textmenge verbraucht **Englisch** 90-95% und romanische Zielsprachen wie **Französisch, Spanisch, Italienisch** 110-120% der verfügbaren Fläche (vgl. *Tanner Dokuments GmbH*, Lindau).

Am verbreitetsten ist hier zunächst die Wortkomposition aus **griechischen und lateinischen Elementen** vom zwei- bis zum mehrgliedrigen Wort. Dies erlaubt es, durch das Aneinanderreihen von Versatzstücken eines begrenzten Grundinventars eine Vielzahl von Bezeichnungen zu produzieren, die sich durch Kürze, Internationalität, direkte Transferierbarkeit in andere Sprachen und semantische Eindeutigkeit auszeichnen, z. B. *radiodiffusion, vidéocommunication*.

Dabei werden **koordinierte** Komposita, bei denen beide Substantive gleichberechtigt sind, unterschieden von **subordinierten** Komposita, bei denen ein Teil das andere spezifiziert. Die interpretatorische Auflösung gelingt nur über das Fachwissen, das dann auch eine Paraphrasierung ermöglicht: *langage machine (Maschinensprache)* kann z. B. umschrieben werden als *langage pour la machine, langage de la machine, langage pour communiquer avec la machine*. Der Übersetzer sollte sich dieser Möglichkeit der Sprachökonomie bewusst sein und sie aktiv nutzen.

> ### Beispiele für französische Binomina
> rincer+bouteilles > rince-bouteilles (Flaschenspülanlage); faucheuse-batteuse (Mähdrescher), rond-point, entre-rail, timbre-poste, aigre-doux, gris-bleu, radiodiffusion, téléscope, vidéo-communication…
> mémoire tampon, retour chariot, impulsion cadran, inversion chiffres, copie papier, ordinateur hôte, inversion lettres, bande papier, transmission série, écart type, adresse réseau, amplificateur multigain, bande pilote, bouton poussoir, charge mémoire, cliché maître, code carte, code instruction, code machine, code opération, configurations types, constante instruction, grandeur nature, diode tunnel, enregistrement message, espace adresse, feuille programme, fonction frontière, guide opérateur, horloge mère, image mémoire, impression mémoire, impression trait, imprimante série, lecteur interprète, lettre type, ligne commentaire, ligne suite, membre bibliothèque, membre guide, membre inclusion, membre objet, touche annulation, protection mémoire, registre index, etc.

> Die Bildungen werdern immer länger:
> macrophotographie, polaro-microribomètre, physio-salpitigo-
> manographie, artère ileo-caeco-appendiculo-colique, 17-
> hydroxy-1-déhydro-cortico-atérone...

3.2.4.3 DAS RELATIONSADJEKTIV

Ein Wort der Gemeinsprache wird noch sprachökonomischer dadurch terminologisiert, dass es ein klassifizierendes oder sonstwie **determinie-rendes Beiwort** auf eine speziell fachliche Wirklichkeit fixiert und damit die neue Einheit in das Vokabular der entsprechenden Fachsprache eingliedert. Diese Bildungsmöglichkeit ist vor allem im *Französischen* produktiv. In der Mehrzahl entstehen diese neuen Einheiten nach dem Wortbildungsplan Substantiv+Adjektiv und sind u. a. gut dazu geeignet, Gegensatzpaare zu bilden: *motion haute : motion basse* (Daktylographie: Groß- und Kleinbuchstabe). Es handelt sich dabei nicht um ein qualifizierendes, sondern ein **relationales Adjektiv**, welches die **Beziehung zwischen zwei Gegenständen,** nicht deren Eigenschaft ausdrückt. Bei der Übersetzung besteht die Problematik vor allem darin, die Relationsadjektive im Text zu erkennen und sie nicht für qualifizierende zu halten.

Auch Fachvokabeln selbst bilden nach diesem Schema die Grundlage zu weiter spezifizierenden Termini, vgl. *les lymphatiques -> lymphatiques fessiers/ ischiatiques/ mammaires/ obturateurs.* „Das Relationsadjektiv besitzt eine enorme Variationsbreite. Es ersetzt nicht nur den Genitiv bzw. das Subjekt oder Objekt, das dem Genitiv zugrunde liegt, sondern alle möglichen nominalen Konstituenten des Satzes" (FORNER 1992, 214). Es dient damit (wie die Binomina) zur Verkürzung der syntagmatischen Erweiterung.

Beispiele		
ausführliche Grundform	*Relationsadjektiv*	*deutsches Kompositum*
élections du président	élections présidentielles	Präsidentschaftswahlen
unité de volume	unité volumique	Volumeneinheit

conduction par électrolyse	conduction électroly-tique	Elektrolyseleitung
énergie dissipée sous forme de chaleur	dissipation thermique	Glühemission, Wärme-strahlung
champ de magnétisme	champ magnétique	Magnetfeld
réaction du nucleus	réaction nucléaire	Kernreaktion
système du mètre	système métrique	metrisches System
système des nerfs	système nerveux	Nervensystem
marché au monde	marché mondial	Weltmarkt
travailleur pour une saison	travailleur saisonnier	Saisonarbeiter
maison pour la culture	maison culturelle	Kulturbau
orchestre jouant les sympho-nies	orchestre symphonique	Symphonieorchester
commerce avec les pays extérieurs	commerce extérieur	Außenhandel
cage du thorax	cage thoracique	Brustkorb
masse du courant d'électricité	masse électrique	elektrische Masse

Bei Bildungen mit Relationsadjektiv handelt es sich nicht um einfache Kollokationen, sondern um **komplexe Sinneinheiten**, die es auch im *Deutschen* gibt. So ist die **interne semantische Beziehung** ein Überset-zungsproblem. Ein Indiz dafür ist, dass hieraus keine satzwertigen Prä-dikationen, etwa durch Umformung, direkt gebildet werden können (WILSS 1989, 168f).

> **Beispiele**
> maison culturelle   *la maison est culturelle
> système nerveux   *le système est nerveux
> grüne Welle   *die Welle ist grün
> Schwarzmarkt   *der Markt ist schwarz
> wilde Ehe   *die Ehe ist wild

Hier ist eine genaue Fachkenntnis vom Übersetzer gefordert, da die **semantischen Beziehungen oft implizit** sind und evt. aufgelöst werden müssen. Bei Übersetzungen aus dem *Französischen* ins *Deutsche* kön-nen besondere Schwierigkeiten mit dem Relationsadjektiv auftreten

(WEISS 1992, 306f), obwohl zumeist die **Wortzusammensetzung** angebracht ist.

> **Beispiel**
> *le chômage conjoncturel* – konjunkturbedingte Arbeitslosigkeit,
> *les conséquences électorales* – Auswirkungen auf die Wahl,
> *le laxisme monétaire et salarial* – falsche Währungs- und Lohnpolitik,
> *les variations saisonnières* – saisonbedingte Schwankungen
> (Beispiele zit. nach WEISS 1992, 306f).

Ein Übersetzungsautomatismus entsteht hier nicht. Zwar besteht auf der Systemebene der Sprachen *Deutsch* und *Französisch* eine Übersetzungsäquivalenz von Wortzusammensetzung <=> Relationsadjektiv, jedoch existiert keineswegs zu jedem Substantiv im Französischen ein Adjektiv, z. B. *Feldemission* heißt *émission par effet de champ*, nicht etwa **émission champêtre* (FORNER 1992, 215). Auch liegt nicht immer eine kontrastive Identität der Wortbildung vor, so dass die Übersetzerin keineswegs mechanisch vorgehen kann.

> **Beispiel**
> Beim Vergleich nationaler und internationaler Normen für *Französisch* werden Abweichungen deutlich (IEC-Norm 194; DIN 40804; DIN IEC 52(CO) 248):
> Abweichungen in der Kompositabildung: Stellung des Adjektivs in *carte imprimée simple face rigide* gegenüber *carte imprimée souple simple face* (starre, einseitige Leiterplatte / flexible einseitige Leiterplatte)
> Diskrepanzen zwischen begrifflicher Zuordnung und Benennungsbildung: die Ausdrücke *pressblanke Oberfläche* und *mattierte Oberfläche* verhalten sich nicht zueinander wie *état de surface brut de presse* und *finition dépolie* (vgl. BARCZAITIS 1992, 7).

Während das expressive, schmückende Adjektiv in den Fachsprachen von der Sache her überhaupt keine Funktion hat, ist das **Relations-**

adjektiv als determinierendes Adjektiv beim Aufbau der Nomenklaturen von größter Wichtigkeit. Der Wert dieser Sprachkategorie ist im *Französischen* und *Italienischen* im Vergleich zu anderen Sprachen höher, weil die romanischen Sprachen mit dem Nominalsyntagma „Substantiv + Adjektiv" auch die Mehrzahl derjenigen Zusammensetzungen bestreiten müssen, die das Deutsche oder Englische mit der Substantivreihung wiedergeben (s. Kap. 3.2.3).

Italienisches Relationsadjektiv	Deutsches Kompositum
industria tessile	Textilindustrie
formulazione anticrittogamica	Pflanzenschutzformulierung
stampa tessile	Textildruck
linea aerea	Fluglinie
(linea d'aria)	(Luftlinie)
acido carbonico	Luftsäure
convezione calorica	Wärmeübertragung

Neuerdings ist das Relationsadjektiv aber auch im *Deutschen* stark im Vormarsch begriffen, ausgehend von naturwissenschaftlichen Texten, z. B. *thermische Emission* neben *Glühemission*. Allerdings ist die Abgrenzung einer solchen Wortgruppe (*kinetische Energie, schwarzes Loch*) von „gewöhnlichen" Wortfolgen (*kinetische Betrachtung, schwarzer Anstrich*) oft nicht leicht. Vom wissenschaftlichen Bereich dringt diese Wortbildungsmöglichkeit nun auch in die Gemeinsprache vor. WILSS listet zahlreiche Beispiele für das Deutsche auf und diskutiert den „gemeinsprachlichen und fachsprachlichen Aspekt (dieser) Adjektiv/Substantiv-Kollokationen", die als schematische Sprachverwendungsmöglichkeit „den Aktivitäten teils bewußten, teils unterbewußten (assoziativen) Denkens und Formulierens entspringen" (WILSS 1998a, 148). Beispiele: *chemische Industrie, elektrische Masse, metrisches Gewinde, saisonale Schwankungen, elektromagnetisches Rauschen, generative Transformationsgrammatik, kulturelles Angebot, medizinische Fakultät, russische Invasion, thermische Emission ...*

3.2.5 Verkürzungen

Der Praktiker schafft aus sprachökonomischen Gründen ständig Verkürzungen. Für die heutigen Fachsprachen sind **Abkürzungen** unentbehrlich. Ihre Leistung ist höchstmögliche Kürze bei weitgehender Eindeutigkeit innerhalb eines Faches. Für den Außenstehenden mag diese „Akü-Sprache" oft die Kommunikation behindern, die Fachsprachen aber haben sich mit der Wortkürzung eine sehr ergiebige Quelle für sprachliche Neubildungen erschlossen.

3.2.5.1 Wortkürzungen – Kürzel

Es werden mehrgliedrige Wörter am Anfang, in der Mitte oder am Ende gekürzt. Solche Abkürzungen stehen dann für die Wörter, auf welche sie zurückgehen. Hierzu gehören Wortkürzungen in den Fachsprachen, aber auch die als solche schon fixierten traditionellen Abkürzungen, wie *z.B., u.a., usw.* Diese werden auch als „Kürzel" bezeichnet.

> ### Beispiele Kürzel
> **Deutsch**: Lokomotive > Lok; Autobus > Bus; Kraftfahrrad > Krad, Kur mit Urlaub > Kurlaub; **Kürzel**: v.Chr., Jh., bzw., m.a.W., d.h., u.W., ders., vgl., a.a.O., u.U., v.g.u.
> **Lateinisch**: *A.D.* (Anno Domini), *a.Chr.* (ante Christum [natum]), *p.Chr.* (post Christum [natum]), *e.g.* (exempli gratia), *i.e.* (id est), *id.* (idem), *ibid.* (ibidem), *s.v.* (sub voce), *cf.* (confer), *q.v.* (quem vide, quod vide), *q.e.d.* (quod erat demonstrandum).
>
> ### Beispiele Wortkürzungen
> **Englisch**: capfixed eye with spherical plain bearing mounting > spherical cap mounting; smoke and fog > smog, motor + hotel > motel, binary digit > bit
> **Französisch**: voiture automobile > auto; chemin de fer > métropolitain > métro; billet simple > un simple; les mathématiques > les maths; informations > les infos; micro(-phone), pub(-licité), commut(-ation); Belgique + Néerlandais + Luxembourg > Bénélux.
> *In der Chemie:* alcool dehydrogenatum > aldéhyde, chlore + aldéhyde> chlorate; acide chlorique + acide formique > chloroforme.

Italienisch: Hier entstehen Verkürzungen durch den Wegfall des dazugehörigen Nomens, wodurch die verbleibenden Adjektive substantiviert werden; auch gibt es aus Wortteilen bestehende Abkürzungen:

la (squadra) celere /Überfallkommando, *un (treno) diretto* /Eilzug, *il (comitato) direttivo* /leitender Ausschuss, *la (polizia) stradale* /Verkehrspolizei, *un (calcio di) rigore* /Strafstoß, *un (incontro al) vertice* /Gipfel(treffen), *la Polfer [Polizia ferroviaria]* /Bahnpolizei.

3.2.5.2 AKRONYME – SIGLEN

Oft werden Wortteile durch **Buchstabenwörter** ersetzt, es entsteht so das Akronym (von gr. *ákros – Spitze, äußerstes Ende; ónyma – Name*) oder das Sigel/die Sigle. Im *Englischen* werden mit Akronymen die oft unübersichtlich langen Wortreihen einprägsam verkürzt. Durch ihre neue Verknüpfbarkeit werden solche Akronyme dann wie Wörter selbst weiter produktiv, z. B. *die NATO-Tagung, der NATO-Doppelbeschluss, FCKW-frei*. Im *Französischen* artet die Siglierung schon fast zur Manie aus, was die Übersetzbarkeit entsprechender Texte sehr erschwert. Die Aufnahme entsprechender Siglen in die Fachwörterbücher versucht dem entgegenzusteuern.

Beispiele

Deutsch: Hamburg-Amerikanische Paketfahrt-Actien-Gesellschaft > HAPAG; Personenkraftwagen > Pkw; Tuberkulose > Tbc;

Englisch: light amplifier by stimulated emission radiation > laser; acquired immune deficiency syndrome > AIDS; general purpose military vehicle > jeep; radio detecting and ranging > radar; North Atlantic Treaty Organization > NATO; Central Intelligence Agency > CIA; American Standard Code for Information Interchange (1963) > ASCII; hypertext markup language > html; World Wide Web > www; localization > L10N, translation > T9N;

Französisch: S.I. (Système International), la H.P. (haute pression), le D.I.D.C. (degré international de caoutchouc), Cédex (courrier d'entreprise à distribution exceptionnelle), le S.M.I.C.

(salaire minimum interprofessionnel de croissance) > le smi-card (Bezieher des gesetzlich festgelegten Mindestlohns).

Im Vergleich zwischen **Englisch, Deutsch** und **Französisch, Italienisch** ist die unterschiedliche Reihenfolge der Wortglieder und damit Siglen zu beachten: In den **romanischen Sprachen** steht die Basis der Aussage an erster Stelle, darauf folgen die modifizierenden Elemente (vgl. KOCOUREK 1991, n° 52). Aus diesem Grund werden in der Translation auch Fügungen wie IQ (*Intelligence Quotient*) zu Q.I. (*quotient intellectuel*), oder UNO zu O.N.U., NATO zu O.T.A.N., AIDS zu S.I.D.A. umgewandelt. Die **Siglen** funktionieren als Äquivalente für Benennungen in einer Sprache und müssen daher übersetzt werden.

Davon zu unterscheiden sind **Symbole** als übereinzelsprachliche Zeichen, z. B. für chemische Elemente (*O* − „Sauerstoff", *H* − „Wasserstoff"), mathematische Größen (*a, b, c* − „bekannte Größen", *x, y, z* − „unbekannte Größen, *i* − „imaginäre Zahl"), oder Zeichen für Maße und Gewichte sowie Währungen (*m, cm, l, g, kg, DEM, €, $, £, ¥*). Sie werden unverändert übernommen.

3.3 SEMANTISCHE TERMINOLOGISIERUNGSVERFAHREN

Neue Fachausdrücke entstehen auch durch **inhaltliche Veränderung der Wörter**. Die Bedeutungen gebräuchlicher Wörter werden durch die wissenschaftliche Durchdringung gewandelt und präzisiert. Die Konstitution eines Fachausdrucks erfolgt hier nicht syntagmatisch-formal, sondern semantisch-inhaltlich. Es gibt verschiedene Aspekte.

3.3.1 METAPHORISCHER AUSDRUCK IN DER TECHNIK

Bei der Benennung einer neuen Erfindung wird häufig vom Erfinder zunächst eine ad hoc-Bezeichnung verwendet, denn Ausgangspunkt für wissenschaftliche Bezeichnungen sind oft Vorstellungen aus dem Alltag. Eine „lexikalische Lücke" wird oft zunächst mit einem Fremdwort gefüllt, bevor eine Lehnübersetzung entsteht (s. Kap. 2.2.1).

Da die Fachsprachen in der Gemeinsprache wurzeln, kann der erste Schritt der Fachwortbildung innerhalb einer Einzelsprache auch die Terminologisierung als **Bedeutungsfixierung** von Wörtern der Gemeinsprache sein. Dieses Phänomen tritt nicht nur in den Geistes- und Sozialwissenschaften auf, ist dort jedoch ein konstitutives Mittel (s. Kap. 2.4.1). Diese Terminologisierung ist etwas, was sich manchmal über längere Zeit hinzieht, oft aber auch ad hoc per Definition erfolgt, wie z. B. „Menge" in der Mathematik. Das gemeinsprachliche Wort wird semantisch auf eine fachspezifische Bedeutung eingeengt und dadurch zum Terminus.

Die **Terminologisierung** erfolgt mit Hilfe einer **Metapher** analogisch unter Verweis auf die Ähnlichkeiten der Form, der Lage, der Funktion usw., wie z. B. *Fuß* (eines Maschinengestells), *Arm* (eines Rührers), *Auge* (eines Pleuels), *Maus* (einer Tastatur), *Bett* (einer Maschine), *Manschette* (einer Dichtung), *Mantel* (der Erde), *Feld* (elektr. Strom), *Krokodilklemme*, *Bananenstecker*, usw.

Allerdings besteht für den Laien das Problem der Unterscheidung solcher Termini von den nebenher weiter bestehenden gleichlautenden Wörtern der Gemeinsprache. (Linguistisch werden diese als „Homonyme" bezeichnet.) Entscheidungskriterium für das Erkennen solcher Bedeutungseinheiten ist die Begrifflichkeit des Benannten, und das Erkennen ist nur mit Fachwissen möglich. (So wurde, wie die *FAZ* vom 7.4.1994 in einer Glosse vermerkte, das *Kugellager* in einer chinesischen Übersetzung einmal zum „runden Sofa".) Das Verfahren ist in den verschiedenen Sprachen unterschiedlich häufig wirksam. Sinnvollerweise werden entsprechende Fachgebietsangaben in den Wörterbüchern notiert.

Beispiele

Deutsch: *Kraft, Masse* (Physik, Technik), *Ereignis, Erwartung, Häufigkeit* (Wahrscheinlichkeitsrechnung, Statistik), *Widerstand, Strom* (Elektrotechnik), *Spannung* (Elektro, Materialwiss.), *Speicher* (Technik, EDV, Landwirtschaft), *Ein-, Ausgang* (Elektro), *Mantel* (Geometrie, Masch, Arbeitsrecht, Geol., Zeitung), *Kränkung* (Seefahrt, Psychologie), *Festplatte* (Computer, Gastronomie), usw.

Die fachspezifische semantische Veränderung kann auch zu grammatischen Veränderungen führen, z. B. zur <u>funktionellen Pluralbildung</u>: *Sände, Öle, Fette, Dorne* (statt: *Dörner), Stähle, Wässer, Schäume, Drücke, Biere, Komposte, Milchen, Blute,* usw.

Englisch: *force, power, mass* (Physik), *expectation, frequency, event* (Wahrscheinlichkeitsrechnung), *resistance, current, tension, power* (Elektrotechnik);

Italienisch: *braccio* (Physik, Mechanik), *brillanza* (Physik), *foglia* (Mechanik), *soffiatore* (Technik), usw.

In vielen handwerklichen Bereichen führt die konkrete Form der Gegenstände und ihre Ähnlichkeit mit Dingen des täglichen Lebens zu einer bestimmten **bildhaften Visualisierungstechnik**. Eine Übernahme von „Bildern" beim Übersetzen ist für die eigene Wortbildung beim Übersetzen durchaus zu rechtfertigen, denn es entstehen so auch bei mehrfachem Übersetzen an verschiedenen Orten noch am ehesten einigermaßen ähnliche ZS-Neuwörter (NEUBERT 1989, IX).

Bei der Terminologisierung gemeinsprachlicher Wörter können sich freilich auch verschiedene **Perspektiven auf das Objekt** zeigen. Man kann zum Beispiel auf Konstruktions- oder aber auf Funktionsprinzipien abheben. So wird ein Ventil, mit dem der Durchfluss von Flüssigkeiten und Gasen geregelt wird, entweder nach seiner Funktion benannt (*stop valve, shut-off valve – Stoppventil, Verschlussventil*), oder aber nach der Bauweise (*ball valve – Kugelventil, Rückschlagventil*) (vgl. auch BRAASCH et al. 1994, 95).

Ein Übersetzungsproblem entsteht, wenn solche Kennzeichnungen der Nomina in den einzelnen Sprachen mit unterschiedlichen Metaphern, mit einem Wechsel etwa von der Formbetrachtung zur Funktion, oder auch gar nicht bezeichnet werden. Oft sind die Bilder z. B. im **Englischen** und **Deutschen** verschieden. Stets ist daher kritische Recherche wichtig.

Beispiele	
male plug (Form)	Stecker*stift* (Funktion)
*head*light (Form)	Schein*werfer* (Funktion)
worm (Form)	*Schnecke* (Funktion)
female mould (spezif. Form)	*Negativ*form (allg. Form)
anderer Bildspender	
cable *sleeve*	Kabel*muffe*
brake *shoe*	Brems*backe*
valve *head*	Ventil*teller*
valve noise	*Röhren*rauschen
herringbone gear	*pfeil*verzahntes Rad
Geneva cross mechanism	*Malteser*kreuzgetriebe
jacket heating	*Mantel*heizung

Die Verwendung von Metaphern ist schließlich auch kennzeichnend für das **wissenschaftliche Schreiben.** Neue Ideen können oft nur metaphorisch beschrieben werden, ein neu erfundener Gegenstand wird durch den Verweis auf physische Ähnlichkeit mit etwas Bekanntem zunächst begreifbar gemacht. Die Verwendung bestimmter Metaphern kann aber auch die Richtung beeinflussen, in welche sich das wissenschaftliche Denken weiter entwickelt.

3.3.2 MULTIFUNKTIONSLEXEME

Der Wandel im Sprachgebrauch schlägt sich in semantischen Veränderungen nieder. Die Bewegung führt von der Vertikalität der sozialen Schichtungen in die Horizontalität der Mehrsprachigkeit des Menschen. Eine durch die Medienkultur beförderte zunehmende Verwissenschaftlichung der Alltagssprache (s. Kap. 1.4.3) führt dazu, dass neben dem Vordringen der fachsprachlich gebundenen Technolekte auch eine **Funktionalisierung** vieler, bislang eher literarisch gebundener Sprachbereiche feststellbar ist. Neben die historisch-soziale Polysemie der Wortbedeutung in der Gemeinsprache tritt nun auch eine funktionale. Interessant sind nicht nur Neuwörter, sondern auch die Anpassung des vorhandenen Sprachmaterials an neue Herausforderungen.

PÖRKSEN (1988) spricht von „der Sprache einer internationalen Diktatur" der Technisierung und warnt vor einer neuen „Verbaltyrannei", wenn er sog. **„Plastikwörter"** wie *Information, Kommunikation, Entwicklung, Struktur, Rolle, Faktor, Modell, Funktion, Beziehung, Substanz, Tendenz, Prozess, Strategie, System, Zentrum, Dynamik, Set* u. ä. „als Kristallisationspunkte des Zeitbewußtseins" herausstellt, die seines Erachtens aufgrund ihrer Pseudowissenschaftlichkeit und Manipulierbarkeit auf dem besten Wege seien, zu Eckpfeilern eines „neuen Experten- und Herrschaftswissens" zu werden. Man muß dies nicht so kritisch sehen. Es entstehen nämlich einfach „Multifunktionslexeme" (STOLZE 1992, 143), mit denen sprachlich eine breite Palette von Bedeutungen abgedeckt wird.

Interessant ist, dass dieses Phänomen eine internationale Dimension hat, indem solche schein-konkreten Begriffe auch in anderen europäischen Sprachen zu beobachten sind. Dies wird erleichtert durch die Tatsache, dass solche Ausdrücke wie die Internationalismen oft mit lateinischen und griechischen Wortwurzeln gebildet sind (s. Kap. 3.2.2), z. B. *Ressourcen, Systeme, Operationen*. Auch wenn diese Entwicklung von Sprachpuristen abgelehnt wird, kann sich ein Übersetzer von Texten aus den Bereichen Wirtschaft, Technik und Verwaltung über diese Gegebenheiten nicht einfach hinwegsetzen.

Die Funktionalisierung der Sprache in diesen Bereichen gesellschaftlichen Handelns kann auch im ***Französischen*** nachgewiesen werden. Wörter wie *adaptation, aménagement, développement, dimension, ensemble, équipement, opération, structure, ressources, système* und viele andere sind relativ inhaltsneutral und ziehen polyfunktional in fortgesetzt neue außersprachliche Gebrauchsfelder ein. Mit geringer Intension erreichen sie größtmögliche Extension im Gebrauch (s. Kap. 2.1.5).

Solche Multifunktionslexeme werden nicht durch den weiteren Kontext monosemiert. Spezifisch ist ihnen vielmehr die syntagmatische **Kollokation** mit adjektivischen oder substantivischen Ergänzungen, z. B. *aménagement du territoire* (Raumordnung, Raumplanung), *développement de l'agriculture* (Landwirtschaftsförder/ungsprogramm), *développement du confort* (ein Mehr an Komfort), *génie civil* (Bauingenieurwesen). Solche Lexeme stellen im Dienst der modernen Vernetzungstendenz der rationalisierten Welt einen besonderen Verhaltensmodus der französischen Sprache in den komplexen Großräumen von Technik, Planung und Verwaltung dar, der allerdings immer stärker in die Gemeinsprache ausstrahlt.

Bei Multifunktionslexemen handelt es sich nicht wie bei Termini um präzise Bezeichnungen, sondern um ein **Informationsangebot** als Andeutung eines be-stimmten Bedeutungsschemas, das erst mit der syntagmatischen Kollokation genau verortet wird. Gemeint sind auch nicht terminologisierte Wörter der Gemeinsprache, denn diese haben ja gerade einen präzisen Inhalt, was bei den Multifunktionslexemen nicht der Fall ist. Solche Lexeme bieten daher einerseits eine besondere Übersetzungsschwierigkeit im Blick aufs idiomatische Formulieren, andererseits werden sie auch international gleich verwendet.

3.4 PROBLEME DER SEMANTISCHEN UNKLARHEIT

Mit dem Blick auf die Form der Fachausdrücke ergibt sich die **Problematik der richtigen Zuordnung von Bedeutung zu den Wörtern**, besonders wenn diese formal kaum unterscheidbar sind. Technische und naturwissenschaftliche Termini sind für sich genommen keineswegs immer so eineindeutig, wie dies im Ideal wünschenswert wäre. MOUNIN (1967) nennt als Hauptprobleme der technischen Übersetzung die „Polysemie, Synonymie, Polymorphie und Homonymie".

3.4.1 POLYVALENTE SPRACHFORMEN

3.4.1.1 HOMONYMIE

Es gibt formal gleichlautende Wörter, die aber verschiedene Herkunft und Bedeutung haben, sog. Homonyme (wie *Tor/Eingang* und *Tor/Dummkopf*). Sie sind in technischen Texten aufgrund der Terminologisierung gemeinsprachlicher Wörter sogar alles andere als selten und müssen jeweils sachbezogen aufgelöst werden (s. Kap. 3.3.1).

> **Beispiel**
> Solange dabei die einzelnen Sachbereiche unterschiedlich genug sind, etwa im Fall von *Spannung* in der Elektrotechnik vs. *Spannung* in der Materialwissenschaft, sowie *Spannung* als Begriffswort in der Psychologie, dürften Verwechslungen eher die Ausnahme sein.
> Auch eine Homographie wie engl. *lead* läßt sich unschwer aus dem Kontext zu den Bedeutungen „Blei" [led] bzw. „Leitung" [li:d] auflösen, wie schon JUMPELT (1961, 58) anmerkt. Vgl. auch dt. *Leitung* für Flüssigkeiten und *Leitung* eines Organismus.

Fachausdrücke, die isoliert betrachtet semantisch unklar sind, werden durch den Einbezug der Kontextsignale des Textganzen und des Wissenschaftshintergrunds eindeutig. Termini treten beim Übersetzen im Rahmen von Texten auf, welche durch ihre Fach- und Situationsgebundenheit das Gemeinte festlegen. So kann ein lexikalisches Übersetzungsproblem oft nicht übers Wörterbuch, sondern nur durch translatorische **Kontextualisierung** gelöst werden. Werden entsprechende Kontextsignale nicht erkannt, kann dies zu Fehlern in der Übersetzung führen, wie folgendes Beispiel zeigt, wo mehrere Homonymien nicht aufgelöst wurden, obwohl dies anhand des Kontextes möglich gewesen wäre.

Text
La fortune des villes
A partir du XIe siècle, les bonnes récoltes et la croissance démographique favorisèrent le développement des échanges en Europe. Les campagnes s'ouvrirent au commerce. Aux seigneurs, gros producteurs de denrées agricoles, s'ajoutaient les paysans qui venaient en ville vendre leurs produits.   [Ed. Gallimard-Larousse 1992]

Übersetzungen
(a) Die Geschicke der Städte
Ab dem 11. Jahrhundert begünstigten gute Ernten und das demographische Wachstum die Entwicklung und den Warenaustausch in Europa. Die Länder öffneten sich dem Handel. Zu den Gutsherren, Großproduzenten von landwirtschaftlichen Gütern, kamen die Bauern hinzu, die in die Stadt kamen, um ihre Erzeugnisse zu verkaufen. [Zuerst an den Verlag eingereichte fehlerhafte Übersetzung]

(b) Der Reichtum der Städte
Seit dem 11. Jh. begünstigten gute Ernten und das enorme Bevölkerungswachstum den Warenaustausch in Europa. Die ländlichen Gegenden öffneten sich dem Handel. Großgrundbesitzer und Kleinbauern verkauften ihre Erzeugnisse in der Stadt. [Bertelsmann Lexikonverlag 1993]

3.4.1.2 POLYSEMIE

In der Betrachtung der Sprachzeichen ist Homonymie als Formüberlage-
rung unterschiedlicher Wörter oft kaum von der Polysemie als Mehrdeutigkeit zu unterscheiden. Entgegen dem Anspruch der technischen
Terminologie, eine möglichst eindeutige Beziehung zwischen Begriff
und Benennung herzustellen, bieten die zahlreichen mehrdeutigen
Wörter eine große Übersetzungsschwierigkeit. Hier ist wiederum an die
metaphorisch terminologisierten Wörter aus der Gemeinsprache und
Zusammensetzungen damit zu denken, die nun neben ihrer allgemeinen
Bedeutung noch eine oder mehrere fachspezifische Bedeutungen aufweisen. Durch **verschiedene fachsprachliche Kollokationen** wird aber
die unterschiedliche Bedeutung deutlich, die sich dann kontrastiv in den
Übersetzungsmöglichkeiten spiegelt.

> ### Beispiel
> Abschluß (Endstück)   *border*
> Abschluß (Rede-)   *conclusion*
> Abschluß (von Konto)   *settlement*
> Abschluß (Vereinbarung)   *agreement*
> Abschluß (Beendigung)   *completion*
> Abschluß (Universitäts-)   *degree*
> Abschluß (der Buchführung)   *balancing*
> Abschluß (Geschäftsjahr)   *business* year
> Abschluß (Kontrakt)   *sales contract*
> (s. *GlobeDisc Lexikon* englisch).

3.4.1.3 SYNONYMIEN DURCH MERKMALSELEKTION

Die Terminologie hat eine kumulative Tendenz, denn es wird immer
neues Wissen angehäuft. Neue Erkenntnisse bedingen neue Benennungen. Die Benennung für den Begriff ist eine Frage der Merkmalinterpre-
tation (s. Kap. 2.1.5), und je nachdem, welches Merkmal vorrangig gesehen wird, entsteht eine andere Bezeichnung.

Ein Importeur will kurze Abschnitte von Polyesterfasern als *Scherstaub* verzollen, ein Abfallprodukt, und nicht als *Spinnfasern*, denn letzteres wäre teurer. Der Zoll akzeptiert das nicht und er klagt. Das Gericht stellt Sprachvergleiche an, um die Rechtslage zu ermitteln. Muss die Ware durch *Scheren* entstanden sein, oder zählt ihre *staub*artige Beschaffenheit? Ist die Faser *gesponnen worden,* oder soll sie *versponnen werden*? Sprachlich funktionieren verschiedene Wörter, je nachdem welcher Begriffsaspekt momentan wichtig ist, obwohl die Sache als solche, die Faserstückchen und deren Begriffsvorstellung, immer gleich bleibt.

Gleiche Termini indizieren in Texten gleiche Sachverhalte. Die **Sachnorm** kann aber von verschiedenen Experten gleich, ähnlich oder auch verschieden entworfen und auf der Textebene durch unterschiedliche Benennungen als **Sprachnorm** dargestellt werden. Große Probleme bereitet daher die Vielzahl gleichzeitig parallel entstehender Benennungen für dieselbe Sache, es entstehen viele kognitive Synonyme, wie z. B. *Beschleunigungsverletzung der Halswirbelsäule = Schleudertrauma.*

> Keineswegs sind die Fachbegriffe fixe Bausteine des vom Autor errichteten Gedankengebäudes, sondern sie werden von ihm abhängig vom aktuellen Betrachtungsziel aufgerufen (...): Ein flüchtiger Begriff kann schon im nächsten Denkakt einen höheren Grad an Definiertheit gewonnen haben; ein syntaktisches Wortbildungsprodukt kann einen inzwischen konstituierten Begriff wiedergeben (NEUBERT 1985, 281).

Ein Terminus kann bekanntlich nur *ein* Merkmal eines Designates zum Ausdruck bringen, da es deren aber stets mehrere gibt, kann eine Sache je nach Perspektive verschieden benannt werden. Bei unterschiedlichen Benennungen als Produkten aktueller Wortbildung hat der Fachvertreter jeweils ein ihm gerade am wichtigsten erscheinendes Merkmal aus der Definition herausgegriffen und benannt, gleichsam als Motiv, mit dem der Gesamtbegriff aufgerufen werden soll, und hier spielen auch die verschiedenen **Gebrauchsebenen** eine Rolle. So gibt es oft sog. „branchenübliche Ausdrucksweisen", die meistens nicht in den Wörterbüchern verzeichnet werden. Neben der Zergliederung in die einzelnen

Fachsprachen wird daher auch eine vertikale Schichtung nach Verwendern vorgenommen, die zu Unterschieden des Registers führt (s. Kap. 1.4.4).

Hierdurch entstehen **Synonyme: Polymorphien mit unterschiedlichem Grad der Fachwörtlichkeit,** die ein Übersetzungsproblem darstellen können. HORN-HELF (1997, 467ff) analysiert solche offenen und verdeckten Mängel in technischen Texten, welche die Translation stören. Zur Sachkenntnis gehört es also auch, mögliche Fehler in den Ausgangstexten, insbesondere unangemessene Sprachregister, zu erkennen.

Wörterbücher helfen hier auch kaum weiter, und oft werden von Auftraggebern Fachausdrücke aus einer unangemessenen Gebrauchsebene genannt, die im schriftlichen Text so nicht verwendbar sind. Meist ist hier zugleich eine Unterscheidung nach dem Spezialisierungsgrad und der Informationsdichte der Fachlexik impliziert, denn diese Sprachverwender bringen völlig unterschiedliche Verstehensvoraussetzungen mit. Der deutsche **Fachwortschatz der Kraftfahrzeugtechnik** z. B. umfasst insgesamt ca. 20.000 bis 40.000 Einheiten. Dieser Technikwortschatz unterliegt national wie international nur einer **geringen Normierung** und ist durch zahlreiche Synonymien geprägt, für die verschiedenartige Faktoren verantwortlich gemacht werden können:

> ***Beispiele***
> Herstellerspezifische Bezeichnungsvarianten: z. B. „athermische Scheiben" heißen *Wärmeschutzverglasung* bei VW/Audi, *wärmedämmendes Glas* bei Mercedes-Benz, *grünes Wärmeschutzglas* bei BMW, *wärmedämmende, getönte Rundumverglasung* bei Opel oder *Colorglas* bei Lancia.
> Orthographische Varianten: 16-Ventiler, Sechzehnventiler, 16-Ventil-Motor;
> Unterschiedliche Stilebenen: *Auspuff* gegenüber *Abgasanlage* oder *Kat* gegenüber *Abgaskatalysator*; *Winkelschleifer* – *Die Flex* (bei den Handwerkern), *Schwingschleifer* – *der Rutscher* (bei den Handwerkern).
> Unklare Spezifizierung im Text: Man vergleiche die Varianten zu „Mischer" in folgendem Textbeispiel: *„Wirbelmischer* (sog. *Fluid-* oder *Schnellmischer)* in Kaskadenanordnung werden

häufig zur Plastaufbereitung eingesetzt... Der Mantel des *Mischers* ist heizbar; außerdem erfolgt durch Energieumsatz über das *Mischwerkzeug* eine Erwärmung des Mischguts... Das gemischte und gelatinierte Gut wird in den nachgeschalteten *Kühlmischer* übergeben und weiter bewegt..." (aus: Taschenbuch Maschinenbau 3/III, zit. nach NEUBERT 1985, 282).

oft ambige Kompositionskürzungen: *Halter* statt *Bremssattelhalter* oder *Anzeiger* statt *Fahrtrichtungsanzeige*;

Inkohärenz mehrerer Texte eines Herstellers: *Übertragungshebel* (Instandsetzungsanleitung), *Zwischenhebel* (Ersatzteilliste), *Umlenkhebel* (technische Beschreibung) (HORN-HELF 1997, 467).

Komposita mit oder ohne Abkürzungen: *AGR-Ventil* gegenüber *Abgasrückführventil*, oder *ABS-Anzeige* gegenüber *Antiblockiersystemanzeige*

Interferenzen mit antiken Sprachen und Englisch: *Deformation* und *Lackapplikation* neben *Verformung* und *Lackauftrag*; oder *Anti-Squat-System* und bichromatisch neben *Anfahrnickabstützung* und *zweifarbig*.

Historische Bezeichnungen im Deutschen: *Armaturenbrett* oder *Stoßstange*

(ROELKE 1999, 202).

Entsprechende Beobachtungen in Texten können durchaus zu einer Fehlerquelle für Übersetzungen werden. Darauf haben Übersetzer besonders zu achten.

3.4.2   FEHLERVERMEIDUNG

3.4.2.1   RECHTSCHREIBUNG UND FALSCHE FREUNDE

Die **fachsprachliche Schichtung** ist in allen Kommunikationsakten präsent, und oft verwenden Fachleute aus Zeitmangel die Sprache auch nicht reflektiert. Wichtig für den technischen Übersetzer ist daher Sorgfalt und die Kompetenz zur Fehlererkennung. In Termini bewirkt manchmal ein einziger Buchstabe eine entscheidende Sinnveränderung. Präzise Rechtschreibung ist hier unverzichtbar, viel mehr noch als in den Sozial- und Geisteswissenschaften. Sog. Flüchtigkeitsfehler im Sinne eines „Vertippens" oder „Zahlendreher" usw. sind oft sehr gravierend.

Beispiele

en:

isolation (Isolation, Vereinzelung, chem. Herauslösen)

insolation (Sonneneinstrahlung, Solarisation)

insulation (Isolierung, Dämmung, Einkapselung)

assured (gewiss, etwas sicher sein, gilt als gesichert)

ensured (gesichert, geschützt vor, garantiert)

insured (versichert gegen)

fr:

faction (pol. Abweichlergruppe);

fraction (Bruch, Bruchteil)

gradation (Abstufung, Gradation);

graduation (Maßeinteilung, Skala)

de:

Sigel/Siegel – Stahl/Stuhl – nagen/nageln – Kugel/Kegel
Spülmaschine/Spulmaschine – Dampfmaschi-
ne/Dämpfmaschine
Frostschutz/Forstschutz – Hundekot/Hundekost – Tau-
ben/Trauben – Wertstoff/Werkstoff – weben/werben - spa-
ren/ansparen/einsparen

LAVIC/OBENAUS/WEIDACHER (2008) unterstreichen die Gefahr durch die sog. linguistischen **„falschen Freunde"**, wenn bei formaler Kongruenz eine semantische Inkongruenz des Ausdrucks vorliegt. Hier benötigt der Übersetzer eine kritische Sensibilität. Beispiele:

spring flood (Frühlingshochwasser) vs. Springflut (*spring tide*),

Fabrik (*factory)* vs. *fabric* (Gewebe),

capital gains tax (Steuer auf Veräußerungsgewinne) vs. Kapitalertrag-steuer (*tax for current investment income*).

3.4.2.2 FACHHERMENEUTIK ALS HINTERGRUND

Das Verständnis von Termini beschränkt sich auch keineswegs auf ihre Notation in Glossaren oder Datenbanken. Die Terminologieforschung sieht als Kennzeichen von Termini im allgemeinen die „Fachbezogen-heit, die Definiertheit, die Systematizität, die Exaktheit, die Eindeutig-keit, die Referentialität" an. Diese „Gütemerkmale" funktionieren, wie KALVERKÄMPER (1983, 154) anmerkt, nur in der Kommunikation innerhalb eines Fachs, denn „Termini im Text setzen sowohl für ihren Gebrauch als auch für ihr Verständnis memorierte Kontexte und Verwendungssituationen voraus". Wer den **fachlichen Hintergrund** bei Termini in Texten nicht mitbedenkt, kann nicht übersetzen, und dies gilt nicht nur für geisteswissenschaftliche Texte (JAHR 2005, 25). Der unkritische Umgang mit Fachtexten kann zu grotesken Ergebnissen führen, wie folgendes Beispiel zeigt:

Text
Non ferrous scrap treatment.
We attest that the O. scrap plant operates under the authorisation n° 750... of the province L.
After maximum recovery of metallic parts, due to state of the art technology, the remaining non-metallic steriles are dumped on Class I authorised site of NNNN.

Übersetzung a)
Nicht-Alteisen Behandlung oder Die Behandlung von Nicht-Alteisen
Wir bestätigen, dass die O. Altwarenfabrik unter der Referenznummer (Lizenz-nummer) 750... des Gebiets/der Gemeinde L. arbeitet.
Nach einem Maximum an Wiederherstellung/Recycling von Metallteilen, gemäß dem neuesten Stand der Technik, werden die restlichen Nicht-Metall (steriles?), nach meiner Genehmigung, auf dem (Bau-)Platz von NNNN abgeladen.
(Von einem Übersetzungsbüro zur Überprüfung vorgelegter Versuch).
Kommentar: Hier wurden Termini aus dem Metallbereich aus gemeinsprachlicher Perspektive gesehen und entsprechende Wörterbücher konsultiert, was zu fachlicher Unklarheit führt: *scrap* (Alteisen > Schrott), *recycling* (Wiederherstellung > Rückgewinnung), *dump on site* (auf Bauplatz abladen > auf Deponie lagern).

Neuübersetzung b)
Verarbeitung von Nichteisenschrott
Wir bescheinigen hiermit, dass die Schrottverarbeitungsfirma O. gemäß Genehmigungsbescheid Nr. 750.... der Provinz L. tätig ist.

> Nach weitestgehender Rückgewinnung der Metallteile mit modernster Technologie werden die verbleibenden unergiebigen Nichtmetallteile auf der nach Klasse I zugelassenen Deponie von NNNN abgelagert.

Nachstehend finden sich weitere Beispiele aus einer **laienhaften Übersetzung**. Ein Text aus dem Breich der Wirtschaft wurde aus dem Russischen ins Deutsche übersetzt, wobei die entsprechenden Fachausdrücke nicht adäquat wiedergegeben sind, weil die Fachhermeneutik der Ökonomie nicht verstanden wurde:

Gemeinsprachliche Übersetzung	Ökonomischer Terminus	fachliche Erläuterung des Wortfelds als Vorwissen
„Kosten der Stehtage"	Standgebühr	*Standzeit* - nicht entladener LKW steht am Lager und verursacht Parkgebühr, Standgebühr *Stillstandskosten* - Ausfallkosten bei Betriebsunterbrechung *Fehlzeit* - Abwesenheit der Mitarbeiter
„Teilbeiträge"	Einlagen	*Einlagen* - die Bar- und Sachleistungen, mit denen sich ein Gesellschafter an einer Handelsgesellschaft beteiligt *Gesellschaftsanteil* - das durch den Betrag der auf das Stammkapital übernommenen Stammeinlage bezeichnete Mitgliedschaftsrecht des Gesellschafters *Stammeinlage* - die auf den einzelnen Gesellschafter entfallende Beteiligung am Stammkapital der GmbH (auch Stammanteil) *Anteil* - Beteiligung am Ergebnis und Vermögen einer Personengesellschaft oder Kapitalgesellschaft

„Waren des Bevölkerungskonsums", „Güter des Volksbedarfs"	Konsumgüter	*Konsumgüter* - alle Güter, die von Konsumenten verbraucht (Verbrauchsgüter) oder genutzt (Gebrauchsgüter) werden. *Gebrauchsgüter* - dauerhafte Konsumgüter (z. B. Kraftfahrzeuge), die nach dem Kauf dem mehrmaligen Gebrauch dienen. *Verbrauchsgüter* - verschwinden nach Gebrauch (Nahrungsmittel, Putzmittel, Verarbeitungsgüter) *Massengüter* - Massenverbrauchsgüter, die einheitlich von einem großen Verbraucherkreis nachgefragt werden (Massenbedarfsartikel)
„Termin der Wirkung"	Laufzeit	*Geltungsdauer* - Gültigkeitsdauer eines Ausweises *Laufzeit* - eines Kredits bis zur vollständigen Rückzahlung, Geltungszeitraum eines Abkommens, Dauer eines Versicherungsschutzes *Fälligkeit* - Ende der Laufzeit; festgesetzter Zahlungstermin *Kraft* - in Kraft sein; außer Kraft setzen (Gesetz)
„Kapitalaufwendungsvorhaben"	Investitionsprojekt	*Investitionen* – vorhandenes Unternehmenskapital wird eingesetzt, um ein bestimmtes Geschäftsziel zu erreichen.

3.4.2.3 FREMDWÖRTER IM DEUTSCHEN

Ein Spezifikum der fachsprachlichen Rede im Deutschen ist auch eine hohe **Frequenz von Fremdwörtern.** Insbesondere die genannten Fachwortbildungen aus lateinischem und griechischem Wortmaterial dienen der internationalen Vereinfachung der Fachkommunikation (s. Kap. 3.2.2). Dennoch gäbe es nicht selten auch deutsche Übersetzungen für die entsprechenden Ausdrücke, nur sind diese eben unter den Fachleuten nicht üblich. Hier hat die Übersetzerin auf angemessene Formulierungen zu achten. Wenn der Versuch, das eigene Verständnis vom Sachverhalt zu explizieren, zu vielen Wortübersetzungen führt, kann dies auch Verwunderung bei den Adressaten der Übersetzung im Fachbereich auslösen. Der Übersetzer ist zwar meistens Laie auf dem besprochenen Fachgebiet, doch die Empfänger der Übersetzung sind es nicht. Bei der Übersetzung aus dem Deutschen ins *Englische* oder in *romanische Sprachen* stellt sich dieses Problem der Fremdwörter nicht, da hier die lateinischen Wortwurzeln auch in der Gemeinsprache vorkommen.

Besonders in **wissenschaftlichen Darstellungen** ist der Fremdwortgebrauch signifikant, nicht nur, wenn es sich um präzisere Termini handelt, sondern auch, weil dies „stilistisch anspruchsvoller" wirkt (HESSE-LING 1982, 48), d. h. eher der wissenschaftlichen Diktion entspricht. An dieser Stelle ist auch ein Einwand gegen die viel gescholtenen „**Anglizismen**" in der deutschen Sprache zu bringen. Vielfach handelt es sich hier um Fachausdrücke, die in fachinterner Kommunikation gar nicht anders ausgedrückt werden können. Das Problem besteht vielmehr darin, dass viele nicht ihre Kommunikationsform reflektieren und im Austausch mit einer nicht fachlich vorgebildeten Öffentlichkeit gedankenlos ihr „Fachchinesisch" weiter verwenden, anstatt sich hier auf die Anforderungen allgemeinverständlicher Rede zu besinnen (siehe dazu weiter unten). Nicht Fremdwörter als solche sind zu meiden, sondern sie sollen an der richtigen Stelle verwendet werden. Anglizismen können eine Bereicherung sein, auch wenn sie freilich oft ein Ärgernis sind.

Bezüglich der **Schreibung von Fremdwörtern** im Deutschen enthält die deutsche Rechtschreibordnung einige Empfehlungen, was auch für Übersetzer als Verfasser von Fachtexten interessant ist.

> **Beispiel**
> Für die Schreibung *mehrteiliger englischer Begriffsbezeichnungen im Deutschen* können einige Regeln aufgestellt werden.
> Zusammengeschrieben werden nur solche englischen Wortgruppen im Deutschen, die auch im Englischen selbst zusammengeschrieben werden können (*Blackout, Comeback, Fallout, Laptop, Layout, Network, online, Standby, Website, Profitcenter, Printmedium, Playback, Comicstrip,* etc.), da sonst schwer

lesbare Wortungetüme entstehen können (*Nofuture-generation, *Newage*).

Die Einzelteile einer englischen Wortgruppe, oder mit einer solchen gebildete Terme, werden <u>mit Bindestrichen durchgekoppelt</u>, wie dies laut Duden-Regel 41 auch für deutsche mehrgliedrige Wörter und Fremdwörter aus anderen Sprachen gilt (*Shopping-Center, das Know-how, Air-Conditioning, Off-Shore-Bohrung, Chrom-Molybdän-legiert, Vitamin-C-haltig, DIN-A4-Blatt, High-Reliance-Beschichtung, „Long-Term-Fixed-Commitment"-Vertrag, Schlaf-wach-Rhythmus, 3-MeV-Van-de-Graaff-Beschleuniger, Round-Table-Konferenz*);

Wird die ganze englische <u>Wortgruppe als Substantiv</u> gebraucht, werden der Anfang und alle darin enthaltenen substantivischen Elemente großgeschrieben (*Face-to-Face-Befragung, Point-to-Point-Rennen, Out-of-Pile-Inventar, „Full-Scope-Safeguards"-Erfordernis, Do-it-yourself-Bewegung, Au-pair-Mädchen, Zwei-Core-System, Multiple-Choice-Verfahren, Desktop-Publishing*);

Auch in mehrteiligen substantivischen Begriffen aus dem *Lateinischen* werden Anfang und Substantive großgeschrieben (*Alma Mater, Corpus Delicti, Curriculum Vitae, Nervus Rerum, Ultima Ratio*), nicht jedoch bei Redewendungen (*cum grano salis, in vino veritas, in dubio pro reo, nomen est omen, per definitionem*);

<u>Nicht gekoppelt</u> werden englische Wortgruppen aus <u>Adjektiv und Substantiv</u> (Short Story, Easy Rider, Minimal Art, Mixed Pickles, Modern Jazz, Round Table, Live Show).

Für <u>Fremdwörter aus anderen lebenden Sprachen</u> wird für Fachtexte weiterhin die <u>Originalschreibweise</u> empfohlen anstatt der Eindeutschung (*Bouquet, Bouclé, Bravour, Facette, Prêt-à-porter, Fin de Siècle, Nouvelle Cuisine, Chicorée, Protegé, Spaghetti, Frutti di Mare, Csárdás,* etc.);

Die neue deutsche Rechtschreibung betrifft auch die Eindeutschung *griechischer* Wortstämme (*Fantasie, Fantast, fantasielos, Biografie, Grafiker, Grafit, Orthografie, Telefon, Fotograf,* etc.). In <u>fachwissenschaftlichen Texten</u> sollte jedoch, schon wegen der Durchsuchbarkeit von Datenbanken, die international gebräuchlichste Schreibung verwendet werden, die in der Regel die mit -ph- sein wird (*Graphit, Biographie, Photographie*).

Diese Regeln mögen eine Orientierung bieten, auch wenn in der Praxis vielfach wegen der Übersichtlichkeit und bei Eigennamen eine Tendenz zum Weglassen des Bindestrichs zu beo-

bachten ist, und auch sonst die orthographischen Regeln recht
uneinheitlich gebraucht werden.
(Vgl. *DEUTSCHE RECHTSCHREIBUNG, Regeln und Wörterver-
zeichnis*, hrsg. vom Rat für deutsche Rechtschreibung. Tübingen: Narr 2006).

Übersetzer von Fachtexten tun gut daran, sich Probleme der semantischen Unklarheit selbstkritisch bewusst zu machen. Zwar sind festgestellte Defekte in einem Ausgangstext im Dienst der ungestörten Fachkommunikation zu berichtigen und daher Texte durchaus zu optimieren
(SCHMITT, C. 1998), aber nicht jeder vorgebliche „Fehler" ist auch ein
solcher. Gelegentlich können auftretende Probleme auch am mangeln-
den Verständnis des Übersetzers selbst liegen.

3.4.3 SUCHBEISPIEL

Es dient dem kritischen Bewusstsein eines Translators, sich die genannten Wortbildungsformen und Terminologisierungsarten an einem Text-
beispiel zu vergegenwärtigen.

Beispiel

Alle genannten Wortbildungsformen wie Wortzusammensetzung, Prä- und Suffixe,
Konversion, Endungen, Fremdwörter, Akronyme, Metaphorik, Multifunktionslexeme, kommen in nachstehendem Beispieltext vor.

Easymix®	Bedienungsanleitung
Das Easymix®-Vakuummischsystem *uno* und *duo* ist für Knochenzemente von mittlerer oder niedriger Viskosität ge-eignet, da nur bei diesen Zementarten eine ausreichende Reduktion der Poro-sität möglich ist.	Druckluft über Druckluftschlauch be-reitstellen.
	Druckluftschlauch an Pumpe befesti-gen.
Ein Vakuummischsystem besteht aus Vakuumpumpe, Zementpistole, Kartu-schenset.	Verpackung öffnen lassen und Blister steril entnehmen.
Das Easymix® Zementmischsystem ist auch zum Mischen von Knochenzement *ohne Vakuum* vorgesehen und wird dann ohne Vakuumpumpe verwendet.	Vakuumschlauch mit Kohle- und Steril-filter fest auf den Vakuumstutzen der Pumpe aufsetzen, das andere Ende des Vakuumschlauches am Kopfstück der Kartusche befestigen.

Für die Reihenfolge bei der Beladung des Mischsystems und für die Mischzeit sind die Angaben des Zementherstellers zu beachten.

Vor dem ersten klinischen Einsatz sollte sich der Anwender mit der Handhabung des Mischsystems vertraut machen und die Qualität des Zementes, insbesondere aber auch die Applikation mittels Zementpistole, bei der vorherrschenden Raumtemperatur im OP überprüfen.

Für die Applikation des Knochenzementes steht eine Zementpistole zur Verfügung, die die Mischkartusche sicher aufnimmt.

Schnorchel mit verschiedenen Durchmessern und Längen werden als Ergänzung angeboten (siehe Produktvarianten und Zubehör).

Der im Standardset enthaltene Schnorchel kann an der vorgesehenen Sollbruchstelle verkürzt werden. Zwei zum System gehörende Vakuumpumpen werden angeboten, die Easymix®-Pumpe besitzt keine Vakuumanzeige, die MixOR®-Pumpe zeigt das erreichte Vakuum über einen Manometer an.

Das Vakuummischsystem ist ein Einmalartikel und nicht resterilisierbar.

Das Mischsystem wurde mit Ethylenoxid sterilisiert. Vor Anwendung ist die Verpackung auf Beschädigungen zu überprüfen.

Beschädigte Ware und Ware, deren Haltbarkeitsdatum abgelaufen ist, darf nicht verwendet werden.

Kartusche in der Fassung des Verpackungsbodens einrasten.

Polymerpackung und Monomerampullen öffnen.

Höher visköse Zemente wie z.B. Palacos® R, müssen 24 Stunden auf <6°C gekühlt werden.

Monomerflüssigkeit in Kartusche einfüllen.

Trichter aufsetzen und das Polymerpulver zufügen.

Trichter abnehmen. ACHTUNG! Bei Verwendung von Easymix® duo Trichter im sterilen Feld aufbewahren.

Mischstab bis zum Anschlag hochziehen. Bei betätigter Pumpe Kopfstücke auf die Kartusche aufsetzen und fest in die Zementkartusche einrasten lassen.

Betätigung der Vakuumpumpe, bis ausreichend Vakuum aufgebaut ist. (Ein automatisches Rückschlagventil hält das Vakuum auch dann aufrecht, wenn der Fuß von der Pumpe genommen wird).

12. Kartusche aus Halterung im Verpackungsboden lösen. (...)

(Gebrauchsanleitung eines Systems zur Verwendung im OP bei Knochenbrüchen. Aus Platzgründen gekürzt.) Packungsbeilage

4 DER FUNKTIONALSTIL

4.1 DIE SYNTAX IN DER FACHKOMMUNIKATION

Übersetzt werden natürlich Texte und nicht bloß Fachausdrücke. So kann sich auch der Fachübersetzer nicht allein mit Fragen der Terminologie befassen. Nach JUMPELT (1961, 33) sind nun „alle Fachsprachen durch drei Aspekte gekennzeichnet: 1. Wortschatz, 2. Satzbau, 3. Stil."

4.1.1 DER SACHLICHE STIL

Obwohl sich inzwischen die textbezogene Betrachtung in der Fachsprachenforschung durchgesetzt hat, sind Einsichten der **Funktionalstilistik** aus den 1960er und 70er Jahren über Merkmale des Stils in den Wissenschaften und der Fachkommunikation im institutionellen Verkehr für das Übersetzen interessant, das ja an konkreten einzelsprachlichen Formen interessiert ist.[33] Das Konzept der Funktionalstile war allerdings eine hypothetische Setzung, und ist nicht aus der Untersuchung umfangreicher Textkorpora erwachsen.

Die Funktionalstilistik, wie sie durch sowjetische und tschechische Linguisten entwickelt und durch deutsche Sprachwissenschaftler vermittelt wurde, hat den „funktionalen Stil" als funktionsgerechte und situativ angemessene Verwendung der Sprache in Texten verschiedener Kommunikationsbereiche vor allem als „Stil der Wissenschaft" untersucht. Die Vertreter der Prager Schule unterteilten den „Fachstil" zunächst in „den praktischen Sachstil (Stil des öffentlichen Verkehrs, Gebrauchsstil) und den theoretischen, wissenschaftlichen Fachstil" (BENEŠ 1970, 120) und konzentrierten sich auf letzteren.

---

[33] R. GLÄSER: „Es ist das bleibende Verdienst der Funktionalstilistik, die bis in die 80er Jahre in der Stilistik verbreitete Annahme, dass nur der literarische Text Stilqualitäten aufweist, überwunden und den Stilbegriff auch auf die Sachdarstellung und damit auf die Fachprosa, die bis dahin nicht als stilistisch untersuchungswürdig gegolten hatte, ausgedehnt zu haben" (GLÄSER 1998a, 199).

Die **Stilmerkmale eines Fachtextes** bilden freilich nur eine unter mehreren Komponenten. Als fachsprachenspezifische und damit obligatorische Merkmale des Fachtextes gelten heute die Verwendung des Fachwortschatzes, eine mehr oder weniger streng determinierte Syntax und die Makrostruktur des Textes (GLÄSER 1998a, 206). Aus funktionaler Sicht werden als Schlüsseltechniken der fachsprachlichen Syntax die explizite **Spezifizierung**, die **Kondensierung** und die **Anonymisierung** der Aussagen identifiziert. Wie schon angesprochen, steht in allen Fachsprachen in NWT und SGW, speziell auch dort, wo übersetzt wird, die Funktion der **Informationsvermittlung** im Vordergrund. Es geht um die Darstellung und Mitteilung von Gegenstandsbeschreibungen, neuen wissenschaftlichen Erkenntnissen und Entwicklungen. Daneben spielt die **Anweisung** eine große Rolle, wenn es um Bedienungs- und Betriebsanleitungen oder auch um Verhaltensvorschriften im gesellschaftlichen Bereich geht. Dieser funktionalen Zweckorientierung ist der Sprachstil angemessen, und es ist zu fragen, welche syntaktischen und morphologischen Mittel die Informationsverdichtung fördern.

Fachsprachliche Texte unterscheiden sich von nicht-fachsprachlichen Texten sowohl lexikalisch (durch registerspezifische und fachspezifische Lexik) als auch stilistisch. Die Gebrauchsfrequenz sprachlicher Mittel in der Fachkommunikation bewirkt praktisch eine **Konzentration auf ein bestimmtes Sprachpotential,** während anderes ausgeblendet bleibt. Fachsprachliches Reden erfolgt also nicht in einer besonderen Sprache, es stellt vielmehr eine **Auswahl aus dem Potenzial** einer Einzelsprache als zweckmäßige Reduktion der Stilmittel dar.

> Dem **Fachstil** wird allgemein nachgesagt, er sei
> schmucklos – d. h. Behauptungssätze, einfache Aussagen,
> linear – d. h. mit klar gerichteter Gedankenabfolge, und
> dicht – d. h. die Satzkonstituenten enthalten komplexe lexikalische Elemente.

Diese Beobachtungen sind zutreffend. Tatsächlich ist die fachsprachliche Textgestaltung konventionell, und nicht etwa durch den fachlichen Gegenstand bestimmt. Diese Beobachtungen erfassen aber nur die

Symptome, nicht die zugrundeliegenden Mechanismen, denn sprachliche Realisierungen stilistischer Unterschiede sind nicht einfach Faktum, sondern Ergebnis einer Elaboration durch die Sprecher, gemäß bestimmten vorgegebenen Regeln. Der Grund ist, dass hier nicht unendlich viele beliebige, sondern eine begrenzte Anzahl fachlich determinierter Aussagen bestimmter Art formuliert werden sollen, die in regelmäßiger Wiederkehr die gleiche syntaktisch-morphologische Form der klaren Aussage annehmen.

FLUCK ([5]1996, 47ff) nennt folgende sprachliche Charakteristika der Fachsprachen:

> Dominanz der Fachlexik (Fachwörter, Termini, Zusammensetzungen, Ableitungsbildungen, Abkürzungen),
>
> Bevorzugung der Wortart Substantiv in einem „Nominalstil" zur Informationsraffung,
>
> Fehlen von affektiven und wertenden Wörtern und Wendungen,
>
> Fehlen von dialogischen Partien (keine Leseranrede, keine direkte Redewiedergabe),
>
> üppiges Vorkommen von Funktionsverbgefügen (*zur Diskussion stellen, in Betracht ziehen*),
>
> Tendenz zur Knappheit im Ausdruck.

Durch Konzentration auf das Wesentliche einer Aussage, den mit allgemeiner Gültigkeit zu beschreibenden Gegenstand, Sachverhalt oder Vorgang/Zustand, ist dieser sachliche Stil der Fachkommunikation dienlich.

Oft ist allein der Gebrauch der Wortarten schon ein Hinweis auf die Grundtendenz eines Textes. Verben, Adjektive, Substantive sowie Modalformen wie Infinitiv und Passiv usw. haben nämlich an sich schon eine bestimmte rhetorische Bedeutung. So sind **Verben** vor allem dynamisch veranschaulichend, oft den Leser kreativ ansprechend, und wirken damit als Kennzeichen literarischer Texte. In den Fachsprachen kommt ihnen jedoch bei der Handlungsdarstellung große Bedeutung zu. **Adjektive** dienen der Beschreibung. Dabei geht es vor allem um deskriptive Präzision, weshalb diese Wortart in den Fachsprachen hochfrequent ist. Das Relationsadjektiv als Wortbildungsprodukt (s. Kap. 3.2.4.3) zeigt die semantischen Beziehungen im Fachausdruck an. Ein besonderes Augenmerk liegt natürlich auf den **Substantiven** als wichtigsten Benennungsträgern in der Terminologie.

4.1.2 TERMINOLOGISCHE SPEZIFIZIERUNG

4.1.2.1 VORRANG FÜR NOMINALE WORTARTEN

Die Verwendung von **Substantiven** richtet die Aufmerksamkeit des Lesers auf die Gegenstände und Sachverhalte, welche in den Wissenschaften besprochen werden. Die Nominalisierung im Fachwortschatz ermöglicht eine starke Informationsraffung in grammatisch einfachen Sätzen (zur Wortbildung s. Kap. 3.2.3.1). Die hohe Frequenz der Substantive in Texten könnte man auch als „statischen Stil" bezeichnen, wenn demgegenüber ein „dynamischer Stil" im Gebrauch finiter Verben gesehen wird (vgl. PUURTINEN 1994, 83).

Auch **Adjektive** gehören zu den nominalen Wortarten, und eine Häufung von Adjektivattributen ist auch ein Merkmal des Fachstils. Auffällig ist dieser adjektivische Fachstil im Bereich kunsthistorischer Texte, wo von der Beschaffenheit und Wirkung der Objekte (Gemälde, Skulpturen, Installationen) die Rede ist. Mit der Stellung des Adjektivs lassen sich außerdem die inneren begrifflichen Zustände und Eigenschaften eines Objekts verdeutlichen.[34] Dies funktioniert so in verschiedenen Sprachen:

---

[34] PLACK (1997) hat in einer Korpusanalyse zur Adjektivstellung in der italienischen Rechtssprache eine Tendenz zur pränominalen Position des Adjektivs *pubblico* festgestellt, was nicht im Widerspruch zur fachsprachlichen Aufgabe der Merkmalsanhäufung steht. Die Nachstellung (postnominale Position) erscheint v.a. bei Gegensatzpaaren, bei der Subordination mit einem weiteren Adjektiv, sowie in der konkreteren Bedeutung.

Beispiele für adjektiv-betonte kunsthistorische Texte

Ein deutscher Text

Peter Behrens, der seine Laufbahn als Maler begonnen hatte, entwickelt zu Beginn eine kristallin-lineare Formensprache, mit der er einerseits einen sakral-esoterischen Ausdruck erzielen wollte, in der sich aber nicht zuletzt das philosophische Gedankengut das von ihm hochverehrten Friedrich Nietzsche widerspiegelt. Daneben gestaltete er auch Muster, die an die nordische Flechtbandornamentik erinnern.

Anhand der Eßzimmerausstattung, die Behrens 1901 für sein Haus im Alexandraweg schuf, zeigt sich bereits eine Tendenz zu einfachen, klaren Formen. Behrens fand später zu einer geometrisierenden, von klassischen Vorbildern angeregten Formgebung. Auch Christiansen, der als Maler in Paris gelebt hatte, bevor er nach Darmstadt berufen wurde, läßt eine stilistische Wandlung erkennen. Waren seine Arbeiten zunächst noch stark von dem floral geprägten „Art Nouveau" beeinflußt, charakteristisch hierfür waren fließende Formen und eine wogende Ornamentik, so entwickelte er bald eine mehr graphische Formensprache. Die stilisierte Rose, die er u.a. auf Gläser und Geschirr abbildete, wurde zu seinem „Markenzeichen". (Künstlerkolonie Mathildenhöhe. Das Buch zum Museum. Darmstadt 1999, 66).

Ein italienischer Text

C'è già in quest'opera la presenza di una linea sospesa nel vuoto, di una geometria nomade ed errante, che costituisce il nucleo della pittura dell'artista e il filo conduttore di tutta la sua ricerca. (...) In antitesi al classicismo novecentista, promuoveva una pittura antivolumetrica, antimonumentale, più sensibile al colore e alla luce che al disgeno. La sua visione filosofica, animata da un cristianesimo sofferto e venata di romanticismo, lo portava a prediligere una figurazione ansiosa, in cui l'uomo e le cose apparivano fragili, scossi da un senso di precarietà e di inscurezza. (...)

Già la scelta della tecnica riduce i valori cromatici ai contrasti fra bianco e nero, al colore mentale caro a Sironi. Ma soprattutto lo schema compositivo di questi lavori è novecentista: volumi compatti e asserragliati, interrotti solo da brevi finestre, geometrie perentorie ed essenziali. Proprio in questi anni, del resto Veronesi legge Cartesio, approfondendo una nozione insieme scientifica e filosofica di „Esprit de geometrie" che lo accompagnerà tutta la vita (Elena Pontigga: *Il vuoto e l'armonia. L'opera di Luigi Veronesi dal 1927 al 1945.* Original-beitrag 1996).

Ein englischer Text
It is a challenge to define his complex and elusive style, for it is an ongoing dialectic process that involves an intuitive striving for expression, with many other expressive aspects. Neither Chinese, nor Western in his style, Hsiao expresses in varied mediums, though primarily in painting, his perceptions and search for wider meanings and understanding. The radiant colour fields of "The Eternal Garden" of 1993 appear to have been plowed with furrows and rows of light; it is a transcendent work, and yet at the same time rhythmic and unabashedly material and concrete in the best Western modernist tradition. Similarly, "The Great Chi" of 1994, with its immense scale and sweeping dry strokes of luminous pigment applied over unprimed, rippling cotton canvas conveys an unlikely, highly individual belief in the balance of nature. Fluid and bold, the painting's broad strokes are exactly what they literally suggest: the universal way, bringing order out of chaos. His works, however, can be quite nuanced, refined to a high degree and oblique. (Sam Hunter: *Hsiao Chin's unique synthesis of East and West.* Catalogue, Milan).

4.1.2.2 VERBALSUBSTANTIVE

Typischerweise werden in den Fachsprachen Aktionen und Vorgänge als Redegegenstand dadurch dargestellt, dass Verben und Adjektive **nominalisiert** werden, vgl. *Instandsetzung* (eine Maschine wird instandgesetzt), die *Unvergleichbarkeit* (von Menge und Masse) (MÖHN/PELKA 1984, 19). Im ***Deutschen*** kommt hier der Endsilbe „*-ung*" eine wichtige Rolle zu. Nahezu alle derartigen Bildungen sind Deverbativa, und ihre hohe Frequenz ist oft ihrer stellvertretenden Funktion zu verdanken, d. h. dass die Substantivbildung einen Nebensatz erspart und so sprachökonomisch wirkt, z. B. *Entwicklung, Erhöhung, Verringerung, Abschwächung,* etc. Die sprachliche Beschreibung von Prozessen und Entwicklungen mit Verbalsubstantiven findet auch in ***anderen Sprachen*** Anwendung, z. B. mit bestimmten Spezifikatoren (s. Kap. 3.1.2) wie dem Suffix -ion oder der Verlaufsform -ing bei englischen Verben.

Beispiele Französisch

- La détermination des coûts de production s'effectue à l'intérieur de structures dont certaines sont inflationnistes. Elles créent un milieu favorable à la transmission et au développement des tensions inflationnistes.

Die Bestimmung der Produktionskosten erfolgt unter Rahmenbedingungen, die teilweise inflatorisch wirken. Sie schaffen ein der Übertragung und Verschärfung inflatorischer Schübe förderliches Klima.

- L'inflation se traduit par une hausse du niveau général des prix entraînant une détérioration du pouvoir d'achat de la monnaie.

Die Inflation tritt als Anstieg des allgemeinen Preisniveaus einer Volkswirtschaft mit der Folge einer Kaufkraftschwächung der Währung in Erscheinung.

de. Die von Übersetzungsbüros zu erfüllenden Anforderungen erstrecken sich auf Folgendes: Bearbeitung und Erfüllung von Aufträgen; Weitervergabe an Nachunternehmer; Überprüfung einschließlich Korrekturlesen; Einarbeitung von Korrekturen nach Rücksprache; Lieferung (...)
fr. Obligations auxquelles doivent satisfaire les bureaux de traduction: le traitement et l'exécution des commandes; la sous-traitance; la vérification et la révision; l'apport des corrections après consultation; la livraison (...)
en. Translation companies meet the following obligations: processing and delivery of orders; sub-contracting; checking and revision; implementation of corrections; delivery (...)
(Beispiele aus MLIS Bericht des Seminars KEG & DIN: *Übersetzungsaufträge und Qualitätssicherung.* Centre de Conférences Kirchberg, Luxembourg, 30 mars 1998).

4.1.2.3 Nomina in Funktionsverbgefügen

In der Tendenz zur begrifflichen Verfestigung in den Fächern treten die **bedeutungsstarken Substantive mit bedeutungsschwachen Funktionsverben** in Verbindung. Deren semantischer Gehalt ist tendenziell auf eine grammatische Kopula-Funktion reduziert. Dies entspricht der modernen Tendenz zur verwissenschaftlichten Sprache, und solche Formulierungen sind auch hinsichtlich des angesprochenen Vorgangs eine Spur präziser als die gemeinsprachlichen Formulierungen.

Beispiele
für Funktionsverbgefüge anstelle gemeinsprachlicher Wörter

verschweigen	auf die Nennung verzichten
wohnen	den Wohnsitz haben
fest werden	eine Verfestigung erfahren
sich aufhalten	den Aufenthalt haben, aufenthältlich sein
vortragen	etwas zum Vortrag bringen, einen Vortrag halten
wachsen	an Größe zunehmen, Zuwachs erfahren
gelten	Geltung haben, gültig sein
weitergehen	Fortgang erhalten
helfen	Hilfe leisten, behilflich sein
anzeigen	Anzeige erstatten
erscheinen	in Erscheinung treten, vorhanden sein
kündigen	die Kündigung aussprechen
zahlen	Zahlung tätigen, Betrag entrichten
verlieren	einen Verlust erleiden
umlaufen	im Umlauf sein

Auch in anderen Sprachen, z. B. im *Französischen,* findet sich diese Tendenz (vgl. MÜLLER 1975, 152), wobei hier das reflexive Verb auftritt, in Kombination mit Verbalsubstantien.

Beispiele

gemeinsprachlich	*fachsprachlich*
Le noyau de l'atome qui est frappé par un neutron se désintègre. <u>On peut utiliser</u> cette découverte d'une manière générale. On a réalisé une expérience	La réalisation de l'expérience <u>permet l'utilisation</u> générale de la désintégration du noyau atomique frappé par un neutron.

qui permet de faire cela.	
On inverse le pas de l'hélice. Cela freine l'aérotrain.	Le freinage de l'aérotrain se fait par l'inversion du pas de l'helice.
On peut déterminer les coûts en ce que ...	La détermination des coûts s'effectue par ...

4.1.3 SYNTAKTISCHE KONDENSIERUNG FÜR SPRACHÖKONOMIE

Als ein Gütemerkmal des sachlichen Stils gilt neben der Präzision und Explizität die Ökonomie der Aussage. Die syntaktische Kompression entspricht der allgemeinen Grundvorstellung, wissenschaftliche **Sachverhalte müssten präzise und knapp** dargestellt werden. Sie besteht in der Unterdrückung der „selbständigen Prädikation" (BENEŠ 1981, 45), also in der Ersetzung des finiten Verbs durch verkürzende Formen wie Nominalisierung, Apposition, Partizipialkonstruktion, satzwertiger Infinitiv. Dies führt „nicht zu einem semantischen Verlust, funktional sind sie Ausdruck einer ökonomischen Sprachverwendung, die einzelne Aussagen enger aufeinander bezieht" (MÖHN/PELKA 1984, 20).

> **Beispiel**
> Es gibt unterschiedliche Kompressionsstufen bei syntaktischer Synonymie:
> *fr.*:
> (a) Nous noyons les fibres dans une matrice par cela. Alors nous obtenons une structure tridimensionnelle.
> (b) Si nous noyons les fibres dans une matrice, nous obtenons une structure tridimensionnelle.
> (c) En noyant les fibres dans une matrice on obtient une structure tridimensionnelle.

Neben der **Reduzierung von Nebensätzen** auf Partizipial- und Gerundialkonstruktionen werden Genitiverweiterungen, präpositionale Substantivgruppen (v. a. im Englischen), einfache und erweiterte Attribute, Partizipialgruppen, Ellipsen, Aufzählungen und die Asyndese als für Fachtexte typische **Kondensationsformen** erwähnt. Sie dienen der Konzentration auf die besprochenen Fachgegenstände und dem Streben nach Allgemeingültigkeit der Aussagen. Doch dabei ist auch zu beachten, dass die einzelnen Fachtextsorten von allen diesen Mitteln recht unterschiedlich Gebrauch machen (vgl. HOFFMANN 1998, 418). Außerdem gilt, dass zuwenig Redundanz das Textverständnis eher erschwert.

> ### Kondensationsformen
> Satzgefüge werden zu **Attributkonstruktionen** verdichtet, z. B.
> *Beim Abkühlen des Werkstücks können Oberflächenspannungen entstehen.* (Wenn sich das Werkstück abkühlt, können ...);
> *Nach der theoretischen Vorklärung des Gegenstandes erscheint es sinnvoll, ...* (Nachdem der Gegenstand theoretisch vorgeklärt wurde, erscheint es...).
> *Die Welle wird durch das auf der Achse festsitzende Stirnrad angetrieben.*
> (Die Welle wird durch das Stirnrad angetrieben, das auf der Achse festsitzt.)
> *ein Maschinenteil aus Kunststoff...* (ein Maschinenteil, der aus Kunststoff besteht,... ein aus Kunststoff bestehender Maschinenteil);
> *Halten wir durchsichtige, farbige Gläser in den Strahlengang...* (Wenn wir Gläser, die durchsichtig und farbig sind, in den Strahlengang halten, ...);
> *Die zu verbindenden Flächen...* (Die Flächen, die verbunden werden sollen/müssen...) (vgl. MÖHN/PELKA 1984, 20).
> *Von einem Rohstoffhersteller wurde eine Technologie zur Produktion von Kautschukpulver mit bereits inkorporiertem Füllstoff entwickelt.* (Ein Produzent von Rohstoffen hat eine Technologie entwickelt, nach der Kautschukpulver hergestellt werden können, in denen der Füllstoff bereits inkorporiert ist.)

Bei der Übersetzung aus dem Deutschen in andere Sprachen muss dagegen jeweils die interne Semantik der Satzelemente analysiert werden. Freilich sind solche Sätze nicht immer unbedingt kürzer als verbal konstruierte, und auch vielleicht nicht besonders allgemein verständlich, aber sie sind in ihrer internen Bedeutungsrelation präzise (Beispiel: *„Der die das Recht auf Steuererhöhungen betreffenden Fragen bearbeitenden Kommission steht die alleinige Entscheidung zu."*). In anderen Sprachen sind oft die längeren Relativ- oder Attributsätze geläufig.

Besonders sprachökonomisch im Deutschen sind auch **Adjektivzusammensetzungen** mit Suffix, da sie ganze Nebensätze einsparen können, z. B. *verwendbar* (das verwendet werden kann), *produktionstauglich* (was für die Produktion geeignet ist), *erforderlichenfalls* (sofern es erforderlich ist), überhaupt die Suffixe *-bar, -ig, -haft, -lich, -mäßig, -los* sind zahlreich (z. B. *haftbar, fruchtbar, greifbar, gängig, bilanz-mäßig, gebräuchlich, brüchig, glaubhaft, käuflich, bedeutungslos* u. a.). So können die syntagmatischen Kompositionen der **romanischen Sprachen** bei einer Übersetzung ins **Deutsche** funktionalstilistisch adäquat verkürzt werden.

In der Fachkommunikation müssen auch die Bedingungen des Handelns deutlicher als in anderen Lebensbereichen zum Ausdruck gebracht werden, denn Handlungsziele sollen explizit formuliert werden können. Die für die präzise Aussageweise erforderliche **explizite Spezifizierung** kann durch ausführliche Attributkonstruktionen, mit Finalsätzen sowie den Konditionalsätzen für die „wasserdichte Formulierung" erzielt werden, es gibt nur **wenige Verbzeiten** wie Präsens und Imperfekt.

> ### *Beispiele*
> - <u>Wenn</u> durch irgendeinen Fehler eine Spannung zwischen dem Gehäuse und der Erde auftritt, müssen... (Konditionalsatz)
> - *<u>Ist</u> die Prüfung erfolgt, so …* (Konditionalsatz, verkürzt durch Inversion)
> - <u>Um</u> den Schwingungsbereich konstant zu halten, wird ... (Finalsatz)
> - <u>Damit</u> der Lärmpegel gesenkt werden kann, müssen... (Finalsatz)
> - Alle damit verbundenen Eigentümerrechte und Rückgewähransprüche werden hiermit und mit Wirkung ab Bezahlung des Kaufpreises, in jedem Falle aber ab Eigentumsumschreibung auf den Käufer übertragen. (Attributsatz)
> - Immunmodulatorische Effekte <u>wurden</u> für eine Reihe von Hormonen wie ... gesehen. (Imperfekt)

Besonderheit: Während im *Deutschen* bei der Angabe gesetz-
mäßiger Zusammenhänge das Präsens eingesetzt wird *(wenn x
gegeben, dann folgt y)*, wird im *Englischen* häufig das Futur 1
verwandt *(if x is given, y will result)*. Ähnlich ist es im *Französischen (à la condition A nous dirons que B;* oder: *étant donné
A nous dirons B).*

4.1.4 ANONYMISIERUNG DER AUSSAGEN

Die Objektorientierung der Fachtexte bewirkt für alle Fachsprachen,
dass persönliche Rede und Adressateneinbezug in ihrer Funktion stark
zurücktreten. Tatsachen- und Gegenstandsbeschreibung sowie Hand-
lungsanweisung sind wichtiger als die Nennung der beteiligten Personen. Bei den zeitlich verzögerten und von weitgehend unbekannten
Vermittlungsinstanzen an anonyme Adressaten weitergegebenen fachlichen Äußerungen ist oft die Angabe der Personen nicht mehr nötig.
Die sachbezogenen fachlichen Aussagen sind meist von allgemeiner
Gültigkeit und nicht personalisiert.

4.1.4.1 DIE ABSTRAKTE NOMINALPHRASE

Die Anonymisierung erfolgt besonders mittels **Passivkonstruktionen**
und dem **abstrakten Agens**.

Beispiele
Passiv
- Dabei wird dem posttraumatisch alterierten Immunsys-
  tem mit resultierender hyperinflammatorischer Situation
  eine große Bedeutung als eine der Ursachen für septifor-
  me Komplikationen mit konsekutivem MOV beigemessen.
  (*Attributsatz mit Passiv*)
- Die Wohnung des Beschuldigten wurde durchsucht. (*Pas-
  siv ohne Täterangabe*)
- Widerrechtlich abgestellte Fahrzeuge werden kosten-
  pflichtig entfernt. (*Passiv zur Allgemeingültigkeit*)
Abstraktes Agens
- Neuere Therapieansätze beschäftigen sich damit, Maßnahmen zur Immunmodulation aufzuzeigen. (*abstraktes
  Agens*)

- Das Gericht weist darauf hin, dass... (*abstraktes Agens zur Rollenbeto*nung)
- Die Durchführung des Experiments ermöglicht die allgemeine Nutzung der Auflösung des von einem Neutron getroffenen Atomkerns. (*abstraktes Agens, Funktionsverbgefüge*).
- Eine Kostenerstattung kann nicht erfolgen; eine Fristsetzung ist erfolgt. (*abstraktes Agens, Funktionsverbgefüge*)
- Mit Standardformeln wird zudem Gleichbleibendes versprachlicht, z. B.
- „Die Kosten des Verfahrens werden gegeneinander aufgehoben".
- „Haltbar bis einschließlich..."
- „Die Ehe der Parteien wird geschieden.", usw.

Die Sprachformen, die der Anonymisierung der Aussagen dienen, können noch genauer untersucht weren. So treten Stilformen wie die **unpersönlichen Pronomina** *wir, man, es*, das **Passiv, Reflexivformen, unpersönliche Verbformen, Prädikative**, unvollständige Nebensätze in Gestalt von **Partizipial-, Gerundial- und Infinitivkonstruktionen** auf. Für das *Deutsche* gilt folgendes: 3. Person (*er/sie/es arbeitet; es heißt, dass...*), Perfekt (*ist die Prüfung erfolgt, so ...*) und Passivkonstruktionen im Präsens (*...wird angetrieben; es wird angenommen, dass*) sind hochfrequent. Dies wird auch als „De-Agentivierung" bezeichnet. Bei SGW erscheint öfter auch das unbestimmte Subjekt (*erwartet man*), und es treten hier noch der Konjunktiv II (Annahme, Vermutung, Hypothese: *es dürfte anzunehmen sein; es wäre erwartbar*), sowie Präteritum (*es kam zu; waren zu beobachten*) hinzu (SCHRÖDER 1987, 220).
Die Tatsache, dass Verben zu Nomina instrumenti werden, bewirkt, dass Sätze kein belebtes Subjekt mehr haben. Das so entstehende Phänomen der abstrakten Nominalphrase wird zwar in der Gemeinsprache des Deutschen oft abgelehnt, es ist jedoch auch hier für die Fachsprachen kennzeichnend (z. B. *„Offenbar versteht das Virus diese wichtigen Andock-Stellen dem Zugriff durch Antikörper zu entziehen."*). Hier ist sicherlich ein starker Einfluß des Englischen spürbar.

Im *Französischen* konzentriert sich wie im Deutschen der Tempusbe-
darf beim Verb „auf das P r ä s e n s aktiv und passiv [Tempus der zeit-
indifferenten Feststellung und Beschreibung]. (...) Nächst dem Präsens
braucht die Fachsprache das Passé composé und das Futur simple. Alle
übrigen Tempora sind im Durchschnitt bedeutungslos. Bei den P e r -
s o n e n des Verbs überwiegt mit ähnlich hoher Quote – besonders im
schriftlichen Text – die 3. S i n g u l a r u n d P l u r a l. (...) Weil die
personenneutrale Sachaussage mit der Objektivitätsforderung am
ehesten korrespondiert, schieben sich in fachsprachlicher Diktion außer der 3. Person u n p e r s ö n l i c h e s *il* und r e f l e x i v e s (die Gesprächspartner auch scheinbar ausschaltendes) *se* in den Vordergrund:

Il est certain, probable, bien connu, vrai que...; **Il** faut; **il** ne faut pas;
Reste à savoir; **Il** se peut que...; **Il** y a ...“ (MÜLLER 1975, 150f).

Beispiel

Alle genannten Charakteristika, wie Nominalisierung, Passiv,
zeitloses Präsens, finden sich im Einleitungskapitel von André
MARTINETS *„Elements de linguistique générale"* (Paris: Colin
1960), einem sprachwissenschaftlichen Lehrbuch:
«La linguistique est l'étude scientifique du langage humain.
Une étude est dite scientifique lorsqu'elle se fonde sur
l'observation des faits et s'abstient de proposer un choix parmi
ces faits au nom de certains principes esthétiques ou moraux.
'Scientifique' s'oppose donc à 'prescriptif'. Dans le cas de la
linguistique, il est particulièrement important d'insister sur le
caractère scientifique et non prescriptif de l'étude... ».

Übersetzung:
Dieses Buch behandelt die w i s s e n s c h a f t l i c h e Untersuchung und Darstellung menschlicher Sprache. Wir nennen
eine Darstellung wissenschaftlich, wenn sie auf der Beobach-
tung der Tatsachen beruht, ohne eine Auswahl unter diesen
Tatsachen im Namen gewisser ästhetischer oder moralischer
Grundsätze vorzuschlagen. „Wissenschaftlich" steht also im
Gegensatz zu „normativ". Der Sprachwissenschaft geht es um
wissenschaftliche, nicht um normative Beobachtung; das muß
besonders nachdrücklich betont werden... [Übers. v. A. Fuchs,
A. Martinet: *Grundzüge der Allgemeinen Sprachwissenschaft.*
Stuttgart: Kohlhammer 1963, S. 14].

Aus didaktischen Gründen wurde die Übersetzung dieses Lehr-buchs verbaler formuliert, mehr der Gemeinsprache angenä-hert.

Andere Übersetzung:
Die Linguistik ist die wissenschaftliche Untersuchung der menschlichen Sprache. Eine Untersuchung gilt dann als wissenschaftlich, wenn sie auf Faktenbeobachtung basiert und auf eine Auswahl unter diesen Fakten aus bestimmten ästhetischen oder moralischen Gründen verzichtet. 'Wissenschaftlich' steht daher im Gegensatz zu 'präskriptiv'. Im Falle der Linguistik ist es besonders wichtig, auf dem wissenschaftlichen und nicht präskriptiven Charakter der Forschung zu bestehen....
Entwurf einer Übersetzung, die dem fachsprachlichen Funktionalstil der Wissenschaften mit Behauptungssätzen, Fremdwörtern und Verbalsubstantiven folgt.

4.1.4.2 KONVENTIONEN DES SENDEREINBEZUGS

Die Konventionen des Sendereinbezugs, ob „ich", „wir", „man" oder unpersönliche Konstruktionen verwendet werden, sind zu beachten, denn sie sind textsortenspezifisch und interkulturell verschieden, worauf weiter unten noch einzugehen ist. Auch zur **Romania** bestehen hier sprachenpaarspezifische Unterschiede.

Beispiele

In **spanischen** und **französischen** Lehrbüchern der Technik und Naturwissenschaft wird gerne die 1. Person Plural [*nos/nous*] verwendet. Oft liest man also spanische Formulierungen der folgenden Art: *Supongamos que tenemos un cristal tipo P...; Examinando el gráfico podemos observar...;* und im Französischen: *Considérons le schéma de la figure...; Ecrivons pour cela l'équation, ...* (vgl. KOCOUREK 1991, 70f).
„Der vorzugsweisen Verwendung des indefiniten Pronomens 'man' und v.a. der Passiv- und Passiv-Ersatzformen (*lassen, sollen*) im Deutschen steht eine stärkere Verbreitung der ersten Person Plural im Spanischen gegenüber" (BACHMANN 1992, 211).
In **deutschen** wissenschaftlichen Lehrwerken werden dagegen eher Formen der De-Agentivierung gewählt, von der Art: *Wie aus Fig. 57 hervorgeht...* Nur bei stark didaktisierten Lehrbü-

chern werden Sätze wie: *Wir erkennen, dass...* oder *Wir zeichnen in das Diagramm die Kennlinie a ein,* oder *Man kann ... auf dem Diagramm erkennen* (siehe oben) häufiger gebraucht. In <u>Wissenschaftsartikeln</u> ist das Passiv auffällig (*... wurden gezeigt, ...nachgewiesen*).

Im Hinblick auf die **unpersönliche Konstruktion** gibt es beachtenswerte grammatische Unterschiede zwischen den Sprachen. Daraus ergeben sich u. a. Konsequenzen für das Übersetzen aus dem Deutschen ins *Englische*:

Wer die sprachspezifischen Konventionen erhalten und befremdliche Wirkungen vermeiden will, muß darauf achten, dass er nicht muttersprachliche Konventionen auf den in der Fremdsprache abzufassenden Text überträgt. Er wird zum Beispiel nicht Wendungen wie *it must be considered,* sondern *let us consider/ consider* gebrauchen.

Er müßte sich als Deutscher ferner zum Beispiel auch von der Scheu befreien, in der ersten Person Singular zu schreiben. Ein Engländer dagegen müßte, wenn er eine Abhandlung auf deutsch schreibt, versuchen, Wendungen mit „ich" möglichst zu unterdrücken (KUßMAUL 1978, 57). Gerne wird betont, dass in **englischen Wissenschaftstexten** der Stil vielfach „persönlicher" sei.

> ### Beispiel
> **Deskriptiv** wird Folgendes beobachtet: In <u>Fachartikeln</u> ist das abstrakte Agens dominant (*„Studies have indicated"*). Das Pronomen *one* ist weit seltener als fr. *on* und de. *man.*
> In <u>Lehrbüchern</u> wird häufiger vom „pedagogical *we"* Gebrauch gemacht, als im Deutschen, wo mehr Konstruktionen mit *man* vorkommen.
> Typisch für <u>englische Ankündigungen</u> ist die Verwendung der 1. Person Singular oder Plural (*„I/we shall discuss this topic in the following chapter"*), für <u>deutsche Ankündigungen</u> dagegen die Nennung des Buchs oder Kapitels als Subjekt oder eine Passivkonstruktion (*„Das vorliegende Buch erörtert..."/ „Diese Frage wird im vorliegenden Kapitel erörtert"*).
> Bei einer **Übersetzung englisch-deutsch** könnte im Blick auf Akzeptanzprobleme eventuell die Darstellungshaltung unpersönlicher gemacht werden. Es könnte z. B. in einer geisteswissenschaftlichen Abhandlung eine Ankündigung wie *„I shall in*

> *this chapter deal with..."* übersetzt werden durch *„Das vorliegende Kapitel behandelt..."*, oder eine Aufforderung wie *„Notice that it is sufficient to assume..."* durch „Man beachte/ Dabei ist zu beachten, dass die Annahme genügt..."

Entgegen der allgemeinen Ansicht bietet das **Englische** hier gewisse Schwierigkeiten, die in anderen Sprachen so nicht auftreten. Die verstärkte Verwendung von *'I'* oder *'we'* als typisch für englischsprachige Fachtexte kann auch daher rühren, dass es für unpersönliche Konstruktionen gewisse Restriktionen gibt. Doch nicht in jedem Fachtext ist der Personeneinbezug angebracht, weshalb dann oft etwas holprige Formulierungen entstehen (SMITH 1998, 135).

> ### Beispiel
> **fr.** *on, il faut*; **de.** *man*, *ist zu*, Passiv; **en.** Personifikation, Passiv, unpersönliches *'it'*, abstract nouns:
>
> **fr.** On examinera dans ce chapitre des contributions aux frais ...
> **de.** In diesem Kapitel werden Kostenübernahmen behandelt.
> **en.** This chapter discusses cost contribution arrangements ...
>
> **fr.** Pour déterminer le prix de pleine concurrence en cas de transfert de biens incorporels, il faut considérer ...
> **de.** Zur Bestimmung des vollen Wettbewerbspreises bei Übertragungen von immateriellem Vermögen sind .. zu berücksichtigen.
> **en.** Arm's length pricing for intangible property must take into account
>
> **fr.** Il convient de souligner que ...
> **de.** Es ist hervorzuheben, dass ...
> **en.** It should be emphasised that...
>
> **fr.** On peut se demander si l'accord ...
> **de.** Man kann sich fragen, ob die Vereinbarung ...
> **en.** It may be questioned whether the reality of the arrangements ...
>
> **fr.** La mise en oeuvre des principes de prudence dans la gestion des entreprises devrait amener les participants à un ARC de préparer...

dt. <u>Es ist zu erwarten</u>, dass die Teilnehmer bei ordentlicher Betriebsführung zur Vorbereitung eines ...

en. <u>It would be expected</u> that application of prudent business management principles would lead the participants to a CCA to prepare ...

fr. <u>Déterminer</u> la ... demande beaucoup d'attention.
de. <u>Es erfordert</u> viel Aufmerksamkeit, um zu ...
en. <u>Care should be taken</u> in determining whether ...

fr. <u>Ce qu'il faut</u> examiner, c'est si ...
de. <u>Zu prüfen ist</u>, ob ...
en. Consideration <u>should be</u> given to whether ... (einfacher wäre: We/One should consider ...)

fr. <u>L'absence</u> de dispositions expresses ne doit pas empêcher de conclure ...
de. <u>Das Fehlen</u> ausdrücklicher Bestimmungen sollte den Schluss nicht hindern, dass ...
en. <u>The Absence</u> of express terms should not prevent a conclusion that ... (Einfacher wäre: ... should not prevent us from concluding...).
[Beispiele aus OECD Report on Transfer Pricing Guidelines for Multinational Enterprises and Tax Administrations].

4.1.4.3 ABSTRAKTE ENGLISCHE NOMINA IN KONSTRUKTIONEN MIT 'TO BE'

Das Problem **abstrakter englischer Nominalkonstruktionen** ist von GALLAGHER (1986) anhand empirischer Beispiele in den Blickpunkt des Übersetzens gerückt worden. Es handelt sich um in der Regel abstrakte Nomina, die als Subjekte von Haupt- oder Nebensätzen mit *to be* als Funktionsverb sowie einer prädikativen Ergänzung fungieren. Der stilistische Wert solcher Konstruktionen im modernen ***Englisch*** liegt nach GALLAGHER (1986, 112) in den Funktionen der Betonung und der Kondensierung: Beispielsweise ist der Satz *„The battle <u>is</u> between the extremists and the rest of us"* (*Time* 22.10.1983; 13) viel ausdrucksvoller als etwa *„The rest of us will fight the extremists"*, denn hier wäre der Fokus von „the battle" auf „the rest of us" verschoben. Außerdem lassen sich solche Nominalkonstruktionen leichter attributiv erweitern, was für die Fachsprachen wichtig ist.

Abstract nouns with <u>to be</u>
advise, aim, analysis, application, argument, assumption, bat-
tle, belief, choice, claim, communication, concern, conclusion,
contention, contract, contribution, control, criticism, line of
criticism, custom, debt, demand, discussion, drive, effort, evi-
dence, expectation, feeling, fear, generation, genesis, goal,
guess, heating, hope, idea, inclination, indication, influence, in-
terest, research, violation, judgement, memory, method,
movement, need, objection, operation, perception, plea, point,
position, predilection, preference, preoccupation, product,
project, protection, reference, regret, report, requirement, ten-
dency, threat, training, trend, trimming, underpinning, view,
work, etc. – (Beispiele nach A. NEUBERT 1990, 37).

Eine Übersetzung solcher abstrakter Nominalkonstruktionen ins
Deutsche ist nicht als wörtlicher Transfer möglich. A. NEUBERT (1990, 35-
37) hat jedoch einige Regeln der Übersetzung herausgearbeitet, die hier
vereinfacht dargestellt werden sollen. Für die umgekehrte Überset-
zungsrichtung ***Deutsch-Englisch*** gilt es, diese fachliche Formulierungs-
möglichkeit als Potential zu beachten, auch wenn andere Formulie-
rungsangebote zunächst naheliegend erscheinen.

Beispiele
1. Possessivpronomen + abstraktes Substantiv + *be* > Pers.
pron. + Verb:
<u>His fear is</u> that history may pass him unless he is attached to
some movement. – <u>Er fürchtet</u>, dass die Geschichte an ihm
vorbeigehen könnte, wenn er sich nicht irgendeiner Bewegung
anschließt.
2. Possessivpronomen + attributives Adjektiv + abstraktes
Substantiv + *be* > Pers. pron. + Verb + Adverb:
<u>His overriding preoccupation is</u> with the sufferings of war. – <u>Er</u>
<u>interessiert sich vor allem</u> für die Leiden der Menschen im
Krieg.
<u>Are all your leaflets in French?</u> – <u>Haben Sie denn nu</u>r französische Prospekte?
3. Bestimmter Artikel + abstraktes Substantiv + *be* > unbest.
Artikel + Verb:

The tendency in the popular press is to use the active voice rather than the passive. – In den Massenblättern neigt man dazu, das Aktiv anstelle des Passivs zu benutzen.
The main use of the square bracket, as in English, is in mathematical formulae. – Wie im Englischen findet die eckige Klammer hauptsächlich in mathematischen Formeln Verwendung.
4. Abstraktes Substantiv ohne nähere Bestimmung > Verb in unpers. Konstruktion:
Prospects are that the situation will improve. – Es steht zu vermuten, dass die Situation sich verbessern wird.
Propaganda in Poland and the former Soviet Union was that Germans were behind the massacres. – Nach der Progaganda in Polen und der früheren Sowjetunion standen angeblich die Deutschen hinter den Massakern.

4.1.4.4 Übersetzung des abstrakten Agens aus dem Französischen

Bekanntlich zeigt das Französische eine verstärkte Neigung zu Konstruktionen mit dem „abstrakten Agens" (MALBLANC 1968, 234). Die semantisch entleerten Verben sind hier kaum noch wörtlich zu interpretieren, da sie als Kopulaformulierungen nur noch die Modalität ihres Bezugsworts ausdrücken sollen. Solche Bildungen können ins **Deutsche** vorzugsweise mit Nominalisierungen sowie Passiva und ihren Varianten, z. B. Reflexivkonstruktionen und Gefügen mit *sein+zu*+Infinitiv übersetzt werden (vgl. STOLZE 1992, 249).

Beispiel
In der Übersetzung eines wirtschaftswissenschaftlichen Fachtextes kann dies angewendet werden:
- *L'inflation apparaît comme un déséquilibre global entre ...* > Die Inflation *wird* als ein globales Ungleichgewicht zwischen ... *angesehen.*
- Un telle *analyse n'enregistre pas ...* > In einer solchen Analyse *werden nicht ... erfaßt.*
- *Cette interprétation réintègre* l'inflation parmi les phénomènes réels et *permet* d'expliquer les conséquences économiques de l'inflation sur la production et la répartition. > Mit dieser Interpretation *wird* die Inflation wieder unter die realen Tatsachen *eingereiht* und eine Erklärung ihrer

wirtschaftlichen Folgen für Produktion und Verteilung *er-möglicht.*

- *L'inflation se traduit* par une hausse du niveau général des prix *entraînant* une détérioration du pouvoir d'achat de la monnaie. > Die Inflation *tritt* als Anstieg des allgemeinen Preisniveaus *mit der Folge* einer Kaufkraftschwächung der Währung *in Erscheinung.*

[Beispiele aus D. Flouzat: *Economie contemporaine. 2/ Les phénomènes moné-taires.* PUF 108, Paris 1974, p. 200-202.]

4.2   DIE FUNKTION DER VERBEN

4.2.1   HANDLUNGSDARSTELLUNG

Neben der Beschreibung von Gegenständen und Sachverhalten kommt in den Fachsprachen auch der Darstellung von Handlungen sowie Vorgängen, Prozessen, Entwicklungen eine wichtige Bedeutung zu. Sie können vorzugsweise mit einem Verb sprachlich bezeichnet werden. Dabei sind Verben als terminologische Wortbildungsprodukte interessant (s. Kap. 3.2.3.2), aber besonders in der spezifischen Kollokation mit anderen Wörtern.

4.2.1.1   TERMINOLOGISCHE PHRASEOLOGISMEN IM SPRACHVERGLEICH

Wie andere Lexeme hat auch ein Verb eine größere oder kleinere semantische Bandbreite. „Die Valenzen werden durch die Aktanten sichtbar und lassen eine gewisse Bedeutungsdifferenzierung zu, die unmittelbar und intuitiv erschlossen werden kann" (PICHT 1987, 68). Um die Handlung als eine fachliche zu qualifizieren, ist somit die Verknüpfung mit dem Aktanten wichtig; wir gelangen in das Forschungsgebiet der fachsprachlichen Phraseologie.

Unter **Phraseologie** versteht man die Lehre von den **festen Wortverbindungen** einer Sprache, die als fachsprachliche Disziplin „einerseits die syntaktischen Bindungen fachsprachlicher Ausdrucksmittel, ihre Synonymie und Äquivalenz und andererseits die begrifflichen Beziehun-

gen sowie deren Veränderung jener fachsprachlichen Elemente untersucht, die zu einer fachlich gültigen und sprachlich korrekten Aussage
zusammengefügt werden können" (PICHT 1990, 212). Sie bilden eine
semantische Einheit. Vom Übersetzer ist daher auch die Beherrschung
der festgeprägten Wortverbindungen als „Fachwendungen" gefordert,
was vor allem bei der Formulierung des zielsprachlichen Textes relevant
wird, denn es handelt sich um einzeltextunabhängige Verwendungs-
formen.

Ein **Phraseologismus** entsteht durch die syntaktische Verbindung von
mindestens zwei fachsprachlichen Elementen zu einer Aussage fachlichen Inhalts, deren **innere Kohärenz** auf der begrifflichen Verknüpfbarkeit beider Elemente beruht. „Hierzu zählt man z. B. Funktionsverbgefüge, formelhafte Texte, Nominationsstereotype und nichtidiomatisierte
kommunikative Formeln" (HALLSTEINSDÓTTIR 1997, 561). Sie kommen
damit als **feststehende Wendungen in fachgebundenen Texten** vor und
haben terminologische Bedeutung. Voraussetzung hierfür ist die begriffliche Verträglichkeit, d. h. „dass zwei Begriffe überhaupt verknüpft werden können, ohne mit der fachlichen Wirklichkeit in Konflikt zu geraten;
z. B. kann 'Plastik' wohl 'geschweißt' aber nicht 'gelötet' werden" (PICHT
1990, 208).[35]

> ### *Beispiele*
>
> | *ziehen* | : einen Wechsel ziehen (Wirtschaft) |
> |---|---|
> | | : die Fäden ziehen (Medizin) |
> | | : die Fäden im Hintergrund ziehen (Gesellschaft) |
> | | : eine Wurzel ziehen (Mathematik) |
> | | : einen Zahn ziehen (Zahnmedizin) |
> | | : den Schluß ziehen (Logik) |
> | *laufen* | : der Motor läuft (Mechanik) |
> | | : die Nase läuft (Umgangssprache) |
> | *fließen* | : der Strom fließt (Elektro) |
> | | : das Material fließt (Werkstofftechnik) |

---

[35] Hierauf hat besonders WARNER (1966) hingewiesen, wobei er speziell Substan-
tiv-Verb-Verbindungen untersuchte. Auch PICHT (1987, 68) nennt Beispiele der
Verbindung einer Benennung mit einem Verb.

```
anziehen      : eine Schraube/Mutter anziehen (Masch)
              : ein Kleidungsstück anziehen (Umgangssprache)
              : Konjunktur zieht an (Wirtschaft)
einstellen    : Motor (to adjust)
              : Bücher (to shelve)
              : Arbeit (to stop)
              : Rekord (to equalize)
              : Verfahren (to suspend)
              : Personal (to hire)
              : Patienten (to optimize medication)
(vgl. teilweise WILSS 1989, 167).
```

Für eine richtige Einordnung solcher Formen in Texte ist spezifisches Fachwissen erforderlich. Da jede phraseologische Wendung eine andere **terminologische Bedeutung** hat, entspricht ihr jeweils eine ganz andere Übersetzung. Solche Verben stellen ein Übersetzungsproblem dar, denn die Verteilung der **Merkmalkategorien** in den Wörtern ist oft zwischen den Sprachen verschieden.

> So ist eine semantische Analyse der phraseologischen Elemente wichtig, denn nur so wird die interne Verknüpfung deutlich. Nicht jedes Verb kann mit jedem Terminus phraseologisch verknüpft werden. In der Metallbearbeitung muß der Ausdruck *schmieden* neben allen anderen Merkmalen das Merkmal „nur auf schmiedbare Gegenstände beziehbar" enthalten. Der Terminus *Metall* kann das Merkmal „schmiedbar" nicht enthalten, weil nicht alle Metalle geschmiedet werden können, z.B. Quecksilber. *Silber, Gold, Eisen* und *Kupfer* dagegen weisen dieses Merkmal auf (PICHT 1987, 71).

Es ist beachtenswert, wie unterschiedlich die Kollokationen selbst in so eng verwandten Sprachen wie *Englisch* und *Deutsch* sein können. Es werden nachstehend Beispiele mehr oder weniger fixierter Ausdrücke im Englischen genannt, denen jeweils sprachlich differenziertere deutsche Fachwendungen entsprechen.

Beispiel

remove the spark plugs	Zündkerzen herausdrehen
remove the plug leads	Zündkabel abziehen
remove dipstick	Ölmeßstab herausziehen
remove filler cap	Verschlußkappe aufdrehen

remove distributor cap	Verteilerdeckel abnehmen
remove rotor arm	Verteilerläufer abziehen
remove nipple	Schmiernippel herausdrehen
remove the two bolts	beide Schrauben lösen
remove decklid	Heckklappe ausbauen
(vgl. SCHMITT 1986, 279).	

Speziell in der **Wirtschaftssprache** sind typische phraseologische Wendungen häufig. Sehr oft können solche **Phraseologismen nicht wörtlich übersetzt** werden, denn eine Übersetzung, die den Gebrauch zielsprachlicher Fachwendungen unterlässt, wird vom fachkundigen Rezipienten bewusst oder unbewusst als mangelhaft aufgefasst werden. In der Praxis finden sich freilich oft inhaltlich zutreffende, aber mit dem konventionalisierten Sprachgebrauch nicht übereinstimmende Übersetzungsformulierungen, vor allem Umschreibungen: z. B. anstelle der gebräuchlichen Wendung *Gewinne mitnehmen* erscheint außerfachlich der Satz *Gewinne erzielen durch den Verkauf von Aktien, deren Kurs gerade im Steigen begriffen* ist. Allgemein wird allerdings beklagt, dass die Übersetzerin hier kaum Hilfestellung durch die Wörterbücher erhält.[36] So bleibt nur die Erarbeitung einer Sammlung entsprechender Formulierungen durch Auswertung von Originaltexten, wie z. B.

> *einen Betrag in die Rücklagen einstellen; jemanden zur Einkommensteuer veranlagen; ein Produkt bewerben; eine Anleihe begeben; Anteile zeichnen; Arbeitszeitverkürzung bei vollem Lohnausgleich; Sonderposten mit Rücklagenanteil; eine Prognose nach unten korrigieren, die Wachstumserwartungen nach unten korrigieren; der Rechtsweg ist ausgeschlossen; vorbehaltlich der Zeichnung; einen Konkurrenten vom Markt verdrängen* (ROSSENBECK 1989, 199ff).

Hier ist eine besondere Übersetzungsschwierigkeit dadurch gegeben, dass andere Sprachen gleichfalls diskursfeldspezifische Phraseologien kennen, die jedoch nicht ein einem 1:1-Äquivalenzverhältnis zum Deutschen stehen.

---

[36] Vgl. jedoch wertvolle Angaben im *Wörterbuch für Recht, Wirtschaft und Politik. Deutsch-Englisch.* Hrsg. v. C.-E. DIETL. München: Beck, 2. Aufl. 1986.

4.2.1.2 GRAMMATISCHE DIFFERENZEN ZWISCHEN SPRACHENPAAREN

In dem übersetzungsrelevanten Textbereich naturwissenschaftlicher und **medizinischer Fachartikel** ist die Frage der „Darstellung" wissenschaftlicher Erkenntnisse und Fakten interessant (z. B. *es wurde nachgewiesen*), da es gewisse grammatische Unterschiede zwischen den verwendeten Verben im *Deutschen* und *Englischen* gibt.

Beispiel

In deutschen und englischen **medizinischen Originaltexten** wurden folgende <u>Verben</u> signifikant häufig gefunden. Wegen der grammatischen Unterschiede in den Satzkonstruktionen können sie meist nicht wörtlich übersetzt werden, sie stellen jedoch Übersetzungsalternativen dar.

deutsch transitiv	*englisch transitiv*
nachweisen	to determine
testen	to produce
messen	to show, to exhibit
zeigen	to find, to detect
finden	to assess
untersuchen	to examine
deutsch reflexiv	*englisch intransitiv*
nachweisbar sein	to appear
sich finden	to occur, be seen
zu verzeichnen sein	to seem to be
sich zeigen	be reported, be observed
erscheinen	be evidenced
	be found, be seen
deutsch satzbezogen	*englisch mit Satzglied*
aufzeigen, dass	to indicate that
annehmen	to show that
Bedeutung beimessen	to suggest that
sehen	to demonstrate that
werten	
in Erwägung ziehen	

Wichtig für das Übersetzen ist die genaue **semantische Analyse des Bedeutungsgehalts** von Verben (vgl. GERZYMISCH-ARBOGAST 1994, 109f), wobei für Verbbedeutungen im *Englischen* die beschreibende Komponentenanalyse nach LEISI (1985, 46ff) relevant ist. Er versucht, alle relevanten Bedingungen anzugeben, die in einer bestimmten Situation für den Gebrauch eines Wortes als richtig empfunden werden. Und diese Gebrauchsbedingungen können in den Einzelsprachen unterschiedlich sein, weshalb für Übersetzungen *aus dem Englischen* sehr genau zu prüfen ist, ob die Verben äquivalent sind.

> ### Beispiele
> Rationale Verben drücken unmittelbar eine Tätigkeit aus*: to move, to change, to come, to put, to fall.*
> Statische Bedingungen der Verbdeskription
> Stellung im Raum: to stand, to sit, to lie, to squat,
> Formbedingungen: *to vault, to arch*
> Beschaffenheit von Agens und Medium: *to eat* wird für Mensch und Tier gebraucht (dt. *essen/fressen*), es gibt keine Farbenverben (vgl. dagegen de. „grünen"), *to poke/to prod* (mit spitzem Instrument stochern/schüren)
> Dynamische Bedingungen der Verbdeskription
> Zahl der Vorgänge: to beat, to oscillate, to babble
> Dauer des Vorgangs (z.B. kurz in *to stab, to yell, to flash,* lang in *to love, to walk*)
> Geschwindigkeit (z.B. langsam in to linger, to loiter, to stroll, schnell in to hurry, to dash, to whizz)
> Richtung (z.B. to fall, to drop, to rise)
> Bezugszentrum (z.B. in *to borrow, to lend*)
> Grad der Deskriptivität (z.B. hat *to strut* einen höheren Grad als *to walk, to scream* und *to yell* haben einen höheren Grad als *to shout*).

In Bezug auf das *Französische* weist MALBLANC (1968, 290) darauf hin, dass das Deutsche viel mehr Verben verwendet, während das Französische im Ausdruck eher auf das Ergebnis der Handlung, den Endzustand ausgerichtet ist. Daher können sich beim Übersetzen zwischen diesen beiden Sprachen auch Ausdrucksverschiebungen im Sinne einer Transposition, eines Wortartwechsels ergeben. Jedenfalls sind häufig die deutschen Verben inhaltlich dynamischer.

Beispiele

Ich habe mehrmals versucht, Herrn X. <u>anzurufen</u>. – J'ai essayé plusieurs fois d'atteindre M. X. par téléphone.

Ich habe wenig Hoffnung, diese Partie zu <u>gewinnen</u>. – J'ai peu d'espoir d'emporter cette partie.

Was <u>soll</u> all die Mühe? – À quoi bon toute ces peines?

Der Ausschuß <u>soll</u> diese Problem lösen. – La commission est appelée à résoudre ce problème.

Neue Verträge <u>sollen</u> geschlossen werden. – Il est envisagé que de nouveaux contrats seront conclus.

<u>Machen</u> Sie was Sie wollen. – A votre guise!

Gegen dieses Urteil kann Berufung <u>eingelegt</u> werden. – Ce jugement est susceptible d'appel.

(Beispiele aus Truffaut 1968, 58ff).

4.2.1.3   Bewegung anzeigende Vorsilben

Sehr produktiv sind die deutschen Vorsilben (s. Kap. 3.2.2), die eine **gerichtete Bewegung** anzeigen, wie z. B. *auf-, ab-, an-, ver-, er-, hin-, be-, ge-, durch-, aus-, ein-, ent-, weg-* und andere. Auch reflexive Verben gehören dazu (*sich abschwächen, sich behaupten, sich bessern, sich zeigen, sich halten, sich durchsetzen*). Für die Übersetzerin bedeutet dies, unabhängig von der Struktur in der Textvorlage entsprechende Wortbildungsmöglichkeiten in der Zielsprache *Deutsch* zu verwenden, um die stilistische Akzeptanz und inhaltliche Genauigkeit der Übersetzung zu erhöhen.[37]

Dingliche Verben und Adjektive werden mit den genannten Präfixen oft auch **abstrahiert**, wie einige Beispiele zeigen. Dies kommt in den Fachsprachen von SGW zum Tragen.

---

[37] Allerdings sind hier interlinguale Unterschiede translatorisch relevant. So wird der gesamte Verbbegriff *hinaufpumpen* im *Deutschen* durch **ein** Wort repräsentiert, im *Spanischen* dagegen durch *elevar por bomba*, wo die Merkmale des Verbbegriffs „tun + herauf" in *elevar* und die des *pumpen* durch eine Präpositionsverbindung realisiert werden, so dass die Fachwendung *eine Flüssigkeit hinaufpumpen* durch *elevar un liquido por bomba* wiedergegeben werden muß; *bombear* (pumpen) allein würde das Merkmal der Richtung ausschließen (Picht 1990, 210).

Beispiele

greifen	- begreifen, angreifen, zugreifen, abgreifen, umgreifen
lassen	- verlassen, vorlassen, erlassen, anlassen, auflassen
wenden	- verwenden, umwenden, anwenden, bewenden (lassen)
scheinen	- erscheinen, aufscheinen, bescheinen
hören	- anhören, erhören, zuhören
fassen	- verfassen, erfassen, befassen anfassen, umfassen
stellen	- vorstellen, verstellen, anstellen, umstellen, bestellen
drücken	- unterdrücken, verdrücken, andrücken, aufdrücken, wegdrücken
bauen	- erbauen, umbauen, bebauen, anbauen, zubauen, verbauen
bilden	- einbilden vorbilden, nachbilden, abbilden
schärfen	- verschärfen, etc.

In **philosophischen Texten** geht es vielfach um die geistige Beweglichkeit, um den Vorgang der gedanklichen Erfassung, der Annäherung. Dies wird zum Beispiel mit den Präfixen „er-" und „be-" indiziert: *erkennen, erfahren, erweitern, erlösen, erfassen, ergründen, begründen, befassen, begreifen, beteiligen, belehren,* und so weiter.

Beispiel

Nachstehend findet sich ein deutscher Beispieltext aus dem Bereich der Philosophie, der möglicherweise typische Merkmale der prozessualen Ausdrucksform enthält:
Nietzsche aber, so verwandt seine Ausgangsmotive erscheinen, verläßt die menschenmögliche Perspektive. Das Subjekt seiner Kontemplation ist jener kalte Engel, der eine bereits vergangene Weltgeschichte überschaut. Der blaue Planet ist grau und leblos geworden. Für den Intellekt ist die Bilanz aus der Geschichte der Gattung Mensch trostlos. Er hatte keinen Zweck, der über das menschliche Leben hinausreicht. Was die Geschichte des menschlichen Geistes, solange sie währte, ihm in Theologie und Philosophie und in den Wissenschaften überhaupt an Wahrheitsfähigkeit zutraute, war ein Mittel zur Steigerung der Lebensfähigkeit – mehr nicht. Denkprinzipien, Imperative und sprachliche Kommunikationsformen sind allesamt Ordnungsraster, in denen eine durchweg anthropomorphe Welt erbaut wird, die ihrem Wesen nach nicht kognitiv, sondern artistisch verfaßt ist. Das Zutrauen zur Allgemeingültigkeit

> und Verbindlich_keit_ intellektueller _An_strengung _ver_dankt sich
> dem _Ver_gessen der lebensförder_lichen_ poetischen _An_triebe,
> die aller mensch_lichen_ Tä_tig_keit _zu_grunde liegen. Der Philo-
> soph _er_hält so die Aufgabe, zu _de_maskieren und zu _de_chiffrie-
> ren, das Heil_same_ der Illusionen im Wahrheitspathos zu
> _ent_hüllen. (...)
> [Hermann Braun: „Der kalte Engel. Friedrich Nietzsche – _Ver_-
> künder des _Unerhörten._" In: _Evangelische Kommentare_
> 11/1994, S. 664+667.]

4.2.2 Die Sprechakte

In der Fachkommunikation gibt es auch Handlungen, die durch die Sprache selbst erfolgen, wie Anweisungen zu erteilen oder das Zusammenleben zu organisieren. Damit gewinnt **handlungsorientiertes Reden** als eine spezifische Form der Sprachverwendung besondere Bedeutung. Bisher wurden überwiegend Instruktionstexte untersucht (Schreiber 2004, Göpferich 1995), die Sprechakte enthalten. Zu Sprechakten in Rechtstexten vgl. Stolze (2008a) sowie weiter unten.

4.2.2.1 Performative Verben

Sprechakte sind Äußerungen, die im Rahmen einer bestimmten Situation eine kommunikative Funktion erfüllen, z. B. Aussage, Frage oder Aufforderung. Sie sind jedoch nicht gleichzusetzen mit entsprechenden grammatischen Satzarten. Die Sprechakttheorie ist von John L. Austin begründet worden, der „konstative" (feststellende) von „performativen" (etwas bewirkenden) Sprechakten unterschied. Ausgehend von sprechaktbezeichnenden **performativen Verben** (wie z. B. _versprechen, warnen, taufen, wetten, bitten, versichern, verbieten, fragen_ usw.) erörterte Austin „How to Do Things With Words" (1972). Die Äußerung des Satzes: „Ich verspreche dir, morgen da zu sein", ist demnach ein „lokutionärer Akt" insofern als sie ein sprachliches Ereignis ist, ein „illokutionärer Akt" weil damit die Handlung des Versprechens vollzogen wird, und ein „perlokutionärer Akt", wenn das Versprechen geglaubt und damit das beabsichtigte Ziel erreicht wird. Der perlokutionäre Effekt liegt allerdings nicht ausschließlich in der Macht des Sprechers.

Die Theorie der performativen Leistung gewisser Wörter wurde weiterentwickelt von John R. SEARLE. Aus einem semantischen Blickwinkel fragt er danach, inwiefern der Sprechakt eine Funktion des geäußerten Satzes sei. Wichtig ist dabei die Unterscheidung zwischen dem Satz (als formal-linguistischer Beschreibungseinheit) und der Äußerung (als aktuell realisierter Redesequenz).

Es geht um das komplexe Verhältnis zwischen kommunikativer Funktion und sprachlicher Form, wobei SEARLE **fünf Sprechaktklassen** unterscheidet.

- Als „Direktiva" bezeichnet er Äußerungen, mit denen Hörer zu einer Handlung veranlasst werden sollen, wie z. B. das Anweisen oder Empfehlen.
- Als „Repräsentativa" benennt er Äußerungen, die einen Wahrheitswert haben, also z. B. Beschreibungen, Tatsachenfeststellungen.
- Ferner gibt es die Sprechaktklassen „Kommissiva" zur Bindung an etwas, Verpflichtung, Obliegenheit,
- „Expressiva" zum Ausdruck von Empfindungen, und
- „Deklarativa" für verbindliche Erklärungen, Zusicherungen (SEARLE 1976, 10ff).

Weil das Erkennen entsprechender Ausdrucksformen in Texten ein Übersetzungsproblem darstellt, ist eine Anwendung der Sprechakttheorie auch in der Übersetzungswissenschaft und dem Fachübersetzen interessant.

4.2.2.2 DIREKTIVE SPRECHAKTE DEUTSCH/ENGLISCH

Eine wichtige Funktion fachlicher Kommunikation ist die Anweisung an andere zum Zweck der Verhaltensregulierung untereinander und zum Gebrauch technischer Geräte. Das Vorhandensein von Illokutionsindikatoren kann sogar als Hinweis auf eine Textsorte mit Aufforderungscharakter gesehen werden (THOME 1980, 79f). Bei einem pragmatischen

Vergleich von Einzelsprachen sind unterschiedliche Diskursstrategien in bezug auf **Gebote** und **Verbote** zwischen dem Englischen und dem Deutschen festzustellen.

Grundsätzlich gilt die Beobachtung, dass die deutschen Direktiven eher unpersönlich und sachorientiert sind, wie es hier dem sachlichen Stil entspricht (s. Kap. 4.1.4.2), die englischen hingegen eher interaktional und adressatenorientiert sind (vgl. SNELL-HORNBY 1988, 86-93). In der sprachlichen Realisierung heißt das, dass im **Englischen** der Adressat in seiner situativen Rolle identifiziert bzw. direkt angesprochen wird und dass vor allem bei Warnungen und Verboten tendenziell Modalverben bzw. Imperativformen eingesetzt werden; im **Deutschen** dagegen dominieren unpersönliche Infinitivformen bzw. Lexeme wie „Warnung" und „verboten":

Beispiel

de	en
Überschreiten der Gleise verboten.	Passengers must not cross the line.
Nicht füttern!	Do not feed.
Einfahrt freihalten.	Keep left.
Fußgänger bitte Treppe benutzen.	Pedestrians use stairs.
Hausieren verboten.	Hawkers, canvassers, collectors not allowed.
Rauchen streng verboten.	Smoking strictly prohibited.
Kein Durchgang.	No passing.
Warnung vor Dieben!	Beware of pickpockets!

Handlungsanweisungen werden sprachlich mit bestimmten Mitteln vollzogen. GÖPFERICH (1995, 322ff) nennt **direktive Sprechakte** wie *Anweisen/Verbieten* oder *Empfehlen/Abraten* und *Erlauben/Freistellen*, und vergleicht diese mit den sprachlichen Mitteln im Englischen. Sie hat ein großes Korpus von Originaltexten (Bedienungsanleitungen und Werkstatthandbücher) ausgezählt und die Häufigkeit der Äußerungsformen in Tabellen festgestellt (vgl. GÖPFERICH 1995, 350). Die wichtigsten, weil häufigsten Sprachformen für das „Anweisen" und „Verbieten", die damit auch Übersetzungsalternativen darstellen, sind im **Deutschen** demnach der **imperativische Infinitiv** oder die **Infinitivellipse** mit 59,69% (*Schlüssel abziehen*) und der direkte **Imperativ** mit 10,74% (*Deponieren Sie keine schweren Gegenstände auf der Hutablage*). Beim Infinitiv wird die Aufmerksamkeit des Lesers ganz auf die Aktion gelenkt. Im **Englischen** dominiert dagegen mit 79,30% ganz überwiegend der **direkte Imperativ** (*Push the red button*), indem der Adressat direkt angesprochen wird.

Einen extrem hohen Anteil direktiver Sprechakte weisen die Mensch/Technik-interaktionsorientierten Texte auf: er liegt um über 50% höher als in anderen Textsorten (siehe unten). In Bedienungs- und Betriebsanleitungen für Laien macht der Anteil der Direktiva etwa 50% aller Sprechakte aus, in Werkstatthandbüchern sind dies sogar 70%, in Lehrbüchern gibt es 10% Direktiva. Das übrige sind deskriptive Sprechakte, also Gegenstands- oder Tatsachendarstellungen. Die Werte für deutsche und englische Texte der gleichen Textsorte unterscheiden sich kaum (GÖPFERICH 1995, 359).

Nach SEARLE (1969, 34) haben vorschreibende Regeln als „direktive Sprache" dort die Form *„Do X"* oder *„If y do x"*. Andere mögliche Anweisungsformen wie *müssen, brauchen* sowie *must, have to, may not* sind viel seltener. KUßMAUL (1990) kommt insgesamt zu ähnlichen Ergebnissen hinsichtlich der Häufigkeitstendenz und stellt fest:

> In den von mir untersuchten deutschen Texten tauchen elf und in den englischen neun Varianten mit signifikanter Häufigkeit auf. Neben dem deutschen Infinitiv erscheinen auch der Imperativ, „bitte"+Imperativ, „bitte"+Infinitiv, „müssen", „ist/sind zu", „wir empfehlen/ es ist empfehlenswert", „es ist ratsam", „sollte", das Präsens Passiv und der Aussagesatz. In den englischen Texten erscheinen neben dem Imperativ die Formen *please*+Imperativ, *must*+Infinitiv Aktiv, *must*+Infinitiv Passiv, *have to, it is advisable, we recommend/it is recommended, it is important* und *should* (KUßMAUL 1990, 300).

Da die Dominanz der grammatischen Form zur Bezeichnung des Imperativs zwischen Deutsch und Englisch in der Frequenz variiert, gibt es also Äußerungsformen, die jeweils keine formale Entsprechung in der anderen Sprache haben, was zu einer Übersetzungsschwierigkeit führen kann. Die funktionalen Äquivalente sind nicht frei gegeneinander austauschbar, hier sind auch pragmatische Aspekte der Gebrauchsebenen[38] zu beachten.

Beispielsätze

<u>Deutsch</u>
- Zum Verriegeln Schlüssel *abziehen* und Lenkrad bis zum hörbaren Einrasten nach links oder rechts *drehen*.
- *Deponieren Sie* keine schweren Gegenstände auf der Hutablage, da ...
- Nach dem Abkühlen *säubern Sie* den Ofen mit warmem Wasser und etwas Handspülmittel.
- *Wird* der Hebel unten am Türschloß in Pfeilrichtung *geschwenkt* ..., ist die Kindersicherung eingelegt.
- Der Beckengurt *muß* über das Becken – nicht über den Bauch – des Kindes verlaufen.
- Flache Scheiben *brauchen nur* einmal gewendet zu werden...
- Die Aufteilung für Vor- und Hauptwäsche ist jedoch *so vorzunehmen, dass* ...
- *Man beachte* die Hinweise auf der Rückseite.
- *Man gibt* die Wäsche in die Maschine und ...
- Diese Überprüfung *hat* bei betriebswarmem Getriebe *zu erfolgen*.

<u>Englisch</u>
- To release the belt, *push* the red button marked „Press" on the buckle.
- The top of the fluid film *must lie* between the MIN and MAX markings.
- If clearance exceeds limits, the gear and/or ring *will have to be* replaced.
- *When* the bell *sounds* the weight *is added* and pressure cooking and timing completed in the usual way.

---

[38] Hier ist auch ein historischer Wandel der Textsortennorm zu beobachten. FLUCK ([5]1996, 138) nennt noch die Passivkonstruktion (*Schraube wird angezogen*) als „typisch für Bedienungsanleitungen". In älteren Kochbüchern findet man auch noch die Formulierungen mit „man" (*Nach dem Aufkochen rührt man kräftig...*). Neuerdings sind stärker kundenorientierte Merkmale wie der markierte Imperativ auf dem Vormarsch (*Klicken Sie im Pull-down-Menü*).

- *To move* the lever to or from PARK position to SECOND, FIRST, or REVERSE, *it is necessary to* depress the shift lever button.
- *Pressing* the switch locks the doors.
- This switch, *when pressed,* will lock the doors.
- *If* brake failure is indicated, immediate repair *is necessary*.

(Beispiele nach GÖPFERICH 1995, 323ff)

4.2.2.3 FORMEN DER REDEWIEDERGABE IN BERICHTSTEXTEN

Auch das Berichten über die Feststellungen anderer ist eine Form der personenneutralen Rede mit einem **Aussageverb**. Es gibt unterschiedliche Sprachformen des Berichtens über Ereignisse und Aussagen von Personen. YALLOP (1996) hat für die Sprachen *Englisch, Französisch, Deutsch* gezeigt, dass Zeitungsjournalisten nicht nur die direkte Rede verwenden, sondern über spezifische Verfahren der Zusammenfassung oder Umschreibung verfügen. (Bei der Durchsicht von Tageszeitungen wird rasch deutlich, dass sehr viel mehr Platz für die Wiedergabe von Äußerungen oder Meinungen bestimmter Personen verwendet wird, als für journalistische Tatsachenberichte.)

Der Unterschied zwischen direkter Redewiedergabe im wörtlichen Zitat und der indirekten Rede wird zwar überall beachtet. Bei der indirekten Rede sind jedoch einige signifikanten Unterschiede festzustellen. Bei genauerer Analyse könnten auch Präferenzen einzelner Blätter herausgestellt werden. YALLOP (1996, 316) unterscheidet diesbezüglich drei Variablen: das Berichtsverb, die Art des Berichts und den angeblichen Sprecher.

(1) In *englischsprachigen* Zeitungen ist zunächst am auffälligsten, dass das **Berichtsverb** <u>*say*</u> überaus häufig verwendet wird, andere Verben wie *remark, observe, indicate* sind sehr viel seltener.

Beispielsätze A
A1 - He *said* that despite lofty claims last week ...
A2 - Mr Degus *said* he believed ...
A3 - Police *said* the detainees were trying to stop the skipper ...

A4 - The resort operators *say* another 20 centimetres is needed before ...
(alle Beispiele aus *Sydney Morning Herald,* 24 July 1995).

Wenn sich jedoch Sprecher und Art des Berichts ändern, kommen im Englischen noch andere Verben hinzu, von denen manche auch den Prozess der Aussage charakterisieren (z. B. *acknowledge*):

Beispielsätze B

B1 -Mr Debus, in an interview with the Herald, *set out* his priorities for prison reform which he *intends* will be radically different from the hard-headed and often controversial jail policies...

B2 - The survey *showed* that contrary to wine industry claims ...

B3 - The editorial *asked* if Washington's ultimate intention was to prevent reunification with Taiwan in order to keep her economic power in check. This *suggested* to many Western observers here that China is still *debating* how far it wants to take this issue, and that it may still be willing to quarantine the damage in return for a sign of friendship.

B4 - Beijing *accused* Washington on engaging in thinly-veiled trade protectionism.

B5 - The wine industry *has rejected* a recent survey *showing* about half of Australian wine drinkers sometimes drink too much alcohol, *saying* the study was biased.

B6 - Mr Howard *changed tack* on the republic yesterday, *saying* a coalition government would hold a referendum on the issue of ...

B7 - The China Daily Business Weekly *cited* a rapid increase in anti-dumping charges from the US in recent years.

B8 - The official Chinese news agency *reported* ...

B9 - Mr Heffernan *acknowledged* last night that he had been forced to ...

(alle Beispiele aus *Sydney Morning Herald,* 24 July 1995).

(2) Es gibt auch feine Unterschiede in dem, was berichtet wird, also in der **Art des Berichts**. Der einfachste Fall sind die mit *that* eingeleiteten Nebensätze (Beispiel A1, B2, B9), bei geradlinigen Sätzen wird das „that" oft auch weggelassen (Beispiele A2 - A4, B6). Die indirekte Frage

wird natürlich auch mit *if* eingeleitet (Beispiel B3). Doch in vielen Fällen bleibt das, was gesagt wurde, eher unklar, und hier liegen die Möglichkeiten der Interpretation durch die Berichterstatter der Zeitungen (Beispiele B4, B5, B7, B9).

(3) Schließlich können nach der englischen Grammatik neben Personen auch andere **Nomina als Sprecher** fungieren, so zum Beispiel Eigennamen von Ländern oder Organisationen (Beispiele A3, B4, B5). Kollektive Sprecher und Abstrakta verwischen sich auch leicht in Institutionen, ja sogar Texten (Beispiele B2 - B3, B7, B8).

Alle drei Variablen zeigen, dass es bei der Wiedergabe indirekter Rede durchaus Auslegungsspielräume gibt und oft nicht ganz klar ist oder werden soll, was genau gesagt wurde. In Beispiel (B9) wird der erste Satz zum Sprecher einer Äußerung, die zwei folgende *that*-Sätze regiert.

Die Sprachen **Deutsch** und **Französisch** weisen im wesentlichen ähnliche Strukturen auf. Auffällig ist jedoch, dass in deutschen und französischen Zeitungen *sagen* und *dire* viel seltener verwendet wird als engl. *to say* (vgl. Lehmann 1985, 105). Stattdessen erscheinen häufiger auch **Berichtsverben** wie *indiquer, exprimer, erklären, behaupten* und andere. Sprecher können auch hier Institutionennamen und dergleichen sein. Die Vagheit bezüglich des Sprechers wird gerne zur Verschleierung der Autorschaft von Meinungen verwendet. Das Deutsche akzeptiert aber nicht gleichermaßen wie das Englische bestimmte Texte als Sprecher. Hier werden idiomatische Umformungen erforderlich: *The editorial asked > In dem Artikel wurde die Frage gestellt...* Bei Zeitungstexten ist also eine Sensibilität des Übersetzers für Feinheiten der Aussage notwendig.

Beispielsätze C
Deutsch (aus *Die Welt,* 24. April 1995)
Ruandas Tutsi-Ministerpräsident ... *erklärte,* die Soldaten hätten...
UN-Sprecher in Genf und Kigali *berichteten* zunächst ...

Die Bundespolizei *schloß* aber auch weitere Tatbeteiligte *nicht aus.*

<u>Französisch</u> (aus *Le Monde,* 23-24 avril 1995)
Le Quai d'Orsay *a indiqué,* vendredi, qu'à la demande d'Édouard Balladur...
Le ministre de la coopération, Bernard Debré, *a exprimé* à M. Bongo ...
Tout le monde *s'accorde* pourtant *à dire* que les tensions entre les chiites et les sunnites sont exploitées politiquement par les extrémistes...
Des proches du chef de l'État sont *allés jusqu'à réclamer* ...

36 ¼ S 168 ¼

161 - ~~167~~   BS. ¼

~~Stefaeeie~~ 168 ¼ 175 ½   6½ S,

~~Hüsuyp~~ 175 ½ - 181 ¼   5 ¾ S

~~Sheila~~ 181 ¼ - 189 ¼   8 S

189 ¼ - 197 ¼ 8 S

5   DIE ROLLE DER TEXTSORTEN

5.1   TEXTFUNKTIONEN IN DER FACHKOMMUNIKATION

Die Bedingungen der Fachübersetzung im Blick auf Fachwörter und Funktionalstile gewinnen erst im Rahmen von Texten ihre eigentliche Bedeutung. Fachtexte dienen der präzisen Kommunikation, wobei die Funktion der Informationsübermittlung im Vordergrund steht. Auszugehen ist von einer pragmatischen Analyse der **Textfunktionen**, die in eine Situation eingebettet sind.

5.1.1   METASPRACHLICHE BEZEICHNUNGEN

In der Fachsprachenforschung wurden einige dominante Sequenzformen nachgewiesen, die bestimmte Textfunktionen verbalisieren, z. B. *deskriptiv* (beschreibend), *narrativ* (berichtend), *expositorisch* (erörternd) und *instruktiv* (handlungsanleitend) und *argumentierend* (WERLICH 1975, 40ff; MÖHN/PELKA 1984, 45-70). Aufgrunddessen wurde versucht, Texte nach ihren „Textformeln" zu klassifizieren. Es gibt „subjektive" und „objektive Textformen":

Subjektive Textformen (Literatur)	**Objektive Textformen** (Fächer)
Narration Erzählung, Geschichte	*Narration* Bericht
Deskription Impressionistische Schilderung	*Deskription* technische Beschreibung
Exposition expositorischer Essay, Aufsatz	*Exposition* Definition, Explikation, Zusammenfassung, Textinterpretation, Darstellung
Argumentation Kommentar	*Argumentation* wissenschaftliche Abhandlung
Instruktion Anordnungen, Befehle	*Instruktion* Vorschriften, Gesetze, Anleitungen

Wissenschaftliche und andere Fachtexte weisen auch oft eine spezifische „**Reflexivität** in den sprachlichen Mitteln" auf (LÜDTKE 1983, 48).

Neben dem fachsprachlich üblichen Verweis auf Gegenstände und Sachverhalte, die durch ihre Bezeichnungen reflexiv benannt werden (Terminologie), gibt es auch Formen, wo das sprachliche Verfahren der Textproduktion selbst reflexiv gestaltet ist. Hier werden einzelne Sinneinheiten eines Textes benannt. Fachtexte beziehen sich nämlich nicht nur auf Sachen, sondern eben dialogisch auch auf andere Fachtexte. Und im Fall der terminologischen Klärung kann man sich darüber hinaus auf den eigenen Text beziehen.

Die zu benennenden komplexen Textfunktionen der Reflexivität heißen „Erzählen, Beschreiben und Argumentation" (LÜDTKE 1983, 54). In den Fachwissenschaften können Textaussagen metasprachlich als Sprechhandlung, und damit als Vorgang, oder als Meinung qualifiziert werden. Die möglichen metasprachlichen Benennungen in den verschiedenen Sprachen gehören zum **Formulierungsinstrumentarium des Übersetzers.**

> ### Beispiel
> Andere Texte oder ein Abschnitt im selben Text werden nicht als Ergebnis des Nachdenkens klassifiziert, sondern als
> <u>Vorgang</u>: Argumentation, Beweisführung, Gedankengang, Plädoyer, Räsonnement, Debatte, Diskussion, Verhandlung, Streit, Eingeständnis, Einwand, Kommentar, Korrektur, Kritik, Zugeständnis, Zustimmung, Gespräch, Erklärung, Bescheinigung, Besprechung, Anklagerede, Widerlegung, Bezugnahme, Herleitung, usw.
> Am meisten hat die <u>Logik</u> zur Gestaltung argumentativer Texte beigetragen: These, Hypothese, Annahme, Präsupposition, Voraussetzung, Kriterium, Prinzip, Grundsatz, Theorem, Prämisse, Dilemma, Schluss, Trugschluss, Aporie, Grund, Folge, Bedingungen usw. sind alles diesbezügliche Fachausdrücke (vgl. LÜDTKE 1983, 55).
> Andererseits können fachliche Textaussagen auch benannt werden als
> <u>Meinung</u>: Ansicht, Aussage, Meinung, Kommentar, Überzeugung, Gemeinplatz, Konvention, Binsenwahrheit, Lebensweisheit, Annahme, Punkt, Irrtum, Tatsache, Verriß, Nachricht, Bericht, Prinzip, Kontroverse, Polemik, Interpretation, Widerle-

gung, Argument, Beweis, Behauptung, Erklärung, Feststellung, Darlegung, Ausführungen, etc.

Es gibt eigene Benennungen für die ersten Sätze einer jeden Wissenschaft: *Axiome* in der Mathematik, *Dogmen, Glaubens-sätze* in der Theologie, *Normen (Rechtsnormen), Gesetze* in der Jurisprudenz, *Regeln* in der Grammatik, *Maximen, Grundsätze* in der Ethik.

Für die **Bezeichnung entsprechender Textvorkommen als Sachbuch-titel** gibt es bestimmte Fachausdrücke (vgl. NORD 1993, 98):

de: Studie, Schriften, Auf-sätze, Beiträge, Texte, Untersuchungen, Analyse, Abriss, Anmerkungen, Bemerkungen, Betrachtungen, Beobachtungen, Reflexionen, Dis-kussion, Ver-such, Fallstudie, Abhandlung	*en*: writings, report, essay, guide, book, handbook, encyclopedia, abstract	*fr*: étude, propos, écrits, réflexions, notes, es-sai, dis-cours, traité, manuel, précis, exercices, problèmes	*it*: studio, esercizio, testo, no-ta, discor-so, critica, lettura, enciclope-dia	*sp*: estudio, escritos, textos, aportaciones, notas (para), ensayo, tratado, discurso, informe, crítica, reportaje, relato, panfleto, epítome, pasatiempo

Neben der fachlichen Textfunktion ist besonders die Form der Kommu-nikation für die Textgestaltung wesentlich.

5.1.2 DIE KOMMUNIKATIONSFORM

MÖHN (1977, 314) hat die fachgebundene Kommunikation insgesamt unter dem Gesichtspunkt der Bindung der Adressaten an Fächer in die Grobbereiche **fachintern** (Verständigung zwischen Fachleuten eines Faches), **interfachlich** (Kommunikation zwischen Angehörigen verschie-dener Fächer) und **fachextern** (Kommunikation mit Laien) unterglieder, was wiederum an die Schichtung der Fachsprachen anknüpft (s. Kap. 1.4.4). Hier wird deutlich, welche Rolle das Vorwissen als Faktor in einer

Textbetrachtung spielt. Entscheidend ist also die Frage, ob es sich bei der Übersetzung um fachinterne Kommunikation unter Experten oder um fachexterne Kommunikation im Sinne populärwissenschaftlicher Texte oder Instruktionen handelt. Der Kommunikationspartner weiß, für wen er spricht oder schreibt und stellt seinen Text auf das erwartete Vorwissen ein.

5.1.2.1 TEXTBEISPIEL FACHINTERNE KOMMUNIKATION

Bei der fachinternen Kommunikation unter Experten eines Fachs wird eine Übersetzung meist zu dem Zweck angefertigt, dass sie in der Zielsprache die gleiche (oder eine ähnliche) kommunikative Funktion in einer vergleichbaren Situation erfüllen soll wie der Ausgangstext. Dies gilt z. B. dann, wenn man die Textfunktion eines Fachtextes als „optimale Verständigung über ein Fachgebiet unter Fachleuten" definiert (FLUCK ^{5}1996, 14). Hier dient die Übersetzung nur zur Überwindung der Sprachbarriere zwischen AS-Textsender und ZS-Textempfänger, zwischen denen sich die Kommunikation abspielt.

Texte der fachinternen Kommunikation richten sich an die Vertreter des gleichen oder eines angrenzenden Fachs und setzen das entsprechende **Fachwissen** und die Kenntnis der **Fachterminologie** voraus. Solches gilt auch für viele juristische Texte. Es ist beispielsweise eine laienhafte Vorstellung von der Wirkungsweise von Rechtstexten, wenn immer wieder gefordert wird, Gesetze müssten so „einfach gelesen werden können" wie ein Roman oder eine Gebrauchsanweisung. Sie haben eine viel komplexere Funktion in den institutionalisierten Rechtsfindungsverfahren im Rahmen einer Gesellschaftsordnung. Gesetze werden nicht einfach „gelesen", sondern durch vielfältige „Auslegungsverfahren" in den systematischen Zusammenhang des sie umgebenden Rechts eingeordnet und für die sich jeweils wandelnden praktischen Rechtsfälle anwendbar gemacht. So ist die alte Forderung nach „Allgemeinverständlichkeit" der Gesetze niemals voll einlösbar (vgl. WASSERMANN 1979, 118).

Fachtextsorten der Wissenschaftssprachen sind der wissenschaftliche Zeitschriftenaufsatz, die wissenschaftliche Rezension, das Abstract und Protokoll, das fachinterne Gutachten, der Kongressvortrag, die Monographie. Wenn nun in fachinterner Kommunikation ein wissenschaftlicher Beitrag für Fachleute übersetzt werden soll, dann wird sich der Übersetzer um den angemessenen Funktionalstil (zum Beispiel Wissenschaftssprache) bemühen[39] und sich im Sinne wissenschaftssprachlicher Intertextualität (s. Kap. 1.2.3) nach der Diktion vergleichbarer Publikationen in dem Fachbereich richten.

> ### Beispiel
> Der Übersetzer wird sich bei einem Wissenschaftstext um eine wissenschaftliche Ausdrucksweise bemühen, vgl. den nachstehenden Beispieltext aus der Nationalökonomie. Er enthält Zitate und Fußnoten als Literaturverweise, was ihn als wissenschaftlichen Text ausweist (s. Kap. 5.1). In der Übersetzung werden Aspekte des Funktionalstils, wie Substantivierung und Prozeßdarstellung (s. Kap. 4.1 und 4.2), moderne Wortbildungsverfahren und Fremdwörter (s. Kap. 3.2.2.4) gebraucht. Damit ist die Übersetzung kein direkter wörtlicher Transfer aus der AS, sondern die Formulierung eines wissenschaftlichen Textes nach einer Vorlage.
>
> *L'inflation, phénomène économique global*
> Dans cette approche, l'inflation apparaît comme un déséquilibre global entre phénomènes économiques, lié à la conjoncture. L'inflation est à la fois un phénomène de production, de revenu et de dépense" (P. Biacarbe). Le phénomène de hausse des prix n'est qu'une conséquence de l'inflation et non pas l'inflation elle-même: l'inflation consiste en un excès du flux de demande de biens par rapport aux possibilités de l'offre, excès provoquant un mouvement irréversible de hausse de prix.

---

[39] Natürlich kann man argumentieren, dass ein Laie eben solche wissenschaftlichen Fachtexte nicht übersetzen könne. Leider wird der Translator aber in der Praxis immer wieder mit solchen Übersetzungsaufträgen konfrontiert, eben weil viele „Fachleute" der gewünschten Sprache nicht mächtig sind. Daher ist es wichtig, hier ein translatorisches Problembewußtsein zu entwickeln.

Cette interprétation réintègre l'inflation parmi les phénomènes réels et permet d'expliquer les conséquences économiques de l'inflation sur la production et la répartition. Cepen-
dant, en assimilant l'inflation à un excès de la demande globale sur l'offre globale (due à une hausse des dépenses soit
publiques, soit de consommation ou d'investissement privé)
l'analyse n'explique pas les hausses de prix qui ont une origine
autre qu'un excès de demande et, notamment, celles dues à
une hausse autonome des coûts de production supérieure aux
augmentations de production (hausse des salaires, hausse des
matières premières). Une telle analyse n'enregistre pas non
plus l'impact effectif d'un excès de demande que, seule,
l'étude du fonctionnement des marchés permet de com-
prendre. Lorsque la demande excède l'offre sur un marché, les
entreprises ont le choix entre une grande variété de réponses:
déstocker, accroître leur production courante, allonger les dé-
lais de livraison, relever leur prix. La décision finale dépendra
de la stratégie de la firme et il n'est pas certain qu'elle
s'exprime en termes de prix.

Bien qu'opposées, les deux points de vue relatifs à l'inflation
précédemment exposés présentent un défaut commun: celui
de ne pas distinguer la nature de l'inflation de ses origines. Si
cette distinction était effectuée, il apparaîtrait que l'inflation
est un phénomène par nature monétaire, dans la mesure où
elle se traduit par une hausse du niveau général des prix entraînant une détérioration du pouvoir d'achat de la monnaie.
Toutefois l'inflation, phénomène par nature monétaire, a des
causes multiples qui font de l'inflation contemporaine un phénomène composite. Si des phénomènes économiques comme
une hausse des coûts de production supérieure à l'augmentation de productivité (inflation par les coûts)[i] constituent une
des causes essentielles de tensions inflationnistes, il faut souli-
gner que la détermination des coûts de production s'effectue à
l'intérieur de structures dont certaines sont inflationnistes. Les
structures n'apparaissent pas comme la cause première de
l'inflation mais créent un milieu favorable à la transmission et
au développement des tensions inflationnistes. Parmi ces fac-
teurs structurels d'inflation souvent plus sociologiques
qu'économiques, citons: l'augmentation de la puissance syndi-
cale, l'attitude collective de groupes organisés tendant à pré-
senter des revendications de hausse des rémunérations en ré-
plique à tout avantage obtenu par un autre groupe (principe
de parité d'évolution des revenus), les objectifs des gouver-

nements en faveur du plein emploi, etc. Enfin, l'analyse des structures permet de différencier nettement les hausses de prix intervenus pendant la deuxième guerre mondiale et l'immédiat après-guerre des hausses qui se sont développées jusqu'en 1970. Alors que les premières traduisaient des déséquilibres fondamentaux entre offerte globale et demande globale dus à des pénuries, les secondes se situent dans une période de rapide expansion économique induite par les applications industrielles de nouvelles techniques de production.[ii] Dans ce contexte, les investissements accroissent continûment le volume de la demande totale.[iii] Ils agissent sur les ressources de production, sur les salaires, sur les prix, sur les taux d'intérêt. Ils développent l'intermédiation du crédit, or celle-ci accroît les risques d'inflation puisqu'elle dissocie l'investissement de la volonté d'épargner et peut, ainsi, susciter une demande de biens et services à laquelle l'appareil de production n'est pas en mesure de répondre immédiatement.

Coût du développement de l'investissement, l'inflation est aussi apparue, jusqu'en 1970, comme le moyen d'assurer la repartition des revenus et recouvrait un certain consensus en vue du partage des fruits de la croissance. L'inflation semblait constituer le coût nécessaire de la régulation d'un système socio-économique ayant atteint un degré élevé de complexité. (...).

In: Denise Flouzat: *Économie contemporaine. 2/ Les phénomènes monétaires.* Presses universitaires de France. 108, Boulevard St. Germain, Paris 1974 (Thémis), p. 200-202.

----

[i] Parmis les types de coûts pouvant être à l'origine d'une inflation par les coûts on peut citer: l'accroissement des salaires (inflation salariale), l'augmentation des profits aux fins d'autofinancement (inflation entrepreneuriale), l'élévation du prix des produits importés... (cf. t. 3 de l'*Économie contemporaine.*

[ii] J. L. Gouglielmi dans son ouverage «Les expériences de la politique monétaire» propose même de réserver le terme d'*inflation* pour caractériser les déséquilibres de la guerre et de l'après-guerre et de qualifier de 'pressions sur les prix' les phénomènes accompagnant les progrès technologiques.

[iii] Selon A. Cotta dans son ouvrage «Inflation et croissance en France depuis 1962», PUF 1974, l'accélération de l'inflation française exprime l'existence d'un ensemble de comportements économiques et sociaux provoqués par l'importance du

taux de formation brut de capital fixe qui atteint, en valeur réelle, près de 28 % depuis 1968.

Übersetzung

Die Inflation als gesamtwirtschaftlicher Vorgang
In diesem Ansatz gilt die Inflation als ein an die Konjunktur gebundenes globales Ungleichgewicht wirtschaftlicher Faktoren. Die Inflation ist „zugleich eine Erscheinung im Zusammenhang mit der Produktion, den Einkommen und den Ausgaben" (P. Biacarbe). Das Phänomen des Preisniveauanstiegs ist nur eine Folge der Inflation, nicht diese selbst: die Inflation besteht aus einem Überhang der Güternachfrageströme in Relation zum Angebotspotential, ein Überhang, durch den ein irreversibler Preissteigerungsprozeß in Gang kommt.

Mit dieser Interpretation wird die Inflation wieder unter die realen Tatsachen eingereiht und eine Erklärung ihrer wirtschaftlichen Folgen für Produktion und Verteilung ermöglicht. Allerdings werden durch die Gleichstellung der Inflation mit einem Überhang der monetären Gesamtnachfrage über das Gesamtangebot (ausgelöst durch eine Ausgabenerhöhung entweder der öffentlichen Hand, der Konsumenten oder der Privatwirtschaft für Investitionen) in der Analyse jene Preissteigerungen nicht erklärt, deren Ursprung anderer Natur ist als eine Überschußnachfrage, und insbesondere nicht jene, die auf einen autonomen, den Produktionszuwachs übersteigenden Produktionskostenanstieg zurückgehen (Lohnerhöhungen, Rohstoffverteuerung). In einer derartigen Analyse werden auch nicht die tatsächlichen Auswirkungen einer Überschußnachfrage erfaßt, die nur über eine Untersuchung der Marktmechanismen verständlich werden. Wenn nämlich die Nachfrage auf einem Markt das Angebot übersteigt, stehen den Unternehmen vielerlei Reaktionsweisen zur Wahl: Abbau der Lagerbestände, Erhöhung der laufenden Produktion, Verlängerung der Lieferfristen, Preisanhebungen. Die endgültige Entscheidung wird von der Firmenstrategie abhängen und drückt sich nicht notwendig in Preisstrategien aus.

Trotz ihrer Gegensätzlichkeit enthalten die beiden oben dargelegten Auffassungen von der Inflation einen gemeinsamen Mangel: es wird nicht zwischen dem Wesen der Inflation und ihren Anfängen unterschieden. Bei einer Anwendung dieser Unterscheidung ließe sich nämlich zeigen, daß die Inflation ihrem Wesen nach in dem Maße ein monetärer Sachverhalt ist, wie sie als Anstieg des allgemeinen Preisniveaus einer Volkswirtschaft mit der Folge einer Kaufkraftschwächung der Währung in Erscheinung tritt. Gleichwohl hat die Inflation als wesenhaft monetärer Sachverhalt vielfältige Ursachen, weshalb die gegenwärtige Inflation ein komplexes Phänomen ist. Wenn wirtschaftliche Tatbestände, wie ein den Produktivitätsfortschritt übersteigender Produktionskostenanstieg (Kosteninflation)[i], eine der wesentlichen Ursachen inflatorischer Schübe darstellen, so ist zu unterstreichen, dass die Bestimmung der Produktionskosten unter Rahmenbedingungen erfolgt, die teilweise inflatorisch wirken. Die Rahmenbedingungen selbst stellen nicht die erste Inflationsursache dar, aber sie schaffen ein der Übertragung und Verschärfung inflatorischer Schübe förderliches Klima. Unter diesen oft mehr soziologischen als ökonomischen strukturellen Inflationsfaktoren sind zu nennen: Ausweitung der Macht der Gewerkschaften, kollektives Vorgehen organisierter Gruppen mit der Tendenz zu Forderungen nach höheren Einkommen als Antwort auf jeden von einer anderen Gruppe errungenen Vorteil (Prinzip der paritätischen Einkommensentwicklung), Maßnahmen der Regierungen zur Unterstützung der Vollbeschäftigung usw. Schließlich ermöglicht die Analyse der Rahmenbedingungen eine klare Unterscheidung zwischen den Preissteigerungen während des Zweiten Weltkriegs und der Nachkriegszeit und den Preissteigerungen, die sich bis 1970 herausgebildet haben. Während sich in ersteren aufgrund des Gütermangels fundamentale Ungleichgewichte zwischen dem Gesamtangebot und der überschüssigen Gesamtnachfrage widerspiegelten, gehören letztere in eine Periode rascher wirtschaftlicher Expansion, welche durch die industrielle Anwendung neuer Fertigungstechnologien herbeigeführt wurde.[ii] In diesem Kontext führen die Investitionen zur ständigen Ausweitung der gesamtwirtschaftlichen Nachfrage.[iii] Sie beeinflussen die Produktionsmittel, die Löhne, die Preise, die Zinsen. Sie fördern die Entfaltung des Kreditwesens, und dies wiederum vergrößert die Inflationsgefahr durch Trennung der Investitionstätigkeit vom Sparwillen, wodurch eine Nachfrage nach Gütern und Dienstleistungen ausgelöst werden kann, zu deren unmittelbarer Befriedigung der Produktionsapparat nicht in der Lage ist.

Als Preis für die Investitionsausweitung galt die Inflation bis 1970 auch als Instrument zur Sicherung der Einkommensumverteilung und entsprach einem gewissen Konsens hinsichtlich der Verteilung der Früchte des Wachstums. Die Inflation schien notwendiger Kostenfaktor der Regelung einer Sozial-

und Wirtschaftsordnung zu sein, die einen hohen Komplexitätsgrad erreicht hatte.

[i] Unter den Kostentypen, die am Beginn einer Kosteninflation stehen können, sind zu nennen: Lohnerhöhungen (Lohninflation), Steigerung der Nettogewinne zum Zweck der Eigenfinanzierung (Gewinnstoßinflation), Anstieg der Importgüterpreise... (vgl. Bd. 3 „Economie contemporaine".

[ii] J. L. Guglielmi schlägt in seiner Studie „Les expériences de la politique monétaire" sogar vor, den Ausdruck *Inflation* für die Beschreibung der Ungleichgewichte während des Krieges und der Nachkriegszeit zu reservieren, und die Begleiterscheinungen des technischen Fortschritts als 'Preisdruck' zu bezeichnen.

[iii] Nach S. Cotta in seinem Buch "Inflation et Croissance en France depuis 1962", PUF 1974, kommen in der Beschleunigung der Inflation in Frankreich ganz bestimmte, von der Höhe der Rate der Brutto-Anlagekapitalbildung, die seit 1968 real fast 28 % erreicht, hervorgerufene wirtschaftliche und gesellschaftliche Verhaltensweisen zum Ausdruck.

Übersetzung: R. Stolze, 1992.

Es könnte allerdings sein, dass manche Überlegungen zur Struktur der Fachsprachen bei fachinterner Kommunikation gar nicht mehr fürs Übersetzen zum Tragen kommen. Nicht unwesentlich ist ja der **Einfluss des Englischen auf die deutschen Fachsprachen** vor allem in den Naturwissenschaften. In der Wissenschaftskommunikation auf höchster Ebene geht dieser Einfluss schon bis zur Verdrängung, denn „die Spitzenforschung spricht englisch" (MARKL 1986, 20).

5.1.2.2 BEISPIEL FACHEXTERNE KOMMUNIKATION

Ein in jüngster Zeit in der Fachsprachenforschung intensiv bearbeiteter Forschungsgegenstand ist aber die fachexterne Kommunikation, die im wesentlichen die **Arbeit der Massenmedien** und die **kundenorientierte Rede** und die **Bedienungsanleitungen** betrifft. Dazu gehören auch die sog. „Sachtexte". Hier sind adäquate Übersetzungen gefordert, wenn die Informationslücke zwischen Fachwelt und interessierten Laien im Sinne eines Wissenstransfers und über Sprachbarrieren hinweg geschlossen werden soll. Wenn die Forderung nach Verständlichkeit von Texten erhoben wird, geht es meist um fachexterne Kommunikation.

KALVERKÄMPER (1988) fordert hierzu eine „Fachsprachenhermeneutik": der Autor soll die Verstehensvoraussetzungen seines Rezipienten mitbedenken und in „impliziter Didaktik" Erklärungen des fachlichen Systemhintergrunds einbauen,

> denn „die Verständlichkeit liegt nicht im Stil verborgen, erst recht nicht im Auslassen von Fachlichem oder darin, dass Fachwörter durch gemeinsprachliche Wendungen ersetzt würden. Die Verständlichkeit ist vielmehr prinzipiell in der Tatsache begründet, dass Erklärungen zu fachlichen Sachverhalten gebracht werden, zu denen der Autor eben Unkenntnis seiner Adressaten vermutet" (1988, 171).

BEIER (1983, 96) hat es unternommen, die **sprachlichen Mittel fachexterner Kommunikation** in englischsprachigen Printmedientexten, also populärwissenschaftlichen Texten zu analysieren und findet „fünf Punkte": (1) Überschriften und Aufhänger, (2) Personenbezogenheit, (3) Informalität, (4) Bewertungen, (5) Erklärungen fachlicher Erscheinungen. Diese Charakteristika findet man auch in deutschen Zeitungstexten. Der in der fachexternen Verständigung wichtige Aspekt der Erklärung kann dabei nach BEIER (1983, 104) auf zweierlei Weise erfolgen:

> Eine Erscheinung wird durch das Heranziehen von Merkmalen des jeweiligen Fachbegriffs erläutert (...). Dieses Verfahren setzt voraus, dass der Rezipient über entsprechende Vorkenntnisse verfügt bzw. dass diese im Verlauf des Textes schon vermittelt worden sind.
>
> Bei der Erklärung einer Erscheinung wird ein Wechsel des Referenzbereichs vorgenommen: entweder erfolgt dabei ein Bezug auf andere Fachbegriffe (desselben oder eines anderen Faches), wobei zwischen den beiden Begriffen wohl Ähnlichkeiten bestehen (...); oder die Erklärung erfolgt „fachextern", d. h. durch vergleichenden Bezug auf Erscheinungen, die der alltäglichen Erfahrungswelt des Rezipienten zugerechnet werden.

Entsprechende Regeln sind nicht nur für die Formulierung solcher Texte, sondern auch für deren Übersetzung wichtig.

Beispiel

Ausgangstext: AIDS: A Suitable Place for Treatment?

Like any *factory*, the virus that causes Acquired Immune Deficiency Syndrome (AIDS) is *deceptively simple* when viewed from the outside. Inside, however, its genetic *machinery* is *labyrinthine*. The *twists and turns* are just beginning to reveal themselves to scientists as they look for a place to *throw a spanner in the works*. (...) [*New Scientist,* 13.03.1986].

Übungsübersetzung: AIDS: Der passende Ort, um den Hebel anzusetzen?

Wenn man es von außen betrachtet, erscheint das Virus, welches das erworbene Immun-Defekt Syndrom AIDS verursacht, täuschend *einfach*. Betrachtet man jedoch die innere *Struktur*, gleichen die genetischen *Anlagen* einem *Labyrinth*. Die *Verdrehungen* und *Verwindungen* haben gerade erst damit begonnen, *sich* den Wissenschaftlern zu *erschließen*, die nach einem geeigneten Ort suchen, um dem Virus Sand *ins Getriebe streuen* zu können. [*Projekt Mentale Analyse.* K. Kohn].

Neuübersetzung: AIDS: Ein brauchbarer Behandlungsansatz?

Das Virus, das die Erworbene Immunschwächekrankheit (AIDS) verursacht, wirkt von außen gesehen *täuschend glatt* wie ein *Fabrikgebäude*. Im Inneren jedoch gleicht seine genetische *Maschinerie* einem *Labyrinth*. Wissenschaftler haben auf ihrer Suche nach einer Stelle, wo man *Sand ins Getriebe streuen* könnte, gerade erst angefangen, die *Spiralen und Windungen zu entwirren*.

Bei dieser Übersetzung wurde versucht, die Metapher der Fabrik bewusst sprachlich durchzuhalten, um den Übersetzungstext kohärenter zu machen.

5.1.2.3 TEXTSORTENDEFINITION

Es stellt sich die Frage nach einer Definition von Fachtextsorten. Der Fachtext ist eine strukturelle und funktionale Einheit.

> Die *Fachtextsorte* ist ein Bildungsmuster für die geistig-seelische Verarbeitung eines tätigkeitsspezifischen Sachverhalts, das in Abhängigkeit vom Spezialisierungsgrad von kommunikativen Normen bestimmt ist, die einzelsprachlich unterschiedlich ausgeprägt sein können (GLÄSER 1990, 29).

Die Textkohärenz ergibt sich in erster Linie aus dem Denotatsbezug, und die pragmatische Kohärenz ist in allen Fachtextsorten stark. Interessant ist die Frage, welchen Einfluss die Funktion der Fachtextsorte auf die Wahl der sprachlichen Mittel hat.

Für die Fachtextsorten ist aber nicht allein der Sachverhalt, sondern vor allem die **situative Einbettung** entscheidend.

> Textsorten (sind ...) überindividuelle Sprech- oder Schreibakttypen, die an wiederkehrende Kommunikationshandlungen gebunden sind und bei denen sich aufgrund ihres wiederholten Auftretens charakteristische Sprachverwendungs- und Textgestaltungsmuster herausgebildet haben (REISS/VERMEER 1984, 177).

Weil es nicht für jede individuelle **Situation** eine eigene Textsorte gibt, müssen auch textinterne stilistisch-formale Rekurrenzen aufweisbar sein. Solche **textsortenspezifischen Strukturen** sind auch eine Form von Intertextualität bei Fachtexten. Es sind zahlreiche Versuche unternommen worden, die vielfältigen Textsorten zu klassifizieren, wobei jeweils andere Merkmale herangezogen wurden (WERLICH 1975, 71; REIß 1983; HOFFMANN 1985, 58; GÖPFERICH 1995, 124). Uns erscheint es sinnvoll, eine **Klassifikation nach der kommunikativen Funktion der Fachtexte** vorzunehmen, wobei die Auswahl nicht erschöpfend ist:

A) fachinterne Kommunikation $\Longrightarrow$ sachbezogen (Textstruktur)

Informationsorientierte Textsorten	Quasi-Textsorten, Gebrauchstexte
• Monografie, Fachbuch • Fachzeitschriftenartikel • Fachliche Abhandlung (essay, paper) • Abstract eines Aufsatzes • Fallstudie (case study) • Dissertation, Referat, Abschlussarbeit (thesis) • Berichte aller Art • Protokoll • Gutachten • Lexikonartikel • Produktspezifikation	• Arztrezept • Beipackzettel • Inventarliste • Pflichtenheft • Vorlesungsverzeichnis • Steuererklärung • Arbeitszeugnis • Schulzeugnis • Wetterbericht • Rechnung • Laborbericht • Familienanzeige • Geburts-/Heiratsurkunde

• Patentschrift • Urteilstext • Gesetzestext • Vertrag • Wissenschaftliche Rezension	• Speisekarte • Kreuzworträtsel • usw.

B) fachexterne Kommunikation ⇒ empfängerbezogen (Verständlichkeit)

Popularisierende Textsorten *(Inhalt erklären)*	Instruktive Textsorten *(zum Handeln anleiten)*	Direktive Textsorten *(Verhalten vorschreiben)*
• Zeitungsartikel • populärwissenschaftlicher Magazinbeitrag • technischer Werbetext • Buchbesprechung • Sachbuch • Kinder-/Jugendlexikon	• Bedienungsanleitung • Werkstatthandbuch • Lehrbuch, Lehrbrief • Aufgabensammlung • Tutoriumstext • Ratgeberliteratur	• Normenvorschrift • Kochrezept • Erlass • Befehl • Arbeitsanweisung

C) Nicht-fiktionale Texte allgemein ⇒ autorbezogen (Meinung)

Spirituell-ideologisch	Literarisch-kulturell	Feuilletonistisch
• Predigt • Erbauungsbuch • missionarischer Text • Esoteriktext • politisches Pamphlet	• Tagebuch • Briefliteratur • Essay • Reisebericht	• Kommentar • Pro- und Contra-Aufsatz • belletristische Buchbesprechung • Theaterkritik • Nachruf

Eine strukturelle Differenzierung von Fachtextsorten wird durch den Vergleich textexterner und textinterner Merkmalkomplexe, bei dem Teiltextfolgen und Makrostrukturen eine besondere Rolle spielen, möglich. Bei unserer Textsortenklassifikation nach der Kommunikationsfunktion wird deutlich, dass je nach Relation ein anderer Textaspekt im Vordergrund steht, ob sachbezogen, empfängerbezogen oder autorbezogen. Entsprechend haben sich verschiedene Textsortenkonventionen herausgebildet.

Aber nicht alle Textsorten unterscheiden sich gleichermaßen deutlich voneinander. Einige der differentiellen Merkmale, besonders die funktionalen, lassen auch subjektive Entscheidungen zu, denn immer noch wird jeder Text von einem Autor formuliert. Doch es gilt: „Die Makrostruktur bleibt ein ganz entscheidendes Textsortenmerkmal" (HOFFMANN 1998a, 478). Manche Textsorten sind durch Konvention sogar im gesamten **Textaufbau festgelegt**, und umgekehrt könnten etwa nicht nach der Textsortennorm formulierte Texte u. U. ihren Mitteilungszweck verfehlen. Die Informativität eines Textes wird nämlich erhöht, wenn schon die äußere Gestaltung erste Vorinformationen liefert. Neben streng konventionalisierten Textformen sind fixierte Makrostrukturen, wiederkehrende Textbausteine oder Standardformeln zu beachten, denn sie erfüllen die Erwartungsnormen seitens der Adressaten.

Für das Übersetzen kann zunächst nur festgestellt werden, dass ein ganzheitlicher **Vergleich von Paralleltexten**, also Textvorkommen einer bestimmte Textsorte in zwei Sprachgemeinschaften, sinnvoll ist. Nicht eine Äquivalenz einzelner Textsortensignale kann angestrebt werden, sondern eine Kohärenz in dem spezifischen Übersetzungstext. **Habitualisierte Formen sind Textsortensignale**, weshalb ihr Wert in Texten der Zielkultur wichtiger ist, als etwa eine direkte Äquivalenz der Formulierung mit einem übersetzten Ausgangstext. Insgesamt gilt, dass Textsortennormen zwar wichtig, aber keineswegs das einzige Merkmal entsprechender Texte sind. Sie treten vielmehr in der interkulturellen Fachkommunikation in enger Verknüpfung mit anderen fachsprachlichen Merkmalen auf, und diese Verknüpfung ist übersetzungsrelevant.

Die **Fachtextsorten** sind makrostrukturell in einer für den Leser sofort erkennbaren Weise gestaltet. Sie stellen mit den wichtigsten Arbeitsbereich der Berufsübersetzer dar. Im internationalen Wirtschaftsleben wie in der Alltagskommunikation zwischen in- und ausländischen Staatsbürgern kommt solchen Texten eine überragende Rolle zu. Daher sind einzelne Textsorten noch genauer zu untersuchen, wobei vorliegende Analysen referiert werden und eigene Erfahrungen einfließen.

5.1.3   Einzelne Fachtextsortenkonventionen

5.1.3.1   Charakteristika von Gebrauchstexten

In der Sprachwissenschaft werden Gebrauchstexte so definiert: „Es wird davon ausgegangen, dass gebrauchssprachliche Textsorten sozial genormte komplexe Handlungsschemas sind, die Sprechern einer Sprache zur Verfügung stehen" (Sandig 1972, 113). Gebrauchstexte als Quasi-Textsorten sind also Textvorkommen der **Alltagskommunikation**, die in wiederkehrenden, nicht unbedingt fachlich gebundenen Kommunikationssituationen vorkommen. Inhaltlich sind sie jedoch klar sachbezogen. Es handelt sich hier um Texte, die zwar von einzelnen Experten verfasst sind, im Regelfall aber von Laien rezipiert werden (Stolze 2004, 649). Sie enthalten oft auch fachsprachliche Elemente, da sich in der modernen, hoch technisierten Gesellschaft und in der Verwaltung fachliches Wissen immer weiter ausbreitet. Gemeint sind Texte wie *Heizkostenabrechnungen, Fahrpläne, Orthographieregeln, Investmentzertifikate, Rätsel, Gesundheitsatteste, Spielanleitungen, Zeugnisse, Horoskope, Speisekarten, Kochrezepte, Beförderungsbestimmungen, Parkvorschriften, Hallenordnungen, Steuerbescheide, Bußgeldbescheide, Börsennachrichten, Telefonbücher, Meldeformulare, Geschäftskorrespondenz, Konferenztexte, Enzyklopädieartikel, Touristenprospekte, Nachrichtenmeldungen von Presseagenturen, Horoskope, der Wetterbericht, Warenkataloge* und vieles mehr.

Gebrauchstextvorkommen wie *Kochrezepte, Horoskope, Beipackzettel, Wetterberichte,* und vor allem *Familienanzeigen* (Reiss 1978) sind formal und inhaltlich **weitgehend konventionalisiert**, wie sich im Vergleich entsprechender Zeitungsseiten mit Geburts-, Heirats- und Todesanzeigen unschwer feststellen läßt. Allerdings gibt es regional und konfessionell bestimmte Formulierungspräferenzen (Spillner 1978, 243ff). Der **Paralleltextvergleich** zeigt die Abweichungen auf.

Beispiele

So würde etwa der Satz in einer <u>Todesanzeige</u> (frz.) „Ni fleurs, ni couronnes" oder (engl.) „No flowers, by request", „No gifts please" in wörtlicher Übertragung ins Deutsche wie „Bitte keine Blumen oder Kränze" / „Kranzspenden dankend abgelehnt" unhöflich klingen. Dem entspräche eher so etwas wie „Von Blumenspenden bitten wir abzusehen", oder „Wir erwarten keine Geschenke", oder „Anstelle von Blumen erbitten wir eine Spende für…".

Deutsche Gebrauchstexte im Zusammenhang mit der <u>Verwaltung von Eigentumswohnungen</u>, wie z. B. der ‚Einheitsmietvertrag', die ‚Jahressteuererklärung', die ‚Nebenkostenabrechnung', der ‚Grundsteuerbescheid', die ‚Grundstücksteilungserklärung' usw., die alle einer bestimmten strikt vorgegebenen, wenngleich regional unterschiedlichen Textstruktur folgen, weisen u. U. sprachlich gravierende Unterschiede in Bezug auf bestimmte Gegenstände auf, was durch identische Zahlenangaben im Vergleich nachweisbar ist, siehe Termini wie *Niederschlagsgebühr, Niederschlagsabwassergebühr, Entwässerungskosten, Kanalgebühren, Kosten der Entwässerung, Abwassergebühr, Abwasser- und Kanalumlage, Wasser und Kanal, Abwasserbeitrag, Abwasser,* u.a. Auf die sprachlichen Synonymien durch Merkmalselektion wurde hingewiesen (s. Kap. 3.4.1.3).

Auch feste Textsorten bilden nur ein **Formulierungsschema** und lassen den Verfassern noch viel Freiheit für individuelle Gestaltung, in der sich dann die fachwörtliche Stratifikation spiegelt. Oft kommt aber die Übersetzung einer Ersetzung des gesamten Textes durch einen anderen, eben zielsprachlich üblichen gleich.

In allen solchen Texten soll eine Information in mehr oder weniger allgemein verständlicher und hierzu normierter Weise mitgeteilt werden. So haben sich in diesem Bereich vielfach spezifische Textformen herausgebildet, die einen hohen Wiedererkennungswert haben. Die Übersetzung ist zwar an die präzise Wiedergabe der im Ausgangstext enthaltenen Information gebunden, nicht jedoch an sprachlich-stilistische oder gestalterische Muster, die nur in der Ausgangskultur ihren spezifi-

schen Wert haben. Es geht hier um eine „instrumentelle Übersetzung"
(NORD 1993, 24), welche die **zielsprachlichen Normen** einsetzt. Dabei
kann die Übersetzerin entsprechende Beobachtungen an einem Text oft
nicht abbildend in die Zielsprache und -kultur übertragen, sondern muss
hier die zielsprachlich dem Übersetzungszweck funktional angemessenen Textsortenkonventionen einsetzen.

Zwar sind Gebrauchstexte zunächst nur national normiert. Doch herkömmlich musste man schon bei mehrsprachigen Rechtsgrundlagen
internationaler Organisationen oder bei Musterklauseln für den internationalen Wirtschaftsverkehr auf **bestehende Übersetzungen** zurückgreifen.

Die wachsende grenzüberschreitende Zusammenarbeit von Behörden
und Gerichten bringt nun immer mehr international verabredete Texte
für die tägliche Praxis mit sich, deren **Wortlaut in den betreffenden
Sprachen vorgegeben** ist, beispielsweise im juristischen Bereich bei
Personenstandsurkunden, bei Zustellungen, Ehesachen, Vollstreckun-
gen. Außerdem werden aus Gründen des Verbraucherschutzes zunehmend vom nationalen Gesetzgeber konkrete Formulierungen vorgeschrieben, die auch bei grenzüberschreitenden Geschäften zu beachten
sind, z.B. bei der Lebens- und Arzneimittelkennzeichnung oder bei Geschäften über das Internet. Vom Übersetzer ist zu erwarten, dass er
solche Vorgaben kennt und bei seiner Arbeit beachtet. Er wird sie sich
im Laufe der Zeit durch das Kennenlernen der Paralleltexte sowie Recherche im Internet aneignen.

5.1.3.2   FACHZEITSCHRIFTENARTIKEL

Wissenschaftliche Fachaufsätze als informationsorientierte Textsorte
aus experimentell-naturwissenschaftlichen Fächern sind stark makrostrukturell geprägt.

Sie enthalten folgende <u>Textsegmente</u>:

Artikelüberschrift/Verfasser/Akad. Grad/Angaben zur Forschungsstelle
Zusammenfassung/*Abstract/Résumé*

Schlüsselwörter/*Key words* (fakultativ)
Textkörper:
Einleitung/*Introduction*: Forschungssituation/Problemstellung und Neuansatz/ *Background/Objectives*
Untersuchungsgegenstand und -methode/*Design, Materials and Methods*
Untersuchungsverlauf/*Experimental procedure*
Untersuchungsergebnisse/*Results*
Diskussion/Discussion
Zusammenfassung und Schlußfolgerun*gen/Summary and Conclusions*
Danksagung/*Acknowledgements* (fakultativ)
Literaturverzeichnis/References/Bibliography
Im Einzelfall wird die Struktur verkürzt auf die wesentlichen Punkte.

Auch in der **sprachlichen Struktur** weisen Fachartikel im Vergleich interessante Unterschiede in der Verbalisierung auf, die übersetzungsrelevant sind.

Beispiel

Im **Deutschen** wird der Stand der Forschung im Präsens verbalisiert („Die Sterblichkeit ... wird beeinflußt"; „Es wird über ... berichtet"), die Ergebnisdiskussion verwendet abgetöntes Präsens (kann gewertet werden; läßt sich nachweisen; erscheint sinnvoll; ist anzunehmen). Der Verweis auf bisherige Erkenntnisse in der Literatur aber erscheint, genauso wie die Beschreibung des Verfahrens, im Imperfekt („Positive Effekte ...wurden auch nachgewiesen bei...; „Bei Kontrolltieren wurde...durchgeführt").
Im **Englischen** erscheint der Kommentar und Schluss gleichfalls im Präsens („Androgen depletion has protective effects." „The findings suggest that..."), während der Verweis auf andere Studien im Perfekt erscheint (...has been reported; ..effects have been observed) und die Methodenbeschreibung im Imperfekt erfolgt („Concentrations were determined"; „mice were sham operated").

Bei der Übersetzung wissenschaftlicher Fachartikel ist nicht nur Fachkenntnis, sondern auch Sprachwissen notwendig. Meist ist eine syntaktische Veränderung erforderlich. Nachstehendes Beispiel zeigt **zwei Originaltexte** aus der Immunforschung, die den Unterschied deutlich machen.

Deutsch	Englisch
Die Sterblichkeit polytraumatisierter Patienten wird maßgeblich durch die begleitenden Komplikationen beeinflußt. Dabei kommen während der frühen Phase des Krankenhausaufenthaltes dem hämorrhagischen Schock und weiterhin der Sepsis bzw. dem Systemic Inflammatory Response Syndrome (SIRS) eine wesentliche Bedeutung zu. In Kombination – aber auch für sich allein – können sie Ursache für ein späteres Multiorganversagen (MOV) sein, dessen Mortalität in verschiedenen klinischen Studien mit bis zu 75% angenommen wird [6]. Dabei wird dem posttraumatisch alterierten Immunsystem mit resultierender hyperinflammatorischer Situation eine große Bedeutung als eine der Ursachen für septiforme Komplikationen und konsekutivem MOV beigemessen [7]. Neuere Therapieansätze beschäftigen sich damit, Maßnahmen zur Immunmodulation aufzuzeigen, die die Beeinflussung der nach Trauma, Schock oder Sepsis ablaufenden pathologischen Kaskaden zum Ziel haben [4]. Immunmodulatorische Effekte wurden für eine Reihe von Hormonen wie ... gesehen. Ziel der vorliegenden Studie war es, die Auswirkungen von Y zu testen (...) *(Langenbecks Archiv für Chirurgie).*	Several clinical and epidemiological studies indicate gender differences in the susceptibility to and morbidity from sepsis.[1,2] Moreover, the importance of sex steroids in the development of immune dysfunction in various disease processes has been reported.[3,4] The suppressive effects of androgens on immunity have been observed on normal immune functions as well as in autoimmune diseases [5-8]. Studies also indicate a predominance of diverse autoimmune diseases, such as systemic lupus erythematosus, hashimoto thyroiditis, rheumatoid arthritis, and primary biliary cirrhosis, in females. [9.10] In a murine model of lupus erythematosus, the survival of female mice was prolonged by androgen administration. Cell-mediated immune responses also seem to exhibit sexual dimorphism. In particular, an increase of interleukin 2 (IL-2) and interferon gamma release by peripheral T cells after castration of male mice has been reported. [5] This paper examines Z (...) *(Archives of Surgery,* 17.02.99).
Im *deutschen* Text finden sich viele Passivkonstruktionen und Inversionen der Fokussierung (GERZYMISCH-ARBOGAST 1994, 132ff). Die Verbalisierung entspricht der Textsortennorm (s. Kap. 5.1.3.2). Die Sätze sind eher lang und enthalten Konnektoren (*dabei...*).	Im *englischen* Text ist die Deagentivierung auffällig (s. Kap. 4.2.1). Die Sätze sind kurz nach immer gleichem Schema S-P-O, Hypotaxen erscheinen nur als lineare Appositionen. Die Betonung liegt am Satzende, Zeitangaben erscheinen nach Ortsangaben.

Demgegenüber ist die Teiltextabfolge in **geisteswissenschaftlichen Aufsätzen** weniger stark normiert. Aussagekräftige Zwischentitel stellen

daher dort wichtige makrostrukturelle Rezeptionshilfen dar (STOL-
ZE/DEPPERT 1998).

5.1.3.3 PATENTSCHRIFTEN

Die Patentschrift ist ein Musterbeispiel für standardisierte Textsorten
der **fachinternen** informativen Kommunikation. Sie hat einen hohen
Spezialisierungsgrad und erlaubt keine populärwissenschaftliche Darstellung. Die sprachliche Normierung äußert sich im Textaufbau und in
bestimmten stilistischen Gepflogenheiten. Die stereotype, einzelsprachlich aber auch differenzierte Abfassung von Patentschriften ist ein Problem für den Übersetzer, der lexikalische und phraseologische Entspre-
chungsbeziehungen erkennen und pragmatische Adäquatheit in der ZS
herstellen muss.

Patentschriften sind sowohl technische Spezifikationen einer Erfindung
als auch juristische Dokumente über den Rechtsanspruch darauf. Nationale Patentbehörden geben Richtlinien auf der Basis von Gesetzen und
Verordnungen heraus, die zu deutlichen nationalen Unterschieden in
der Makrostruktur der Texte führen.[40] Dies kann in Übersetzungen entsprechende Anpassungen erforderlich machen. GLÄSER (1998, 558f)
bringt eine Gegenüberstellung der abweichenden Makrostrukturen
amerikanischer, britischer, russischer und deutscher Patentschriften:

> *Die Gliederung sieht so aus*
> I.   Deckblatt: verwaltungstechnische Daten
> II.   in deutschen P.:   Patentansprüche
>   in britischen P.:   Standardformel mit Gesuch um Patent-
>   erteilung
> III. Beschreibung der Erfindung
> III.1 Einordnung der Erfindung in ein Fachgebiet
> III.2 Beschreibung des Stands der Technik (mit Fundstellen, fak.)
> III.3 Kritik am Stand der Technik
> III.4 Zu lösendes Problem, Zweck der Erfindung (fak.)

---

[40] Vgl. hierzu: Deutsches Patentamt [Hrsg.] (1990): *Merkblatt für die Abfassung
von nach Merkmalen gegliederten Patentansprüchen.* München. – The Patent Office [Hrsg.] (o. J.): *How to Prepare a UK Patent Application.* London.

III.5 Darstellung der Lösung des Problems, wesentliche Merkmale der Erfindung unter Angabe ihrer Vorteile; ggfs. Kritik am Stand der Technik

III.6 weitere Ausgestaltung(en) der Erfindung (fak.)

III.7 Beschreibung eines oder mehrerer Ausführungsbeispiele der Erfindung mit Bezug auf die Abbildungen am Ende

III.8 in britischen P.: Patentansprüche (*claims*)

III.9 Zeichnungen

5.1.3.4 ARZTBERICHTE

Berichte über ärztliche Behandlungen, Diagnosen, Zustände nach OP, usw. müssen wegen Sozialversicherungsangelegenheiten oft auch übersetzt werden und sie folgen in Deutschland einem **festgelegten Schema**, bestehend aus einer Einleitungsfloskel (*Vielen Dank für die freundliche Überweisung Ihres Patienten N.N., geb. am...*) gefolgt von Einzelabschnitten zu Anamnese, Untersuchungen (EKG, Röntgen, CT, Labor, etc.), Befunden, Diagnose und Therapievorschlag. In den Abschnitten werden die Fakten nur aneinander gereiht, Verben verschwinden fast völlig, Adverbien werden zu Adjektivattributen, natürlich sind lateinische Fachtermini und internationale Abkürzungen hochfrequent.

Deutsches Textbeispiel

Befunde: Beckentiefstand rechts von gut 1,5 cm, s-förmige Verkrümmung der WS, erheblicher DS über dem lumbosacralen Übergang jedoch keine radikuläre Symptomatik. DS über C2/3 rechts betont, mäßiger DS über C1, kein Hinweis auf radikuläre Symptomatik. Clavikelhochstand rechts, eingeschränkte Elevation und Abduktion um jeweils 20 Grad gegenüber der Gegenseite. Druckschmerzhafter Verlauf der lateralen Clavikulahälfte.
Röntgen: LWS in 2 Ebenen: Mäßige Hyperlordose, fragliche Unterbrechung der Interarticularportion L5/S1 links. Auch in der Seitaufnahme Auflockerung der Interarticularportion. Insgesamt lotrechter Aufbau. (...).

Bei der **Übersetzung** fremdsprachlicher medizinischer Berichte, die im übrigen ganz ähnlich strukturiert sind, **ins Deutsche** wird man, ohne

Mediziner zu sein, durch das Wissen um die terminologischen Sprach-formen und die Wortbildungsmöglichkeiten mit hohem Fremdwörter-anteil (s. Kap. 3.4.2.3) auf die rechte Spur gelenkt. Da viele terminologi-schen Fragen nicht direkt anhand des Wörterbuchs zu lösen sind, ist der Übersetzer darauf angeweisen, zielgerichtete Vermutungen durch ent-sprechende Recherche zu erhärten.

Französisches Textbeispiel
RESULTATS
Extension extra osseuse de la lésion initialement localisée au niveau des deux tiers proximaux du tibia, sous forme d'une lé-sion présentant un caractère multi loculé, bourgeonnant, d'hyper signal DP fat sat, hyper signal T1 prescrivant un re-haussement périphérique en logette après injection de gadoli-nium. Envahissement de la loge antérieure, de la loge posté-rieure de jambe et de la région pré-tibiale avec un envahisse-ment du muscle tibial antérieur et postérieur et un envahisse-ment du muscle poplité. Extension intra articulaire au niveau de la graisse du Hoffa, au sein de l'échancrure inter-con-dylienne et dans le récessus poplité.
Le développement postérieur vient au contact de l'axe vascu-laire artério-veineux poplité et au contact des branches de di-vision tibiale postérieure et fibulaire mais sans signe d'enva-hissement vasculaire. L'extension intra osseuse au niveau du tibia apparait similaire à l'IRM réalisée avant le prélèvement chirurgical. (...)

Übersetzung
Extraossäre Extension der anfangs lokalisierten Schädigung auf Höhe von zwei Dritteln proximal zum Schienbein, in Form einer Schädigung, die einen multi-lokulierten, pickeligen Charakter mit Hypersignal DP fat sat präsentiert, mit Hyposignal T1, das eine periphere Anhebung in der kleinen Loge anzeigt, nach In-jektion von Gadolinium. Befall der Vorderloge, der Hinterloge des Unterschenkels und der prätibialen Region mit einem Be-fall des vorderen und hinteren Tibalismuskels und Befall des Poplietalmuskels. Intraartikuläre Extension in Höhe des Hoffa-Fettpolsters, im Inneren der Gelenkkapsel sowie im Poplietal-rezessus.
Die Entwicklung hinten kommt am Kontakt der Poplietal-arterovenösen Gefäßachse und am Kontakt der Äste der hinte-

ren und fibulären Tibialisteilung, jedoch ohne ein Zeichen von Gefäßbefall. Die intraossäre Extension in Höhe des Schienbeins erscheint ähnlich der im IRM, das vor de chirurgischen Entnahme gemacht wurde.

5.1.3.5 VÖLKERRECHTLICHE ÜBEREINKÜNFTE

Entsprechende Texte besitzen eine relativ stark **konventionalisierte Makrostruktur,** die sich in vier Teile untergliedert: Der „Titel" nennt die Art der Übereinkunft, gibt den Vertragsgegenstand und die Namen der Beteiligten an. Es folgt die „Präambel" mit Aufzählung der Beweggründe, dann kommt der fast immer in Artikel gegliederte „Inhaltsteil". Der Vertrag endet mit den „Schlussbestimmungen" über Inkrafttreten, Geltungsdauer und Schlussklauseln.[41]

> ### *Beispiel*
> Die Bezeichnung völkerrechtlicher Übereinkünfte darf keinen Zweifel über ihre jeweilige Form aufkommen lassen und muß mit den übrigen Bezeichungsmerkmalen übereinstimmen:
> a) zweiseitige Staatsverträge von grundsätzlicher, insbesondere politischer Bedeutung und längerer Laufzeit werden als *Vertrag* bezeichnet (*Treaty/ Traité/ Tratado*). Andere zweiseitige Staatsverträge können *Abkommen* genannt werden (*Agreement/ Accord/ Acuerdo; Convention/ Convenio/ Convención*).
> b) Zweiseitige Regierungsübereinkünfte werden als *Abkommen* oder *Vereinbarung* (*Agreement/ Accord/ Acuerdo*) bezeichnet.
> c) Noten- / Briefwechsel werden als *Vereinbarung* (*Arrangement/ Arreglo*) bezeichnet.
> d) Mehrseitige Übereinkünfte heißen in der Regel Übereinkommen (Convention/ Convenio/ Convencion), mitunter auch Vertrag (s.o.), Vereinbarung (s.o.), oder Protokoll (Protocol/ Protocole/ Protocolo).
> Als Oberbegriff für mehrere zwei- oder mehrseitige Verträge, die selbst verschiedene Bezeichnungen tragen, ist im *Deut-*

---

[41] Durch das Beibehalten solcher Textstrukturen, etwa bei Texten der EU, können freilich auch verfremdende Einflüsse auf nationale Textkonventionen entstehen, wie dies gegenwärtig bei neuen Mitgliedsländern in der Europäischen Union zu beobachten ist. Sie müssen ihr Rechtssystem teilweise den EU-Richtlinien anpassen und unterliegen hier auch formalen Einflüssen.

schen – ungeachtet der fremdsprachigen Bezeichnung (*Agreement/ Accord/ Acuerdo/; Convention/ convenio/ convención,* o.ä.) - stets das Wort *Übereinkunft* zu verwenden, sofern der fremdsprachige Wortlaut nicht das Wort *Treaty/ Traité/ Tratado* verwendet. In diesem Fall heißt es auch im deutschen „Vertrag" (vgl. *STANDARDFORMULIERUNGEN* 1992, 12).

In der Präambel erscheinen die „Beweggründe" als initiierendes Textsortensignal im fremdsprachigen Wortlaut meist mit bestimmten herkömmlich verwendeten Partizipien, Gerundien und ähnlichen Formulierungen eingeleitet.

Solche Partizipialkonstruktionen sind etwa: *acknowledging; affirmant, reconnaissant; affirmando; aware of; constatant; conscientes, constatando; convinced; convaincus; convencidos; rappelant les dispositions,* etc., wobei im Deutschen eher Präpositionalphrasen mit Verbalsubstantiv charakteristisch sind (In Anerkennung, in Anbetracht, in dem Bewußtsein, in Kenntnis, angesichts; in der Überzeugung; unter Hinweis auf die Bestimmungen).

Auch bestimmte stilistische Normen in der Textfassung solcher Verträge gilt es zu beachten. So empfiehlt es sich, die in den Fremdsprachen häufig vorkommenden und dort sprachlich durchaus korrekten negativen Hinweise auf „keine Vertragspartei", „keinen Artikel", „nichts in diesem Abkommen", „keine Ware" u. ä., wenn sie Subjekt sind, im Deutschen möglichst zu vermeiden. Beispiel: *Nothing in this Agreement shall preclude the use of controls .../ Aucune des dispositions du présent Accord n'aura pour effet d'interdire le recours … à des contrôles/ Dieses Übereinkommen schließt nicht aus, dass … Kontrollen anwendet*
(vgl. *STANDARDFORMULIERUNGEN* 1992, 83).

5.1.3.6 GERICHTSURTEILE

Gerichtsurteile sind in den einzelnen Ländern in ihrer **Makrostruktur genau definiert** und anhand dieses Textaufbaus zu erkennen. Eine Gegenüberstellung von Scheidungsurteilen verschiedener Länder weist den unterschiedlichen Textaufbau nach, der in der Übersetzung erhalten bleibt (vgl. ARNTZ 1992, 116).

Im Vergleich zeigt sich, dass der Urteilsspruch im **Deutschen** am Anfang steht, so dass Tatbestandsdarlegung und Entscheidungsgründe eine

'Begründung' hierzu liefern. In den anderen Urteilen wird oft die Ordnungsmäßigkeit des Verfahrens durch ausführliche Beschreibung nachgewiesen, das Urteil erscheint am Ende, quasi als 'Herleitung' aus den verschiedenen Gründen und Gesetzesverweisen.

amerikanisches Urteil	französisches Urteil
Urteilseingang	Urteilseingang
Verfahrensablauf (Zwischenurteil)	Tatbestand
Urteilsformel (oft formularisch)	Entscheidungsgründe
	Urteilsformel
deutsches Urteil	**italienisches Urteil**
Urteilseingang	Urteilseingang
Urteilsformel	Schlußanträge
Tatbestand	Verfahrensablauf (Instruktionsverfahren)
Entscheidungsgründe	Entscheidungsgründe
	Urteilsformel

Zum Gestaltungsmuster von **deutschen Urteilen** gibt es gesetzliche Vorgaben, vgl. § 260 Abs. 4 und 5 StPO:

> (4) Die Urteilsformel gibt die rechtliche Bezeichnung der Tat an, deren der Angeklagte schuldig gesprochen wird. Hat ein Straftatbestand eine gesetzliche Überschrift, so soll diese zur rechtlichen Bezeichnung der Tat verwendet werden. Wird eine Geldstrafe verhängt, so sind Zahl und Höhe der Tagessätze in die Urteilsformel aufzunehmen. (...) (5) Nach der Urteilsformel werden die angewendeten Vorschriften nach Paragraph, Absatz, Nummer, Buchstabe und mit der Bezeichnung des Gesetzes aufgeführt. (...)

Oder auch § 313 Abs. 12 ZPO:

> (1) Das Urteil enthält
> die Bezeichnung der Parteien, ihrer gesetzlichen Vertreter und der Prozeßbevollmächtigten;
> die Bezeichnung des Gerichts und die Namen der Richter, die bei der Entscheidung mitwirkten;
> den Tag, an dem die mündliche Verhandlung geschlossen worden ist;die Urteilsformel;den Tatbestand; die Entscheidungsgründe.

5.1.3.7 Arbeitszeugnisse

Beim Umgang mit **Arbeitszeugnissen,** die in manchen nordischen Ländern wesentlich wortreicher gestaltet sind als in Deutschland (vgl. Kruth
1986), ist freilich auch deren Urkundenfunktion (s. weiter unten) zu
beachten, so dass evt. eine Umgestaltung mit einer Fußnote des Übersetzers bezüglich der kulturellen Unterschiede zu versehen ist. Französische und deutsche Arbeitszeugnisse folgen einer bestimmten **Textsortennorm.**

> ### HInweis
>
> In deutschen Arbeitszeugnissen sind Angaben zur Person und
> zur Beschäftigungsdauer unerläßlich, ferner eine Beschreibung
> der Tätigkeit, Beurteilung der Leistung und des Sozialverhal-
> tens im Betrieb, Kündigungsart und Kündigungsgrund, Be-
> dauern über das Ausscheiden, gute Wünsche für die Zukunft;
> bei Führungskräften zusätzlich die Führungsleistung. – Dazu
> verwenden die Zeugnisse eine besondere Sprachform, jedoch
> keinen Geheimcode. Die Mehrheit der Zeugnisse arbeitet mit
> der bekannten „Zufriedenheitsskala", die auch weitgehend
> gleich interpretiert wird. So ist
> „… hat die Arbeiten *stets* zu unserer *vollsten* Zufriedenheit er-
> ledigt" gleichbedeutend mit 'sehr gut', ein
> „…hat die Arbeiten *stets* zu unserer *vollen* Zufriedenheit erle-
> digt" steht für 'gut', für
> „…hat die Arbeiten zu unserer *vollen* Zufriedenheit erledigt"
> gibt es 'befriedigend'.
> Bei „…hat die Arbeiten zu unserer Zufriedenheit erledigt"
> reicht es für ein 'ausreichend', bei
> „…hat die Arbeiten im Großen und Ganzen zu unserer Zufrie-
> denheit erledigt" nur noch für 'mangelhaft'.
> Ebenfalls zum Standard in vielen Berufssparten gehört die
> Trias „ehrlich, pünktlich, fleißig". Fehlt im Arbeitszeugnis eines
> Kassierers oder einer Verkäuferin eine dieser Eigenschaften, so
> deutet dies auf deren Fehlen beim Mitarbeiter hin. Auch das
> Weglassen anderer für den Beruf wichtiger Eigenschaften wird
> allgemein als „beredtes Schweigen" interpretiert. Wichtig in
> jedem Zeugnis ist die Erwähnung des Sozialverhaltens des Ar-
> beitnehmers. Wird nur das Verhalten gegenüber Kollegen er-
> wähnt, nicht aber das gegenüber Vorgesetzten, so ist dies ne-

gativ zu bewerten. Schließlich gehören gute Wünsche für den Mitarbeiter zum guten Ton in einem Arbeitszeugnis.

Auch in Frankreich gibt es solche Zeugnisse. **Amerikanische Arbeitszeugnisse** stellen demgegenüber nur eine einfache Bescheinigung über die Beschäftigung dar, kaum eine Beurteilung von Verhalten und Arbeitsleistung; in Lebensläufen wird dort der Ausbildungsweg betont, nicht die Herkunft, wie noch in Deutschland. Dort werden auch oft keine Angaben zum Geburtsdatum oder dem Personenstand gemacht.

5.1.3.8 ZEITUNGSMELDUNGEN

Die kurze Nachrichtenmeldung folgt den Normen der Massenkommunikation in **fachexterner Kommunikation**. Sie hat im Deutschen das Textsortensignal der „Ortsangabe, abgesetzt durch Punkt vor dem eigentlichen Text" (SCHÄFFNER 1991, 3): *„Berlin. Bei der gestrigen Versammlung ..."*. Die schematische Darstellung von Kommunikationsprozessen und Ereignissen folgt der Grundformel: *„Wer sagte/tat was, wann, wo, zu wem, warum?"* (Lasswell-Formel, 1948).[42] Bei der Zeitungsmeldung muss ja gedrängte Information auf wenig Raum erscheinen, die W-Fragen sind am Anfang zu beantworten: Eine Nachrichtenmeldung muss man bei Platznot von hinten her abschneiden können, ohne einen Informationsverlust zu erleiden. Kurze klare Sätze, höchstens Relativkonstruktionen sind erlaubt. Wichtig ist auch die Zeitenfolge zu beachten (geschah es heute, gestern, demnächst) hinsichtlich Imperfekt und Plusquamperfekt. Der Textanfang erscheint sinnvollerweise im Präsens, dann geht es weiter im Perfekt (*hat ... gefordert*). Erzählpassagen erscheinen im Imperfekt (*Das Auto schleuderte über die Leitplanke hinaus.*). Indirekte Rede muss korrekt wiedergegeben werden (s. Kap. 4.2.2.3): Präsens, Konjunktiv, Konditional (*ist, sei, wäre*).

---

[42] Harold D. LASSWELL, ein amerikanischer Politikwissenschaftler, hat im Hinblick auf den Prozess der Massenkommunikation zusammen mit B. L. Smith ein Frageschema mit fünf W-Fragen, die L.-Formel, entworfen. Vgl. LASSWELL, Harold D. (1948, ³1974): "The Structure and function of communication in society", in: *The Process and Effects of Mass Communication*. Ed. by W. SCHRAMM/D. F. ROBERTS. Urbana, Chicago, London ³1974, 84-99. Reprint.

5.1.3.9 BEDIENUNGSANLEITUNGEN

Ein Großteil der praktisch vorkommenden Übersetzungen bezieht sich auf instruktive Textsorten der fachexternen Kommunikation wie **Anleitungstexte** aller Art.

Inzwischen hat sich hier eine bestimmte Norm der logisch klar aufgebauten Darstellung herausgebildet, die bei mehrsprachigen Ausgaben dann international in allen Sprachen übereinstimmend vorkommt, vgl. SCHMITT (1998, 210).

Die Gliederung sieht so aus
- Titelseite mit Produktbezeichnung, -abbildung, Herstellerfirma, -logo und Dokumenttitel
- Gesamtansicht des Produkts
- Impressum, Copyright-Vermerk, Änderungsvorbehalt, eingetragene Warenzeichen, Hinweis auf Umweltschutz (Papiersorte)
- Gratulation zum Kaufentscheid/Dank für Kundenvertrauen
- Appell zur Lektüre des Dokuments
- Hinweise zu Dokumentinhalt, -struktur, Symbole
- Hinweis auf Risiken beim Produkteinsatz
- Hinweis auf Haftungsausschluss bei Einsatz fremder Ersatzteile
- Gewährleistungsbedingungen und Hinweis auf die Gewährleistungsrelevanz regelmäßiger Wartung und Verwendung der Originalverpackung bei Versand
- Inhaltsverzeichnis mit Seitenangaben
- Abbildung des Produkts und Benennung der Teile/Bedienungselemente
- Globalbeschreibung des Produkts und seiner wichtigsten Merkmale
- Hinweise zur Montage, Installation, Einschalten
- Hinweis auf benötigte Werkzeuge/Arbeitsmittel/Werkstoffe
- Kurzbeschreibung der Produktbedienung
- ("Schnellstart")
- Detailbeschreibung der Produkt Systeme/ -Komponenten/ -Funktionen, gefolgt von einer Detailbeschreibung der jeweiligen Arbeitsschritte für Gebrauch, Bedienung, Betrieb etc., ggf. mit Sicherheitshinweisen von Fall zu Fall

- Beschreibung von Pflege und Wartung
- Störungsdiagnose (meist in Form von Tabellen- oder Flussdiagrammen)
- Ansprechpartner und Vorgehensweise bei gravierenden Störungen (Adressen, Hotline etc.)
- Außerbetriebnahme, Recyclingaspekte
- technische Daten, Füllmengen etc.
- Ersatzteile, Sonderzubehör
- Stichwortverzeichnis

vgl. SCHMITT (1998b, 210).

5.1.3.10 TITELGESTALTUNG

Auch **Fachtitel** sind oft spezifisch konstruiert. DIETZ (1995) berichtet über in den USA geltende Maßstäbe, u. a. für die Titel wissenschaftlicher Aufsätze. So heißt es in den Richtlinien[43]: „Authors should use specific and meaty words that would be positively helpful to a person trying to judge the content of a paper from its title". DIETZ (1995, 1ff) unterstreicht die Wichtigkeit der Titel. Sie haben nicht nur die Aufgabe, eine „Überschrift" zu sein, die den Text von anderen klar unterscheidet, sondern sie dienen auch als komprimierte Inhaltsangaben ihrer Texte. Vor allem der Naturwissenschaftler entscheidet aufgrund der Überschriften bei seiner Dokumentationsrecherche, ob für ihn ein Text relevant ist oder nicht. So ist der Informationswert der Titel von größter Bedeutung, denn er soll zur Lektüre bewegen. **Schlagwortregister** sind überhaupt nur sinnvoll, wenn der Titel möglichst viel über den Inhalt aussagt, was natürlich bei vielschichtigen Texten nicht ganz problemlos ist. Innerhalb wissenschaftlicher Texte dienen Titel durch Teiltextbegrenzung mittels Zwischenüberschriften zur Steuerung der Lektüre. Die formale Struktur von Titeln wurde verschiedentlich untersucht.

> **Englische Fachtitel** enthalten oft ein infinites Verb: *Introducing applied Linguistics; Dying*, während **deutsche Titel** häufiger artikellose Abstrakta verwenden: *Einführung in die Angewandte Sprachwissen-*

---

[43] Vgl. den „Weinberg-Report of the President's Science Advisory Committee" aus dem Jahr 1963 (zit. nach DIETZ 1995, 1).

schaft; *Alter und Tod.* **Französische Titel** haben eher den Artikel beim Hauptwort: *L'arbitre et le capitaine, Le Rouge et le Noir*, etc. (vgl. NORD 1993, 79).

Syntaktisch überwiegt die deklarative Form der Aussage in postmodifizierter Form in naturwissenschaftlichen Fachtiteln. Nominalformen sind dominant (DIETZ 1995, 23).

Im Blick auf **rhetorische Formen** wie Anklänge und Metaphern nennt DIETZ deren Aufgabe, Interesse für den dazugehörigen Text zu erwecken. Er hat auch für wissenschaftliche Texte zahlreiche Beispiele von Alliteration, der expressiven Wiederholung von Anfangsbuchstaben in mehreren Wörtern, gefunden (DIETZ 1995, 113ff). Man vergleiche dazu auch BARCZAITIS/ARNTZ (1998, 798), die dies als Kennzeichen angelsächsischer technischer Texte bezeichnen. Gegensatzpaare als stilistisches Mittel entspringen oft der Notwendigkeit, eine Verhältnisbeziehung oder ein breiteres Inhaltsspektrum zu beschreiben. Wenn solche Tendenzen der Titelstrukturen wissenschaftlich nachgewiesen wurden, dann sind sie auch für das Übersetzen von Fachtexten relevant. Übersetzer sollten eine Abänderung von Fachbuchtiteln kritisch prüfen.

Im Vorhergehenden wurde eine deskriptive Darstellung verschiedener Fachtextsortenkonventionen geliefert. Es ist nun die Frage zu stellen, inwiefern dies für eine adäquate Textproduktion im Sinne der Verständlichkeit relevant ist.

5.2   VERSTÄNDLICHKEIT ALS TEXTQUALITÄT

Fachtexte in den verschiedenen Textsorten dienen der Verständigung unter Fachleuten und zwischen Experten und Laien zum Zweck der Informationsübermittlung. Daher ist es auch eine Grundforderung an entsprechende Texte, „verständlich" zu sein (KALVERKÄMPER 1983), doch dies ist nicht absolut zu definieren, sondern hängt von den Adressaten als intendierten Textempfängern ab. Ohne ein relevantes Vorverständnis ist kein Verstehen möglich.

5.2.1 Adressatengerechte Darstellung

Bei der **physischen Texterfassung** kann man zunächst drei Faktoren-gruppen unterscheiden: „Leserlichkeit" (Ergebnis der optischen Textge-staltung), „Lesbarkeit" (beeinflusst u. a. durch Wort- und Satzlänge, Informationsdichte) und „Verständlichkeit" (als Interaktion von Vorwis-sen und Textinformation).

Bei der Untersuchung des individuellen **Textverstehens** lautet die Frage: Welche Verstehensprozesse sind von Eigenschaften des Lesers, z. B. Vorwissen und Sachkompetenz entsprechend fachinterner oder fachex-terner Kommunikation abhängig? Bei der Untersuchung der **Textver-ständlichkeit** ist die Frage: Welche Verstehensprozesse sind von Merk-malen des Textes abhängig? Texte in der Fachkommunikation haben relevant, klar und präzise zu sein. Beide Konzepte, das Textverständnis und die Textverständlichkeit, sind natürlich nicht ganz voneinander zu trennen.

Das **Vorwissen des jeweiligen Lesers** ist ein wichtiger Faktor, und ein Autor sollte beim Verfassen eines Textes von der Ebene des inhaltlichen und sprachlichen Vorwissens seiner anvisierten Leserschaft ausgehen und sich dabei evt. in seinen eigenen Lernprozess zurückversetzen (DEP-PERT 1997, 118). Daher ist bei der Frage nach der Verständlichkeit eines Textes grundsätzlich festzustellen, in welcher Kommunikationsform, ob fachintern oder fachextern, gehandelt wird. Kein Wissenschaftler kann Lesern ohne fachspezifisches Vorwissen mit ein paar einleitenden Sät-zen dazu verhelfen, einen Stand zu erreichen, für den er selbst einen langen Weg gebraucht hat. Und fachspezifisches Wissen wird durch Fachsprachen mit ihrer Terminologie repräsentiert. Außerdem ist zu unterscheiden zwischen den Adressaten als anvisierten Lesern und den Rezipienten als den tatsächlichen Lesern, zu denen auch der Übersetzer gehört. **Defekte in Ausgangstexten** (SCHMITT 1998, 147), die zu Proble-men beim Übersetzen führen können, beruhen oft darauf, dass Textver-fasser unreflektiert von sich selbst ausgehen und nicht an die Leser denken.

Es ist also bei der Erstellung fachlicher Texte das Niveau einzelner Zielgruppen zu bedenken. Es droht nämlich stets die Gefahr der „Betriebsblindheit" für den Autor, wenn dieser sein eigenes Vorwissen als selbstverständlich und banal auch beim Leser voraussetzt. Vorwissen ist individuell verschieden, und nicht vorhandenes Vorwissen muß in einem Text bereitgestellt werden. Deshalb ist **Verständlichkeit von Texten weitgehend zielgruppenspezifisch** und nur vor diesem Hintergrund zu beurteilen. Eine allgemeine Bestimmung zur Verständlichkeit von Texten ist nicht möglich. Der Übersetzer wird im Einzelfall genau ergründen müssen, welches Vorwissen er bei seinen anvisierten Empfängern voraussetzt, und er wird dies auch von seinem eigenen (weiteren oder engeren) Vorwissen zu unterscheiden haben. Nichts ist ja penetranter als Texte, die den Leser unterschätzen, und zuviel naive, gemeinsprachliche Information nimmt den Fachtexten ihre Akzeptanz.

Neben der Berücksichtigung des Vorwissens gibt es auch die **Gesetze der Textwahrnehmung** im allgemeinen, wie z. B., dass es sich positiv auswirkt, wenn eine Sinneinheit auch „beieinander steht" und formal als solche kenntlich ist, oder wenn Klarheit herrscht, indem es eine sinnvoll und logisch gegliederte Reihenfolge der Darstellung gibt und „nicht alles durcheinander" auftritt.

Bei der Entwicklung von **Verständlichkeitskriterien** ist aufgrund unterschiedlicher Fachsprachencharakteristika zu überprüfen, ob und inwieweit sie für bestimmte wissenschaftliche Bereiche gelten können. Für den Bereich der technischen Dokumentation ist eine solche Konzeption bereits entwickelt worden (BECKER/JÄGER/MICHAELI/SCHMALEN 1990). „Für den Bereich der Sozialwissenschaften steht etwas Vergleichbares noch nicht zur Verfügung" (DEPPERT 1997, 118).

Nach dem „Hamburger Verständlichkeitskonzept" (LANGER/SCHULZ VON THUN/TAUSCH 1981) begünstigen folgende „vier Verständlichmacher" die Verständlichkeit von Texten. Dabei ist zu beachten, dass dies unausgesprochen für Texte in der fachexternen Kommunikation gemeint ist:

- Sprachliche Einfachheit (kurze Sätze, gebräuchliche Wörter),
- Gliederung und Ordnung (innere Folgerichtigkeit, übersichtliche Anordnung),
- Kürze und Prägnanz (Sprachaufwand im Verhältnis zum Informationsziel),
- Zusätzliche Stimulanz (Interesse weckende Zutaten, motivierende Fragen, Aufhänger, Anknüpfung an Beispiele aus der Lebenswelt) (vgl. LANGER 1979, 232).

BEIER (1983) hat solche „Verständlichmacher" untersucht (s. Kap. 5.1.2.2). Mangelnde Berücksichtigung des Kenntnisstands der Adressaten in der Öffentlichkeit kann jedenfalls zur Überfrachtung mit unbekannten Fachtermini führen.

5.2.2 DIE TEXTSTRUKTURIERUNG ALS ÜBERSETZUNGSPROBLEM

5.2.2.1 TEXTORGANISATION

Es wurde inzwischen mehrfach behauptet, dass die Textverständlichkeit aufgrund der Textorganisation in verschiedenen Sprachen auf unterschiedliche Weise erzielt werde, doch daraus ergibt sich die Frage, zu welchen Textveränderungen dies beim Übersetzen führen kann, darf oder muss. Dabei ist die Ansicht verbreitet, dass **englischsprachige** Fachliteratur leichter verständlich sei und demgegenüber **deutsche** wissenschaftliche Publikationen oft umständlich und schwierig wären.[44] Solche Behauptungen blenden allerdings das intendierte Vorwissen der Adressaten aus, denn auch der komplizierteste Text ist für bestimmte Leser „verständlich".

Die Verständlichkeit von Texten resultiert aber wesentlich aus dem gesamten **Textaufbau**. Formen der Textgliederung können semantischer

---

[44] Vgl. CLYNE (1991, 376): „Manche Neuerscheinungen bedeutender Deutscher sind von englischsprachigen Rezensenten aufgrund bestimmter Kriterien der Lesbarkeit vernichtend kritisiert worden, ohne dass freilich die Theorie oder das Argument mangelhaft war. 'Schwerfällig', 'konfus', 'weit-schweifig' und 'chaotisch' sind Ausdrücke, die häufig vorkommen. Andererseits wird Englischsprachigen von Deutschen oft vorgeworfen, dass sich ihre Texte oberflächlich, essayistisch und unwissenschaftlich lesen."

Art sein, wie z. B. meta-sprachliche Einschübe, auflockernde Verweise oder Definitionen wichtiger Fachausdrücke, aber auch formaler Natur, wenn es um Fragen der Organisationshinweise in Texten geht. Insbesondere CLYNE (1991; 1993) hat formale Kriterien der Textgliederung untersucht, und er nennt fünf Punkte, die allerdings nicht alle akzeptabel erscheinen:

A) **Linearität:** Ein Text wird als „linear" bezeichnet, wenn ein Argument dem vorherigen, aus dem es entwickelt wird, direkt folgt, und wenn eine klare Zuordnung kleinerer Textpassagen zu übergeordneten möglich ist. Nach CLYNES Meinung seien englische Fachtexte tendenziell linearer in der Gedankenführung. In deutschen Texten seien „Abschweifungen" oder „Exkurse" häufiger.[45] Diese könnten freilich die Funktion haben, den Leser mit einer Theorie bekannt zu machen oder eine Auseinandersetzung mit einem anderen Forscher einzubauen und sind dann notwendig. Tatsächlich scheinen aber Kommentierungen und Verweise in deutschen geisteswissenschaftlichen Texten häufiger zu sein als in englischen (SACHTLEBER 1992, 116).

B) **Symmetrie:** CLYNE bescheinigt deutschen Texten auch eine Neigung zur „Asymmetrie", weil manche ihrer Teile „...viel länger sind als andere" (1993, 10). Hier ist einzuwenden, dass die Länge von Textabschnitten wohl doch durch deren Inhalt bestimmt ist und nicht formalen Kriterien unterliegen kann.

C) **Organisationshinweise** im Text, z. B. die sog. „Advance Organizers" werden von englischsprachigen Autoren reichlicher verwendet. Sie beenden einen längeren Abschnitt mit einem zusammenfassenden Satz und beginnen einen neuen Textabschnitt mit Gliederungssignalen der Vororientierung, wie *„Ich werde nun vom Hauptthema abweichen, um..."* oder *„Das soll an dem nun folgenden Beispiel verdeutlicht wer-*

---

[45] In einer Befragung australischer und deutscher Linguisten und Soziologen fand CLYNE heraus, dass für die Australier insgesamt die Linearität eines Textes wichtiger ist, während für die Deutschen der Informationsgehalt eine wichtigere Rolle bei der Textbeurteilung spielte (CLYNE 1991, 381). Der Autor untersuchte je 26 wissenschaftliche Texte mittleren Umfangs von deutschsprachigen und englischsprachigen Verfassern. Dabei achtete er besonders auf Variablen wie Textsorte und Fachdisziplin.

den...". In diesem Sinne wären englische Fachtexte „didaktischer". Es ist allerdings eine Frage, ob solche Kurzzusammenfassungen im Textverlauf wirklich notwendig sind, oder ob deren Funktion nicht besser von Zwischenüberschriften geleistet wird. Für einen deutschen Wissenschaftler könnten sie auch redundant wirken. Die textinterne formale Gliederung kann Übersetzungsschwierigkeiten bieten, denn jede Sprechergemeinschaft hat ihre eigenen Normen:

> Die Art und Weise, wie ein präzises technisch-wissenschaftliches Thema im Deutschen dargestellt wird, unterscheidet sich grundsätzlich von der französischen Betrachtungsweise. (...) Das bedeutet eine Verschiebung der Perspektive, aber auch Substitution bestimmter Inhalte durch andere (in der Übersetzung) (SOELLNER 1980, 199).

Beispiel

Das *Englische* unterscheidet sich in der Abschnitteinteilung deutlich von anderen europäischen Sprachen. So finden sich in *deutschen* und *niederländischen* Texten Paragraphen mit und solche ohne Einrückung, was für den Engländer unlogisch ist. Hier wird mit einem neuen Gedanken auch ein neuer Abschnitt eröffnet. Solche Unterschiede führen translatorisch zu formalen Veränderungen der Textvorlage (vgl. JAMIESON 1993, 141). Englischsprachige Autoren ziehen den *topic sentence* als thematische Einleitung eines Absatzes dominant dem überleitenden *bridge sentence* vor.

In *französischen* Texten wird dagegen oft in unzählige Einzelpunkte mit diversen Enumerationsformen (*I, II, III...*, *a), b), c)...*, •••..., - - -...) unterteilt, was für Deutsche zu umständlich wirkt. Eine idiomatische Übersetzung würde hier die Abschnitteinteilung verändern und größere Gruppen bilden.

D) **Definitionen** von wichtigen (Fach-)Ausdrücken erfolgen nach CLYNE in englischen Texten sofort (73%), in deutschen Texten angeblich gar nicht (69%) oder erst nach ihrer Einführung (19%): „Der deutsche Definitionsprozeß findet vielfach im Laufe des Textes statt" (1991, 379). Ohne seinen Begriff von „Definition" selbst klarzustellen, meint CLYNE wahrscheinlich eine Art „Anfangsdefinitionen", die den Anschluss an das vermutete Vorwissen der Leser leisten sollen. Denn oft ist ja in geisteswissenschaftlichen Abhandlungen die Definition eines Sachverhalts gerade der Inhalt des ganzen Werkes selbst (s. Kap. 2.3.2). Da kann nicht einfach mit Verweis auf ein paar Beobachtungen eine Behauptung aufgestellt werden.

E) **Datenintegration:** CLYNE behauptet, Tabellen oder Zitate stünden in deutschen Texten oft unverbunden mit dem Rest des Textes und würden nicht erläutert. Dies ist sicherlich eine fragwürdige Behauptung, die genauer untermauert werden müßte.

F) **Abschwächen** nennt CLYNE das Relativieren eines Arguments durch die Verwendung von Heckenausdrücken (*hedges*), wie Modalverben (*„Man kann annehmen, dass...“*), unpersönlichen Konstruktionen und Passiva (*„Es überrascht, dass...“/ „Es wird festgestellt...“*). Er bescheinigt (1991, 380) deutschen Autoren, sich häufiger derartig vorsichtig auszudrücken. Allerdings beschreibt er damit nur den deutschen sachlichen Funktionalstil (s. Kap. 4.1.1). Und was das „Untertreiben" angeht, so sollte die Tatsache, dass ein Sachverhalt noch nicht gesichert erklärt werden kann, sich durchaus in den Texten niederschlagen.

Die von CLYNE gesehenen Unterschiede mögen im Einzelfall etwas fragwürdig wirken, doch zeigen sie immerhin eine generelle Tendenz der Textgestaltung auf. Es handelt sich um pragmatische und kulturell bestimmte Textmerkmale, die, wie CLYNE an anderer Stelle bemerkt „...häufig völlig unbewußt, von einer Sprache zur anderen übertragen werden" (CLYNE 1993, 3). Obwohl hier wahrscheinlich weniger die Arbeit von Übersetzern als etwa die von englisch schreibenden deutschen Autoren gemeint ist, sollten diese Anmerkungen die Übersetzer für die Problematik des Fachübersetzens sensibilisieren. Es gibt Hinweise, dass es tatsächlich unterschiedliche Normen der Textstrukturierung in den einzelnen Sprachgemeinschaften gibt.

5.2.2.2 FORMALE GLIEDERUNGSSIGNALE

Die Ordnung der Gedanken und die Gliederung des Textes, also kognitive und formale Strukturierung, sind wichtige **Aspekte der Verständlichkeit**. In Anlehnung an BAUMANN (1987) kann man die grundlegende Bedeutung formaler Gliederungssignale hervorheben. Sie kennzeichnen die Teiltexte als Einheiten innerhalb eines Textganzen, in welchem ein semantischer Zusammenhang besteht. Beispielhaft werden folgende Signale genannt:

> Metakommunikative Sätze und Satzteile (dienen der Präzisierung der thematischen Abfolge)
>
> Stilistisch relevante Elemente als Ausdruck der Makrostruktur (Anapher, Inversion als Fokussierungsstrategie, rhetorische Frage am Beginn eines Teiltextes)
>
> die Satzadverbien (modifizieren nicht die Umstände des Prädikats, sondern stellen einen pragmatischen Bezug zwischen Textproduzent und Kommunikationsgegenstand her)
>
> die Initiatoren (satzeröffnende Gliederungssignale)
>
> die Sequenzsignale (besonders Enumeration)
>
> die „eigentlichen" Gliederungssignale (stehen am Anfang oder Ende von Teiltexten, heben die wechselseitige – alternative, adversative, additive... – Bedingtheit logischer Aspekte des Kommunikationsgegenstandes hervor)
>
> die Terminatoren (satzschließende Gliederungssignale)
>
> die Kennzeichnung von Teiltexten durch Überschriften bzw. stereotype Formeln des Textanfangs und -abschlusses (z. B. Anrede und Grußformeln, typographische Mittel und ikonische Mittel) (vgl. STOLZE 1992, 111).

Wenn nun, wie HERRMANN (1989) vortrug, in sozial-geisteswissenschaftlichen Texten überwiegend besondere Orientierungshilfen als Gliederungssignale oder zur Kohärenzhilfe verwendet werden (weil sie ansonsten stärker an der Gemeinsprache orientiert sind, s. Kap. 2.4.1), so gilt, dass man sich beim Übersetzen bei solchen komplexen Texten nicht auf eine simple logische Abfolge von Sätzen beschränken kann. Einerseits benötigt man die Konnektoren für ein adäquates Verständnis des Ausgangstextes, andererseits wird man versuchen, etwa in einem zielsprachlichen Fachtext entsprechende Konnektoren einzusetzen, um das Verständnis zu erleichtern.

5.2.3 Klarheit tätigkeitsleitender Texte

Die globale Textstruktur von Bedienungsanleitungen wurde schon erwähnt (s. Kap. 5.1.3.9). Beim Erstellen von tätigkeitsleitenden Texten (TLT), wie z. B. Bedienungsanleitungen[46], sind Anliegen der Arbeitspsychologie zu beachten. Derartige Texte gehören zu den Instruktionstexten[47] und sind auf einzelne Arbeitsaufgaben bzw. auf ein spezielles Gerät bezogen, jedoch nicht auf das Aneignen komplexer Wissensgebiete. Sie werden von den Nutzern nur zur gezielten Informationsentnahme hinsichtlich der anzuleitenden Tätigkeit gelesen.

> Die Textnutzung und die Textverständlichkeit sind interaktive Sachverhalte, die bestimmt werden durch das Vorwissen und die Verarbeitungs- oder Lesestrategien und Absichten des Nutzers, den situativen Kontext – etwa die Selbsterklärungsfähigkeit von Aufträgen und Geräten – und zahlreiche ganzheitliche sowie Einzelmerkmale des Textes (HACKER 1990, 34).

Tätigkeitsleitende Texte stehen in einer **Relation zum Kontext des Geschehensablaufs** und brauchen nicht unbedingt eine vollständige analytische Tätigkeitsbeschreibung zu liefern. Nach den Normenvorschriften sollen Anleitungstexte so kurz wie möglich, aber trotzdem vollständig, korrekt und lernzielfördernd sein. Zweideutigkeiten sind zu vermeiden.

---

[46] In der DIN-Norm V 8418 werden genaue Angaben zur Gestaltung einer Gebrauchsanweisung gemacht. Sie zeigt an, welchen Inhalt eine Gebrauchsanweisung haben muß (Angaben über das Erzeugnis, Einsatzort, Transport/Lagerung/Aufbau, Nutzung, Instandhaltung, Kundendienst, usw.). Querverweise innerhalb dieser Norm führen zu speziellen Normen einzelner Punkte, z. B. DIN 31051 mit Angaben zur Instandhaltung, DIN 30600, DIN 32830 zur Symbolik, DIN 24420, DIN 31052 zur Gliederung, und viele weitere zu berücksichtigende Punkte.

[47] Der Ausdruck *Anweisung* sollte als Titel nur dann gewählt werden, wenn der Textsender in bezug auf den Adressaten weisungsbefugt ist (z. B. bei fachinternen Dokumentationen wie den Instandhaltungsanweisungen für die Servicetechniker eines Unternehmens). Der Ausdruck *Anleitung* ist dagegen neutral und kommt auch für Dokumentationen im Bereich der fachexternen Kommunikation in Frage, wie etwa die Anleitungen für Haushalts- und Sportgeräte, Autos und dergleichen. Andere Bezeichnungen sind *Gebrauchsanweisung, Gebrauchsinformation, Bedienungsanleitung, Betriebsvorschrift, Kurzanleitung, Montagevorschrift,* etc. Der Ausdruck *Handbuch* ist dann angebracht, wenn der Text tatsächlich die Merkmale eines Buches aufweist (SCHMITT 1998b, 209). Die Bezeichnungen sind aber auch nicht beliebig austauschbar, da sie sich auf Produkte unterschiedlicher Komplexität beziehen. So passt zu einem Kraftwerk der Ausdruck *Betriebshandbuch*, nicht aber *Gebrauchsanleitung*, wie bei einer *Hobbysäge*.

Es genügt Wissensdefizite auszufüllen, „der Rest steht im Kontext" (HA-CKER 1990, 36). Damit muss ein TLT nicht in sich selbst kohärent sein. Kohärent sein soll nur die u.a. aus dem Text entstehende tätigkeitsleitende Repräsentation. Die Forderung nach Textkohärenz insgesamt kann dagegen zu kontextual redundanten, funktional unnützen und deshalb ungenutzten TLT führen. Es ist sinnvoll, wenn sich ein Übersetzer diese Zusammenhänge bewusst macht, damit er gegebenenfalls ungeeignete Ausgangstexte berichtigen kann. Mehr noch aber sollte verhindert werden, dass er in solche TLT eigenmächtig unnötige Redundanzen einbringt.

Der TLT ist ein Arbeitshilfsmittel und wird im Hinblick auf diesen Zweck gestaltet. Dabei ist zu unterscheiden zwischen der **Produktlogik** (wie das Gerät vom Techniker entworfen wurde) und der **Benutzerlogik** (wie die einzelnen Bedienschritte ablaufen). Wichtig ist bei den TLT die **Leserperspektive** als effizientes Erfüllen einer Arbeitsaufgabe. Man sollte nicht Techniker sein müssen, um einen Videorecorder richtig zu benutzen. Das zutreffende Erfassen der größeren Zusammenhänge versetzt nicht bei jeder Tätigkeit in die Lage, diese auch effizient selbst auszuführen.

Bei Bedienungsanleitungen für eine singuläre Aufgabe (etwa ein Formular auszufüllen) dürften explizite Handlungsschrittanleitungen (how-to-do-it) sinnvoll sein. Dargestellt werden nur einzelne Handlungsschritte, und zwar auch nur die unerlässlich mitzuteilenden Schritte, also nicht die sich selbsterklärenden Operationen. Eine solche Darstellung ist „gebrauchsorientiert".

Bei Bedienanleitungen für multifunktionale Arbeitsmittel (Beispiel Rechnerhandbücher) werden Darstellungen der funktionalen Struktur der Arbeitsmittel (how-it-works) oder funktionale Systemdarstellungen nützlicher sein. Sie beschreiben die funktionalen Komponenten eines Arbeitsmittels in ihren Beziehungen zueinander, sowie indirekt die mit ihrer Hilfe ausführbaren Handlungen, als allgemeingültige Information über das Arbeitsmittel. Eine solche Darstellung ist „begriffsorientiert".

5.2.3.1 Aufgabenlogische Organisation

Das Schreiben effektiver TLT ist nicht in erster Linie ein sprachliches, sondern ein **inhaltliches Problem.** Sind die zu vermittelnden Sachverhalte falsch gewählt oder falsch begriffen, so macht auch die eleganteste, klarste sprachliche Fassung diese falschen Inhalte nicht aufgabendienlich (vgl. Tratschitt 1982).

Arbeitsprozesse sind durch ein allgemeines **tätigkeitspsychologisches Gerüst** gekennzeichnet. Ausschlaggebend für das effektive Bewältigen von Arbeitsaufgaben ist das Wissen um die Kette von Signal-Ursache-Maßnahmen. Dazu gehört auch das Wissen um den Sollzustand und das Beherrschen der erforderlichen Maßnahmen hierfür, denn daraus kann man sogenannte „W-Fragen" ableiten: „Wer, was, wie, woraufhin, wozu, warum, womit, woran, unter welchen Voraussetzungen, mit wem, wo, wann?" (Hacker 1990, 48). Diese W-Fragen müssen im TLT als Wenn-Dann-Einheiten beantwortet werden. Dabei sollen nur die nötigsten Informationen defizitbezogen dargestellt werden, weil, wie gesagt, zu viel Redundanz die Bereitschaft der Leser zur Nutzung solcher TLT verringert.

Die Erstellung geeigneter TLT setzt also das Wissen um die sachlogischen Zusammenhänge voraus, und das gilt auch fürs Übersetzen. Der minimalisierte TLT ist ein abhängiger Bestandteil eines insgesamt vollständigen Systems von tätigkeitsleitenden Informationen, das im Prozess der Tätigkeit durch das Hinzutreten des Kontexts in den Aufgaben und ihren Ausführungsbedingungen, in den Arbeitsmitteln bis hin zu den dort vorliegenden realen Texten als Tabellen, Formulartext, Gerätebeschriftung oder Tastenaufschriften, durch Inferenzschlüsse sowie aus dem beruflichen Wissen der Arbeitenden entsteht. Bei der Übersetzung von arbeitstätigkeitsleitenden Texten ist eine reale Kenntnis der Maschine seitens des Übersetzers meist unverzichtbar. Dies nicht wegen der Terminologie, sondern um zu beurteilen, welche Informationen anwenderbezogen wichtig sind. Als Grundlage für das Entwickeln effizienter TLT ist dann das zu präsentierende Wissen hierarchisch zu gliedern in:

– Bearbeitungswege ganzer Aufgaben

– Handlungen innerhalb der Bearbeitungswege

– Teilhandlungen oder Operationen innerhalb der Handlungen.

Auch bei multifunktionalen Arbeitsmitteln können allgemeine Aufgabenklassen in ihrer typischen Abfolge dem Zweck der Inhaltsorganisation dienen. Solche Aufgabenklassen sind beispielsweise die Inbetriebnahme oder die Wartung. Der Aufbau der TLT sollte daher, unbeschadet ihrer Konzentration auf die Handlungsebene, der objektiv hierarchischen Organisation von Tätigkeiten folgen. Übergeordnete Gestaltungsebenen (z. B. Überschriften) von TLT haben eine umfassendere und ausgeprägtere Wirkung auf die anzuleitende Tätigkeit als untergeordnete und determinieren jene auch.

5.2.3.2 LOGIK IN DER SPRACHLICHEN DARSTELLUNG

So entstehen Superstrukturen für den Leser, indem schon anhand der Überschriften die Gliederung des Gesamtaufbaus deutlich wird. Die aufgabenlogische Gliederung des darzustellenden Inhalts sollte durch die sprachliche Form unterstützt werden. Dabei geht es nicht um besonders gelungene Ausdrucksweise, sondern um das Vermeiden von verständnishemmenden „Störstellen" (HACKER 1990, 56). Es gilt die Forderung der Norm nach **Einfachheit**. Bei den Formen der **Anweisungssprache** gibt es einzelsprachspezifische Unterschiede der Sprechaktdarstellung (s. Kap. 4.2.2.2).

Die Inhaltsorganisation sollte durch unterstützende **graphische Gliederung** und zusätzliche Bedeutsamkeitskennzeichnung gesichert werden (Einrückung, Unterstreichung, Fettdruck). Diese muss aber mit der Gliederung des Inhalts übereinstimmen, sonst entsteht eine Störstelle, denn Widersprüche stören die Verstehensleistung entscheidend. Die **Überschriften** sollten die Grobstruktur eines Textes wiedergeben, einheitlich gestaltet (Layout, Schrift) und aufeinander abgestimmt sein, da sie oft als Orientierungshilfe gelesen werden. Dies ist besonders relevant fürs Übersetzen. Hier können nicht nur die einzelnen Termini berücksichtigt werden, sondern es ist der Gesamttext in seiner Struktur in den Blick zu nehmen.

Der Gebrauch von Mitteln der Bedeutsamkeitskennzeichnung sollte jedoch sparsam erfolgen, maximal ein Viertel (vgl. HACKER 1990, 55): der Effekt verschwindet, wenn „alles eingerückt oder unterstrichen" ist. Empfohlen werden auch plakatartige „textgraphische Übersichtsschemata" (HACKER ebd.). Durch solche Diagramme als Überblick wird der Suchaufwand nach bestimmten Informationen verkürzt. Bei der Darstellung sind unbedingt auch schon eingeführte habitualisierte Formen zu verwenden, denn das erleichtert die Erfassung.

Tätigkeitsanleitungen sollten das Arbeitsgedächtnis so wenig wie möglich belasten. Sinnvoll „ist hierbei die Sequenzierung anhand des **Handlungsablaufs**. Dabei werden Informationen in jener Reihenfolge vermittelt, in der später die entsprechenden Schritte bei der Anwendung des vermittelten Wissens auszuführen sind (...) (BALLSTAEDT/MANDL/ SCHNOTZ/TERGAN 1981, 163). Die **Satzperspektive** in Arbeitsanleitungen sollte dem chronologischen Ablauf entsprechen. Was zuerst in die Hand zu nehmen ist, das sollte auch zuerst im Satz genannt werden. Beispiel: *Zur Markierung der Klebestelle mit einem Filzstift außen auf der Windschutzscheibe ein Kreuz machen. (en: Using a wax pencil locate and mark the mounting position of the button on the outside of the windshield.)* (Ungeeignet wäre eine Formulierung wie: „Zeichnen Sie mit einem Filzstift ein Kreuz auf der Außenseite, um die Klebestelle an der Windschutzscheibe zu markieren", auch wenn dies vielleicht eher gemeinsprachlich akzeptabel wäre.)

Relevant sind hier Studien zur „Funktionalen Satzperspektive" der Prager Schule; GÜLICH/RAIBLE (1977, 60ff) orientieren hierüber. Man hat beobachtet, dass sich in jedem Satz deutlich „Satzthema" und „Satzaussage" unterscheiden lassen. Später wurden für die beiden Teile des Satzes die Termini *Thema* und *Rhema* gebräuchlich. Die Abfolge von Thema und Rhema in jedem Satz bildet dessen „Mitteilungsperspektive", und sie spiegelt sich in der Wortstellung. Syntaktische Mittel sind u. a. Deixis, Artikel und Zahlwörter als „rhematische Aktanten", sowie die inhärente Dynamik der transitiven Verben, die Syntagmenbildung durch Adjektivabfolge und die Inversion von Subjekt und Objekt.

Es scheint ein universales Prinzip zu sein, dass in einer "normalen" Satzstruktur die Betonung immer auf dem Ende des Satzes liegt (Endfokus): die bekannte Information steht am Anfang und die neue Information folgt darauf. Was nun aber als neu gilt, hängt vom Kontext ab. Die "Fokussierung" betrifft die Frage, welche Elemente in einem Satz aus der Sicht des Sprechers hervorgehoben oder markiert sind. Grundlage dafür ist die Annahme einer neutralen Wortfolge und Intonation. Bestimmte Hervorhebungen setzen unterschiedliche Kontexte voraus und sind auch stilistisch unterschiedlich zu bewerten. Nach der Normenvorschrift (DIN-Norm 8418 für Benutzerinformationen) soll der Leser linear folgerichtig entsprechend den chronologischen Arbeitsabläufen durch den Text geführt werden. Für Laien evt. schwierige Fachausdrücke sind zu erklären.

Beispiel
Nachstehende technische Bedienungsanleitung ist ein gutes Beispiel.

Gebrauchsanweisung HF-Sender
Artikelreihe 2790100 und 4090100
Bitte beachten Sie, daß bei Sender und Empfänger, die miteinander betrieben werden, die erste Ziffer der Artikelbezeichnung übereinstimmen, z.B. Sender 27. mit Empfänger 27.., oder Sender 40. mit Empfänger 40.. Die erste Ziffer der Artikelbezeichnung gibt Auskunft über den Frequenzbereich der Fernsteuerung: 27 für 27 MHz und 40 für 40 MHz.
Bevor Sie die Funkanlage in Betrieb nehmen, codieren Sie Sender und Empfänger auf Ihre persönliche Verschlüsselung. Hierfür stehen Ihnen jeweils in Sender und Empfänger ein Codierschalter mit 10 Bit, d.h. 1024 verschiedene Möglichkeiten zur Verfügung. An den Codierschaltern befinden sich 10 Hebel. Es ist zwingend notwendig, die Schalter bei Sender und Empfänger in die gleiche Position zu bringen. Nur so können Sender und Empfänger "miteinander reden", vergleichbar mit einem Schlüssel, der nur in das richtige Schloß paßt. Gehen Sie bei der Codierung wie beschrieben vor.

Stecken Sie einen kleinen Schraubendreher in den Schlitz wie Bild (1) und bewegen ihn in Pfeilrichtung (2). Sie können nun die Abdeckung über dem Codierschalter entnehmen. Jetzt sehen Sie den Codierschalter, Bild (3). Bringen Sie einige Hebel in Position Ihres persönlichen Codes (Verschlüsselung). Notieren Sie sich Ihren Code, damit Sie Ihrem Empfänger die gleiche Verschlüsselung geben können. Bringen Sie die Abdeckung wieder an und rasten Sie diese ein.

Die Handsender sind serienmäßig mit einer Batterie 9 V-Block ausgestattet. Sollte ein Batteriewechsel, je nach Betätigungshäufigkeit etwa nach 1/2 bis 1 Jahr, nötig sein, gehen Sie wie in Bild (4) schematisch dargestellt vor.

Die Funktion, Batteriezustand, Sendebereitschaft des Handsenders überprüfen Sie durch Betätigung des oder der Senderknöpfe. Bei Funktion leuchtet eine rote LED (Leuchtdiode) auf, Bild (5). Bei leerer Batterie bzw. Defekt des Gerätes leuchtet die LED nicht auf.

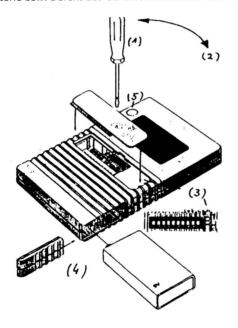

Diese **Gebrauchsanweisung** enthält für das abgebildete und beschriebene Gerät verschiedene Benennungen, z. B. wird die „Hochfrequenz-Funkanlage" auch einfach als „Sender" bezeichnet. Die **Benennungen werden im Verlauf des Textes immer differenzierter**, führen also den Leser vom Allgemeinen zum Besonderen des Fachlichen hin: HF-Sender – bestehend aus Sender und Empfänger – mit Fernsteuerung – also eine Funkanlage – als Handsender mit Batterie – mit Senderknöpfen.

> Durch eine solche Anordnung erhält der Benutzer als Nicht-
> fachmann alle ausreichenden Informationen. Eine solche Ge-
> brauchsanweisung soll sowohl der Gerätelogik folgen, d. h. alle
> Bestandteile nennen, als auch der Benutzerlogik, und so ge-
> mäß dem chronologischen Bedienungsablauf die Handhabung
> beschreiben.

5.2.3.3 LINEARE MAKROSTRUKTUR MIT TEXTBAUSTEINEN

Formal gesehen können Elemente aller Größenordnungen, vom Mor-
phem und Akronym über Lexem, Syntagma und Teilsatz bis zum Satz
solche Erklärungen auslösen. Diese **Erklärungen** selbst präsentieren sich
als ein breites Spektrum von Varianten, in denen mit gemeinsprachlichen Mitteln formuliert wird um das Unbekannte abzubauen und Nich-
tgewusstes verständlich zu machen. Sie können als

> Rückgriffe, Wiederholungen, Umschreibungen, Neuformulierungen,
> verdeutlichende interpretierende Zusätze, als sprachliche Anbindun-
> gen an Alltagserfahrungen, an bekannte Welt- und Lebensmodelle, an
> Erfahrungswissen, Bildungsgut und soziokulturelle Gewohnheiten ge-
> staltet sein (KALVERKÄMPER 1988, 162).

Syntaktisch kann die erklärende Ergänzung dem als ergänzungsbedürf-
tig eingestuften Element folgen, ihm vorangehen oder es einschließen.
Die nachgeschobene Erklärung ist am geläufigsten. KALVERKÄMPER (1987,
42) bezeichnet diese Postdetermination als den „rhematischen Positi-
onstyp".

Ein Fachtext im Bereich der Technik kann auch als **Makrostruktur mit
Textbausteinen** oder syntaktischen Fertigstücken analysiert werden.
Der zentrale Terminus Makrostruktur wird unterschiedlich definiert, z.
B. so:

> Die Makrostruktur einer Fachtextsorte ist das konventionalisierte
> Textablaufschema, das aus einer hierarchischen, aber in Grenzen fle-
> xiblen Anordnung inhaltlich und funktional invarianter Textelemente
> zur gedanklich-sprachlichen Entfaltung eines fachbezogenen Themas
> besteht und das strukturelle Gerüst einer Fachtextsorte bildet (GÖPFE-
> RICH 1995, 217ff; vgl. auch GÜLICH/RAIBLE 1977, 51ff).

Bestimmte gleichbleibende Verfahren werden im Sinne der Sprachökonomie (s. Kap. 4.1.3) immer wieder gleich formuliert. Unter **syntaktischen Fertigstücken** versteht man also die phraseologischen Einheiten (s. Kap. 4.2.1.1), die dem Verfasser gebrauchsfertig zur Verfügung stehen. Sie dienen als wiederverwendbare Textbausteine der Verbalisierung von Sinnkomplexen, die in Texten häufig wiederkehren und nicht von jedem Verfasser neu geprägt, sondern insgesamt übernommen und in die eigene Darstellung integriert werden. Meist wird aus einer Reihe konkurrierender Formulierungen ausgewählt, die beliebig austauschbar sind und vor allem der **Verstehenssicherung** dienen. Sie werden im ganzen Text immer wieder eingesetzt.

> ### Beispiel
> Das Hauptproblem bei der Fachübersetzung im Bereich von Technik und Naturwissenschaften sind die **Termini und die wiederholten Textbausteine.** Der folgende Auszug aus einer italienischen Baubeschreibung ist in dieser Hinsicht typisch.
> (Die Termini sind durch Unterstreichung, die **Phraseologismen** durch **Fettdruck** hervorgehoben. Wörter wie *fornitura* sind ein Beispiel für fachsprachliche Spezifizierungsformen (s. Kap. 3.1.2)).
> Art. 4 – **Fornitura e posa in opera** di struttura portante in travi di legno di larice **opportunamente** squadrato e dimensionato; **compreso** gli occorrenti ancoraggi e sostegni secondo le indicazioni della direzione dei lavori; **compresa** la eventuale formazione di capriate; travetti in larice **opportunamente** dimensionati e posti ad interasse di circa 50 cm.
> Art. 5 – **Fornitura e posa in opera** di piccola orditura di tetto eseguita a mezzo di pannelli isolanti tipo ISOTEK; completo di listelli in acciaio zincato; **esclusa** la parte di copertura della attuale loggia che dovrà essere realizzata a mezzo di tavolato dello spessore di cm 2,5 e listelli in legno delle dimensioni di cm 3 x 4.
> Art. 6 – Formazione di gronda e fianchi tetto in ardesia dello spessore minimo di mm 12, **opportunamente** fissata a mezzo di tasselli e malta cementizia; compresa la fornitura delle lastre ed ogni **altro onere; compreso** lo sfrido, i coprigiunti ed ogni altro onere.

> Art. 7 – **Fornitura e posa in opera** di <u>converse</u> in <u>lamiera di ra-</u>
> <u>me</u> dello spessore di 6/10 di mm posta in opera ad ogni incro-
> cio tra la <u>copertura</u> e la <u>muratura</u>, **opportnamente** fissata ed
> eventualmente saldata nei giunti, **ed ogni altro onere** (...).
> *[Studio Tecnico Associato G.A. & G.L.]*

Sprachliche **Schemata des Formulierens** sind generell ein Kennzeichen der modernen Sprache in den Fachsprachen, aber auch in den öffentlichen Medien. Als sprachliches Beispiel für Schemata nennt WILSS (1992, 176) die mechanische Wortbildung mit dem *-isation*-Suffix, z. B. *Charakterisierung, Dezentralisierung,* und viele mehr. WILSS nennt auch „Textbausteine" (ebd. 1992, 153), „Affigierungen und Syntagmen" (ebd., 172), sowie „Begrüßungsformeln" (ebd., 39/147).

Solche Bildungen sind Teil der fachsprachlichen Wortbildungsmechanismen (s. Kap. 3.1.1). Beim Übersetzen gibt es nach WILSS (1992) Übergangswahrscheinlichkeiten, d. h. bestimmte „Übersetzungsprozeduren sind erwartbarer als andere", sie entwickeln sich zu einem „Multioptionstyp", den man in allen möglichen Situationen einsetzen kann. Solches schemabasiertes Verhalten könnte dann übersetzungsdidaktisch als Regelhaftigkeit angewendet und trainiert werden.

Von praktischer Relevanz dürften solche Regelhaftigkeiten vor allem dort im Bereich des Fachübersetzens sein, wo interlingual aufeinander abgestimmte Standardtextbausteine bei bestimmten Textsorten eingesetzt werden. Routine beim Übersetzen entspricht der modernen Forderung nach Schnelligkeit und Gleichförmigkeit im Teamwork und ist „Kriterium fertigkeitsbasierten Übersetzens" (WILSS 1992, 46). Bei jedem technischen Text ist allerdings nach dem Fachbereich, den Adressaten, der Textsorte und dem Übersetzungszweck zu fragen. Entsprechende Standardformen werden sinnvollerweise in Translation Memories™ gespeichert.

Die materielle Größe von beigelegten Bedienungsanleitungen steht außerdem im Zusammenhang mit der Größe des Geräts. Während Großgeräte oft ganze Handbücher mitführen, finden sich bei kleinen Geräten kleinformatige gefaltete Anleitungen mit kleinem Druck.

5.2.4 DIDAKTISCHE VISUALISIERUNG

Die Informativität von Fachtexten wird generell auch erhöht durch die Verwendung **nonverbaler Informationsträger** wie Fotos, Zeichnungen, Skizzen, Leitzeichen, Piktogramme, Schemadarstellungen, Diagramme, Tabellen, etc. Sie haben ihren Sinn jedoch nicht unabhängig vom Text, sondern stehen in **semiotischer Funktionsgemeinschaft** mit diesem.

> Wenn Bilder in dem Text vorkommen, werden sie also grundsätzlich vom Text aus als eingebettete Teile des sprachlichen Textes angesehen. Zwar ziehen sie die erste Beachtung des Lesers auf sich, aber das ändert nichts am zugewiesenen Stellenwert in der Text-Bild-Gemeinschaft, der sich eben für das Bild aus dem Text heraus bemißt und rechtfertigt. (...) Fachlichkeit ist keine natürliche, gleichsam „angeborene", einem Gegenstand oder Sachverhalt „von selbst" anhaftende Eigenschaft, vielmehr wird sie verliehen (...).
>
> Unterstützt wird diese Bindung (der Bilder) an den fachlich-sprachlichen Kontext durch recht eindeutige Hinweise und Zeichen der Fachlichkeit: so Buchstaben, Zahlenverweise, Pfeilhinweise etc., die das abgebildete Objekt für eine „fachgerechte Optik" des Lesenden bzw. Beachtenden segmentieren und in einer Legende – also einer äußerst reduzierten Textform – oder in einem Erklärungstext fachsprachlich angemessen – meist terminologisch – bezeichnen.
>
> Die Segmentierung einer Abbildung unterstreicht die „sinnenfällige Komplexität" des abgebildeten Gegenstandes (KALVERKÄMPER 1993, 220f/227).

Die Abbildungen bekommen durch die Signale der Fachlichkeit eine instruierende Funktion und haben so eine didaktische Wirkung, die eine fachliche Sicht der Objekte steuert. Einzelne Positionen des dargestellten Ganzen lassen sich mit Hilfe ihrer Bezeichnungen identifizieren. So ist eine rein grafische, nahezu textlose Dokumentation allein nicht denkbar, und der Flächenanteil der Illustrationen beträgt meist etwa 50% (vgl. unser Beispiel „HF-Sender" weiter oben.. In der Technik ist die Text-Bild-Relation meist noch eindeutiger und auch wichtiger als verständlichkeitsförderndes Mittel, als etwa in den Geisteswissenschaften. Entscheidend ist dabei die Frage, **wie visuelle Informationen verarbeitet** werden und welche Ordnungsfaktoren (visuelle Merkmale) für Bilder relevant sind (z. B. Form, Größe, Anordnung). Neben diesen Ordnungsfaktoren zieht der Betrachter zur Interpretation einer Abbildung auch seine Umwelterfahrung heran, die sich auf die Schwerkraft, die Richtung des Lichts bzw. Raum und Zeit beziehen kann. Die Verständlichkeit der Bilder hängt von der Beachtung der Gestaltgesetze, der Beziehung der Elemente untereinander, des Kontexts und den kulturellen Konventionen ab (vgl. HORN-HELF 1997a, 36).

Ziel der didaktischen Visualisierung ist **Anschaulichkeit.** Das bildhafte Kodieren von Informationen hat hier oft Vorteile, denn Bilder sind schnell erfassbar. Sie sprechen den assoziativen Teil unserer Intelligenz an, vereinfachen die Wahrnehmung komplexer Sachverhalte und schaffen Überblick im Informationsüberfluss. Es geht darum, Informationen und Bildbotschaften richtig zu

- strukturieren (Wozu, und was gehört zusammen?)
- verdichten (Was muß dem Benutzer wann und wie mitgeteilt werden?)
- visualisieren (Was kann wie am besten vermittelt werden, wie werden die Informationen prägnant dargestellt und der Zielgruppe verständlich gemacht?)

Bei der **Übersetzung** von bildbezogenen Texten sind in der Formulierung die enge **Text-Bild-Relation**, aber auch interkulturelle Unterschiede in den Darstellungsgewohnheiten zu beachten. Manchmal sind Zeichnungen verständlicher als Fotos, denn dort gibt es keine Graustufen. Wichtig ist immer die **Richtung der Perspektive**, und dies kann u. U. bei interkulturellen Unterschieden translatorisch relevant sein (SCHMITT 1999, 158). Die Blickrichtung kann verschieden sein und muss dementsprechend abgebildet werden. So kann es erforderlich werden, im Ausland andere Illustrationen zu verwenden oder beispielsweise eine längere Passage im AS-Text durch eine Grafik zu ersetzen, wenn dies zielkulturell adäquater wäre. CLYNES (1991, 380) Behauptung einer unzureichenden Datenintegration in deutschen Texten wird dann obsolet.

5.2.5 KONTROLLIERTE SPRACHE ALS MEDIUM

Das so zentrale Erfordernis leicht fasslicher informativer Texte in NWT wird zunehmend mit Hilfe „kontrollierter Sprache" angestrebt (LEHR-NDORFER 1996), indem Wortgebrauch und Grammatik durch Regeln kontrolliert werden.[48] Kontrolliertsprachliche Texte sollen leicht verständlich bzw. schnell lesbar sein. Sie zeichnen sich durch folgende grammatischen Merkmale aus:

- keine langen Sätze (max. 15-20 Wörter)
- pro Satz nur eine Aussage
- vollständige Sätze
- einfache Zeitformen (Präsens, Imperfekt, Futur I)
- kein oder kaum Passiv
- klare Illokutionsmarker: keine es-Konstruktionen (*es ist nicht erlaubt, zu ...*), keine um zu- und man-Konstruktionen (*Um das Programm zu verlassen drückt man xctrl ...*).
- Eindeutigkeit: es werden keine Synonyme verwendet, und das gleiche Wort bezeichnet immer den gleichen Sachverhalt
- mehr als zwei Aufzählungen erscheinen mit Blickpunkten oder Lernleitzeichen
- Absätze umfassen maximal 6 – 7 Sätze.

Die Vereinfachung technischer Texte wurde zuerst in der internationalen Flugzeugindustrie mit dem „Simplified English" praktiziert.[49] Es um-

---

[48] Das Interesse an einem kontrollierten Deutsch entspringt zwei unterschiedlichen Absichten. Zum einen ist die Software-Industrie, die sich mit maschineller Übersetzung beschäftigt, daran interessiert, durch kontrollierten Input („Pre-editing") die maschinelle Übersetzungsleistung zu maximieren. Die Kontrolle des Satzbaus und der Wörter orientiert sich hier in erster Linie an Analysealgorithmen, die die Maschine bewältigen kann. Zum anderen wird mit einem kontrollierten Deutsch versucht, die individuellen Auswüchse der Technischen Dokumentation in Textaufbau, Terminologie und Satzbau nach psychologischen Prinzipien der Leseforschung und Handlungssteuerung zu kontrollieren. Diese Kontrolle orientiert sich in erster Linie am lesenden Menschen (LEHRNDORFER 1996a, 18). Das Verständnis von Texten soll auch für Nichtmuttersprachler erleichtert werden (z.B. in der Luftfahrt).
[49] Die AECMA (Verband der europäischen Raum- und Luftfahrtindustrie) hat hiermit einen international verbindlichen Standard für die Flugzeugdokumentation gesetzt. Daneben haben sich auch noch andere international operierende Konzerne

fasst einen eingeschränkten Wortschatz, und es gelten einheitliche Grammatikregeln: nur ca. 800 zulässige englische Wörter, jedes Wort hat eine exakt definierte Bedeutung, denn es darf keine Ambiguitäten geben, nur kurze Wörter werden verwendet und nur 1 Arbeitsanweisung pro Satz, Absätze dürfen nur wenige Sätze umfassen.

Sprachliche Einfachheit geht mit dem Umfang der Information pro Zeile und also mit der optischen Strukturierung des Inhalts einher, berührt aber auch die Form der verwendeten Wörter. So sind z. B. die aus der Werbesprache bekannten komplexen Wortbildungen (*Leichtreinigungsprogramm, Superflauschtrocknen, dekorfähig*) schwer verständlich. In kontrolliertem Deutsch werden überflüssige Informationen ausgemerzt.

Beispiele
Ältere Anweisung im Original:
Installation eines neuen Schriftfonts
HINWEIS:
Das residente Laden eines Treibers oder Zeichensatzes hat den Nachteil, dass der dabei belegte Speicher erst beim Neustart des Rechners wieder freigegeben wird und ist daher in der Regel nur dann sinnvoll, wenn ausschließlich mit einem Diskettensystem gearbeitet wird. Die Geschwindigkeit der heutigen Festplatten und der Speicherverbrauch sprechen meist gegen den Einsatz dieser Option.
Anweisung umformuliert in kontrolliertem Deutsch:
Neuen Schriftfont installieren:
Sie arbeiten mit Diskettensystem:
HINWEIS:
Wenn Sie einen Treiber oder Zeichensatz neu laden, müssen Sie den Rechner neu starten. Der Rechner gibt erst dann den Speicher frei.
Sie arbeiten auf Festplatte:
Wenn Sie einen Treiber oder Zeichensatz neu laden, müssen Sie den Rechner nicht neu starten. Die Geschwindigkeit und der Speicherverbrauch der Festplatte gibt den Speicher sofort frei.

---

eine eigene kontrollierte Sprache geschaffen, z.B. Caterpillar Tractor Company (Fundamental English), Eastman Kodak (International Service Language).

Nicht so:

„Sicherheitseinrichtungen sind vor Indienststellung, in angemessenen Zeiträumen sowie nach Änderungen und Instandsetzung auf sicheren und funktionsgerechten Zustand zu überprüfen."

Besser so:

Überprüfen Sie die Einrichtungen auf Funktion und Sicherheit
-- vor Indienststellung,
-- in angemessenen Zeiträumen,
-- nach Änderungen und Instandsetzungen.

Anderes Beispiel:

Schwer verständlich ist auch ein Türschild im Krankenhaus: „Besucher bitte melden. Sie werden hereingebeten." (Dabei geht die Tür bei Annäherung automatisch auf und die Leute betreten unerlaubt den Gang.)

Besser wäre vielleicht: „Besucher bitte klingeln und hier warten, bis Sie hereingebeten werden. Tür öffnet automatisch – bitte nicht eintreten."

Die Kontrolle der Sprache führt auch dazu, dass verschiedene Autoren bei gleicher Schreibaufgabe sehr **ähnlich strukturierte** und formulierte **Texte** erstellen. Sprachliche Kreativität in individuellem Schreiben ist nicht erwünscht. Nur so entsteht im Kollektiv ein standardisierter, problem- und inhaltsgeleiteter Textaufbau, und dies ist die beste Voraussetzung für funktionales Übersetzen im Kommunikationsbereich der technischen Dokumentation. Wichtig ist kontrollierte Sprache vor allem für Texte, die stark **handlungsorientiert** sind, umfangreiche Sicherheits- und **Warnhinweise** beinhalten, **maschinell übersetzt** werden sollen, für breitgestreute Zielgruppen bestimmt sind, und von **verschiedenen Autoren** kollektiv erstellt werden. Interessant sind die Regeln auch für Konstrukteure oder andere Autoren ohne sprachliche Ausbildung, wenn sie solche Texte erstellen sollen.

Die Übersetzungen kontrolliertsprachlich formulierter Texte sind **leserorientiert** im Dienst der Verständlichkeit und dies dient auch der Sicherheit.[50] Sie werden **stilistisch und formal standardisiert**, individuelle Sprachelemente werden eliminiert. Vielfach ergibt sich auch die Aufgabe einer Verbesserung der Vorlage in der Übersetzung, wenn diese nicht ganz den Erfordernissen der kontrollierten Sprache entspricht. Das traditionelle Konzept der Texttreue wird dann zugunsten der Zweckadäquatheit außer Kraft gesetzt.

In der elektronischen Textverarbeitung gibt es sog. Controlled Language Checker für die Textsorte der Technischen Dokumentation. Diese Werkzeuge prüfen interaktiv auf den Ebenen Grammatik, Terminologie und Stil, wobei die Regeln auch anwenderspezifisch angepasst werden können.

Es gibt einige wichtige Regeln für die englische Sprache:

Nomina –
Es besteht eine Liste von ca. 1500 Wörtern, die verwendet werden. Das bekannte Problem der englischen Wortklassenkonversion ohne Formänderung (s. Kap. 3.2.1) wird aufgehoben: *the test, to test; the pump, to pump* – „Test" gilt jetzt nur noch als Substantiv.

Für branchenspezifische Fachwörter sind separate Lexika eingerichtet, die nach vorgegebenen Kriterien zu pflegen sind. Die Struktur richtet sich z. B. nach Arbeitsbereichen: „Werkzeuge und Ausstattungen", „Teile- und Positionsbezeichnungen", „mathematische und wissenschaftliche Benennungen" usw.

Verben –
Die Verben werden in den Kategorien der Beschreibung von Fertigungsvorgängen und von Computer-Bedienschritten festgelegt, z. B. *to click, print, enter*. Verben dienen also der Prozessdarstellung. Im *Deutschen* sind da die Vorsilben sehr produktiv, die eine gerichtete Bewegung aufzeigen (s. Kap. 4.2.1.3), wie z. B. *auf-, ab-, an-, hin-, be-, aus-, ein-, weg-* und andere.

Nicht kontrolliertes Englisch	*Kontrolliertes Englisch*
It is equally important that there should be no seasonal changes in procedures, as, although aircraft fuel system icing due to water is more often met with in winter, in can be equally dangerous during summer months.	Use the same procedures all time, because water in the fuel system can freeze during summer or winter.

---

[50] Laut Untersuchungen einer Feuerversicherung sind 46% von 12.000 untersuchten Schadenfällen auf reine Bedienungsfehler zurückzuführen. Diese wiederum sind eine Folge mangelhafter Dokumentation (J.H. HAHN 1994). Der TÜV hat außerdem 1994 das Prüfsiegel „DOC" entwickelt, mit dem schlüssige Bedienungstexte für ein Gerät ausgezeichnet werden.

5.3 TEXTE IM FACHLICHEN HORIZONT

5.3.1 INTERKULTURELLE TECHNISCHE REDAKTION

5.3.1.1 DOKUMENTATION ALS TEXTPRODUKTIONSPROZESS

Erst in jüngster Zeit entsteht ein eigenes Berufsbild des „Technischen Redakteurs/Technischen Redakteurin", auch „Technischer Autor", „Dokumentationsingenieur" u. a. genannt[51]. Kernstück von deren Tätigkeit ist das **Erstellen von Dokumentationen** über alle Arten technischer Geräte, Systeme und Anlagen. Das Spektrum der Texte reicht dabei von einfachen Gebrauchsanweisungen über Montageanleitungen, Hard- und Softwarehandbücher, technische Produktbeschreibungen, Wartungsunterlagen, Maschinenbeschreibungen, Auflistung technischer Daten, Aufbauanleitungen und dergleichen, bis hin zur Gesamtdokumentation technischer Großgeräte oder ganzer Produktionsanlagen. Adressaten können je nach Dokumentationstyp sowohl Laien wie auch Fachleute sein.

Ein „Dokument" ist ein fixierter und zu beliebigen Zeitpunkten wieder rezipierbarer mündlicher oder schriftlicher Text *einschließlich* eventueller nichtsprachlicher Komponenten.[52] Der so definierte Begriff des Dokuments umfasst sowohl traditionelle Schriftstücke auf Papier als auch Speichermedien wie Filme, Videos, Fernsehformate und Computerdateien verschiedenster Art einschließlich Webseiten, Multimediapräsentationen und Ähnlichem. „Das zentrale Element der Definition ist die Bedingung der *Fixiertheit* oder *wiederholten Rezipierbarkeit*" (SCHUBERT 2007, 7).

---

[51] Im Jahre 1978 wurde in Deutschland die Gesellschaft für technische Kommunikation e.V. (*tekom*) gegründet, deren Ziel es ist, alle Dokumentation auf den Gebieten der Naturwissenschaft und der Technik leser- und benutzergerechter zu gestalten, damit die „Nutzer in die Lage versetzt werden, wissenschaftliche Forschungsberichte, Beschreibungen technischer Geräte, Systeme und Anlagen usw. klar zu verstehen, Anweisungen besser zu befolgen und Geräte besser zu nutzen" (tekom-Satzung, § 2).
[52] Die Ursprünge des Technical Writing (= fachliches Schreiben) gehen auf die Lesbarkeitsforschung zurück. Es ging um stilistische und drucktechnische Optimierung von Textmaterial (s. Kap.5.2.5).

Das Übersetzen spielt dabei zunächst nur eine Nebenrolle. Übersetzerische Kompetenz umfasst aber auch einen Teil der Fähigkeiten eines technischen Redakteurs, der die Dokumente auch elektronisch verwaltet.

> Interkulturelle Technische Redaktion ist zu definieren als *„Technical Writing* auf der Basis von Informationen, die ganz oder teilweise in einer (Einzel-)sprache abgefaßt sind und/oder aus einem Kulturkreis stammen, die nicht denjenigen der Zieltextadressaten entsprechen, so dass auch Sprach- und/oder Kulturbarrieren zu überwinden sind" (GÖPFERICH 1998, 10).

Gelegentlich muss auch die Textsorte (s. Kap. 5.1.3) geändert werden, wenn z. B. Benutzeranleitungen auf der Grundlage von Informationsmaterial, wie Pflichtenheften oder Konstruktionsunterlagen aus der Entwicklungsabteilung zu erstellen sind.

Im Bereich der Technik sind Verständlichkeit und **Präzision der Texte** verzichtbar. Unklare Ausgangstexte können und müssen daher diesbezüglich verbessert werden. Dass Verständlichkeit nicht „selbstverständlich" ist und verschiedene Ursachen hat, zeigen die Probleme mit unbrauchbaren Bedienungsanleitungen.

Beispiele

J.H. HAHN (1994) hat hier viele Beispiele zusammengestellt, die nicht nur lustig sind. Natürlich basieren sie zunächst auf der Unkenntnis von Orthographie und Grammatik der deutschen Sprache sowie auf fremdsprachlichen Interferenzen.

- So können im *Deutschen* Telefonnummern plötzlich „beschäftigt" sein (en. *busy*).
- Wenn das Wetter kalt ist, wird die Puff Unterlage sich langsam puffen. Entrollen die Puff Unterlage und liegen auf ihr, dann wird sie von der Wärme sich Inflationen bekommen. Aus: *Anleitung unser Luftmatrotze ES 223... (zit. n. HAHN 1994, 31).*
- Glastür montieren: Während Sie das Glas ein wenig in Richtung -A- drücken, drücken Sie das Glas kräftig in Richtung -B-, bis sei ein geklirr Lärm hören in der linker und der rechter Scharnier.

- Im fall die Scharnier und die Metall Platten nicht korrekt passen, bewegen Sie das Glas mit beiden Händen nach links oder rechts, während sie das Glas in Richtung -C- drücken. Aus der *Montageanleitung einer Hi-Fi Anlage* (zit. n. HAHN 1994, 34).
- Der Ingenieur Kenneth Olsen, Gründer und ehemaliger Vorstandsvorsitzender der Digital Equipment Corp., gestand, dass er nicht fähig sei, nach der Gebrauchsanweisung im Mikrowellenherd der Firma eine Tasse Kaffee warmzumachen *(Wall Street Journal*, 1986; *zit. n. HAHN 1994, 21)*.
- „Nagen Sie die Abdeckleiste an", rät ein Hersteller von Dachfenstern in der Montageanleitung und spart sich das „l". Ebenso der Rechtschreibung verschlossen ist der fernöstliche Produzent eines Anrufbeantworters, der meint, dass „das Pinch-roller dieses Aufnahmegerät wird reinhaten müssen" (*FOCUS* 49/1996).

Auch wenn technische Übersetzer nicht selbst die Dokumentation erstellen, ist es wichtig, etwas von deren Grundbedingungen zu wissen, um ggf. Textmängel in der Übersetzung auszumerzen. Das Ziel für technische Dokumentation heißt „richtig, sicher, vollständig und verständlich" zu sein. Nur so ist Kundenorientierung zu verwirklichen. Technische Redakteure und Übersetzer können sich die Zusammenarbeit wesentlich erleichtern, wenn sich jeder in die Belange des anderen hineinversetzt.

Problemgegenstand des Technischen Schreibens ist hier weniger der Text als Produkt, sondern der Textproduktionsprozess und die hierbei relevanten Prozessparameter (Produzent des Dokuments, Adressat, Situation, Textsorte, Intention). Die Hauptanforderung an technische Redakteure und Übersetzer besteht demnach darin, technische Zusammenhänge, auch solche mit mittlerem und hohem Komplexitätsgrad, „in adressaten- und funktionsgerechter Form in Texten darzustellen" (ANTOS/KRINGS 1990, 247). Diese Tätigkeit setzt eine aus sprachlichen und informationstechnischen Fähigkeiten zusammengesetzte Doppelqualifikation voraus.

Übersetzer und Technische Redakteure müssen sich auf die Arbeitsqualität des jeweils anderen verlassen können. Benötigt wird ein **übersetzungsgerechter Input**, denn Störungen treten auf, wenn der Übersetzer einen unvollständigen, kaum verständlichen Text erhält, in dem auch noch verschiedene Bezeichnungen für dasselbe Teil vorkommen (s. Kap. 3.4.1). So bleibt selbstverständlich das Hauptproblem bei der technischen Übersetzung die **Exaktheit der Terminologie** (s. Kap. 2.2.1).

Umgekehrt müssen Übersetzer aber wiederum einen **redaktionsgerechten Output** liefern. So sind zielsprachliche Texte für die Redaktion unbrauchbar, wenn der Übersetzer bei Unklarheiten nicht nachfragt, eigenmächtig den Text verändert, sich weigert, gängige Textverarbeitungsprogramme zu verwenden, und seinen Text falsch formatiert.

Die unübersichtliche Masse technischer Übersetzungen kann nur mit Hilfe technischer Übersetzungswerkzeuge bewältigt werden. Besonders interessant sind hier die **Integrierten Übersetzungssysteme** für die Übersetzung „verwandter Texte" (REINKE 1994). Der versierte technische Übersetzer kennt ja durchaus das Déjà-vu-Erlebnis, dass gleiche oder ähnlich lautende Passagen in der Übersetzung wiederkehren. Viele der zu übersetzenden Texte entstehen ja nicht von Grund auf neu, sondern basieren zum Beispiel auf entsprechenden Texten aus Vorgängerversionen eines Produkts, oder von ähnlichen Produkten.

Sinnvoll sind daher zur Unterstützung der Recherche nach bereits übersetztem (identischem oder ähnlichem) maschinenlesbarem Textmaterial sogenannte *Translation memories* (TM). Hier werden ausgangssprachliche und zielsprachliche Übersetzungseinheiten auf Satzebene gespeichert, um sie für spätere Übersetzungen gleicher oder ähnlicher Segmente wieder zur Verfügung zu haben (matches). Dies trägt auch zur Kostenreduzierung und Textoptimierung im Sinne der Konsistenz bei. Integrierte Übersetzungssysteme bestehen in der Regel aus mindestens drei Komponenten:

- ein (übersetzungsorientierter) Editor erleichtert die Schreibarbeit,
- eine Terminologie- und Wörterbuchkomponente sorgt für konsistente Benennungen im gesamten Text,
- das TM unterstützt den eigentlichen Übersetzungsvorgang (REINKE 1996, 8).

Immer häufiger werden aber als zusätzliche Komponente integrierter Übersetzungssysteme auch maschinelle Übersetzungsprogramme (MÜ) angeboten.

Durch die **Integration** soll der Anteil der vollständig neu zu übersetzenden Textsegmente weiter reduziert werden. So erhält die Übersetzerin für jeden ausgangssprachlichen Übersetzungsvorschlag entweder eine in einer TM-Datenbank gespeicherte Humanübersetzung oder eine vom MÜ-System automatisch erstellte Übersetzung, wobei der Ursprung der Vorschläge jeweils entsprechend gekennzeichnet ist.

Im Unterschied zu separaten Terminologieverwaltungssystemen erfolgt bei Integrierten Übersetzungssystemen mit Terminologiekomponente ein automatischer Abgleich des zu übersetzenden Textes mit der in der Regel vom Anwender zu erstellenden terminologischen Datenbank. Die in der Datenbank gefundenen Termini werden im Ausgangstext markiert und mit ihren Übersetzungen in einem eigenen Fenster angezeigt. Mit solchen integrierten Übersetzungssystemen wird die technische Übersetzung genauer und zeitökonomischer. Durch die Verknüpfung mit Grafikmoduln eignen sie sich auch besonders für die Edition multilingualer Übersetzungen einer technischen Dokumentation.

5.3.1.2 LOKALISIERUNG UND DOKUMENTE

Neue Anforderungen des Gesetzgebers und Verschärfungen der Produkthaftung zwingen nun die Unternehmen verstärkt dazu, den Inhalt ihrer Betriebsanleitungen und Gebrauchsanweisungen mit Übersetzungen neu zu überdenken.[53] Seit mit der EU-Maschinenrichtlinie eine ziel-

---

[53] Anleitungen gelten per Gesetz als Teil des Produktes. Betriebsanleitungen müssen laut EU-Maschinenrichtlinie in die Sprache des Anwenders übersetzt wer-

sprachliche Anleitung zwingend vorgeschrieben ist, rückte das Problem der lokalen kulturellen Unterschiede stärker in den Blick. Dem wird begegnet mit dem Programm der „Lokalisierung" als Anpassung der Produkte und auch der Bedienungsanleitungen an die Zielkultur. Der Zweck ist es, den Grundnutzen eines Produkts zu gewährleisten, die Inbetriebnahme und Nutzung zu erleichtern, Zufriedenheit zu schaffen. Dazu gehört das Beschaffen der nötigen Informationen für die Textproduktion und die Entscheidung über verbale und nonverbale Informationsträger, die zur Dokumentation gehören.

Das „Projektmanagement" umfasst dann neben dem Handling der Dokumentation und dem Übersetzen der Texte auch die Organisation des gesamten elektronischen Arbeitsablaufs und das entsprechende Zeitmanagement inklusive Feedback des Abnehmers. Dabei werden Texteinheiten und Bilder oder andere nonverbale Elemente gesondert behandelt, im Dokument stehen sie jedoch in einer semiotischen Funktionsgemeinschaft zur Informationsvermittlung.

Fachübersetzer, die in einem solchen Projekt mitarbeiten, beachten die gleichen prozeduralen Aspekte wie das Technical Writing: Zweckerfüllung, Textsortenadäquatheit, Adressatenorientierung. Manchmal gibt es nur ganz wenig Text, denn Zeichnungen können oft Handlungsanweisungen schneller transportieren. Die Bildinformationen sind allerdings auch beim Textübersetzen zu nutzen. „Qualität" bezieht sich nur auf die Eignung der erstellten, evt. mehrsprachigen Dokumentation für die intendierte Funktion. Techniker sind aber nicht die besten Dokumentationsproduzenten, da sie oft zu wenig oder zu viel Fachwissen voraussetzen (s. Kap. 5.2.3) und sie gebrauchen auch die Sprache nicht be-

---

den, anderenfalls drohen Strafen und Reklamationen der Kunden. Die Bedienungsanleitung unterliegt der DIN-Norm V8418 für Benutzerinformationen von 1974, die seit 1988 überarbeitet vorliegt. Seit Januar 1995 wird überprüft, ob die CE-Kennzeichnung angebracht ist. (Europäische Maschinenrichtlinie: EG-Richtlinie Maschinen 891392/ EWG vom 14.6.1989 in der Fassung der Änderungs-Richtlinie vom 20.6.1991 911368/EWG, sowie DIN EN 292-2 9.1991.) Somit ist innerhalb der Produkthaftung die Betriebsanleitung und Gebrauchsanweisung als besonders wichtiges Instrument der Instruktionsverantwortung anzusehen.

wusst. Hier liegt daher die besondere Kompetenz entsprechend ausge-
bildeter technischer Fachübersetzer.

Unter **Lokalisierung** versteht man allgemein die „Anpassung eines Produkts (oder einer Dienstleistung) und zugehöriger Dokumentation an
die Kultur eines konkreten fremden Marktes mit dem Ziel der Vermark-
tung" (CARTER 1992, 1). Voraussetzung hierfür ist, dass dieses Produkt
international vertrieben wird, so dass „Internationalisierung" ein Komp-
lementärausdruck zu „Lokalisierung" ist. Diese manifestiert sich nicht
nur im Übersetzen von Handbüchern, Produktaufklebern, Verpackungs-
beschriftungen sowie in der kulturspezifischen Anpassung von Bildern
und Zeichen auf Bedienelementen, sondern auch in der Anpassung
technischer Merkmale, beispielsweise an zielkulturelle Vorschriften,
etwa für Sicherheitseinrichtungen, Anordnung von Bedienungselemen-
ten, Abmessungen usw. Besonders häufig wird der Ausdruck „Lokalisierung" in Bezug auf Softwareprodukte verwendet.

5.3.1.3   SOFTWARELOKALISIERUNG UND HYPERTEXTE

Unter „Softwarelokalisierung" wird die Übersetzung systeminterner
Anweisungen eines Computerprogramms verstanden. Es geht also nicht
um die Bedienungsanleitung einer Maschine, sondern darum, dass ein
Anwender eine Software richtig nutzen kann. Solche Übersetzungen
unterliegen spezifischen Zwängen, die sie wesentlich von anderen
Übersetzungsaufträgen, auch in den technischen Anforderungen unterscheiden.

Bei Softwarelokalisierung sollte die Übersetzerin über die **technische
Konfiguration des Programms** und dessen logische Struktur Bescheid
wissen. Es gibt verschiedenste Editoren und Textverarbeitungsprogramme (SCHMITZ 2002, 380), deren Kennung zur Unterscheidung wichtig
ist. Ein guter Ausgangspunkt für das Übersetzen im Bereich Software ist
ein Kennenlernen der physischen Einbettung des Systems in Bezug auf
Software und Hardware. Grundkenntnisse über PC, Workstations und
Multitasking, und über die Erstellung von Hyperdokumenten (Struktur,
Knoten, Verweise) sind sinnvoll. Grundlegend ist auch HTML (Hypertext

Markup Language), sowie Aufbau und Syntax von HTML-Dokumenten (Tags, Attribute, URL).

Ein Softwareprogramm besteht zunächst aus einem **Programmkode**, einer Reihe von Kommandos, die in einer Programmiersprache abgefasst sind und den Kern des Systems bilden. (Die Sprache des Programmierers dient ja dazu, dass der Computer die geforderten Abläufe ausführen kann.) Sodann gibt es Archive der Konfiguration, welche die spezifischen technischen Daten der Ausrüstung liefern. Sie konstituieren dann auch die Benutzeroberfläche, wie Fenster, Menüs, Felder und stellen den Gegenstand der Übersetzung dar. Wenn bei einer späteren Version des Softwareprogramms neue Funktionen hinzukommen, ändern sich natürlich die Texte in den Archiven. Es ist also keineswegs so, dass neuere Versionen eines Programms nur die Übersetzung weniger Zeilen erfordern würden und Rest bliebe gleich.

Neben der systemspezifischen Terminologie, die häufig nicht genormt ist, sondern von den Softwaretechnikern ad hoc entwickelt wird, spielen hier auch firmeneigene Vokabellisten und Betriebssystemglossare eine Rolle, die sich auch der Kontrolle des Übersetzers entziehen. Unabdingbar ist es daher, dass dieser ständig Kontakt mit Innovationen und umlaufenden Informationen in seiner Firma hält. Eine der Grundlagen einer soliden Lokalisierung ist die Erstellung und Verwaltung der für die Übersetzung verwendeten Terminologie. Um die Terminologiedatenbank für künftige Produkt-Updates oder neue Projekte auf dem Laufenden zu halten, werden die Glossare für die einzelnen Komponenten nach Abschluss der Lokalisierung mit den neu übersetzten Begriffen aus Software und Hilfe aktualisiert.

Der zu übersetzende Textteil ist eng verknüpft mit der Funktion des Programms, daher sind vom Übersetzer gewisse Kenntnisse der Programmiersprache gefordert. Er muss erkennen können, was Text und was Programmierkode ist. Dieser Kode bezieht sich auf die Definitionen von Variablen, Feldern, Formaten und Kommandos, welche das Grundgerüst des Softwareprogramms bilden, welches nicht übersetzt wird. Die internen Programmieranweisungen stellen einen „geschützten Bereich" dar und müssen unverändert bleiben, da sie sich an den Computer richten. Anders die Texte auf der **Benutzeroberfläche**. So ist bei einer Softwarelokalisierung zu unterscheiden zwischen (a) dem rein technischen Aspekt des Programms und (b) dem operativen Aspekt.

Der **Lokalisierungsprozess** setzt im Idealfall die Internationalisierung voraus. Dabei wird ein universell verwendbarer Produktkern geschaffen, der alle lokalen Codes wie Zeichensätze, Datums-, Zeit- und Währungsformate, Keyboard-Layouts, Bildschirmauflösungen, Textausrichtungen und Eingabemethoden unterstützt. Dann beginnt die Lokalisierung für Software, Online-Hilfe und Dokumentation im Sinne einer kulturspezifischen Anpassung an lokale Gegebenheiten. Zunächst werden mittels eines speziellen Hilfsprogramms alle Bildschirmmeldungen aus dem Quellcode extrahiert, auf internationalisierungsrelevante Aspekte überprüft und in sogenannten String-Dateien zusammengefasst. Die in Übersetzung schon vorliegenden Strings werden identifiziert und automatisch eingesetzt, die übrigen von Übersetzern übersetzt. Hier ist es hilfreich, mit einem entsprechenden Editor in einem Integrierten Übersetzungssystem wie erwähnt zu arbeiten. Danach werden die Strings wieder in die Software eingebracht.

Die Anweisungen an den Benutzer müssen verständlich sein und werden daher in die Zielsprache der Kunden übersetzt. Gemeint sind alle Wörter und Ausdrücke, die auf dem Bildschirm in Menüs, Bedienfeldern, Hilfefenstern, Anweisungen und Warnhinweisen erscheinen. Dazu gehören auch Zeichnungen, Grafiken, Tabellen, Zahlen und Informationen, welche den Nutzer durch das System leiten. In diesem Bereich gibt es eine konventionalisierte Sprache, die zwischen der reinen Programmiersprache und der Umgangssprache des Nutzers steht.

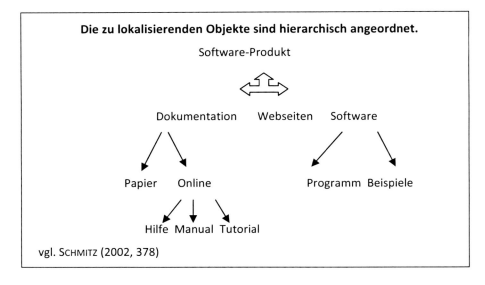

Die zu lokalisierenden Objekte sind hierarchisch angeordnet.

Software-Produkt

Dokumentation   Webseiten   Software

Papier   Online   Programm   Beispiele

Hilfe   Manual   Tutorial

vgl. SCHMITZ (2002, 378)

Das Problem bei der Softwarelokalisierung ist die **Modularität der Tex-te**, die selbst oft auch hierarchisch gegliedert sind. Bei der Übersetzung der Dokumentation werden alle Teile, wie bei der Software und den Hilfetexten, beim Eingang auf Formatierung und Integrität geprüft, Textdateien werden entsprechend konvertiert. Eine **einheitliche Über-setzung von Schlüsselbegriffen** von der Software bis zur Dokumentati-on muß gewährleistet sein. Hier bedient man sich verschiedenster technischer Verfahren der Suchroutine. Nach der Übersetzung der Do-kumentation folgt das Korrekturlesen, dann durchläuft das Dokument nochmals eine mechanische Korrektur, um sicherzustellen, dass ur-sprüngliche Stilkonventionen und Formate beibehalten wurden. Gerade bei den Formaten gibt es aber kulturspezifische Zwänge.

Aufgrund sprachenpaarspezifischer Unterschiede ist z. B. zu beobach-ten, dass die Wörter bei einer Übersetzung aus dem Englischen oder Deutschen in eine *romanische Sprache* durch syntagmatische Erweite-rung oft länger werden (s. Kap. 3.2.4). Daher sind hier manchmal un-schöne Wortverkürzungen unvermeidlich. Beispiel: pg. *"Bloqueio"* > *"Bloq."* und *"Bloqueio automático"* > *"Bloq. aut.".* Da nun aber ein ein-mal gewählter Terminus überall durchgehalten werden muß, erscheinen dann diese Verkürzungen auch an Stellen, wo genügend Platz vorhanden wäre.

Seit das World Wide Web (WWW) zu einer umfassenden Textplattform geworden ist, hat auch die Bedeutung der Translation webgestützter Inhalte als sog. „Hypertexte" zugenommen. SANDRINI (2008) hat diese Problematik klar dargestellt.

> Ein erstes den Hypertext kennzeichnendes Strukturmerkmal ergibt sich aus der Informationsaufteilung auf kleinere Einheiten, die mittels Verweisen miteinander verbunden werden. Dadurch entsteht ein nichtlineares Informationsangebot an den Leser, das selektiv bzw. nach eigenem Gutdünken abgefragt und rezipiert werden kann. Die untergeordneten Einheiten bzw. Hypertextknoten entsprechen einzelnen HTML-Dokumenten im WWW, die als Texte ihrerseits wiederum aus Textbausteinen bzw. Modulen bestehen können. Drei Ebenen können damit unterschieden werden:
>
> > Hypertext (H): Sammlung von H-knoten, auch Webauftritt oder Website genannt;
> > Hypertextknoten: ein HTML-Dokument, auch Webseite genannt, zusammengesetzt aus einem oder mehreren H-Modul;
> > Hypertextmodul: erkennbarer Teil bzw. Baustein von H-knoten.
>
> Möglichkeiten der Granularität von Hypertexten sind zahlreich und hängen von der Art des H. bzw. vom H-Produzenten ab (SANDRINI (2008, 225f).

Als Translationsgegenstand und oberste Übersetzungseinheit gilt in der Lokalisierung der gesamte Webauftritt, d. h. der **Hypertext**. Kleinere Einheiten auf den unteren Ebenen im Sinne einzelner Webdokumente bzw. Hypertextknoten sind nur in Funktion zum gesamten Hypertext zu sehen. Was bereits Schleiermacher im Rahmen der Hermeneutik für das Verstehen von Texten konstatierte, dass „das Einzelne nur aus dem Ganzen verstanden werden kann", gilt hier für die Translation. Jeder Hypertext ist daher „im Sinne der Übersummativität zunächst als ein Ganzes wahrzunehmen, denn Einzelelemente erhalten durch ihre Stellung im Ganzen ihren spezifischen Sinn" (STOLZE 2003, 153).

Die internen Relationen in den Hypertexten sind aber strukturell erkennbar. „Ein Spezifikum von Hypertexten stellt die Verweisstruktur

anhand von Links dar. Links verbinden H-module und H-knoten desselben H. (interne Links) oder setzen eine Verbindung zu anderen H-
knoten und H. (externe Links)" (SANDRINI 2008, 227). Charakteristisch ist
zudem das gleichzeitige Wahrnehmen unterschiedlicher Sinneserfah-
rungen, das mit dem Begriff der „Multimedialität" bezeichnet wird. Die
potentielle Individualisierung eines H-Angebotes im WWW sowie die
Interaktion mit dem Benutzer wirken sich auf die Rezeption und die
mehrmalige Verwendungserfahrung eines solchen Hypertextes aus.

Um hochwertige Qualität sicherstellen zu können müssen Übersetzer
alle zur Verfügung stehenden **technologischen Möglichkeiten** ausreizen
und ständig weiterentwickeln. Dazu gehören nicht nur die Arbeit mit
Translation-Memories und Terminologie-Datenbanken, sondern auch
der Einsatz von Werkzeugen für die Prozess-Steuerung oder die Qualitätssicherung und der Umgang mit der Informationswelt im Internet.

5.3.2 PROBLEMATIK DER WIRTSCHAFTSTEXTE IN DER ÜBERSETZUNG

Ein weiterer zentraler Arbeitsbereich der Übersetzung im Rahmen der
interkulturellen Fachkommunikation ist die Wirtschaft.

5.3.2.1 ZUGANG ZUR WIRTSCHAFTSSPRACHE

Eine Definition dessen, was man unter dem Ausdruck „Wirtschaftssprache" verstehen soll, ist recht schwierig. Frühe Einsichten der „Wirtschaftslinguistik" sind wenig brauchbar.[54] Nach dem 2. Weltkrieg hat

---

[54] Anfang des 20. Jahrhunderts entstand im deutschsprachigen Raum eine
„Wirtschaftslinguistik" im Dienste des fachbezogenen Fremdsprachenunterrichts
an Handelshochschulen. Dies war durch die stark gewachsenen Handelsbeziehungen mit englisch- und französischsprachigen Partnern notwendig geworden. Die
meist von Philologen unterrichtete Wirtschaftslinguistik wies eine diachronisch
orientierte Richtung und einen synchronischen Zug auf (DROZD/SEIBICKE 1973, 68ff).
Forschungsgegenstand war v. a. die Handelssprache sowie wirtschaftliche Lexik, die
aber als Teil der Nationalsprache gesehen wurden.
(A) Im diachronischen Zug der Wirtschaftslinguistik wurde die begriffsgeschichtliche
Entwicklung von Wörtern dargestellt, aber auch eine „nationenwissenschaftliche
Forschung" mit mentalitäts- und kulturvergleichenden Studien im Dienste der
Völkerverständigung durch Handelsbeziehungen getrieben. In einigen modernen
Ausbildungsgängen, welche Sprache und ökonomisch ausgerichtete Fächer kombi-
nieren, wird heute dieser Grundgedanke wieder aufgegriffen und neu verwirklicht
(PICHT 1998, 340).

sich die Forschung zur wirtschaftlichen Fachsprache vor allem mit der Analyse von **Pressetexten** zu wirtschaftlichen Themen befasst, und dies wurde vielfach mit „Sprache der Wirtschaft" gleichgesetzt (HUNDT 1998, 99). Bei genauer Hinsicht ist jedoch anzuerkennen, dass es sich bei Pressetexten, also Berichten über die ökonomische Lage, Entwicklung einzelner Industrie-zweige, politische Entscheidungen, Börsentendenzen usw., um Texte der fachexternen Kommunikation (s. Kap. 5.1.2.2) handelt. Sie vermitteln zwischen den fachlichen Bereichen der Wirtschaftsinstitutionen und der Wirtschaftswissenschaften und sind reich durchsetzt mit Erklärungen von Fachbegriffen, ihre Metaphorik ist ausgebauter als in typischen Fachtexten, und auch ihre Syntax ist gegenüber wissenschaftlichen oder institutionellen Texten tendenziell vereinfacht. Wenn es allerdings um den **Kernbereich** der Fachsprachen der Wirtschaft geht, sind z. B. wissenschaftliche Abhandlungen oder Bilanzen, Formulare, Kauf- oder Lizenzverträge und dergleichen repräsentativere Quellen.

„Wirtschaftssprache manifestiert sich nicht als Fachwortschatz, sondern in Fachtexten" (GLÄSER 1998a, 205). Bei den **Textvorkommen** im Bereich der Wirtschaft liegt die Übersetzungsschwierigkeit pragmatisch vor allem in der **nicht homogenen Zusammensetzung der Sprechergruppen**, die mit solchen Texten zu tun haben. Es sind unterschiedlich orientierte Menschen, die als Verfasser oder Empfänger wirtschaftlicher Texte auftreten. Die Sprachebene wirtschaftlicher Texte sollte daher beim Übersetzen nicht vernachlässigt werden. Neben der Handelskorrespondenz stellt der gesamte Bereich des Marketing ein komplexes Feld dar, welches Sachgebiete wie Außenwirtschaft, Betriebswirtschaft, Kostenrechnung, Materialwirtschaft bis hin zur Öffentlichkeitsarbeit und Wer-

---

(B) Im synchronischen Zug sieht es „die strukturelle und funktionale Wirtschaftslinguistik als ihre Aufgabe, das Funktionieren der zweckgebundenen Sprachmittel zu untersuchen; im Vordergrund stehen daher die Dichotomien 'terminologisches versus nicht-terminologisches Element' und 'spezielle syntaktische Wendungen versus nichtfachsprachliche Wendungen'" (DROZD/SEIBICKE 1973, 74ff). Das Augenmerk liegt auf den Wörtern. Texte werden nicht untersucht. Auch Stilfragen spielten nur eine untergeordnete Rolle, abgesehen von der Handelskorrespondenz, wo es sog. „Briefsteller" mit Standardformulierungen für bestimmte Anliegen gibt.

bung umfasst. Neben dem in ihnen angesprochenen fachlichen Inhalt gewinnen hier die fachsprachlichen Register (s. Kap. 1.4.4) der Firmensprache und die sprachliche Kompetenz von Textautoren überhaupt an Bedeutung. Oft enthalten die Wirtschaftstexte in der Praxis eher weniger fachsprachliche Merkmale, ja sie reichen teilweise in die Alltagskommunikation hinein (Briefe zwischen Geschäftspartnern, Angebotschreiben, Mahnungen). Wo aber Terminologie vorhanden ist, geht es um Fachwörter aus den einzelnen Arbeitsbereichen. So ist im Bereich der Wirtschaft die kommunikative Bezugswelt der Unternehmen als wichtigster ökonomischer Institution zentral.

5.3.2.2 Unternehmensstruktur und Sprache

Die als Problem genannten inhomogenen Sprechergruppen in der Wirtschaftskommunikation entsprechen den **verschiedenartigen Arbeitsbereichen**, die in einem Unternehmen zusammenkommen. Die Vereinigung mehrerer Einzelfachsprachen aus Teilarbeitsbereichen zur „Wirtschaftssprache" erlaubt nun prinzipiell mehrere Sichtweisen, nach denen diese gegliedert werden kann. Als für die Fragestellungen der Translation sinnvolle Strukturierung erscheint uns der Vorschlag Boltens (1992). Er orientiert sich an der Struktur eines **Großunternehmens**. Als linguistische Gliederungsgröße stellt er der Unternehmensstruktur die bekannte Dreiteilung der Fachsprachen nach der Gebrauchsebene zur Seite: a) Theoriesprache, b) Berufssprache und c) fachbezogene Umgangssprache. Berufssprache und fachbezogene Umgangssprache werden in weiten Teilen des Unternehmens gesprochen, lediglich die Theoriesprache ist stärker auf die Planungsebene eingeschränkt.

Bolten will seine Gliederung als Heuristik zur Textkorpuserstellung verstanden wissen und meint, dass dieses Modell der Gefahr vorbeuge, „sich entweder – praxisfern – auf die Theoriesprache wirtschaftswissenschaftlicher Fächer (VWL, BWL) beschränken bzw. sich auf einen in ihrem Umfang unüberschaubare Einteilung nach Branchen einlassen zu müssen" (Bolten 1992, 65).

Unterschrift: Unternehmensstruktur nach BOLTEN (1992, 66):

WELTWIRTSCHAFT/ VOLKSWIRTSCHAFT/ EINZELWIRTSCHAFT		Unternehmensleitung		
Presseabteilung	Rechtsabteilung	Finanzwirtschaft	Personalwirtschaft	
Forschung	Produktionswirtschaft	Materialwirtschaft	Absatzwirtschaft	Verwaltung
	Konstruktion	Disposition	Marktforschung	techn. / kaufm. Abteilung
	Arbeitsvorbereitung	Einkauf	Verkauf	Buchhaltung
	Fertigung	Lager/Logistik	Vertrieb	Kasse

Allerdings steht hier die institutionelle Wirtschaftskommunikation sehr im Vordergrund, und der Bereich der theoretisch-wissenschaftlichen Fachsprache der Wirtschaft ist demgegenüber eher zurückgedrängt.[55] Voraussetzung für das Verstehen **wirtschaftswissenschaftlicher Begriffe** (s. Kap. 2.4.1) ist aber eine entsprechende Sachkenntnis auf den Gebieten der Wirtschafts- und Finanzpolitik, Betriebswirtschaft, Wettbewerbspolitik, Marketing, usw. Doch die Rückbindung der Wirtschaftsfachsprachen an die Alltagssprache ist die gemeinsame verbindende Basis der Verständigung zwischen den unterschiedlichen Kommunikationspartnern, und die Übersetzungsaufträge im Bereich der Wirtschaft erstrecken sich im wesentlichen auf institutionelle Wirtschaftskommunikation zwischen den Unternehmen. (Über weitere Typologien berichtet HUNDT 1998, 100ff).

Eine eigene sprachliche Einheit bildet der ganze Bereich des Betriebsverfassungsgesetzes mit den Regelungen über Arbeitsverträge, Betriebsrat, Betriebsstillegungen, Kündigungen usw. Wie in vielen anderen

---

[55] Vgl. hierzu das Beispiel eines französischen Textes aus der Wirtschaftswissenschaft, oben Kap. 5.1.2.1.

Bereichen bestehen entsprechende Texte zu einem Großteil aus feststehenden **Standardformulierungen**, die die Übersetzerin sich sinnvollerweise aus Originaldokumenten sammelt, ein Vorgang der in der alltäglichen Arbeit zur Routine wird.[56] Nur die Verwendung solcher **fachbereichs-spezifischer Terminologie** kann einer Übersetzung die erforderliche Akzeptanz verleihen.

5.3.2.3 MULTIPLE SPRECHERGRUPPEN UND ADRESSATEN

Variable Gruppen von Textautoren stehen auch einer Variabilität von Adressaten gegenüber. Oft sind in einem Text auffälligerweise mehrere Textfunktionen überlagert, was auf die Vielfalt der Arbeitsbereiche in den Unternehmen zurückgehen mag. Der Text ist nur zu verstehen als eine multiperspektivische Einheit, in der sich mehrere Bedeutungsebenen überlagern. Unter Hinweis auf Werbetexte für Facheinkäufer spricht z. B. BENEKE (1988, 208) von „doppelt adressierten Texten" einer „hoch organisierten Textsorte". Der Text erfüllt somit pragmatisch **mehrere Funktionen**. Da alle Sinnbezirke zum Textsinn beitragen, sollte die Übersetzerin versuchen, soviel vom semantischen Gehalt des Ausgangstextes wie möglich zu erhalten.

> *Beispieltext*
> Das folgende Beispiel, ein **Geschäftsbericht**, erschien im Informationsblatt einer deutschen Firma, das sich an die Mitarbeiter wie auch an die örtliche Presse zur Information der Öffentlichkeit richtet. (Außerdem erscheint es auf Englisch für die internationalen Handelspartner.) Der Text kombiniert drei Funktionen: Kundeninformation und Public relations zur Vertrauensbildung durch Hinweis auf Naturprodukte und persönliche Zitate, Fachinformationen für die Angestellten in Frisörläden über neue Produkte mit Termini, sowie Marketinginformation für Verkaufspersonal über die Produktlinie und die Corporate Identity der Firma mit Marketingausdrücken.

---

[56] Wertvolle Angaben bietet Clara-Erika DIETL: Dictionary of Legal, Commercial and Political Terms. – Wörterbuch für Recht, Wirtschaft und Politik. 1. Aufl. 1983 und später. München: Beck.

Erstmals als Granulat: pflanzliche Haarfärbemittel

Naturprodukte stehen in der Gunst der Verbraucher weit oben. Dies gilt auch für Farben aus der Natur. Pflanzenfarben fürs Haar zum Beispiel sind ein bewährtes Kosmetikum: Schon im alten Ägypten haben vornehme Damen sich ihre Haare mit Henna gefärbt. Seit wenigen Wochen bietet N. bundesdeutschen Friseuren mit „Living Colors Pflanzenhaarfarbe" nicht nur erstmals ein pflanzliches Haarfärbemittel als Markenartikel, sondern eine völlig neue Dienstleistung. „Wir sind weltweit das erste Unternehmen, das Pflanzenhaarfarbe als Granulat auf den Markt gebracht hat", sagt Karsten Wachowitz (Produktmanagement Kabinett Farbe). Die wesentlichen Vorteile des Granulats - es sieht aus wie löslicher Kaffee - gegenüber dem Pulver: geringste Staubentwicklung und damit kaum Inhalation, exakteres Dosieren, besseres Zubereiten und Anwenden sowie leichtes Ausspülen.

Krappwurzel, Indigo, Henna, Kamille und Salbei sind nur einige von vielen Rohstoffen für die naturreinen, qualitativ hochwertigen Farben von „Living Colors". Unter anderem kommen sie aus Indien, Indonesien, Mexiko und dem Vorderen Orient. Alle Pflanzen werden aus kontrollierten Anbaugebieten bezogen.

Die Bestandteile sind frei von synthetischen Farbstoffzusätzen und Konservierungsstoffen und untersucht nach dem Lebensmittelgesetz. Basierend auf Henna stehen in Kombination mit anderen Rohstoffen elf Nuancen zu Verfügung, die im Salon miteinander gemischt werden können. Durch ein patentiertes Verfahren ist es möglich, mit „Pre-Color" und dem pflanzlichen Haarfärbemittel selbst den Weißanteil im Haar ohne Oxidation farblich dauerhaft zu verändern.

Translation

Newly a granulated compound: Vegetable Hair-Dyes

Natural products are high in the consumer's favour. That is also true for colours from the nature. Vegetable hair-tints for instance are a reliable cosmetic: even in the Old Egypt distinguished ladies had tinted their hair with henna. Since a few weeks, N. is offering with "Living Colors Hair Dyes" not only a novel vegetable hair-tint as a brand, but a completely new service to the hairdressers as well. "We are the first business in the world to market vegetable hair-tint as a granulated compound", says Karsten Wachowitz (Product Management Cabinet Color). The essential advantages of the granulated compound – it looks like instant coffee – compared with powder

> are: lowest dust creation and thus little inhalation, exact dos-
> age, better preparation and application as well as easy rinsing.
> (...)

5.3.2.4 Corporate Identity

Bei der Übersetzung von **Geschäftskorrespondenz, Business-Mittei-
lungen, Börsenmeldungen** usw. wird das Problem der Gruppenbindung
in der Wirtschaftssprache relevant. Briefe und Korrespondenz unterliegen bestimmten Normen der Anrede- und Schlussformeln, die meist in
den sog. Briefstellern mehrsprachig verzeichnet sind. Bei kundenorientierten Mitteilungen an eine unbestimmte Öffentlichkeit gilt es, eine
allgemeinverständliche Sprache zu verwenden (s. Kap. 5.2.1). Doch hier
wird nicht nur mit den traditionell üblichen Standardphrasen gearbeitet, sondern viele Firmen haben auch eigene Standardformulierungen
entwickelt, die als wiederkehrende Textbausteine verwendet werden.

Der **gruppenspezifische Sprachgebrauch** als Kennzeichen der Zugehörigkeit wirkt so stark bindend, dass auch Wirtschaftsunternehmen dieses Phänomen inzwischen zur Schaffung einer „Corporate Identity" aufgegriffen haben. GRAHAM (1990) stellt dar, wie mit Sprache versucht
wird, das Verhalten von Menschen im firmenspezifischen Interesse zu
manipulieren. So werden etwa bestimmte Äußerungen von Firmen re-
gelrecht okkupiert (*Esso – Pack den Tiger in den Tank; bei ARD und ZDF
sitzen Sie in der 1. Reihe*), so dass die Konkurrenten solche Formulierungen vermeiden müssen, um nicht in eine falsche Identifikation zu geraten. Gerade in Marketing und Handel gibt es viele spezifische Fachausdrücke und firmenspezifische Wendungen.

So sollte jede Firma, die eine **Politik der Corporate Language** verfolgt,
hier auch ihre Übersetzer mit einbeziehen. Diese benötigen entsprechende „Style sheets" (hauseigene technische Terminologie, Titel, Institutionennamen, Abkürzungen). Verstöße gegen solche Regeln sind
nämlich viel gefährlicher als reine Sprachfehler in der Übersetzung,
denn sie bedrohen das Wertesystem und das öffentliche Bild des Auftraggebers in der IFK.

5.3.2.5   DIE ROLLE DES FACHHERMENEUTISCHEN HINTERGRUNDS

Im wirtschaftlichen Bereich spielt auf Grund der internationalen Verflechtung das **Englische** eine besondere Rolle. Nicht nur im sog. „Finanzenglisch", sondern auch in vielen anderen Bereichen breiten sich englische Wörter als Fremdwörter im Deutschen (s. Kap. 3.4.2.3) aber auch in den anderen europäischen Sprachen immer weiter aus. Da können nur spezielle Wörterbücher oder Datenbanken gegensteuern. MIKUS (1990, 80) nennt aus deutschen Publikationen neue Finanzinstrumente wie *Forlaitierung, Back-to-Back, Leasing, Factoring, Zero Bonds, Floating Rate Notes, Euro Commercial Paper, Deep Discount, High Redemption, Capped Floaters, CAP, FLIP-FLOP, MINI-MAX, DROP LOCK, MISMATCH, NIF, RUF, SNF, MOF,* u.a. Mit der Übernahme spekulativer Finanzinstrumente aus den USA traten diese Bezeichnungen auf, von denen viele wieder verschwanden, aber nicht alle. Mit der Übername der Sache erfolgt sprachlich immer zuerst eine Übernahme der Benennung, bevor diese ggf. angepasst wird (s. Kap. 1.4.3).

Bei Wirtschaftstexten, mit denen in der heutigen Zeit jedermann befasst ist und wo auch Laien glauben mitreden zu können, ist das Wissen um den fachhermeneutischen Hintergrund eines Textes besonders relevant (s. Kap. 2.4). Bei der Korrektur von Laienübersetzungen fällt aber oft eine naive Interpretation von Ausdrücken auf, wo deutlich ist, dass der wirtschaftswissenschaftliche Bedeutungshintergrund nicht bekannt war. Außerdem sind terminologische Phraseologismen zu beachten (s. Kap. 4.2.1.1), und dass die fachsprachlichen Ausdrucksformen vielfach auch kürzer sind, liegt an den entsprechenden Wortbildungsmechanismen (s. Kap. 3.2.3).

Ein Beispiel mit Wendungen aus Originaltexten:

englischer Term	*naiv-gemeinsprachliche Übersetzung*	*wirtschaftwissenschaftliche Bezeichnung dt.*
capital spending categories	Kapitalaufwendungskategorien	Ausgabenarten
capital expenditure project	Kapitalaufwendungsvorhaben	Investitionsprojekt

expansion of the business	Unternehmenserweiterung	Erweiterung der Geschäftstätigkeit
additions	Eingliederungen, Ausweitungen	Anlagenzugänge
cost reduction	Ausgabenkürzung	Kostensenkung
production and sales level	Produktion und Verkaufsergebnis	Fertigungs- und Vertriebsniveau
equipment replacement	Ersetzung von Einrichtungen	Ersatzinvestition, Ersatz von Ausrüstung
economic life	wirtschaftliche Lebenszeit	wirtschaftliche Lebensdauer (von Anlagevermögen)
scope of a project	Anwendungsbereich des Vorhabens	Projektumfang
commitment of funds	Mittelzuweisung	Mittelfestlegung
group management	Vorstand der Unternehmensgruppe	Konzernleitung
imposed by law	durch die gültige Gesetzgebung auferlegt	gesetzlich vorgeschrieben
cash flow	Cash-flow	Kapitalfluss, Kassenzufluss
projected rate of return	voraussichtliche Rentabilitätsrate; Wirtschaftlichkeit; Zinsfuß	geplante Rendite, Rentabilität
returns generated	erwirtschaftete Erträge	bewirkte Rendite
key data	Schlüsseldaten	Eckdaten
venture	Handlung	geschäftliches Vorhaben, Wagnis
incremental profit	Gewinnzuwachs	Grenzgewinn
payback time	Rückgewinnungszeitraum	Amortisationszeit
financial commitment	Finanzzuweisungen	finanzielle Zusage
anticipated profit	mutmaßlicher Gewinn	erwarteter Gewinn
fixed assets	feste Vermögenswerte	Anlagevermögen
operating units of a group	Betriebseinheiten der Unternehmensgruppe	Einzelunternehmen im Konzern
anticipated economic and corporate financial conditions	vorgesehene korporative Vermögens- und Finanzverhältnisse	voraussichtliche wirtschaftliche Lage und finanzielle Situation des Konzerns
corporate approval	korporative Bewilligung	Genehmigung durch den Konzern
commitment for asset purchase	Zuweisung für den Erwerb von Vermögenswerten.	Gelderfestlegung zum Anlagenerwerb
contingency	Geldsumme für unvorherge-	Eventualbetrag

amount	sehene Ereignisse und Risiken	
non-cash charges	nicht in Form von Geldmitteln zu erbringende Aufwendungen	nicht ausgabenwirksame Aufwendungen
project dates	Zeitangaben zum Vorhaben	Projektdaten

5.3.2.6 METAPHERN DER DYNAMIK

Ein im wirtschaftlichen Bereich beliebtes Mittel der Ausdrucksweise ist auch die **metaphorische Umschreibung**. Wer solche Wirtschaftstexte liest, bekommt den Eindruck, Wirtschaft sei mit dynamischer Bewegung und den Evolutionsprozessen der Natur gleichzusetzen (SVENSSON 1980, 112). Dies entspricht sowohl der gemeinsprachlichen Verankerung der Wirtschaftssprache, als auch der Darstellungsweise für Begriffe in SGW (s. Kap. 2.4.1). Die Metaphern dienen dazu, bildlich etwas **Neues** auszusagen. Als kognitives Phänomen gehören sie zur Alltagssprache, indem an Erfahrungen der Menschen angeknüpft wird (vgl. LAKOFF/JOHNSON 1980). Hinter einem Satz wie beispielsweise „I have never won an argument" steht das metaphorische Konzept „Argument is war". Für das Übersetzen sind solche Metaphern nicht allzu schwierig, da die Bildfelder der Metaphern meist in einem die Einzelsprache übergreifenden, größeren Kulturbereich wie z. B. Westeuropa verankert sind. Beim Übersetzen wird die Metapher einfach in das gleiche Bildfeld der anderen Sprache übertragen. „Die Inhalte sind verschieden, aber die metaphorische Analogiebildung ist gleich" (WEINRICH 1976, 287).

Die denotative Funktion kommt bei Metaphern der Wirtschaftsfachsprache nur marginal zum Tragen. Vielmehr soll hiermit eine gefühlsmäßige Beziehung zum Gesagten aufgebaut werden, es geht um die Herstellung eines atmosphärischen Eindrucks der positiven Entwicklung.

Beispiel

Diese Dynamik eines belebten Geschehens nutzt bestimmte Bilder. Chr. SCHMITT (1989, 118) spricht von den „beiden wichtigsten Bildspendern, dem Gesundheitswesen und der Meteorologie". Dies wird ausführlich am Beispiel des *Französischen* dargestellt, hat aber Parallelen im Deutschen. Aus dem Bereich der <u>Medizin</u> (Krankheit, Gesundheit) stammt eine lange Reihe von Bildern für die Wirtschaft, die als lexikalisiert gelten können. Darunter fallen Wortfamilien wie *faible, faiblesse, s'affaiblir, paralyse, paralyser, anémie, s'anémier, amputer, amputation, malade, maladie,* Lexeme wie *marasme, asphyxier, chronique, hémorragie, traitement, opération, réconvalescence,* und konventionelle Bilder wie *fièvre, fiévreux, poussée de fièvre, température, (in-)curable, injecter, faire avaler une pilule, exsangue, gangrener, récidiver, souffrir, cancer, mort, sclérose, scléroser.*

Kaum anders präsentiert sich der zweite bildspendende Bereich, der mit <u>Natur</u> (Wetter, Naturereignisse) umschrieben werden kann. Die lexikalisierten Bilder wie *climat, gel, geler, dégel, dégeler, foudre, horizon, tempête, accalmie* und *vague* bilden Legion. Hinzu kommen konventionelle Bilder wie *(effet de) boule de neige, avalanche, creux de la vague, (menace de) foudre, cascade de licenciement, jungle de la concurrence, écueils de toutes sortes* (SCHMITT 1989, 118ff).

Parallelen im *Deutschen:*

gut erholt, sich bessern, beruhigen, schwach liegen, nachgeben, sich behaupten, sich durchsetzen, Favorit sein, zu den Spitzenreitern zählen, fallen, anziehen, zurückgehen, freundlich, lustlos, ruhig, verstimmt, gut gehalten, etc. (FLUCK [5]1996, 63). *„Das Klima an den Aktienmärkten war heute sehr frostig."*

In der Fachsprache der **Börse** kommen dagegen viele Metaphern aus dem Bereich <u>zwischenmenschlicher Beziehungen</u> und den Feldern von <u>Kampf</u> und <u>Bewegung</u> vor. Aktien und Märkte werden hier <u>personifiziert</u> und in ihren Stimmungen und im Kampf dargestellt. „Was normalerweise Objekt, Ergebnis menschlichen Handelns oder zusammenfassendes Abstraktum von Handlungszusammenhängen ist, erscheint hier als handelndes Subjekt" (ARNOLD 1973, 106).

Da gibt es im *Englischen* die *bear and bull stock markets,* den *acid test* bei der Bilanzierung, den *bubble* bei der Investmentspekulation, die *bonds* neben *stocks* und den *random walk* in der Portfolio-Theorie, *intangibles, goodwill, conservatism* im Bereich der Finanzen und Bilanzierung, *consideration, individual* im Steuerrecht, *interest, share, stake, stock* im Gesellschaftsrecht. All dies sind metaphorische Ausdrücke, die inzwischen eine spezifische ökonomische Bedeutung haben, vgl. GERZYMISCH-ARBOGAST (1989, 190).

Wirtschaftliche Themen werden in der Öffentlichkeit überwiegend in **Pressetexten** kommentiert (s. Kap. 5.3.2.1). So enthält der Wirtschaftsteil von Zeitungen zur Beschreibung praktischer Vorgänge des Wirtschaftslebens, der Geschäftsentwicklung, der Konjunktur, der Preisentwicklung und marktwirtschaftlicher Vorgänge zahlreiche Metaphern. Die metaphorische Umschreibung in **Überschriften auf den Wirtschaftsseiten** der Tageszeitungen ist ein beliebtes Verfahren. Das metaphorische Bild bezieht sich dabei stets auf den Inhalt des Artikels, bzw. auf die angesprochene Branche. Dies findet sich in vielen Ländern. Da diese rhetorische Funktion der Metaphern in verschiedenen Sprachbereichen funktioniert, darf sie auch **in Übersetzungen beibehalten** werden. Wenn hier in der Überschrift eine gewisse sprachliche Kreativität zum Ausdruck kommt, dann ist dies kein Widerspruch zur sonst üblichen Norm fachlicher Titel.

> ### Beispiele
> In einer <u>deutschen Tageszeitung</u> (*DE*) lesen wir:
> Kosmetikindustrie zeigt Fältchen; Reifenhersteller mit Platten; Bei Werkzeugmaschinen läuft's rund; Daimler rollt auf Erfolgsspur; Stahlindustrie kocht; Binding macht im Osten ein großes Faß auf; Villeroy kehrt Scherben auf, etc.
> Auch in <u>Frankreich</u> ist dies üblich, z. B. *le social au gadget* mit einem Text über das Austeilen von Sozialleistungen.
>
> In <u>britischen Wirtschaftszeitungen</u> wurden solche Beispiele gefunden [*Business The Observer*, Sunday 11 Dec. 1994, 8 Jan. 95]:
> *Light glimmers in the Tunnel* (über höhere Fahrgastzahlen bei Eurostar-Zügen)
> *Motorway toll takes move into fast lane* (über Autobahngebühren).
> *House broken* (Rückgang im Malergeschäft)
> *Get into bed* (Aufschwung bei privaten Pflegeheimen)
> *BSKY B shares set to sink* (Rückgang bei Satellitenfernsehbetreiber).

5.3.3 SPEZIFIK DER RECHTSTEXTE UND ÜBERSETZUNG

5.3.3.1 URKUNDENÜBERSETZUNG

Die Übersetzung von Urkunden, also Bescheinigungen, Zeugnissen, Gerichtsurteilen, Verträgen, Patenten usw. wird praktisch nur dann erforderlich, wenn damit **ein Recht in einem anderen Land** begründet werden soll. Andere Textsorten im juristischen Universum sind das Gesetz oder der rechtswissenschaftliche Artikel. Juristische Texte stehen in ihrer übersetzungspraktischen Bedeutung an dritter Stelle der Textvorkommen (SCHMITT 1990, 98), weshalb es sinnvoll erscheint, deren Problematik darzustellen.

Eine **Urkunde** im Sinne der gesetzlichen Bestimmungen ist jede in Schriftzeichen verkörperte Gedankenäußerung, die zu Beweiszwecken verwendet wird. Die **Übersetzungen sind hier nicht eigenständig**, sondern aufgrund ihres alleinigen Zwecks als Verständnishilfe nur im Zusammenhang mit der Textvorlage gültig. Sie dienen in fachinterner Kommunikation (s. Kap. 5.1.2.1) der Verständigung im behördlichen Verkehr, z. B. beim Standesamt oder einem Gericht. Ein Urteil informiert nicht nur die betroffenen Personen über ihr Anliegen, sondern vor allem die juristischen Institutionen über die rechtliche Einordnung der Entscheidung. „Die Fachterminologie beherrscht auch die Begründung der gerichtlichen Entscheidung, deren Aufgabe es nicht ist, Laien von der Richtigkeit der gefundenen Entscheidung zu überzeugen, sondern diese juristisch so zu begründen, dass sie der rechtlichen Nachprüfung standhält" (WASSERMANN 1979, 118). Übersetzungen von Gesetzen dienen auch nur Informationszwecken.[57] Laut Ministerialerlass sollen sol-

---

[57] Ein praktisches Beispiel liefert Belgien (Flandern, Wallonien), wo neuerdings die Sprachen Französisch und Niederländisch gleichberechtigt sind. LAMBERT (1993, 99f) merkt an: „Am Anfang war das Gesetz. Die belgische 'constitution' ist, nach dem napoleonischen Modell, französisch geschrieben und dann ins Niederländische, später auch ins Deutsche übersetzt worden; die Flamen urteilen ganz richtig, dass ihre Gesetze fremd aussehen, denn der französische Hintergrund und die archaische Rechtssprache mit ihrer französischen Terminologie hat viele Spuren im modernen niederländischen Gesetz hinterlassen. Auch die neuen Gesetze, die jetzt direkt in niederländischer Sprache geschrieben und noch immer nach dem 'belgizistischen' übersetzerischen Modell formuliert werden, sind auf die französische

che Übersetzungen möglichst wörtlich und vor allem genau sein, der Textaufbau kann in einer derartigen dokumentarischen Übersetzung nicht verändert werden. Ob der Inhaber jener Urkunden den Text oder die Übersetzung versteht, ist nicht die primäre Frage.

Eine für den Übersetzer wichtige Unterscheidung ist die zwischen öffentlicher und privatschriftlicher Urkunde. **Öffentliche Urkunden** sind gemäß § 415 ZPO solche, die von einer Behörde innerhalb ihrer Amtsbefugnisse (Gerichtsurkunden: Urteile, Mahnbescheide usw., Bildungsbehörden: Diplomzeugnis usw.) oder von einer mit öffentlichem Glauben versehenen Person innerhalb des ihr zugewiesenen Geschäftskreises (notarielle Urkunden: Eheverträge, Grundstückskaufverträge, Gesellschaftsverträge, usw.) in der vorgeschriebenen Form aufgenommen wurden. **Privatschriftliche Urkunden** sind alle anderen schriftlich fixierten Gedankenäußerungen, also Privatverträge, allgemeine Geschäftsbedingungen, Versicherungsbedingungen, Satzungen, Arbeitszeugnisse, usw. Sie tragen die Unterschrift des Ausstellers (ggf. mit amtlicher Beglaubigung).

Der **Vertrag** ist ein mehrseitiges Rechtsgeschäft, das durch übereinstimmende Willenserklärungen mindestens zweier Personen zustande kommt mit dem Zweck, zwischen Menschen/Staaten Rechte und Pflichten zu begründen. Der Text wird entscheidend von dem anzuwendenden Recht als Vertragsgrundlage bestimmt.[58] Der Vertrag verbindet beide Parteien miteinander. Die Inhalte in Ausgangs- und Zieltext müs-

---

Tradition zurückzuführen, weil immer noch die alte Terminologie verwendet wird. Noch heute kann kein flämischer Rechtsanwalt seinen Beruf ausüben ohne über eine gute Kenntnis der französischen Sprache zu verfügen. Doch sind in der Zwischenzeit auch neue Tendenzen entstanden, denn jetzt werden gelegentlich Gesetze aus dem Niederländischen ins Französische übertragen und sogar vom Englischen ins Niederländische, dann auch ins Französische (natürlich ins Französische der Belgier...)".

[58] Die jeweilige Rechtsordnung stellt „Formulare" – das sind die ein Rechtsgebiet typische Klauseln, einzelsprachlich normierte Muster- bzw. Typenverträge – zur Verfügung, die sich im Geschäftsleben immer mehr durchsetzen. Da die Rechtsvorschriften der Länder häufig kollidieren, sind Sammlungen solcher Formulare für den Übersetzer äußerst hilfreich. (Vgl. für das deutsche Vertragsrecht: *Münchener Vertragshandbuch*, *Beck'sches Formularbuch* und *Beck'sche Musterverträge*.)

sen daher identisch sein und die Bezugnahme auf eine gleiche Realität mit Hilfe gleicher oder verschiedener Ausdrücke ermöglichen.

Bei Verträgen und gerichtlich verfahrensrelevanten Unterlagen kommt es für die **Interpretation** oft auf jedes einzelne Wort, auf Konjunktive und andere linguistische Zeichen des Gemeinten an, was daher wörtlich zu übersetzen ist. Generell ist es ein Textsortenmerkmal von Vertragstexten, die **Sprechakte** (s. Kap. 4.2.2.1) explizit zu benennen. Es ist eben ein Unterschied, ob ich etwas *zusichere, verspreche, in Aussicht stelle, mitteile* oder *feststelle.*

Der Vertrag muss so gestaltet sein, dass es der rechtlichen Behörde möglich ist, eventuelle Streitigkeiten eindeutig nach dem Wortlaut des Vertrages zu entscheiden. Deshalb werden Rechte, Pflichten und Unterlassungsgebote im Vertrag oft so eindeutig, präzise, detailliert und genau definiert, wie es sprachlich überhaupt möglich ist, denn der Vertrag muss alle Möglichkeiten umfassen und eine Lösung für alle eventuell entstehenden Probleme geben (vgl. LARSEN 1998, 91).

Dieses Erfordernis wird Konsequenzen für die sprachliche Gestaltung haben. Die resultierende textuelle Komplexität wird durch Paragraphen und andere Gliederungssignale aufgelockert (siehe unten).

> „Gesetze müssen sprachlich einwandfrei und soweit wie möglich für jedermann verständlich gefaßt sein" (§ 35 Abs. 1 GGO II). Dieser Hinweis gilt auch für die Sprache deutscher Vertragstexte. Fremdwörter (s. Kap. 3.4.2.3) sind hier nach Möglichkeit zu vermeiden, wenn es bedeutungsgleiche deutsche Ausdrücke gibt: „Erklärung" (statt „Deklaration" oder „Statement"), „Zusammenarbeit" (statt „Kooperation"), „zwei-seitig und mehrseitig" (statt „bilateral und multilateral"), usw. Das gleiche gilt für Anglizismen: „Führungskräfte" oder „Leitung" (statt „Management"). Hat dagegen das Fremdwort eine spezifische Bedeutung, ist es zu benutzen: „Präambel", „Ratifikation", „Notifikation" usw. (vgl. STANDARDFORMULIERUNGEN 1992, 3).

Auch ist zu beachten, dass ein Kauf- oder Lizenzvertrag in mehreren Versionen jeweils von den entsprechenden Lesern als verbindlich angesehen wird. Bei der Übersetzung ist anzustreben, dass die Anzahl der Einzelsätze in Ausgangs- und Zieltext gleich bleibt, um für die Kommunikation unter den betreffenden Anwendern die Vergleichbarkeit zu erhalten. So ist der unterschiedliche Hintergrund der Rechtsordnungen stets zu beachten (s. Kap. 2.4.5.3). In der Praxis kommt es vor, dass die rechtliche Angemessenheit in der Zielsprache dann durch einen Rechtsanwalt überprüft wird oder die Übersetzung ausdrücklich als Hilfstext bezeichnet wird. Die Textsortennorm internationaler Übereinkünfte wurde schon genannt (s. Kap. 5.1.3.6).

5.3.3.2 Das „gemeinsame Minimum" der Begriffsübersetzung

Zwar kann eine spezifische Terminologie die Zwecke des Rechts optimal erfüllen, doch knüpft das Recht auch an die Gemeinsprache an. Beim Verstehen eines juristischen Textes trifft der Übersetzer im Bereich der Lexik auf das Nebeneinander von exakt definierten abstrakten Fachtermini und den unbestimmten und bestimmten Begriffswörtern des Rechts (s. Kap. 2.4.5.1). Juristische Termini wie *Buchgrundschuld, Zwangsvollstreckungsklausel, Rechtsnachfolger* usw. sind lexikographisch gut dokumentiert. Ein hermeneutisches Verstehensproblem bieten dagegen die unbestimmten auslegungsbedürftigen Rechtsbegriffe, die im Rahmen ihrer Rechtsordnung als Grundbegriffe die Rechtsgüter bezeichnen.

Hier kann als Übersetzungsprinzip das verbreitete Auslegungsprinzip des „gemeinsamen Minimums" (Bleckmann 1977, 99) im Bedeutungsgehalt rechtlicher Begriffswörter in verschiedenen Sprachen angewendet werden. Es ist keine Lösung, die entscheidenden Begriffswörter in solchen Texten einfach unübersetzt zu lassen mit der Entschuldigung, dafür gäbe es kein zielsprachliches Äquivalent.

Die Möglichkeit eines gemeinsamen Minimums findet sich z. B. darin, einen allgemeineren Begriff zu verwenden, denn ein Oberbegriff impliziert den unteren immer (s. Kap. 2.1.5). Bei Übersetzungen im Bereich des Völkerrechts ist eine derartige allgemeinere Übersetzung sogar geboten, da nur so der oft notwendige Interpretationsspielraum für eine einzelstaatliche Applikation der Texte erhalten werden kann (vgl. Eichinger 1987). Oft finden sich in **Konferenztexten** auch absichtlich unklare Formulierungen, die keineswegs durch den Übersetzer präzisiert werden dürfen.

Dieser kann sich freilich nicht immer auf Angaben im Wörterbuch berufen, vielmehr ist hier ein Mitdenken und sachliches Verständnis gefordert, vor allem wenn **begriffliche Unterschiede** zwischen ähnlichen Bezeichnungen verschiedener Rechtssysteme bestehen (s. Kap. 2.4.5.3).

> ### Beispiel
> In einem Vertrag findet sich z. B. der Satz: *Der Vertrag kann aus wichtigem Grunde fristlos gekündigt werden.* Bei einer Übersetzung ins **Dänische** muss dann nicht notwendig die genannte Formulierung aus dem em Paragraphen des HGB über den Handelsvertreter übernommen werden.
> LARSEN (1998, 93) merkt nun an: „Die Formulierung im dänischen Gesetz zum gleichen Thema lautet in deutscher Übersetzung 'bei Verletzung wesentlicher Pflichten'. Man kann sich dabei überlegen, ob die dänische Formulierung inhaltlich der deutschen Formulierung entspricht oder ob es sich um eine Einschränkung handelt, so dß es also im deutschen Recht auch andere wichtige Gründe geben kann, als nur Verletzung der wesentlichen Pflichten."
>
> Man beachte im *französischen* Zivilrecht z. B. auch erhebliche Unterschiede gegenüber dem BGB hinsichtlich des Schuldrechts und Sachenrechts. Rechtsbegriffe wie *Mängelhaftung, Sicherung der Kaufpreisforderung, Eigentumsübergang, Rückstellungen* usw. sind recht unterschiedlich definiert (weitere Beispiele in STELLBRINK 1987, 35-37).
> Der deutsche Terminus *Höhere Gewalt* umfaßt z.B. Naturkatastrophen, gesetzgeberische Maßnahmen und Streik. Dem würde eine explikative Erweiterung des frz. Terminus zu *force majeure et cas fortuits* entsprechen, sonst wäre der französische Partner bei Streik von der Vertragserfüllung entbunden.
>
> Auch im *französischen* Verwaltungsrecht gibt es signifikante Unterschiede zum deutschen Recht. *Ermessensmissbrauch* und *détournement de pouvoir* haben z. B. einen nur teilweise gemeinsamen Anwendungsbereich und bilden keine Übersetzungsäquivalenz (BLECKMANN 1977, 95ff), wo die Verwaltung einen Ermessensspielraum (*pouvoir, marge discrétionnaire*) besitzt. Allerdings ist dieser Ermessensspielraum im deutschen

und im französischen Recht an verschiedener Stelle beheimatet.

Nach deutscher Auffassung kann ein Ermessen niemals im Tatbestand, sondern nur bei der Rechtsfolge einer Norm auftreten. (Darf etwa die Polizei zur Aufrechterhaltung der *öffentlichen Sicherheit und Ordnung* bestimmte Maßnahmen ergreifen, so stellt die Frage, ob eine Störung der öffentlichen Sicherheit und Ordnung vorliegt, eine Rechtsfrage dar, die nur eine Lösung gestattet.) Hier werden die *Ermessensfehler* nach § 114 VGO eingeteilt in
- die *Ermessensüberschreitung* (= Ermessensmangel oder gesetzlich nicht vorgesehene Entscheidungen) und
- den *Ermessensmissbrauch* oder *Ermessensfehlgebrauch* (= wenn die Verwaltung sich nicht von sachlichen und zweckgerichteten Erwägungen leiten läßt).

Im französischen Verwaltungsrecht konnte dagegen bislang das Ermessen sowohl auf der Tatbestands- als auch auf der Rechtsfolgeseite auftreten. Der *détournement de pouvoir* bezog sich folglich gerade auch auf die unbestimmten Rechtsbegriffe: ob überhaupt eine Störung der öffentlichen Sicherheit und Ordnung vorlag, konnte das französische Verwaltungsgericht deshalb nicht voll nachprüfen, insoweit griff nur der *détournement de pouvoir* ein.

Er nach der Rechtsprechung des französischen Staatsrats vor, wenn eine Behörde im Rahmen ihres Ermessens eine Befugnis zu einem anderen Zweck gebraucht hat, als die Rechtsordnung es ihr gestattet.

Der Vergleich zwischen dem französischen und dem deutschen Verwaltungsrecht (*Lehrbuch des Verwaltungsrechts*, 10. Aufl. 1973, S. 99) ergibt, dass der Begriff des *Ermessensmissbrauchs* oder des *Ermessensfehlgebrauchs* zwar den *détournement de pouvoir* voll umfasst, sich daneben aber auf weitere Kategorien von Ermessensfehlern erstreckt.

Daher sollte man zur Übersetzung von *détournement de pouvoir* auf einen frei gebildeten Begriff, etwa *Zweckverfehlung* zurückgreifen. Damit wird zudem deutlich gemacht, dass die Zweckverfehlung auch auf einem Irrtum beruhen kann. Dagegen sollte man die *Ermessensfehler* mit *vices susceptibles d'entacher l'exercice du pouvoir discrétionnaire* übersetzen. Der *Ermessensmissbrauch* wäre dann in Anlehnung an den Rechtsmissbrauch (*abus du droit*) mit *abus du pouvoir discrétionnaire* zu übersetzen (vgl. BLECKMANN 1977, 99).

Wegen der **Lebensbindung der Rechtsbegriffe** ist beim Übersetzen hier eine pragmatische Perspektive der kulturellen Empfängerbedingungen und der zielsprachlichen Verständlichkeit wichtig. Wenn dann eine Übersetzung entsteht, die dort zwar nicht rechtssprachlich verankert, dafür aber allgemein verständlich ist, kann sie von den Empfängern verstehend auch in deren Rechtssystem eingeordnet werden.

> ### Beispiel
> Man betrachte die **englische** Übersetzung von dt. _Regelunterhalt_. Die Definition lautet (§ 161 Abs. 5f BGB): „Regelunterhalt ist der zum Unterhalt des Kindes, das sich in der Pflege seiner Mutter befindet, bei einfacher Lebenshaltung erforderliche Betrag (Regelbedarf). (...) Der Regelbedarf wird von der Bundesregierung mit Zustimmung des Bundesrates durch Rechtsverordnung festgesetzt. Er kann nach dem Alter des Kindes und nach den örtlichen Unterschieden in den Lebenshaltungskosten abgestuft werden."
> Eine wörtliche Übersetzung, etwa mit _regular maintenance_ wäre unzureichend, denn es geht im wesentlichen nicht um die Regelmäßigkeit der Zahlungen, sondern um deren Höhe (Regelbedarf), außerdem ist ein wichtiger Bedeutungsaspekt, dass es sich um anteilige Zahlungsverpflichtungen des Kindesvaters handelt, und nicht nur um irgendwelche Formen des Unterhalts.
> Eine englische Umschreibung für „Regelbedarf" wäre _sum normally required for the maintenance of an (illegitimate) child._ Ein gemeinsames Minimum der Bedeutung für „Unterhaltszahlungen" (Alimente) wäre _regular payment of child support,_ wobei semantisch allerdings der wichtige Bezug auf den Mindestbedarf fehlt. So wäre ein verständliches Optimum etwa _regular child support payments for normal requirement._

Unverzichtbar für den Übersetzer ist natürlich die genaue Kenntnis der Semantik ausgangssprachlicher rechtsförmiger und **verwaltungstechnischer Begriffe.** Noch fehlt eine zusammenfassende Monographie über die Rechtsbegriffe als Übersetzungsproblem, doch sind inzwischen einige verstreute, teilweise auch unsystematische Studien zu einigen

Sprachfiguren des französischen Verwaltungsrechts vorgelegt worden.[59] Die Ergebnisse sind übersetzungspraktisch wertvoll.

5.3.3.3 Wörtliche Übersetzung von Institutionenbezeichnungen

Während identifizierende Eigennamen und Toponyme unübersetzt bleiben, werden Institutionennamen nicht generell, aber doch häufig wörtlich übersetzt, wie GLÄSER (1996a) anmerkt; internationale Dokumente sind jeweils in der Übersetzung bekannt: *Der Bundespräsident der Bundesrepublik Deutschland – The President of the Federal Republic of Germany.* ILUK (1990) hat sich genauer mit der „Übersetzbarkeit von Namen öffentlicher Einrichtungen" befasst. Diese Namen dienen einerseits zur Identifikation der Einrichtungen, z. B. *„das Finanzamt"*, andererseits geben sie aber auch Auskunft über ihren Aufgabenbereich, vgl. *Zollamt, Arbeitsamt, Pädagogische Hochschule, Sporthochschule, Tierärztliche Hochschule.* Verwaltungsstellen enthalten meist das Grundwort *-amt,* wie etwa *Oberschulamt, Standesamt.* Trotzdem gibt es kein *Pass-* oder *Ausweisamt,* sondern eine *Passstelle* und *Ausweisbehörde.* Solche Namen unterscheiden sich von den anderen Subklassen der Eigennamen, die zwar identifizieren, aber keine begriffliche Information geben (WIMMER 1973, 70ff).

Wegen dieser ihrer **begrifflichen Information** müssen die Namen öffentlicher Einrichtungen aber übersetzt werden. Dabei hat jede Sprachgemeinschaft ihre eigenen Benennungsstereotype entwickelt, weshalb die Namen öffentlicher Einrichtungen oft stärker konventionalisiert sind als andere Eigennamen.

> *Beispiele aus dem Bildungswesen*
> Appellativum ʻUniversität' + Toponym, z.B. Universität Bayreuth, Universität Bamberg, Universität Heidelberg.
> Onym + Appellativum ʻUniversität' + Toponym, z. B. Martin-Luther-Universität   Halle/Wittenberg,   Johann-Wolfgang-

---

[59] Vgl. die Analysen von PAEPCKE zu *ordre républicain* (1975, 300f), *fonction publique* (1980, 261f), *ordre public* (1980, 263f), ferner Studien zu *acte administratif, contrat administratif, action administrative* (HEIERMEIER 1983), *autorité publique* (STOLZE 1982, 266f), *service public* (BRETTHAUER 1997).

Goethe-Universität Frankfurt/M., Otto-Hahn-Gymnasium, Eichendorffschule, Herderschule, Schiller-Realschule.
Adjektivisches Toponym + Onym + Appellativum 'Universität', z.B. Rheinische Friedrich-Wilhelms-Universität, Bayerische Ludwig-Maximilians-Universität.
Spezifizierendes Adjektiv + Appellativum 'Universität' + Toponym, z.B. Katholische Universität Eichstätt, Technische Universität Darmstadt, Pädagogische Hochschule Leipzig.
Appellativum *'Universität'* + Attribut als präpositionale Wortgruppe, z. B. *Hochschule für Verkehrswesen Aachen, Ingenieurhochschule Wismar, Sporthochschule Köln.*
Appellativum *'Universität'* + Toponym im Genitiv, z. B. *Universität des Saarlandes.*
Onym + Appellativum *'Universität'* + Toponym im Präpositionskasus, z. B. *Humboldt-Universität zu Berlin.*
Die <u>deutschen Städtenamen</u> werden immer nachgestellt. Ehrende Onyme als Namensbestandteil werden mit Durchkopplungsbindestrich verbunden. In der früheren DDR dagegen erscheint das ehrende Onym als Apposition in Anführungszeichen, vgl. *Pädagogische Hochschule „Liselotte Hermann" Güstrow.* Dies korrespondiert interessanterweise mit der Benennungsweise in Italien, vgl. *Università „Franca Magnani" Milano, Scuola media „M. Corleone" Rapallo.*

Im **Deutschen** sind die Namen entweder Komposita unterschiedlicher Länge, wie etwa *Arbeiterwohnungsbaugenossenschaft,* oder unterschiedlich geartete Wortgruppen. Der usuelle Gebrauch ist bestimmend, jedoch gibt es immer auch Ausnahmen. Bei der Translation von Namen öffentlich-rechtlicher Einrichtungen, wie sie insbesondere bei der Urkundenübersetzung wichtig ist, kann sich die Übersetzerin nicht nur auf die isolierte Herstellung einer lexikalischen Äquivalenz beschränken, sondern hat den spezifischen, usuell bedingten Gebrauch zu berücksichtigen.

Die im juristischen Bereich häufige Übersetzung von **Institutionenbezeichnungen** ist aber nicht nur eine Frage der Namensübertragung. Aufgrund des Zwecks der dokumentarischen Übersetzung verbietet sich hier die zielsprachliche Adaptation, wenn die Gefahr eines falschen Andeutens nicht vorhandener Identität der Institutionen oder Rechtsfiguren besteht. Ein simpler Austausch einzelsprachlicher Terminologie führt hier nicht weiter. Auch wörtliche Übertragungen nach dem Wörterbuch führen oft zu unverständlichen Formulierungen. Beispiel: Letzthin las man in einer beglaubigten Übersetzung *„Gemeinderesidenz"* für it. *residenza municipale* (Rathaus, Gemeindeamt), oder *„Zivilstandesamt"* für it. *ufficio di stato civile* (Standesamt). Das wirkt nur noch hilflos. Auch wenn aber zielstaatliche Bezeichnungen oft eher verständlich wären, so sind sie evt. irreführend oder einfach falsch.[60] Nicht das Vermeiden unüblicher Formulierungen oder unspezifischer Ausdrücke, sondern von Falschaussagen ist hier wesentlich.

5.3.3.4 JURISTISCHE STANDARDFORMELN UND GLIEDERUNGSSIGNALE

Ein spezielles Problem bei juristischen Übersetzungen sind die standardisierten Formeln. Sie dienen zur Vereinfachung interner Information, weil sie durch den Rückgriff auf bereits vorliegende Formulierungen und Präjudizien **Gleichbleibendes indizieren.** Bei internationalen Abkommen und Resolutionen stellt z. B. die in den meisten Präambeln enthaltene Aufzählung von Beweggründen ein altüberliefertes Formgut im Sinne fertiger Textbausteine dar. Man könnte sie als Textsortensignal bezeichnen (s. Kap. 5.1.3.6).

Juristische Formeln unterstützen das Wiedererkennen bestimmter **gerichtlicher Verfahrensaspekte**, die meist auch außersprachlich vergleichbar sind (vgl. die „Salvatorische Klausel" in Verträgen). Deswegen hat der Übersetzer hier keine Formulierungsfreiheit. Wenn zielsprachlich vergleichbare Verfahrensschritte vorliegen, dann sollen die entspre-

---

[60] Abzulehnen ist daher die Forderung eines Türkischübersetzers nach Adaptation: „Die von der Botschaft in Ankara ausgearbeiteten Übersetzungen (der Gerichtsbezeichnungen sind ...) ausnahmslos und wortwörtlich aus den englischen Übersetzungen bei Jessnitzer abgeleitet, die er im Handbuch für Dolmetscher und Übersetzer (Köln 1982) angegeben hat (Seite 53). Hier hat man sich also nicht einmal die Mühe gemacht, auf die Besonderheiten des türkischen Rechtssystems einzugehen. Denn m. E. ist eine Übersetzung der Gerichtsbezeichnungen ohne Rücksicht auf die Praxis im Zielland völlig absurd. Hier werden künstliche Bezeichnungen geschaffen, die für den Leser in der Türkei nichtssagend sind und somit auch nicht den beabsichtigten Zweck im Rechtshilfeverkehr erfüllen" (*MDÜ* 1/1991, S. 13).

chenden Formulierungen verwendet werden, auch wenn diese grammatisch oft völlig anders aufgebaut sind. Fachsprachliche Forschungsergebnisse, wie z. B. ein systematischer Parallelvergleich von Standardformeln in einzelnen Sprachen, wären hier hilfreich.

Typisch für **englischsprachige** Rechtstexte sind die Verdoppelungen, manchmal sogar Dreifachformen, mit *or/and*. Sie entsprechen der Struktur der englischen Sprache, die feinste Bedeutungsnuancen mit immer neuen Wörtern ausdrückt. In historischer Perspektive zeigt sich hier eine juristische Tradition zur „wasserdichten", allseits abgesicherten Formulierung, Beispiel: *this agreement is made & entered into between* – dieser Vertrag wird geschlossen zwischen; *action or proceedings* – Gerichtsverfahren.

Solche habitualisierten Formeln, oft auch in der Art **archaisch** anmutender lexikalischer Sequenzen, wie sie vor allem Gesetzes- und Urteilstexte kennzeichnen, entstehen in der Tradition der Rechtspflege durch den Rückgriff auf bereits vorliegende Formulierungen. Sie sind eine Folge der Rezeption des römischen Rechts im Mittelalter mit ihren Begleiterscheinungen: dem allmählichen Vergessen der einheimischen Rechtsquellen, der Verdrängung der germanischen Laienrichter durch gelehrte Doctores und dem Siegeszug der Sprache der Rechtsgelehrten auf den Universitäten und in den Kanzleien (WASSERMANN 1979, 118). Der Einfluss der lateinischen Rechtssprache war im **französischen** Recht besonders stark wirksam, weshalb diese Sprache bis heute in der Terminologie viele altertümlichen Merkmale aufweist und reich an lateinischen phraseologischen Wendungen ist. Immer wieder gibt es aber auch Bemühungen um Modernisierung.[61] Der Übersetzer verwendet sinnvoll-

---

[61] Vgl. den Erlass vom 15. Sept. 1977 zur „Modernisation du vocabulaire judiciaire" (Journal officiel 24.9.1977). Er bietet eine ganze Liste französischer Übersetzungen für lange gepflegte lateinische Wendungen, wie z.B. *Actor sequitur forum rei* –> *Le litige doit être porté devant le tribunal du défendeur.* Der Erlass verweist ausdrücklich darauf, dass der Code Civil und auch der Gesetzgeber keine lateinischen Ausrücke verwendet, und dass dies daher als negative, verschleiernde Angewohnheit der Juristen gesehen wird. Auch Archismen und altmodische Ausdrücke sollen modernisiert werden, z.B. *Agissant poursuites et diligences de son gérant* –> *Représenté par son gérant,* oder *Dit que le jugement sortira son plein et entier effet*

erweise die zielsprachlich üblichen Formen, unabhängig von der Struktur in der Textvorlage, um die stilistische Akzeptanz der Übersetzung zu erhöhen.[62]

Gliederungssignale strukturieren die Information in Texten, was bei den hochkomprimierten Rechtstexten von Bedeutung ist. Typisch für Common-law-Verträge im *Englischen* sind z. B. Archaismen wie *aforesaid, herein, therefore, therein, hereby, as follows* etc. Diese Adverbien haben die referentielle Funktion der Verweisrelation innerhalb eines Absatzes. Dies ist auch wichtig, da vielfach Nebensätze und Interpunktion fehlen (vgl. VLACHOPOULOS 1997, 11). Oft finden sich Nebensatzreihungen: *The Court finds that ..., and that ...* Die Übersetzerin muss solche langen Paragraphen vorsichtig analysieren, um keinen Sinnverfälschungen zu erliegen.

Hierbei hilft auch die formale Strukturierung der Vertragstexte durch **Textanfänge** in Großbuchstaben: *THIS ... AGREEMENT ... BETWEEN ... AND ... WHEREAS ... NOW THE PARTIES AGREE ... IN WITNESS WHEREOF,* usw. Diese Stilistika selbst müssen in der Übersetzung nicht unbedingt formal nachgebildet werden, nur deren semantische Information bleibt erhalten. Bei einer Übersetzung *deutsch-englisch* können sie sinnvoll eingesetzt werden.

Auch *französische* Rechtstexte enthalten **Gliederungssignale**, die jedoch anders organisiert sind. Bei französischen Urteilen der ersten Instanz werden die einzelnen Urteilsargumente zum Tatbestand jeweils eingeführt mit *attendu que* und *dès lors*. Die Formel *considérant que...* oder *cons. que...* verweist demgegenüber auf eine verwaltungs- oder verfassungsrechtliche Instanz (etwa bei einem „Arrêt"). Die dazugehörigen Hinweise auf die Prozessunterlagen oder Rechtsvorschriften werden stets mit *vu...* eingeführt (KREFELD 1985, 100). Dabei wird das Satzgefüge syntaktisch mit *que* beliebig lang erweitert, wobei unhandliche

---

pour être exécuté selon ses forme et teneur – Ordonne l'exécution du jugement (Vgl. Abdruck in *Lebende Sprachen* 2/1978, S. 61-63).

[62] Die juristischen Wörterbücher sind diesbezüglich nicht sehr ergiebig. Mit Gewinn konsultiere man u.a. DOLCE/CORRADINI/ROMANI: *Formularbuch für den Handelsverkehr Deutschland-Italien.* München: Beck 1995.

Nebensatzreihen entstehen. So ist etwa ein französisches Gerichtsurteil eine kanonisierte Textsorte mit der Besonderheit, dass der gesamte Text, wie umfangreich er auch immer sein mag, in einen einzigen Satz gezwängt wird (vgl. KREFELD 1985, 60-95). Eine Eigenart von Rechtstexten sind daher oft die Nebensatzreihungen. Im Deutschen wäre eine solche Aneinanderreihung von Nebensätzen verständnishindernd und entspräche auch nicht den juristischen Gebrauchsnormen, deshalb kann die Übersetzung normale Aussagesätze bilden (STOLZE 1992, 192). Die genannten Textsortensignale in Urteilen (*att. que, vu que, cons. que*) gliedern den Text, indem sie jeweils die einzelnen Argumente einführen, die nacheinander abgearbeitet werden. Sie verweisen damit implizit auf Referenztexte, wie die relevanten Gesetzesparagraphen und die Prozessakten. Außerdem enthalten solche Urteilstexte auch Konnektoren, welche die einzelnen Abschnitte untereinander verknüpfen, wie z. B. *toutefois, au surplus, finalement, au vu de tout ce qui précède, et alors, il s'ensuit, donc, partant,* etc. Dadurch wird die Kohärenz des Textes gesteigert, und solche Partikel können auch übersetzt werden. Mögliche Verständnisschwierigkeiten des Übersetzers in Bezug auf einen Absatz werden so oft mit Blick auf das Textganze lösbar. Insgesamt ist bei der Übersetzung juristischer Fachtexte eine **Zusammenschau** der komplexen Problematik unterschiedlicher Rechtsordnungen, der Begriffsübersetzung und der Funktionalstilistik gefordert (vgl. SANDRINI 1999).

5.3.3.5   SPRECHAKTE IN RECHTSTEXTEN

Wenn ein Bewusstsein von der besonderen Problematik juristischer Sprechakte fehlt, ist ein Wiedererkennen derselben in Übersetzungstexten erschwert. Sprechakte werden mit performativen Verben realisiert (s. Kap. 4.2.2). Auf das übersetzungsrelevante Problem der sprachlichen Gestaltung vertraglicher Vereinbarungen und gesetzlicher Bestimmungen als Sprechakt im *Englischen* hat TROSBORG (1994) hingewiesen. Sprechakte wie „Zusicherung", „Verbot" sowie die „Verpflichtung" müssen ja wegen der rechtlich bindenden Wirkung solcher Texte möglichst klar ausgedrückt werden, um Streitigkeiten durch Fehlinterpretation zu minimieren.

> ### Beispiele
> In **Gesetzestexten** mit ihrer allgemeingültigen Bedeutung sind vor allem Repräsentativa (im Präs. Ind.) sowie Direktiva (imperativischer Infinitiv) festzustellen. Beispiel:
> - Die Wertminderung wegen Alters *bestimmt sich* nach dem Alter des Gebäudes im Hauptfeststellungszeitpunkt und der gewöhnlichen Lebensdauer von Gebäuden gleicher Art und Nutzung. Sie *ist* in einem Hundertsatz des Gebäudenormalherstellungswertes *auszudrücken*. (§ 86 BewG)
>
> In **Urteilstexten** finden sich Deklarativa im Sinne gültiger Festlegungen:
> - Die am ... vor dem Standesbeamten in N.N. geschlossene Ehe der Parteien *wird geschieden.* – Die Verfahrenskosten *werden* gegeneinander *aufgehoben. (Dt. Scheidungsurteil BRD)*
> - Die Kosten des Verfahrens *hat* die Klägerin zu 1/3 und der Verklagte zu 2/3 *zu tragen (Dt. Scheidungsurteil DDR)*
>
> In **Verträgen** sind folgende Handlungsarten festzustellen: (1) Kommissiva als *Verpflichtung* oder *Obliegenheit,* die einer Vertragspartei von der anderen auferlegt wird, also eine Verhaltensregelung mittels *Verbot,* oder *Rechte*, die Vertragsparteien einander gewähren oder absprechen. (2) Als Deklarativa könnte man die Sprechakte der *Selbstverpflichtung*, der „Zusicherung" ansehen. (3) Repräsentativa sind demgegenüber die *Darstellungen* der vertraglichen oder gesetzlichen Rahmenbedingungen, die auch in solchen Texten erscheinen. Beispiele:
> Im Englischen wird eine Obliegenheit fast ausschließlich mit dem Modalverb *shall* angezeigt, im Deutschen erscheint an dieser Stelle das Präs. Ind. oder *sein*+Infinitiv:
> - Employees *shall work* such overtime as the Company from time to time thinks necessary according to the needs of its business. – Die Mitarbeiter *leisten* Überstunden gemäß den Geschäftserfordernissen der Firma.
> Zugestandene Rechte oder Erlaubnisse werden im Englischen durch *may* oder *grant* angedeutet. Dem entspricht im Deutschen *können, dürfen,* aber auch *erlauben, gestatten, das Recht gewähren,* usw.

- The owner hereby *grants* to the Distributor (...) the sole and exclusive *right* to license, sublicense ... – Der Eigentümer *gewährt* dem Händler das alleinige und exklusive *Recht* die Software zu lizensieren, und ...

Ein positives Versprechen oder eine Selbstverpflichtung erfolgt im Englischen explizit mit performativen Verben wie *agree, undertake, acknowledge, warrant, accept,* oder mit dem Modalverb *will.* Die oft gesehene Verstärkung mit *shall* (z. B. *shall undertake*) ist eigentlich unnötig. Dem entspricht im Deutschen oft das Futur oder Präsens, auch Verben wie *vereinbaren, anerkennen, garantieren, sich verpflichten,* u. a.:

- *The Distributor promises/ covenants/ warrants...* – Der Händler verspricht/ vereinbart/ garantiert, dass...
- Der Arbeitnehmer *verpflichtet sich,* alle ihm übertragenen Arbeiten sorgfältig und gewissenhaft nach entsprechender Anweisung des Arbeitgebers auszuführen. Der Arbeitnehmer *kann* vom Arbeitgeber weltweit eingesetzt werden. *(Arbeitsvertrag)* – The employee *will* carry out all tasks ....

Kommissiva erscheinen auch als Verbote. TROSBORG (1994, 312) betont, dass bei Verboten im Englischen meist *shall not* erscheint. Dem entspricht im Deutschen *nicht dürfen, nicht sollen.*

- This agreement shall not be assigned by the Owner without the prior written consent of the Distributor. – Dieser Vertrag darf vom Eigentümer nicht ohne schriftliche Zustimmung des Händlers abgetreten werden.

Besondere Aufmerksamkeit gebührt daher den englischen Elementen der Verneinung, da sich hier oft der Sprechakt verändert: So wird eine Erlaubnis durch die Negation zur Untersagung (*may - may not*), eine Verpflichtung wird zum Verbot (*shall - shall not*), Bedarf wird zur Gestattung (*want - need not*).

Daneben gibt es die repräsentative Darstellung vertraglicher Rahmenbedingungen oder die feststellende Aussage in amtlichen Zertifikaten. Hier erscheint kein *shall*:

- Die Gesellschaft *führt* die Firma: ... *(HRG)* – The Company **shall operate* under the name of ... *(Versuch)* – The company *has* the firm name of ... *(Korrektur)*

Erwähnungen von deklarativen Vertragsklauseln mit rechtlicher Wirkung in der Zukunft erfolgen allerdings oft mit dem Modalverb *shall,* was im Deutschen nur im Präsens wiedergegeben wird (TROSBORG 1994, 316). Beispiel:

- Die Gesellschaft *ist berechtigt*, sich an anderen Unternehmen gleicher oder verwandter Art zu beteiligen sowie solche Unternehmen zu gründen oder zu erwerben. *(Gesellschaftsvertrag)* – The company *shall be entitled* to acquire shares in other companies of the same or a similar kind and to establish or acquire such companies.

In der Kommunikation ist auch die Unterscheidung zwischen dem lokutionären Akt als solchem und der Handlungsbezeichnung des illokutionären Aktes, also zwischen dem **Sprechakt im Vollzug** und der **Rede über denselben** durch Nominalisierung wichtig.

Beispiel

- Der Verkäufer *verkauft* hiermit...; Die Parteien *ermächtigen* den Notar ...; Auf Ansuchen von Verkäufer und Käufer *beurkunde* ich ...
- Der *Kauf* wurde getätigt am...; Diese *Vollmacht* erlischt am ..., Wird diese *Urkunde* vollzogen, bringt dies ...

Mit Hilfe der Nominalisierung können im Deutschen sehr präzise juristische Aussagen gemacht werden, die in der Übersetzung nicht verwischt werden sollten:

- Die *Erteilung* der Genehmigung bedarf der notariellen Beglaubigung. (Nicht die Genehmigung selber, sondern dass sie gegeben wurde).
- Notwendig ist eine *Verständigung* über die Höhe des Kaufpreises. (Anstatt: „Sie müssen sich über den Kaufpreis einigen.")
- Ich werde den weiteren *Schriftwechsel* mit Ihnen führen. (Statt: „Ich werde Ihnen schreiben." Es geht um den Inhalt dieser Schriftsätze, und nicht um die Tatsache, dass geschrieben wird.)

Zudem gibt es sprachspezifische Fokussierungsformen, und der englischen Substantiv-Negativierung entspricht z. B. im Deutschen die Verb-Verneinung:

- If *no* agreement can be reached... / kann eine Einigung *nicht* erzielt werden.../kommt eine Einigung *nicht* zustande...
- ***Nothing in*** this Agreement *shall preclude* the use of controls.. / ***Aucune des dispositions*** du présent Accord *n'aura pour effet* d'interdire le recours ... à des contrôles / Dieses

Übereinkommen *schließt* **nicht** *aus*, dass ... Kontrollen an-wendet.

Nothing in this Agreement *shall be construed* as creating a partnership or joint venture of any kind between us. / Diese Vereinbarung *darf* **in keiner Hinsicht** *so ausgelegt werden*, dass damit eine Partnerschaft oder ein Gemeinschaftsunter-nehmen zwischen den Parteien begründet würde. (vgl. STANDARDFORMULIERUNGEN 1992, 83).

5.3.3.6   DIE VERWALTUNGSSPRACHE

Im Rahmen der einzelnen Textfunktionen, wie Urteil, Bescheinigung, Zeugnis, Vertrag, usw. haben sich auch besondere Sprachformen als „Amtsstil" herausgebildet, die signifikant von der Allgemeinsprache abweichen, wo sie als unschön gelten. Die Verwendung solcher Sprach-formen ist aber wichtig, da nur solche Texte von den Adressaten als **„autoritativ" akzeptiert** werden.

Zu unterscheiden ist hier zwischen der „Verwaltungssprache" als Spra-che im internen behördlichen Verkehr und der „Amtssprache" als Sprachform in Formularen und Publikumsschreiben der öffentlichen Ämter. Darin wird eine, noch nicht immer erreichte größere Bürgernähe und Verständlichkeit gefordert. Urkunden dienen aber meist vorrangig den behördlichen Zwecken (Verwaltungssprache). Ob der Inhaber eines Urteils z. B. dieses versteht, ist nicht primär von Belang, dafür sind die Juristen zuständig.

Als Schlüsseltechniken der fachsprachlichen Syntax generell (s. Kap. 4.1.1) und somit auch der Verwaltungssprache werden die explizite **Spezifizierung**, die **Kondensierung** und die **Anonymisierung** der Aussa-gen identifiziert, denn diese sollen **abstrakt, sachbezogen** und **ausführ-lich** sein. Diese metasprachlich bezeichneten Funktionen gelten unab-hängig vom Inhalt für alle Fachsprachen. Wir haben also zu unterschei-den zwischen dem fachlichen **Denkstil**, der sich in der Art der Begriffs-bildung und Terminologie spiegelt, und einem fachlich-funktionalen **Schreibstil**, der sich in Wortbildung, Phraseologie und Syntax spiegelt.

Beim **Übersetzen** geht es vor allem darum, diese Sprachinformation syntaktisch zu erhalten.

> ### Beispielsätze der Verwaltungssprache
> aus Originaltexten *(keine Übersetzungen)*
>
> **Abstraktion:**
> Unpersönlicher Stil durch Funktionsbetonung
> **dt**. Der Kläger, Der Bundesminister, Der Landrat
> **fr**. Le Tribunal de Grande Instance,
> **it**. Il tribunale, sezione civile; l'ufficiale di stato civile
> **en**. the Court; the party hereinafter referred to as...
> Nur 3. Person oder wir-Stil zur Anonymisierung des Urhebers
> **dt**. Das Gericht weist darauf hin...; Wir haben festgestellt, dass...,
> **fr**. Il a été de la volonté des parties de..., la IIe chambre civile du Tribunal a statué...
> **it.** Si comunica che la domanda di indennità di disoccupazione è stata accolta.
> **en.** The Court finds...; it appears to the Court that...
> Passiv zur Konzentration auf die Handlung, nicht auf die handelnde Person
> **dt**. Die Wohnung des Beschuldigten wurde durchsucht
> **fr**. La clause attributive de compétence est stipulée...
> **it**. In via preliminare va dichiarata la contumacia del ...
> **en**. It is adjudged and ordered; the parties hereto are restored to the status of...
> Anweisungen im Infinitiv für Allgemeingültigkeit
> **dt**. Die Formulare sind einzureichen bis Ende des Monats.
> **fr**. Il s'ensuit qu'il ne saurait y avoir litispendance entre...
> **it**. La documentazione deve essere accompagnata da...
> **en**. This agreement shall be effective as of...
>
> **Sachlichkeit**:
> Gebrauch der Substantive zur Betonung der Sachlichkeit
> **dt**. Eine Kostenerstattung kann nicht erfolgen. Eine Fristsetzung ist erfolgt.
> **fr**. La validité de cette clause est toutefous subordonnée au...
> **it**. In considerazione delle decuzioni di..; l'affidamento dei figli alla madre
> **en**. Service of a copy of the summons and complaint was made.

Handlungskennzeichnung durch Verbalsubstantive, meist _ung-_
Substantive
dt. Bemühungen, Zustimmung, Erstattung, Anrechnung
fr. Interprétation, analyse, decision...
it. L'autorizzazione al prodotto non può essere concessa...
en. Arrangement, reading, decision
Gefüge aus Verbalsubstantiv und bedeutungsarmem Funktionsverb
dt. Verben wie erfolgen, stattfinden, unterbleiben, bestehen, vorliegen
fr. Il faut une acceptation expresse de la disposition
it. Le operazioni di confezionamento vengono effettuate
en. The interlocutory judgement makes a provision for..; maintenance is hereby denied.
Fachsprachliche Wortbildungsprodukte (Kostenentscheidung, ausfertigen, vollstreckbar)
Vermeidung von Fremdwörtern im Deutschen
(dafür Eindeutschen: Fernsprecher, Fernsprechteilnehmer, Kraftwagen, Vorgang, Ablage, freimachen, Ausstellungstag, Urkunde ausfertigen, Vervielfältigung, Ablichtung usw.)

Ausführlichkeit:
Vervielfachung der Verneinung zur Absicherung („Kommt ein einstimmiger Beschluss nicht zustande,..." [kommt kein...], „Ein nicht unbeträchtlicher Schaden" [ein großer]),
viele Attribute für höchste Genauigkeit („Alle damit verbundenen Eigentümerrechte und Rückgewähransprüche werden hiermit mit Wirkung ab Bezahlung des Kaufpreises, in jedem Falle aber ab Eigentumsumschreibung, auf den Käufer übertragen.")
Präpositionalgefüge für explizite Beziehungen im Deutschen
(unter Bezugnahme auf [angesichts], unter Hintansetzung von [trotz], unter Zuziehung von [durch], unter Zuhilfenahme von [mittels], unter der Zwecksetzung, dass [zwecks])
Reihung von Nebensätzen zur inhaltlichen Präzision (Sollte eine Bestimmung dieses Vertrages ganz oder teilweise unwirksam sein oder werden, so berührt dies die Wirksamkeit der übrigen Bestimmungen nicht. In diesem Fall sowie im Falle der Auslegungsbedürftigkeit einer Bestimmung sowie einer ergänzungsbedürftigen Lücke sind die Parteien verpflichtet, die betreffende Bestimmung durch eine solche Vereinbarung zu ersetzen, welche dem Sinn der betroffenen Bestimmung am nächsten kommt.)

Feststehende Formulierungen zur <u>Wiedererkennung von Gleichbleibendem</u>:
dt. Die Kosten des Verfahrens werden gegeneinander aufgehoben.
fr. Pour servir et valoir ce que de droit (für die zulässigen Zwecke)
it. Dedurre una prova testimoniale (einen Zeugen benennen)
en. to abide by the imposed requirements (erteilten Auflagen nachkommen)

Es ist eine Besonderheit der Rechtssprache, dass hier auch eine spezifische **Phraseologie** entstanden ist (s. Kap. 4.2.1.1), indem bestimmte Verben häufig in festgefügten Kollokationen mit Nomina auftreten, wobei im Deutschen vorzugsweise **Nomina im Akkusativ** erscheinen, vgl. *eine <u>Vollmacht</u> erteilen* (nicht **einräumen, gewähren*), *ein <u>Verbot</u> auferlegen* (nicht **äußern, erlassen, erteilen*), *eine <u>Tätigkeit</u> ausüben* (nicht *ausführen), *einen <u>Auftrag</u> ausführen/erledigen* (nicht *durchführen), *ein <u>Urteil</u> fällen* (nicht *erlassen), auch *ein Urteil ergeht, erkennen auf*; oder: *<u>Geschäfte</u> betreiben, <u>Zweigniederlassungen</u> errichten*; *den <u>Geschäftsführer</u> bestellen* (nicht *ernennen); *eine <u>Stammeinlage</u> auf das Stammkapital übernehmen, <u>Aktien</u> begeben, <u>Anteile</u> zeichnen, <u>Einzahlungen</u> vornehmen* (nicht *ausführen), *<u>Investitionen</u> tätigen* (statt *vornehmen), usw. Solche phraseologischen Kollokationen gibt es auch in anderen Sprachen, und eine Sammlung solcher Vorkommensweisen aus Originaltexten wäre übersetzungsrelevant, z. B. **Formeln** wie *to abide by the imposed requirements, A true copy, to appeal from the decision; best before,* usw. Rein wörtliche Übersetzungen können hier unangebracht sein, wenn die Phraseologie nicht beachtet wird.

5.3.4 ÜBERSETZUNGSTEXTE IN DER POLITISCHEN UND KULTURELLEN ZUSAMMENARBEIT

In der Fachsprachenforschung wird bislang der Kommunikationsbereich im Arbeitsfeld der Kirchen und kulturellen Zusammenarbeit nicht wahrgenommen (eine Nennung im *HSK* fehlt völlig), und der Verweis auf

Übersetzungstexte im Bereich der Kirchen könnte im Rahmen einer Darstellung zur Fachübersetzung ungewöhnlich erscheinen. Dabei stellt dies einen nicht unwesentlichen Arbeitsbereich praktisch tätiger Sprachmittler dar, da die Kirchen einer der größten Arbeitgeber sind und in weltweiter ökumenischer Vernetzung sowie in der Entwicklungshilfe ständig Übersetzungen produzieren. Ähnliche Texte finden sich bei den internationalen Städtepartnerschaften.

Wichtige **kirchliche und kulturelle Textsorten**, die gegebenenfalls übersetzungsrelevant sein können, sind liturgisch-gottesdienstliche Agenden, persönliche Andachts- und Erbauungsliteratur, Predigten, kirchliche Verlautbarungen (rk. Enzykliken, ev. Denkschriften), Berichte im Rahmen kirchlicher Entwicklungshilfe, ökumenische Konferenztexte, ökumenische Korrespondenz (Berichte, Briefe, Vorträge, Grußbotschaften), theologische Fachartikel und auch Monographien, die heute nicht mehr wie früher auf Deutsch, sondern überwiegend in englischer Sprache vorliegen. Begrüßungsreden bei Partnerschaftsbesuchen, Ausstellungseröffnungen, Toasts bei Festessen usw. sind nicht leicht zu übersetzen, da sie viele Anspielungen ans Allgemeinwissen enthalten (s. Kap. 2.4.3).

Wie andere Fachtexte auch, bedienen sich entsprechende Texte einer spezifischen Sprachform, und es ist für den Übersetzer unabdingbar, sich die Eigenart und die Besonderheiten dieser kirchlichen und religiösen Sprachform zu verdeutlichen, um sie in Verbindung mit anderen fachsprachlichen und textsortenspezifischen Aspekten in der Übersetzungsarbeit zu berücksichtigen.

5.3.4.1 MERKMALE DER KIRCHENSPRACHE

Im Sprechen aller Religionen geht es um die Beziehung zum transzendenten Urgrund und von daher um die Person des Menschen, den Sinn seines Lebens und die Beziehung zu anderen Menschen. Die Heilige Schrift ist kein gewöhnliches Buch, „sondern gewissermaßen die Mittelstelle von Geschichte zu Geschichte, von Erfahrung zu Erfahrung, von

Glaube zu Glaube. Es gerät dadurch etwas in Bewegung" (EBELING 1983, 73).

Solches Wort will wirklichkeitsverändernde Offenbarung sein als „geschehendes Wort", welches in Liturgie und Predigt verkündet wird. Daher sprechen Theologen vom „Wortgeschehen". **Sakrale Sprache** bewegt sich auf dem Grat zwischen den Erfordernissen der Verständlichkeit und der Stilisierung, um das religiöse Mysterium aufzuschließen und nahezubringen. Wichtig ist der Bestand an religiöser Gefühlssprache, die im *Deutschen* v. a. durch die Literatur des 18. Jh. in die Gemeinsprache eingegangen ist. Die wichtigsten Quellen dieser Gefühlssprache sind im **protestantischen Bereich** „Die Bibel" in Luthers Übersetzung[63] und das deutsche Schrifttum der Mystik, das im wesentlichen durch den Pietismus übermittelt wurde. Im angelsächsischen protestantischen Sprachraum wirkt die „King James Version", in Frankreich die katholische Tradition. Als Bibelübersetzung in deutscher Sprache verwendet die katholische Kirche heute die „Einheitsübersetzung".

In der **römisch-katholischen Kirche** ist ein zentraler Sprachbereich das Deutsche Messbuch, denn seit den 1970er Jahren liegt der Ordo Missae auch in den einzelnen Volkssprachen vor. Die Hl. Messe ist ein „Großritual mit kodifizierten Texten" (WERLEN 1984, 148ff). Solche wichtigen Texte sind Gebete, Lesungen, Bekenntnis, Segen, Responsorien, Hymnen, Lieder und sog. Marker (*„Lasset uns beten"*). Die Formulierung von entsprechenden Texten unterliegt engen Grenzen, die vor allem pragmatischer Natur sind. Die Messliturgie wurde jahrhundertelang in latei-

---

[63] Die *Lutherbibel* in ihrer Originalversion (NT von 1522 und Vollbibel 1534) ist heute sprachlich nicht mehr verständlich, daher wurde sie immer wieder überarbeitet. Gegenwärtig ist in der Evangelischen Kirche in Deutschland eine revidierte Fassung aus dem Jahr 1984 im gottesdienstlichen Gebrauch: *Die Bibel* (Deutsche Bibelgesellschaft, Stuttgart). – In den römisch-katholischen Diözesen Deutschlands, Österreichs, der Schweiz und von Luxemburg wird die sog. *Einheitsübersetzung* verwendet, für die Psalmen und das NT auch im Auftrag des Rates der EKD (1980 Katholische Bibelanstalt, Stuttgart). – Eine der Lutherbibel analoge Bedeutung hatte für den protestantischen englischen Sprachraum die 1611 veröffentlichte *King James Version (Author-ized Version)*. Die *Revised Standard Version* (1952) stellt eine Neuübersetzung dar, außerdem gibt es die *New International Version* (1978 N.Y. Bible Society).

nischer Sprache tradiert, und sämtliche Texte basieren auf lateinischen Vorlagen.

Außerdem soll sich die Gebetssprache an die Sprache der Bibel anlehnen, damit tradierte Begrifflichkeit und vorhandene Bilder der Glaubensvorstellung nicht verlorengehen. Vielfach gilt dies auch für Hirtenworte und päpstliche Verlautbarungen, die zum öffentlichen Vortrag vor der Gemeinde bestimmt sind. Grundsätzlich gilt, dass beim Wortschatz eine gehobene Sprachebene anzustreben ist, da Liturgie als Ritual sich ausdrücklich von der Alltagssituation abhebt.

Der zwischenmenschlichen Bewegung sollte aber auch die **stilistische Formulierung** gerecht werden, indem **Dynamik** mit sprachlichen Mitteln angedeutet wird. Dies ist vor allem mit einem „verbalen Stil" möglich (PUURTINEN 1994, 83). Und PÖRKSEN (1986, 188) nennt anschauliche Verben in der populären Prosa, die „geschehens- und bildkonstituierende Wirkung" hätten, wie *sich bedienen, sich entwickeln, sich sträuben, aufdecken, herausfinden, zurückweichen.* Sprechende Verben und Adjektive im Wortfeld der Bewegung selbst sind: *strömen, fließen, steigen, neigen, gehen, eilen, wallen, tanzen, streben, treten, wollen, sinken, lieben, bringen, geben, schenken, empfangen, teilen,* u.v.m. Charakteristisch sind Verbvorsilben der Bewegung (s. Kap. 4.2.1.3): *ver-, hin-, ein-, hinauf-, herab-, entgegen-, heraus-, ent-, mit-, an-, wider-, durch-,* Adjektive auf *-lich, -haft, -sam* (nicht *-bar*), die persönliche direkte Anrede, Ich-Du, bildhafter Stil.

In Frömmigkeitstexten werden Verben wie *herabließen, verströmen, sich ergießen, entspringen, ausgießen* usw. mit Bezug auf die „göttliche Liebe" verwendet; außerdem erscheint das göttliche „Licht" mit Verben wie *aufleuchten, durchschauen, durchdringen, aufblicken.* Der „Weg" des Menschen wird umschrieben mit *entgegengehen, hinstreben, emporsteigen, durchwandern, nachfolgen, erleiden, ertragen* usw. Solche dynamischen Verbalkomposita finden sich zuerst im Schrifttum der Mystik als Ausdruck des Entgegenstrebens von Gott und Seele, bevor sie über die Vermittlung des Pietismus zum Ausdrucksmittel der Innigkeit wurden. Vielleicht könnte man hier auch von einer gewissen „Spiritualität in der Sprache" reden.

> **Beispiel**
>
> Nachstehender Beispieltext, der als **ökumenische Botschaft** deutsch formuliert und auch ins Englische übersetzt wurde, weist derartige Dynamik in der Sprachform (z. B. Verbvorsilben) auf. Außerdem ist die Isotopie (s. Kap. 5.2.4) um den Begriff *Versöhnung* relevant.
>
> Botschaft der II. Deutschen Ökumenischen Versammlung, Juni 1996 in Erfurt
>
> Versöhnung suchen – Leben gewinnen ist das Gebot der Stunde. Die Aufgabe, für Gerechtigkeit, Frieden und die Bewahrung der Schöpfung einzutreten, hat keineswegs an Dringlichkeit verloren Sie steht nach wie vor auf der ökumenischen und politischen Tagesordnung, denn trotz unbestreitbarer und erfreulicher Erfolge und Fortschritte wird keines der großen Probleme, die in ihrer Gesamtheit die globale Krise der Gegenwart ausmachen, gelöst, manche haben sich sogar verschärft. Doch haben die Ereignisse seit 1989 eine neue Dimension zutage treten lassen, für die sich uns der Begriff der Versöhnung aufdrängt.
>
> Versöhnung ist ein Wort, das hoffen läßt, Feindschaft könne überwunden, Unrecht wieder gutgemacht, verletztes Leben wieder geheilt werden. Es weckt aber auch Unbehagen und Widerstand aufgrund der bitteren Erfahrung, dass das Reden von Versöhnung oft mißbraucht wird, um Unrechtsverhältnisse zu beschönigen und zu festigen.
>
> Wer solchen Mißbrauch vermeiden will, muß die Folgen menschlicher Unversöhntheit und Unversöhnlichkeit klar benennen und seine eigene Schuld daran offen bekennen. Zugleich kommt es darauf an, Erfahrungen gelungener Versöhnung wahrzunehmen, die dazu ermutigen, vor dem Schmerz des Benennens und der Scham des Bekennens nicht zurückzuschrecken.

Entsprechende Formulierungsweisen wären beim Übersetzen eines fremdsprachlichen Textes ins Deutsche zu beachten.

Bei der Übersetzung oder Formulierung **gemeindlicher Mitteilungen** ist eine lebendige, lebensnahe Sprechweise gefordert, und dies gilt auch für die Verkündigung vor Kindern, Älteren, Gemeindegliedern. In der Gemeinde steht der „Mensch" im Vordergrund, wichtig ist persönliches Angesprochensein, weil es um die Person des Menschen geht. Sprechende Verben und Adjektive wirken dynamisch.

> ### Beispiel
> Vermeiden sollte man dagegen statische und unpersönliche Ausdrucksformen (s. Kap. 4.1.3), die sich leider allzu oft einschleichen[64], wie etwa Funktionsverbgefüge – nicht: *Die Bibelstunde hat stattgefunden,* sondern: *Die Bibelstunde war...*; Aktiv statt Passivkonstruktionen – nicht: *Unsere Erlösung wird in Christus verwirklicht,* sondern: *Christus hat uns erlöst.* Nicht: *Durch die Partnerschaft wird das ökumenische Bewußtsein erweitert,* sondern: *Mit unseren Partnern lernen wir etwas über andere Christen.* Nicht: *Vom Besuchsdienst werden die alten Menschen je nach ihrer Bedürfnislage betreut,* sondern: *Wir betreuen Menschen, wo sie es brauchen;* Nominalstil – nicht: *Durch den Besuch der Gottesdienste finden wir Stärkung im Glauben,* sondern: *In der Anbetung wächst unser Glaube.* Nicht: *Der Mensch hat ein Bewußtsein von der Unendlichkeit der Zeit* [Gute Nachricht 1968], sondern: *Die Menschen ahnen etwas von der unendlichen Zeit* [Gute Nachricht Bibel 1997].

5.3.4.2 TEXTSORTEN IM KULTURELLEN AUSTAUSCH

Im Rahmen **ökumenischer Partnerschaftsbeziehungen** betreffen viele Übersetzungsaufträge den Umgang mit Korrespondenz. Dabei zeigen sich als Übersetzungsschwierigkeit vor allem die unterschiedliche funktionalstilistische Norm von Briefen, sowie regionale Gebräuche. Während religiöse Sprache und der Glaube ein allgemein menschliches, universales Phänomen sind, erweisen sich hier die interkulturellen Unterschiede (siehe unten) aufgrund anderer gesellschaftlicher und konfessioneller Gegebenheiten als relevant.

Bei der Übersetzung des **Vortrags** etwa eines ausländischen Bischofs stehen wiederum eher konfessionelle Ausdrucksweisen, denominatio-

---

[64] Die Beispiele wurden nicht künstlich konstruiert, sondern von kirchlichen Mitarbeitern entwickelt und dann korrigiert.

nelle Amtsbezeichnungen und theologisch-dogmatische Vorstellungen im Zentrum der Übersetzungsproblematik. Leicht verrät hier einer unabsichtlich seine eigene Konfession.[65] In der Übersetzung sind aber die Empfänger wie die soziokulturelle Einbettung und der Sinn des Ausgangstextes zu beachten. Danach richtet sich die Auswahl der zu verwendenden **konfessionellen Bibelübersetzung**. Bei der Übersetzung einer der **Resolution** einer kirchlich-ökumenischen Versammlung ist dagegen die entsprechende textsortenspezifische Makrostruktur zu beachten, doch im Vordergrund der Problematik steht die Rhetorik der zwischenmenschlichen Beziehungen mit abstrakten Begriffswörtern und Verbalstil, und evt. exakte Fachterminologie, wenn es beispielsweise um Umweltbewusstsein, Schuldenerlass oder Entwicklungsfragen geht.

Bei der Übersetzung eines **theologisch-wissenschaftlichen Beitrags** schließlich geht es um fachhermeneutisches Vorwissen in Bezug auf die Begrifflichkeit (s. Kap. 2.4.3), und um die Funktionalstilistik der Wissenschaftssprache (s. Kap. 5.1.1).

Weil aber Theologie um das „Wortgeschehen" kreist, ist auch hier ein dynamischer Stil in den Formulierungen angebracht, wobei speziell Verbalsubstantive dem wissenschaftlichen Funktionalstil entsprechen. Die Verknüpfung dieser Aspekte soll an folgendem Beispiel eines Textausschnitts aufgezeigt werden:

> ### Beispiel
> La concurrence n'apparaît pourtant pas une réponse adéquate, car elle ne tient pas compte de ce que devraient être l'amour et la vie entre le masculin et le féminin. En dehors de la séparation hiérarchique et de la lutte concurrentielle, peut-on trouver une issue dans la quête d'une fusion érotique où s'abolit la personnalité, dans la recherche d'une unité mystique qui abolisse la différence? Ce serait détruire l'identité et bannir la rencontre, tomber dans une forme nouvelle de prostitution sacrée. Le rapport masculin-féminin peut au contraire

---

[65] Vgl. hierzu auch eine Zeitungsmeldung: „So geriet Tadeusz Mazowieckis alter Regierungsdolmetscher während des Polenbesuches in Kreisau ins Schleudern, weil er zwar die Parteisprache perfekt beherrscht, aber nicht die Wortwahl der Katholiken" (*Darmstädter Echo*, 23.11.1989).

être illustré par la catégorie de révélation, laquelle exclut aussi bien la concurrence que la fusion. La révélation est dévoilement dans la rencontre (...). Le désir ne demande pas l'abolition de l'autre, mais son incessant surgissement au cours d'une histoire faite d'échange. [A. Dumas: *„Antagonisme, fusion, dévoilement."* In: *WCC Publication,* Genève 1973, p. 78]

Übersetzung

Dennoch <u>e</u>rscheint Widerstreit nicht als adäquate Antwort, denn darin wird die Bedeutung von Liebe und Leben zwischen den Geschlechtern nicht <u>wahr</u>genommen. Gibt es nun außerhalb der hierarchischen Trennung und des Konkurrenzkampfs vielleicht einen <u>Aus</u>weg im Streben nach erotischer <u>Ver</u>schmelzung, wo sich die Persönlichkeit <u>auf</u>löst, in der Suche nach einer mystischen Einheit, die den Unterschied <u>auf</u>heben würde? Dadurch würden aber Identität <u>zer</u>stört und Begegnung <u>ver</u>hindert, das hieße, gleichsam in eine neue Form tabuisierter Prostitution zu <u>ver</u>fallen. Demgegenüber kann das Verhältnis zwischen den Geschlechtern mit der Kategorie der <u>Offenbarung</u> beschrieben werden, welche Konkurrenzkampf und <u>Ver</u>schmelzung gleichermaßen <u>aus</u>schließt. <u>Offenbarung</u> ist <u>Enthüllung</u> in der <u>Begegnung</u> (...). Liebe will nicht die <u>Ab</u>schaffung des anderen, sondern dessen beständiges <u>Hervor</u>treten als Person im <u>Ver</u>lauf einer Geschichte des <u>fort</u>dauernden <u>Aus</u>tausches.

Die Rolle des **notwendigen Vorwissens** wird oft nicht erkannt. Fleischmann (1997, 409) verweist auf die „Probleme der Deutung und Wiedergabe sakraler und kunstwissenschaftlicher Eigennamen", deren Unkenntnis das Textverstehen beeinträchtigt. Vergleichbare Fehler werden in dem Maße häufiger, wie bei Übersetzern das Wissen um den christlichen Fachwortschatz fehlt. Ein solcher ahnungsloser Umgang mit Texten führt dazu, daß das Problem nicht erkannt und der Fachausdruck gar nicht erst recherchiert wird.

Texte für **politische Gemeindepartnerschaften** und dergleichen zeichnen sich besonders durch den Verweis auf allgemein menschliche Bedürfnisse aus. Spezifisch ist auch die Fokussierung im Deutschen durch Inversion.

Beispiel

Liebe Mitbürgerinnen und Mitbürger,

in diesem Jahr feiern wir mit den Menschen in unseren 3 Partnerstädten zwei Jubiläen: 25 Jahre Städtepartnerschaft zwischen Vitrolles (in Süd-Frankreich) bzw. 10 Jahre zwischen Torre Pellice (in Nord-Italien) und Mörfelden-Walldorf. Selbstverständlich ist unsere dritte Partnerstadt mit Wageningen (in den Niederlanden) in das Veranstaltungsprogramm integriert.

Das Grundmotiv für ein vereintes Europa nach zwei Weltkriegen war der Wunsch nach Frieden, das Mittel der Integration die Zusammenführung der Wirtschaft. Seit über 60 Jahren leben die Länder der verschwisterten Städte in Frieden und Freiheit. Die Städtepartnerschaften haben ihren unverzichtbaren Beitrag zu dieser Erfolgsgeschichte beigetragen.

In der Verschwisterungsurkunde mit Vitrolles haben wir betont: „... dass das Welt nur wahrhaft ist, wenn Menschen frei in freien Städten leben können" und haben uns gemeinsam verpflichtet: „...durch eine bessere gegenseitige Verständigung das wache Gefühl der europäischen Brüderlichkeit zu fördern..."

Im vergleichen Kontext steht die Städtepartnerschaft mit Torre Pellice: „Im Mittelpunkt der Verschwisterung stehen das Eintreten für Demokratie, Frieden und Gerechtigkeit". Gleiches gilt für die Partnerschaft mit Wageningen: „... im Mittelpunkt ... steht die gemeinsame Arbeit und das gemeinsame Eintreten für Demokratie, Frieden und Umwelt".

Besonders erfreut bin ich darüber, dass in all den vergangen Jahren insbesondere zahllose junge Menschen sich in diesen Zusammenhängen zu Freizeiten und Austauschen kontinuierlich treffen konnten.

Unterstützen kann ich hier die Beschreibung meines Vitroller Amtskollegen, Bürgermeister Guy Obino, der betonte: „Im Jahr 1984 haben sich Vitrolles und Mörfelden-Walldorf aus freien Stücken entschieden, ihr Schicksal miteinander zu verbinden, indem sie sich feierlich verschwisterten. Seit dem Beginn durch den starken und unbeugsamen Willen nach Frieden, gegenseitigem Verständnis und dem Wunsch nach dem Aufbau einer gemeinsamen Zukunft vereint, haben beide Städte unvergängliche Bindungen zwischen einander gewoben und bei unseren Mitbürgern den Wunsch nach Begegnung, Austausch und Freundschaft wachsen lassen."

2009 feiern wir und erwarten zahlreiche Gäste und Wegge-
fährten aus den Partnerstädten in unserer Stadtgemeinschaft
Mörfelden-Walldorf. Mörfelden-Walldorf ist als Stadt der Vielfalt diesem Attribut verpflichtet
Deshalb haben wir ein interessantes und abwechslungsreiches
Programm – verteilt über das ganze Jahr – in einer städtischen
Arbeitsgruppe, gemeinsam mit dem Freundeskreis Städtepartnerschaft für Sie zusammengestellt.
Möglich wurde dieses umfangreiche Programm durch das En-
gagement und die Kreativität von Vereinen, Organisationen,
Kirchen, Schulen, Kulturschaffenden sowie dem Einzelenga-
gement zahlreicher Menschen unserer Stadtgemeinschaft sowie den Partnerstädten. Dazu möchte ich heute allen Beteiligten meinen herzlichen Dank aussprechen.
Alle Mitbürgerinnen und Mitbürger möchte ich ermuntern:
Nutzen Sie das großartige Angebot, das Ihnen von vielen Menschen unserer Stadtgemeinschaft sowie aus unseren Partnerstädten präsentiert wird. Und viel Spaß sowie Nachdenklich-
keit im Interesse eines friedlichen Miteinanders.
Mit freundlichen Grüßen - Ihr Heinz-Peter Becker, Bürgermeister
(Hrsg.: Magistrat der Stadt Mörfelden-Walldorf – April 2009).

6 KULTURSPEZIFISCHE VERTEXTUNGSKONVENTIONEN

6.1 KULTUR UND KOMMUNIKATIONSVERHALTEN

Die Fachübersetzung wird nicht hinreichend dargestellt, wenn man nur auf die Probleme der Terminologie und der Textgestaltung abhebt. Fachtexte sind nämlich, wie andere Texte auch, in einen kulturellen Rahmen eingebettet, und auch dies hat Konsequenzen für das Übersetzen.

6.1.1 DER BEGRIFF „KULTUR"

Oft haben Personen, in deren Kommunikationsverhalten Unterschiede ihre Bedeutung verlieren, gerade im interkulturellen Kontakt Schwierigkeiten, weil die Kommunikationsbarriere nicht empfunden wird, es fehlt die erlebte Distanz. Das „interkulturelle Kommunikationsparadox" besteht in dem Versuch, sich zu sehr an den anderen anzupassen (vgl. KNAPP-POTTHOFF 1998). Daher sollte der Übersetzer seine Kenntnisse hinsichtlich der eigenen und der jeweils berührten fremden Kultur bewusst reflektieren. Je mehr Gemeinsamkeiten zwischen Kulturen aufscheinen, desto geringer ist die Kulturdistanz und um so einfacher das gegenseitige Verstehen.

Gesellschaften sind kulturspezifisch in sich gegliedert, was oft interkulturell sehr unterschiedlich ist. Soziale Gruppierungen und entsprechende Charakteristika stellen kulturelle Strukturmerkmale dar, wobei Gruppierungen und Beziehungen in der Regel untrennbar miteinander verbunden sind. Als Beispiele für kulturspezifische Gruppierungen dienen die Familie, Verwandtschaften/Clans, Gesellschaftsschichten, Kasten, Stammesgruppen, Eliten usw. In solchen **sozialen Gruppen** und auch zwischen ihnen laufen stets vielfache und verschiedenartige Beziehungen, welche kulturell überformt sind. Als Beispiele kann man Relationen wie 'Individuum und Gruppe', 'Freundschaft', 'das Gesicht wahren', 'zur Sache kommen' u. a. nennen. Dies zeigt sich insbesondere in der Kommunikation.

Wichtig ist der permanente Aufbau einer **interkulturellen Kompetenz** für Übersetzer, beispielsweise in den Themenbereichen: Zeiterleben, Raumerleben, Denkmuster, Sprachverhalten, nonverbale Kommunikation, Wertesystem, Symbole, Verhaltensmuster, soziale Gruppierungen und ihre Konsenskulturen, Hierarchien und Machtdistanz, Projektorganisationen, informelle vs. formelle Businesskulturen, usw.

Die in Texten beobachtbaren interkulturellen Unterschiede gehen also unter Umständen auf tieferliegende kulturelle Prägungen zurück, welche **unbewusst das kommunikative Verhalten von Menschen steuern.** Deutlich werden solche Unterschiede erst in der Begegnung mit Menschen aus entfernten Kulturen, wenn es plötzlich zu Verstehenshemmnissen oder Befremdensempfindungen kommt.[66] Solche Begegnungen werden aber im gegenwärtigen Trend zur Internationalisierung und Globalisierung immer häufiger, wozu die wachsende Mobilität, anschwellende Migrationsströme, das Entstehen von umfassenden Märkten, sich ausbreitende Urbanisierung und sich verdichtende mediale Vernetzung beigetragen haben. Und die Fachkommunikation hat ohnehin schon länger eine weltweite Perspektive.

> Eine einheitliche, allgemein anerkannte Definition von Kultur gibt es nicht. Deswegen muß jeder, der davon spricht, zunächst festlegen, was damit gemeint ist.
>
> In der Kulturanthropologie ist Kultur im wesentlichen zu verstehen als ein System von Konzepten, Überzeugungen, Einstellungen, Wertorientierungen, die sowohl im Verhalten und Handeln der Menschen als auch in ihren geistigen und materiellen Produkten sichtbar werden (MALETZKE 1996, 15/16).

Dieses konzeptionelle System führt beim einzelnen dazu, sich **erwartungskonform in der betreffenden Gesellschaft verhalten** zu können. MALETZKE (1996) nennt zehn kulturspezifische Merkmale, an denen Unterschiede und Befremdenserfahrungen deutlich werden können: der

---

[66] Weil Menschen intuitiv in ihrem Verhalten von der eigenen Prägung ausgehen, sollten sich interkulturelle Kommunikatoren solche Unterschiede bewußt machen, um Mißverständnisse zu vermeiden. Das kulturelle Wissen beschränkt sich freilich nicht nur auf „Landeskunde", denn Nationen sind keine homogenen Kulturen.

Nationalcharakter, die Art der Wahrnehmung aufgrund umweltbedingten Interesses, das Zeit- und das Raumerleben, das subjektive Denken, die Sprache, nonverbale Kommunikation, Wertorientierungen, Verhaltensmuster und soziale Beziehungen. Kultur betrifft das Sein, also das Wesentliche, **Zivilisation** regelt und organisiert das Dasein auf politisch-gesellschaftlicher Ebene. **Kulturunterschiede** zeigen sich auf vielerlei Ebenen der Kommunikation.

Im Kontrast hierzu steht der Kontakt mit dem „Fremden". Der **Fremde** ist in der modernen Gesellschaft nicht mehr der in räumlicher Segregation oder im zeitlichen Abstand lebende Andere, dessen Entferntheit nur zeitweilig aufgehoben wird, er ist vielmehr der Andere, der auf Dauer mit uns die gleiche Lebenswelt teilt.

„**Multikulturalität**" wäre unter diesen Bedingungen zu verstehen als Resultat der zunehmend erforderlichen Auseinandersetzung mit den vielfältig auftretenden Gestalten des Fremdartigen in der eigenen Nähe (Drehsen 1996, 18). Der Begriff meint sowohl deskriptiv den Zustand des Nebeneinanderbestehens verschiedener Kulturen in einer Gesellschaft, als auch programmatisch eine Einstellung der Offenheit zur Integration verschiedener Lebensformen und deren Bejahung. In diesem Zusammenhang werden die notwendigen politischen und sozialen Voraussetzungen für eine so gelebte Multikulturalität erörtert (vgl. Winkler 1991, 294). Andererseits darf nicht übersehen werden, dass regionale Probleme der Multikulturalität, wie in Deutschland oder in Europa, eigentlich nur vor dem Hintergrund der weltweiten Interdependenz als globaler Multikulturalität zu interpretieren sind.

Menschen reden aber nicht immer nur als Angehörige einer bestimmten Kultur. In der Kommunikation spielt jeweils auch der **übergreifende Situationskontext**, die soziale Rolle mit. So erfolgt Kommunikation eigentlich auf einer Ebene multipler Identitäten. Bei Rollengleichheit kann auch eine Art „Interkultur" entstehen, wenn z. B. Fachleute verschiedener Kulturen einander nahe sind, nicht jedoch zu Laien aus der betreffenden Kultur, die ihnen fremd bleibt.

Auch die **interkulturelle Fachkommunikation** geschieht keineswegs nur im grenzüberschreitenden Verkehr; dazu gehört auch die Begegnung mit „Ausländern" im eigenen Land im Rahmen fachlichen Handelns, oder die Fachkommunikation in der „scientific community" im In- und Ausland. Kenntnisse über kulturelle Hintergründe helfen dabei, fremdkulturelle Texte besser zu verstehen, aber auch das Verhalten von Migranten im Kontakt mit der vorherrschenden Kultur besser einzuordnen, und nicht zuletzt das eigene Verhalten auf andere einzustellen. Eine wichtige Voraussetzung hierfür, und nicht zuletzt für die Translation, ist Selbstkritik und Offenheit für andere.

Bei der Textproduktion für den internationalen Markt gehen Verfasser häufig davon aus, dass die Adressaten in einer fremden Kultur an einen Text dieselben Erwartungen stellen würden wie Adressaten aus der eigenen Kultur, abgesehen natürlich von der Landessprache. Dies lässt sich u. a. an ausländischen Studierenden (z. B. Chinesen) beobachten, die Texte für Adressaten in Deutschland nach den Mustern ihrer Herkunftskultur verfassen, weil sie sich der Unterschiede in den Vertextungskonventionen nicht bewusst sind. Für das Übersetzen ist das inadäquat. Von der Übersetzerin als Sprachexpertin (s. Kap. 1.1.4) werden jedenfalls kulturelle Kenntnisse erwartet.

6.1.2 Kulturelle Grundcharaktere: Individualismus oder Kollektivismus

6.1.2.1 Ergebnisse der interkulturellen Psychologie

Um die auffällige Beobachtung, dass sich zum Beispiel Japaner eher indirekt ausdrücken, während Deutsche direkt sagen, was sie meinen, besser zu verstehen und irgendwie begründen zu können, wurden in der interkulturellen Psychologie, die vor allem in den Vereinigten Staaten entwickelt wurde, die Begriffe „Individualismus" und „Kollektivismus" zur Kennzeichnung von kulturellen Grundcharakteren geprägt (vgl. Gudykunst/Ting-Toomey 1988, Triandis 1995). Dies hat nichts mit politischen Strukturen zu tun. Anhand vieler empirischer Studien entwickelte die Cross-cultural Psychology vielmehr einige Grundschemata, mit denen typische Verhaltensweisen in der zwischenmenschlichen Kommunikation erklärt werden können (vgl. GUDYKUNST/MATSUMOTO 1996).

Im Sozialisierungsprozess lernt jeder Mensch allmählich gewisse Verhaltensregeln gemäß einer internalisierten Theorie von der eigenen Kultur und ihren Wertvorstellungen. In den sog. „individualistischen Kulturen" stellen Unabhängigkeit, Freiheit, Leistung, Persönlichkeit des einzelnen, Zielstrebigkeit, usw. besondere Werte dar. In sog. „kollektivistischen Kulturen" stehen dagegen die Gruppe, Unterordnung, Anpassung, Harmoniestreben, Gleichheit, Solidarität als angemessene Verhaltensweisen hoch im Kurs. Diese gegensätzlichen Grundorientierungen im Verhalten eines Menschen führen beim interkulturellen Kontakt leicht zu Mißverständnissen, denn sie implizieren auch eine bestimmte Ausdrucksweise.

Obwohl beide Aspekte natürlich in jeder Kultur gegeben sind, ist immer **ein Muster vorherrschend.** Als tendenziell „individualistische Kulturen" gelten unter anderen (HOFSTEDE 1991): Australien, Belgien, Dänemark, Deutschland, Frankreich, Großbritannien, Irland, Israel, Italien, Kanada, die Niederlande, Neuseeland, Norwegen, Schweden, die Schweiz und die Vereinigten Staaten von Amerika. Hier gelten Charakteristika, die den sog. „westlichen Lebensstil" ausmachen. Zu den „kollektivistischen Kulturen" gehören angeblich: Ägypten, Brasilien, China, Griechenland, Indien, Japan, Kenia, Kolumbien, Korea, Mexiko, Nigeria, Pakistan, Panama, Peru, Saudi-Arabien, Thailand, Venezuela, Vietnam und andere. Bei genauerer Analyse ergeben sich allerdings Differenzierungen.

Diese Unterscheidung zwischen **„Individualismus"** und **„Kollektivismus"** läßt sich auf mehreren psychoanalytischen Ebenen, wie der individuellen Persönlichkeitsstruktur, den Wertvorstellungen des einzelnen, der Konstruktion seines Selbst, der Strategien zur Vermeidung von Unsicherheit, in gesellschaftlichen Machtstrukturen, im Geschlechterverhältnis, usw. nachvollziehen. GUDYKUNST/MATSUMOTO (1996, 25ff) tragen aus der Literatur jene den verschiedenen Gesellschaftstypen zugeordneten Verhaltensmerkmale und Wertmaßstäbe zusammen.

Unterschiedliche **Wertvorstellungen** lassen sich für unsere Informationszwecke am besten grob in einem graphischen Überblick verdeutlichen:

Individualistische Kulturen	Kollektivistische Kulturen
Einzigartigkeit der Person	Der einzelne als Teil einer bestimmten sozialen Gruppe
unabhängige Konstruktion des Selbst	abhängiges Selbstkonstrukt
kreative Eigenleistung	Lernen, lernen, lernen
Klares Zum-Ausdruck-Bringen der eigenen Persönlichkeit, eigene Ziele verfolgen	Verhalten in Abhängigkeit von der jeweiligen Situation, Akzeptieren der Normen von Ingroups (Familie, Betriebsbelegschaft, Kommilitonen, Verein, Kaste)
Aufgeschlossenheit gegenüber anderen, Ehrlichkeit, Interesse	Förderung der Gruppenziele, Einordnung, Bescheidenheit
Initiative zeigen, Eifer, Begeisterung	den rechten Platz in der Gesamtgesellschaft einnehmen, Zurückhaltung
Mitteilen von Informationen über sich selbst, Licht nicht untern Scheffel stellen	Voraussetzen von Kenntnissen über die Ingroup
Ehrgeiz als Zeichen von Leistungswille	Fleiß als Zeichen von Gruppeneinordnung
Ziele erreichen, Karrieredenken	Streben nach Harmonie, Gesichtswahrung, Höflichkeit

Man darf freilich nicht vergessen, dass jedes Individuum einen Anteil von allen Aspekten in sich vereint, und dass das individuelle Verhalten stets auch von der momentanen Situation und der betreffenden Sprechergruppe determiniert ist. Auch in den „individualistischen Gesellschaften" gibt es sozial eingestellte Menschen und umgekehrt. Dennoch haben sich diesbezüglich im Lauf der Zeit einige Stereotype in der Kommunikation herausgebildet.

6.1.2.2 STEREOTYP UND VORURTEIL

Wir haben Vorstellungen, Bilder von jedem Volk und jeder Kultur. Diese Vorstellungen sind manchmal lebendig und farbig und manchmal farblos und vage, und die Gründe für diese Vorstellungen sind meist nicht erkennbar. Diese Vorstellungen sind aber in der Regel mit Einstellungen verbunden, das heißt mit intuitiv wertendem Stellungnehmen. Wenn Menschen verschiedener Kulturen einander begegnen sind immer solche Vorstellungen und Einstellungen am Wirken. Sie existieren nur in den Köpfen der Beteiligten, und sie können falsch oder richtig sein. Sie können über objektive Sachverhalte nur wenig aussagen, doch sie helfen dem Menschen bei der Orientierung in seiner Lebenswelt. Vorstellungen und Einstellungen sind eng miteinander verknüpft und oft nur schwerpunktmäßig voneinander zu trennen. Bei den Vorstellungen liegt der Akzent auf dem kognitiven Bereich, bei den Einstellungen mehr auf dem emotional-wertenden. Stark vereinfachte Vorstellungen nennt man in den Sozialwissenschaften „Stereotype".

Stereotype[67] werden uns als mentale Bilder eines bestimmten Phänomens, als tradierte Vorstellungen durch Erziehung, Medien usw. übermittelt, und sie sind gegen eigene Erfahrungen resistent (ARRAS 1998, 259f). Sie äußern sich als gleichförmiges Urteil einer Person über Angehörige einer anderen Gruppe, die damit so eingeordnet werden.

Zu **Vorurteilen** werden Stereotype, wenn zu den Überzeugungen eine bestimmte Einstellung anderen Gruppen gegenüber hinzukommt. Der Vergleich mit anderen regt ja immer dazu an, „etwas auf den Begriff bringen" zu wollen, so wenn wir davon ausgehen alle Iren seien „jähzornig und rothaarig", oder „alle Juden sind schlau und habgierig".

---

[67] *Stereotyp* ist zunächst ein Begriff aus der Drucktechnik und bezeichnet eine Druckplatte, mit deren Hilfe ein Drucksatz gegossen wird, der beliebig viele gleichförmige Abzüge herstellen kann. In seinem Werk *Public Opinion* (New York 1922) übertrug erstmals Walter LIPPMANN diesen Terminus auf den politischen und sozialpsychologischen Kontext.

Sprichwörtlich ist schon die „Schweizerische Bedächtigkeit" oder die „Verschlossenheit der Finnen". Menschen mit Stereotypen sind sich meist nicht der Tatsache bewusst, wie sehr ihre Wahrnehmung selektiv verzerrt ist und in welchem Ausmaß ihre Stereotypen durch ihre eigenen Wünsche und Bedürfnisse gesteuert sind und damit zum Vorurteil werden. Images von Völkern und Kulturen sind im allgemeinen sehr stabil. So werden manche Stereotype unverändert von Generation zu Generation weitergegeben.

Es wurde auch versucht, das „westliche" und das „östliche Wesen" zu beschreiben. Hierbei handelt es sich nicht um eigene Wertordnungen, sondern um von außen her **zugewiesene Beschreibungen** aufgrund eines bestimmten Verhaltens.

Westen	Osten
Stereotyp	
materialistisch	vergeistigt
extrovertiert	introvertiert
aktiv, beweglich	passiv, statisch
intellektualistisch	emotional
Vorurteil	
aufdringlich, geschwätzig, kolonialistisch	wortkarg, verschlossen, entscheidungsschwach
dominant	desinteressiert
oberflächlich	universell

Solche negativen Vorurteile können jedoch durch Erfahrungen in einem Lernprozeß durchaus auch verändert werden. Daher fordert die **Fremdsprachendidaktik** mit Recht ein kulturelles Lernen durch präzise Sachinformation und ausführliche Kontakte mit Fremdgruppen (ARRAS 1998, 285), und für die Sprachmittlung durch Übersetzen ist dies umso mehr gefordert. In der Kommunikation ist in bezug auf vermeintlich sicher gewusste Charakteristika stets Vorsicht geboten, denn im konkreten Akt der Begegnung weiß man nicht, wen man vor sich hat. Auch befinden sich Kulturen ständig im zeitlichen Wandel, so dass Vorurteile leicht die Realität verfehlen.

Die genannte Grundorientierung bietet eine wissenschaftliche Begründung für so manche faktische Beobachtung. **Kommunikationsprobleme** in der Translation können dann auftreten, wenn die Sprecher ihre **verinnerlichten Werte** unreflektiert auf Individuen anderer Kulturen übertragen, oder wenn Übersetzer sich der **kulturellen Unterschiede** nicht bewusst sind. Zwar wird inzwischen vielfach betont, dass entsprechende Behauptungen für eine genaue wissenschaftliche Analyse zu pauschal seien, doch enthalten sie durchaus einen wesentlichen Gedanken.

6.2 DIE GRUPPENBINDUNG VON SPRACHE

6.2.1 KONVERSATIONSMAXIMEN VERSUS HÖFLICHKEIT

Besonders interessant sind die kulturellen Unterschiede in den Kommunikationsprozessen. HALL (1976, 70ff) unterscheidet hier zwischen „Low-Context Communication" (kontextarm) und „High-Context Communication" (kontextbezogen). Bei letzterer, der **kontextbezogenen Kommunikationsform** liegt der größte Teil der besprochenen Information entweder in der situativen Einbettung oder ist in den Personen internalisiert, die Rede ist indirekt, und sehr wenig wird daher explizit in der Mitteilung selbst enkodiert, die Gesprächspartner versuchen die Gedanken des Anderen zu lesen und die Person einzuordnen.

Solch indirekte, oft „umständliche" kontextbezogene Ausdrucksweise ist vorherrschend in den sog. „kollektivistischen Kulturen". Andere Gruppenmitglieder sollen nicht beleidigt werden. Gefragt ist die Fähigkeit, die nonverbalen Aspekte der **indirekten Redeweise** gefühlsmäßig zu erfassen. Man redet „um den heißen Brei herum", der Andere muss erraten, was man „eigentlich meint" (HALL 1976, 98). Als Bitte an jemanden, eine Tür zu schließen, würde man hier z. B. nicht sagen: *„Die Tür steht offen"*, oder gar: *„Bitte mach' doch die Tür zu"*, sondern vielmehr: *„Es ist irgendwie kühl heute"*. Die kontextbezogene Rede impliziert die Verwendung „indirekter, impliziter, mehrdeutiger Wörter", Abtönungspartikel wie en. *maybe, perhaps, probably* sind typisch (GU-DYKUNST/MATSUMOTO 1996, 31). Man entschuldigt sich für Selbstverständlichkeiten, weil dadurch Harmonie entsteht und Gruppeneinordnung signalisiert wird.

Dies korrespondiert mit der Erfahrung europäischer Manager bei Businesskontakten, etwa in Japan, die sich oft über die unpräzise Redeweise ihrer Gesprächspartner wunderten. „Derjenige, der am wenigsten redet, ist der Boss" vermelden zurückkehrende Verhandlungsführer. Der Grund dafür ist, dass „Menschen, die wenige Worte gebrauchen, als vertrauenswürdiger gelten als solche, die viele Worte gebrauchen" (GU-DYKUNST/MATSUMOTO 1996, 32). Wenn daher Gesprächsteilnehmer in Japan beim Gegenüber ein recht zögerliches Verhalten zu bemerken glauben, und der Meinung sind: „Die haben sich ja echt schwer getan mit ihrer Entscheidung", so ist dieses Urteil ungerechtfertigt, denn es werden die eigenen westlichen Maßstäbe zugrunde gelegt. Jemandem ins Wort zu fallen ist verpönt.[68] Schweigen und Zuhören ist ein kommunikativer Akt, und nicht bloß eine Leerstelle im kommunikativen Raum. Die östlichen Gurus sind ja dafür bekannt. Kontaktpersonen versuchen Informationen über ihr Gegenüber nicht durch direktes Nachfragen, sondern auf andere Weise zu bekommen. Daher stoßen z. B. Visitenkarten stets auf großes Interesse.

Ganz anders sind die Erwartungen an die Gesprächspartner in der für „individualistische Kulturen" eher typischen **kontextarmen Kommunikationsform**. Hier wird das Schwergewicht der mitzuteilenden Information explizit in der Äußerung enkodiert. Die Kommunikation ist direkter, es gibt wenig Raum für Zweideutigkeiten: man sagt klipp und klar, was man fühlt und denkt. Eine Diskussionsgrundlage solcher Diskursmerkmale sind die sog. **Konversationsmaximen** von GRICE (1975). Seine an-

---

[68] So bemerken Studentinnen und Studenten aus anderen Kulturkreisen oder Ländern immer wieder erstaunt die lebhafte Diskutierfreudigkeit an der deutschen Universität, was sie in einer Gesellschaft hierarchischer Strukturen zwischen Lehrer und Schülern nicht so gewohnt sind.

geblich „universellen" Maximen zur Quantität, Qualität, Relation und Art der Rede entsprechen in Wahrheit der kontextarmen Kommunikationsform. Gefordert werden Informativität (fasse dich kurz), Wahrhaftigkeit (sage die Wahrheit), Relevanz (rede angemessen) und Direktheit (rede klar).[69]

Diese Regeln haben in besonderer Weise Geltung in der **Fachkommunikation**, wo es um die klare Weitergabe von wahrer Information geht (s. Kap. 4.1.1), und bezeichnenderweise bringt GRICE (1975, 47) auch Beispiele aus der sachlichen Kommunikation wie „Autoreparatur" und „Kuchenbacken". Viele Autoren weisen zudem darauf hin, dass die GRICE'SCHEN Redemaximen vor allem im angelsächsischen Raum Gültigkeit haben. Der Stil englischsprachiger Fachtexte wird häufig als „klar, linear, kurz und verständlich" bezeichnet (CLYNE 1989/1991). Kritisch ist hier anzumerken, dass CLYNES Darstellung mit anglophon-positiven Wertungen auch als kulturdominantes Verhalten gesehen werden kann und wird. Fach- und Wissenschaftstexte anderer Kulturen weichen nämlich im Vergleich signifikant davon ab, wo etwa deutsche Wissenschaftstexte eine eher komplexe Syntax aufweisen (s. Kap. 5.2.2).

Natürlich ist die krasse Dichotomie „Direktheit/Indirektheit", deren Pole ja sehr relativ sind, etwas problematisch. Doch können wir festhalten, dass diese grob vereinfachte Unterscheidung in „kollektivistische Ge-

---

[69] GRICE (1975, 45f) schreibt: „The category of QUANTITY relates to the quantity of information to be provided, and under it fall the following maxims:
1. Make your contribution as informative as is required (for the current purposes of exchange).
2. Do not make your contribution more informative than is required. (...)
Under the category of QUALITY falls a supermaxim – 'Try to make your contribution one that is true' and two more specific maxims:
1. Do not say what you believe to be false.
2. Do not say that for which you lack adequate evidence.
Under the category of RELATION I place a single maxim, namely 'Be relevant'. (...)
Finally under the category of MANNER, which I understand as relating not (like the previous categories) to what is said but, rather, to how what is said is to be said, I include the supermaxim – 'Be perspicuous' – and various maxims such as:
1. Avoid obscurity of expression.
2. Avoid ambiguity.
3. Be brief (avoid unnecessary prolixity).
4. Be orderly."

sellschaften" mit eher indirekter, verschlossener Ausdrucksweise und „individualistische Gesellschaften" mit ihrer Tendenz zur Direktheit durchaus einen Wahrheitskern enthält.

Neuere Untersuchungen auf der Basis interkulturellen Vergleichs haben gezeigt, dass bestimmte Redemaximen auch in **Konflikt zu nationalen Wertmaßstäben** treten können. Ein ungewandeltes Übertragen solcher westlicher Redemaximen stößt in Japan oder China durchaus auf kulturelle Ablehnung, diese Beobachtungen machen Reisende immer wieder. So widerspricht zum Beispiel das Prinzip der wahrhaftigen und knappen Rede in westlichen Gesellschaften dem Prinzip der **Höflichkeit** in vielen anderen Kulturen, und kontextbezogene Rede ist notwendig etwas umständlicher und eben indirekter.[70] Leicht wird im „Westen" passives Verhalten in einer Gruppe als Desinteresse gedeutet.

Im gesellschaftlichen Umgang ist **Gesichtswahrung** entscheidend, die sozialen Abläufe und Spielregeln hängen damit zusammen. Gesicht „hat" man als Status unter Gleichgesinnten, man „gibt" es indem man jemanden lobt oder in irgendeiner Form eine Ehre erweist, oder man „verliert" es. Dies ist der Fall, wenn man in Anwesenheit Dritter getadelt, auf Unrecht hingewiesen wird oder in eine peinliche Situation gerät. Solches wird mit allen Mitteln zu vermeiden gesucht, denn es stört die Harmonie in der Gesellschaft. Die genannten GRICESCHEN Redemaximen können daher auch im Widerspruch zu herrschenden **Bescheidenheitsriten** stehen.[71] Für den Übersetzer ergibt sich aus diesen und ähnli-

---

[70] Konkret erfahrbar werden hier kulturelle Unterschiede beispielsweise in ökumenischen Direktpartnerschaften. In Berichten oder auch bei einer kritischen Auswertung von Partnerschaftsbesuchen im persönlichen Gespräch im Ausland ist Offenheit häufig nur begrenzt möglich, weil es in vielen Kulturen unhöflich ist, offen Kritik zu äußern. Die „westlichen" Besucher verstehen nicht, was die Partner ihnen sagen wollen. Und diese Partner sind leicht gekränkt, wenn allzu deutliche Forderungen formuliert werden.

[71] Wenn z. B. einer Europäerin, die sich zum ersten Mal zu einem Besuch in China befindet, nach einer Woche gesagt wird, sie sei eine Chinaexpertin, so kann man dies nach dem Qualitätskriterium eigentlich nur als Ironie auffassen, während es nach chinesischer Wertvorstellung doch als Kompliment gemeint war. – Wenn eine neue Bekanntschaft in Indien beim Abschied sagt: „Sie waren wie eine Mutter zu mir", so bedeutet das soviel wie: „Ich freue mich, dich kennengelernt zu haben", ist

chen Beobachtungen zunächst die Aufgabe, sich solche Kulturunterschiede für sein Sprachenpaar bewusst zu machen und auch seine Auftraggeber darauf hinzuweisen.

Beim **Dolmetschen** wird man versuchen, die soziale Bedeutung von Entschuldigungen, Hedges usw. zu erhalten, denn wenn dieser Aspekt entfällt, entsteht eine falsche Einschätzung beim Gesprächspartner. Anstatt wörtlich kann hier mit metakommunikativen Ergänzungen oder Neuformulierungen übertragen werden, z. B.: *Soll ich das jetzt näher erläutern? Sagen Sie Bescheid, wenn ich zu schnell rede. Ich fände es gut, wenn wir uns gegenseitig ruhig unterbrechen, wenn was nicht klar ist, damit keine Missverständnisse aufkommen,* und dergleichen (vgl. KNAPP-POTTHOFF 1998).

6.2.2   VERSTECKTE INFORMATIONEN

Aus interkulturellen Unterschieden können sich handfeste Probleme in Wirtschaftsbeziehungen ergeben, die sich häufig im Austausch der **Handelskorrespondenz** spiegeln. Zu beachten sind etwa verdeckte performative Äußerungen vom Typ *„I must ask you",* die öfter in Geschäftsbriefen erscheinen (KUßMAUL 1990, 370). Während Amerikaner und in ihrem Gefolge auch Europäer sehr direkt und oft ungeschminkt ihre Meinung sagen, halten Asiaten damit eher hinter dem Berg, auch wenn sie in der internationalen Sprache Englisch kommunizieren. Unangenehme Mitteilungen, wie z. B. Zahlungsunwilligkeit, oder Nichterreichen vereinbarter Ziele werden dann u. U. in grammatisch unklare Formulierungen gepackt und so verschleiert. Die Übersetzung eines solchen Textes müsste sprachlich sehr genau sein, evt. auch mit Anmerkungen, um Entscheidungen auf deutscher Seite zu ermöglichen. Abzulehnen wäre dagegen ein Verfahren im Sinne der funktionalen Theorie, wo einfach ein zielsprachlich üblicher, geläufiger Text zustande kommen soll (NORD 1993).

---

aber eben auch Zeichen für den angemessenen Respekt anderer, v. a. älteren gegenüber.

Beispieltexte
Wirtschaftskorrespondenz

(...) I think if we had succeeded to sell in U. R. team, we also easy to introduce your items to the other team, so we need your 100% help to first order of U. R. products.

I heard about K. soccer shop want to buy some product from you. I think they want to buy some European Soccer teams products. Is it correct? In case, we have no problem to sell directly from you, but if they want to make original design products, it's become problem to our relationship in future business.

Please consider our market is very closed and small market for such items. I will try to my best effort to sell your products in this market, so please continue to support to our company.

Es geht darum, dass ein potentieller Lizenznehmer befürchtet, nicht das versprochene Absatzvolumen zu erreichen. Er deutet Konkurrenzgeschäfte an, außerdem möchte er noch mehr kostenlose Muster erhalten, was aber aus Furcht vor Raubkopien bei der deutschen Partnerfirma nicht gerne gesehen wird. Auch scheinen hier Kenntnisse über das international aggressive Pushen von Produkten noch nicht vorhanden zu sein.

Businessreport

We did not provide for the Marketing Manager's exgratia payment, additional insurance relating to transport, and underestimated distribution costs due to further appreciation of DM, total amounting to TLC 16 during the preparation of the same Expectation 3/90 Report.

We have enclosed the deviations between actual and expectation 3/90 with comments for your perusal.

In addition we would apreciate it if you could advise us whether for the monthly CM 1 reporting, should we include commisssion earned from indent business in the the CM 1. So far, we have inclueed the commission earned in.

We also wish to thank D. K. for enquiring whether we have a copy of the guidelines for business Report/preparation and will be pleased if you could arrange to sent us a copy to enable us to prepare the said Report according to the guidelines.

Thank you. Best regards.

(In dem internen Fax wird so getan, als wüsste man nicht, wie die monatlichen Berichte abzufassen seien. Erst auf Nachfragen wurde zugegeben, dass man Kommissionen als Gewinne verzeichnet und Sonderzahlungen nicht im

Ergebnisplan aufgelistet hatte, um die Verluste geringer erscheinen zu lassen.)

6.2.3 MENTALITÄT UND INTELLEKTUELLER STIL

Die angeblich stärkere Linearität angelsächsischer Texte mag auch auf unterschiedliche Konventionen des Schreibstils zurückgehen. „Manche Kulturen, beispielsweise englischsprachige, sind *formeller orientiert* als andere" (CLYNE 1993, 9). In der akademischen Ausbildung werden dort strenge Formen gelehrt.[72]

In einem in seiner Allgemeinheit gewiss umstrittenen aber nichtsdestoweniger interessanten Beitrag spricht der Sozialwissenschaftler GALTUNG (1985) von einem „sachsonischen, teutonischen, gallischen und nipponischen" Wissenschaftsstil. Er verwendet diese Bezeichnungen, denn es geht ihm nicht um nationale Eigenheiten bestimmter Völker. Er vergleicht vielmehr die **Stilformen wissenschaftlichen Schreibens** in den Sozialwissenschaften nach verschiedenen Kriterien, wie Thesenbildung, Theoriebildung und Beschreibung von Parametern, und findet vier metaphorische Bilder als Vergleichssymbole für die Stile.

Kurz gefasst beschreibt er den „sachsonischen Stil" (mit US- und UK-Variante) als ein Feld winziger Pyramiden: es werden fleißig Daten ge-

---

[72] Abgesehen von den Einflüssen einer „individualistischen Kultur" (s. Kap. 7.1.3) ist der einfacher lesbare, lineare angelsächsische Schreibstil wohl auch durch eine andere Praxis des Schreibens in der akademischen Ausbildung bedingt. „Jede Woche schreibt ein englischer Student der Philologie in Oxford einen Aufsatz von 6 bis 16 Seiten Länge (A 4 handschriftlich), oft aber auch zwei, denn es werden zwei Fächer studiert. Mit diesem Aufsatz geht er in sein Tutorial und liest dort – im Einzelunterricht also – seinen Text seinem Dozenten vor. Der unterbricht von Zeit zu Zeit, fragt zurück, ergänzt, kommentiert, kritisiert und diskutiert das Vorgelesene mit dem Studenten. Nach Ablauf einer Stunde wird das nächste Thema vereinbart, der Student erhält einen oder zwei Hinweise auf Sekundärliteratur, die ihm für sein Thema nützen mag. Sieben Tage später hat er seinen nächsten Essay fertig" (HERMANS 1985, 124). Auch die Normen des Aufsatzschreibens als solche sind viel strenger festgelegt, als in Deutschland. Schreiben wird hier zur Routine. Deutsche Studenten, so betont HERMANS, schreiben dagegen vergleichsweise seltener und weniger, aber auch unter anderen Umständen. Wenn sie dann einmal schreiben müssten, seien die Anforderungen quantitativ wie qualitativ ungleich höher, die Situation habe stärkeren Prüfungscharakter (schon bei Seminar- oder Hausarbeiten, erst recht natürlich bei Abschlussarbeiten).

sammelt und geordnet, was durch die moderne Computertechnik unterstützt wird. Vielleicht entspricht dem auch die Struktur der englischen Sprache, die eine höhere Anzahl von Einzelwörtern besitzt und somit kleine Einzelheiten gut benennen kann. Die Theoriebildung sei eher schwach ausgeprägt, was das gängige Vorurteil, dass entsprechende Aufsätze weniger wissenschaftlichen Tiefgang hätten, bestätigt. Die Wissenschaftler sehen sich als großes Team, das Freude an der Debatte hat und gemeinsam nach der Wahrheit sucht. Ganz allgemein scheint hier die sachliche Wahrheit für höher erachtet zu werden als die philosophische Traditionspflege (vgl. GRONDIN 1994, IX).

Interessant ist es hier, an die Rolle englischer Philosophen wie John Locke und David Hume zu erinnern. Sie haben sich zu Beginn des 18. Jh. sehr kritisch mit den überlieferten theoretischen Denktraditionen auseinandergesetzt und darauf hingewiesen, dass nur unsere Erfahrung und das konkrete Überprüfen von Fakten zur Erkenntnis führen könnten, und nicht etwa das reine Denken. Vielleicht gibt es tatsächlich so etwas wie eine angelsächsische Tradition des Empirismus.[73] Englische Texte sind so, vielleicht aufgrund ihres induktiven Vorgehens und der leichteren Überschaubarkeit der „kleinen Pyramiden" in der Textorganisation eher leserorientiert und leichter verständlich.

Der „teutonische" Wissenschaftsstil könne demgegenüber mit einer hohen, bis in die Wolken ragenden Pyramide verglichen werden (GALTUNG 1985, 169). Dem eher geringen Interesse an Faktenanalyse steht ein streng logisches Gedankengebäude der Theorie gegenüber. Wissenschaftliche Schulen sind nach der Art „Meister mit Schülern" aufgebaut, wobei gerade im Bereich der Geisteswissenschaften die Tradition nicht vergessen wird (GRONDIN 1994, IX). In Diskussionen wird am Anderen

---

[73] Ein Hinweis in diese Richtung der Mentalitätsunterschiede im Schreiben ist die Passage in einer Rezension von B. Janzing zu einem amerikanischen Buch (ZEIT 23.4.1998, S. 39): „Bedauerlich ist allein der Drang des Autors, jedes Detail anhand zahlloser Beispiele schlüssig zu belegen, jede Behauptung zweifelsfrei herzuleiten. Die Beschreibung der technischen Probleme der Radiokarbon-Datierungen wäre ebenso verzichtbar wie die allzu detaillierte Auseinandersetzung mit der Genese von Schriftzeichen. (...) Eine dezente Komprimierung wäre dem Werk sicher nicht abträglich gewesen."

nicht das Verbindende, sondern das Kritikwürdige betont, denn die theoretische Gedankenführung gilt als wichtig. Dadurch wirken deutsche Wissenschaftstexte oft „schwer verständlich", der Leser muss sich anstrengen, um sie zu verstehen. Übrigens schreibt CLYNE (1987, 214) den deutschen Texten eine „hierarchischere" Struktur als bei den eher „koordinierenden" englischen Texten zu, und er stellt unter Berufung auf GALTUNG fest: „Im Deutschen und Japanischen, zwei Sprachkulturen mit inhaltlicher Orientierung, trägt der Leser die Verantwortung, den Text zu verstehen, der von demjenigen stammt, der das Wissen zu vermitteln hat, d.h. die ungleichen Sozialbeziehungen sollen hervorgehoben werden. Im Englischen hingegen muß der Autor sich bemühen, einen lesbaren Text herzustellen, wenn er die darin enthaltenen Argumente und Informationen verbreiten will" (CLYNE 1991, 383/ 1993, 9).

Den „gallischen" Stil sieht GALTUNG (1985, 165) vor allem als ein sprachkünstlerisches Phänomen, wo neben der Theorie die Eleganz und Klarheit der Sprache hervorstechen. Die einzelnen Wissenschaftler seien isoliert, und jeder pflege seinen eigenen Stil. Inhaltliche Veränderungen oder Kritik werden gerne durch neue Formulierungen verdeckt. Dem kommt natürlich die Tendenz des Französischen zu (zahlenmäßig weniger, dafür) polysemantischen Lexemen entgegen (STOLZE 1992, 143). Aussagen sind oft nur angedeutet. Auch andere betonen, dass französische Geistesgrößen meist isoliert dastehen, keine Schulen bilden und sich eher gegenseitig bekämpfen, und erwähnen den „literarisch-rhetorischen Charakter französischer Philosophie" (GRONDIN 1994, X).

GALTUNG zeichnet hier das Bild einer Hängematte: der Diskurs schwebt zwischen den Polen von Ästhetik und Originalität. Er merkt an, dies könne sogar typographisch deutlich werden, „wenn dafür gesorgt wird, dass zwischen dem ersten und dem letzten Wort auf derselben Druckseite eine Art Korrespondenz besteht" (1983, 165). Auf die Balance, die Symmetrie kommt es an. Und in der Tat strahlen berühmte Wissenschaftler, wie Foucault, Derrida, Barthes und andere nicht zuletzt aufgrund ihrer Formulierungskünste so aus, während Kritiker eher von „dunklem Weisheitsgemurmel" reden.[74]

Der „nipponische" Stil schließlich ist von der hinduistisch, buddhistisch, daoistischen Tradition geprägt. Er wird mit dem Symbol des Rades, das sich um ein Zentrum dreht, dargestellt. Das Wichtigste im östlichen Denken ist das Streben nach Einheit der Gegensätze, nach Harmonie (das Sowohl-als-auch), was dem westlichen analytischen Denken (Subjekt/Objekt) widerstrebt. Der Unterschied entspricht im übrigen dem der genannten „kollektivistischen" vs „individualistischen" Kulturen. Seine Ausführungen zur kulturellen Bestimmung des intellektuellen Stils fasst GALTUNG (1985, 174) abschließend so zusammen:

> (Es gibt eine typische Frage, die in den vier) Stilen gestellt wird, wenn jemand mit einer These konfrontiert wird:
>
> - sachsonischer Stil: *How do you operationalize it?* (US-Version)
>   *How do you document it?* (UK-Version)
> - teutonischer Stil: *Wie können Sie das ableiten?*
> - gallischer Stil: *Peut-on dire cela en bon français?*
> - nipponischer Stil: *donatano monka desuka?* (Wer ist Ihr Meister?).

Diese interessanten Überlegungen zum „intellektuellen Stil" sagen nicht, dass auch die Denkstruktur der Völker verschieden wäre, doch es zeigen sich durchaus Strukturen des Wissenschaftsstils, die immer wieder konkrete Bestätigung finden. Dies müssen Fachübersetzer auf jeden

---

[74] Auf den Unterschied zwischen Deutschen und Franzosen verweist Brigitte Sauzay, die frühere Regierungsdolmetscherin. Der Rezensent ihres Buches, R. v. Weizsäcker, vermerkt: „Mit Freude lese ich ihren Spott über die Sucht von uns Deutschen zur definitorischen Präzision. Und wie sollten wir Deutsche nicht aufhorchen, wenn die Autorin uns vorhält, dass es nicht allein aufs Denken und Begreifen ankomme, sondern auf eine liebenswürdige Konversation, nicht nur auf den Kopf, sondern aufs Auge, nicht nur auf den Kampf der Geschlechter, sondern auf ihre Kommunikation!" (*ZEIT* 23.4.1998, S. 44). – Ob sich hier so etwas wie ein Nationalcharakter andeutet? In einer internationalen Jury zur Beurteilung von Designentwürfen zu einem Schichtplattenwerkstoff entstand Streit über die Qualität der eingereichten Objekte. Die Franzosen bevorzugten Dekorgestaltungen, die Deutschen hingegen solche Entwürfe, die sich „in der Tiefe" mit der Schichtenstruktur des Materials befaßten. Dies gab Anlaß zu philosophischen Erörterungen über unterschiedliche Einstellungen zwischen Deutschen und Franzosen. (vgl. „Europäischer Studentenwettbewerb. Innovationen zum Material". Institut für Neue Technische Form, Darmstadt, 6.- 14. Mai 1998.)

Fall reflektieren. Allerdings wird mit dieser Metaphorik im Grunde eher die Mentalität der einzelnen Wissenschaftler beschrieben, und dies ist auch etwas anderes als der „Denkstil" in einer fachlichen Disziplin (s. Kap. 1.4.5).

6.2.4 SOZIOLEKTE UND JARGON

6.2.4.1 GRUPPENSPRACHEN

Die verschiedentlich festgestellten Unterschiede im Stil von Fachtexten sollten dem Übersetzer zu denken geben. Die Frage nach den Verstehensbedingungen der Empfänger verweist aber auch auf das Phänomen des soziolektalen Sprachgebrauchs, der bevorzugten Verwendung bestimmten Wortguts durch eine **Sprechergruppe**, wie etwa die Redeweise einzelner gesellschaftlicher Gruppen: der Jugend, bestimmter Politiker, Gewerkschaften, Kirchen, des Managements, von Fanclubs, bestimmter Firmen mit ihrer Corporate Identity, und anderen. Die Fachsprachen sind immer auch Gruppensprachen, indem sie den Fachleuten innerhalb eines Fachs zu eigen sind (s. Kap. 1.1.2).

In der Gruppensprache finden sich Wörter durch den sprecherspezifischen Gebrauch zu einem **sozialen Wortfeld** zusammen, das in Opposition zum Wortfeld einer anderen Sprechergruppe steht. Feldhafte Zugehörigkeit wird durch Bedeutungskonventionen im sozialen Kontext gewonnen, und die betreffenden Wörter müssen daher auch im Kontext des jeweiligen Bereichs entziffert werden.

> Das die Mitglieder einer Expertengruppe verbindende gemeinsame Wissen, bezogen auf die Fachwelt und die sie repräsentierenden Ausdrucksformen, hat unmittelbaren Einfluß auf die gruppeninterne Kommunikation. Sie ist grundsätzlich durch eine ausgeprägte Sprachökonomie gekennzeichnet. (...) Besondere Bedeutung kommt dabei dem spezifischen Inhaltsinventar zu, das im Verlauf der Gruppengeschichte mit zugehörigen Formen gruppenidentifizierend verbunden worden ist (MÖHN 1998, 155).

Bestimmte **Registerkonnotationen** sind im Deutschen anerkannt. Bis heute besteht eine scharfe Trennung zwischen „Populärwissenschaftlichem" und „Wissenschaftlichem".

> Interessanterweise gilt im deutschen Sprachraum für einen Wissenschaftler die 'Popularisierung' eigener Forschungsergebnisse schon fast als rufschädigend, während anglophone Wissenschaftler mit großer Souveränität auch mit der Laienschaft kommunizieren (KRETZENBACHER 1998, 138).

Verbreitet ist das Klischee in der akademischen Welt, dass deutsche Philologen, wenn sie Vorträge halten, in England zwar als seriös, aber trocken gelten. Englische Philologen gelten dafür in Deutschland als witzig und geistreich, aber irgendwie unseriös. Derartige Intuitionen sind ein erster Schritt zur wissenschaftlichen Erforschung von Konventionen, und Übersetzer müssen Konventionen kennen, um sie befolgen zu können.

Bei personenbezogenen Dokumenten wie etwa Arbeitszeugnissen (s. Kap. 5.1.3.7), aber auch Gesetzestexten und ähnlichem, wäre in den Übersetzungen außerdem eine **frauengerechte Sprache** zu berücksichtigen, auch wenn dies in Ausgangstexten oft noch nicht festzustellen ist (vgl. SAMEL 1995, 109-120). Hierzu gibt es Empfehlungen der „Gesellschaft für deutsche Sprache" in Wiesbaden.[75]

> ### Beispiele
> **Bezieht sich eine Bezeichnung auf Frauen und Männer,** so soll in begrenztem Umfang die Paarform gebraucht werden *(Bürgerinnen und Bürger).* Eine durchgehende Verwendung der Paarform im ganzen Text ist wegen der damit verbundenen grammatischen Komplikationen abzulehnen. Statt dessen sol-

---

[75] Vgl. das Kapitel „Grundsätze für die geschlechtergerechte Gestaltung von Gesetzestexten" in: *Fingerzeige für die Gesetzes- und Amtssprache.* Hrsg. v. der Gesellschaft für deutsche Sprache e.V., 11. Aufl. 1998, Wiesbaden: Quelle & Meyer. – Im **Englischen** erfolgt die inkusive Rede durch Doppelformen *he/she; s/he* oder Plural. – Vgl. auch die Broschüre „Geschlechtergerechter Sprachgebrauch beim Europäischen Parlament" (2009). Beispiele: *Polizistin – Polizeikraft; Fahrer – fahrendes Personal.*

len nur bedeutsame und für die Gleichstellung der Frau wichtige Personenbezeichnungen paarförmig gestaltet werden. Auch diese Paarformen sollen nur an wichtigen oder geeigneten Stellen eines Textes stehen, z. B. in Überschriften, Einleitungen, Definitionen; im fortlaufenden Text sollen sie nur dann gebraucht werden, wenn sie nicht gehäuft weitere gesplittete Formen erfordern...

Im fortlaufenden Text soll nur die ausgeschriebene und durch die Konjunktion *und, oder, bzw.* verbundene Paarform stehen... Vollformen mit Schrägstrich *(Inhaber/ Inhaberin)* oder Sparformen mit Schrägstrich und femininer Endung *(Antragsteller/in)* sollen nur in verknappten Texten wie Personenverzeichnissen, Formularen und Dokumenten gebraucht werden...

Die Klammerform – *Inhaber(in)* – wird allgemein als unsymmetrisch abgelehnt... Die Paarform mit dem großen Binnen-I *[der/die AntragstellerIn]* ist in informellen Texten öfters zu finden; für Gesetzestexte ist sie als bloße Schriftform nicht geeignet, da sie nicht sprechbar und nicht eindeutig auflösbar ist...

Die Paarform mit Groß-I ist leicht verwechselbar und folgt nicht den geltenden Schreib- und Sprechregeln. Da sie der femininen Form fast ganz gleicht, entspricht sie ihrerseits nicht der Gleichbehandlung der Geschlechter (...).

Die schriftliche Verwendung des „Binnen-I" im Deutschen etwa ist ein Beispiel dafür, wie sich ein Kennzeichen „politisch korrekter" Gesinnung in bestimmten, sich eher progressiv sehenden Sprechergruppen entwickelt: *StudentInnen, ErzieherInnen*. Eine Übersetzung für solche Adressaten hätte dieses zu beachten und ggf. einzufügen, aber nur dort.

Im positiven Sinn ist eine Gruppensprache empfängerorientiert. So haben sich im Bereich der technischen Zusammenarbeit im Rahmen deutscher Entwicklungshilfe, oder in den Verlautbarungen der UN und anderer **internationaler Organisationen** ein bestimmter Sprachduktus und spezielle Wortbedeutungen einer oft etwas undifferenzierten „Entwicklungshilfesprache" herausgebildet, die zum Zweck gelingender Kommunikation verwendet werden müssen, und die andererseits auch die Herkunft der Texte erkennen lassen.

Entsprechende **Konnotationen in der Ausdrucksweise** machen das spezifische Gewicht eines Textes aus. Erst wenn es gelingt, solche Konnotationen zielsprachlich in einer Übersetzung einzubringen, wird sich diese dem Ideal des „kommunikativen Übersetzens" (REISS/VERMEER 1984, 135) annähern, das heißt, dass sie wie ein Originaltext wirkt. Andererseits wirken falsche Anklänge ausgesprochen störend. Wenn aber vom Übersetzungszweck her klar ist, für wen übersetzt werden soll, dann sollte man auch versuchen, die Aspekte des **gruppenspezifischen Sprachgebrauchs** zu berücksichtigen, ein Bereich der bislang in der Übersetzungswissenschaft mit ihrer starken Ausgangstextbezogenheit noch wenig beachtet wurde.

6.2.4.2 DER JARGON ALS KOMMUNIKATIONSBARRIERE

Die zunehmende Verbreitung der Fachsprachen ist Ausdruck einer wachsenden Spezialisierung, doch sie können sich auch oft als Sprachbarrieren erweisen, und dann entsteht „Jargon" als sprachliche **Verschleierungsform**. Bisweilen wird Wissenschaftlern vorgeworfen, dass sie diese Sprachbarrieren bewusst einsetzten, etwa aus Statusgründen oder zwecks Schutz vor einer kritischen Öffentlichkeit.

Zu einem **Verständigungsproblem** kann die Gruppensprache als Jargon der fachlichen Gebrauchsebenen (s. Kap. 1.4.4) in der fachexternen Kommunikation werden, wenn zum Beispiel Ärzte im Patientengespräch nicht in der Lage sind, sich „allgemein verständlich" auszudrücken. Da ist dann von „NPL" die Rede, um die Diagnose „Krebs" zu verschleiern: *NPL > Neoplasma (neues Zellwachstum) > Karzinom > Wucherung > Krebs.* Wissenschaftlicher klingt auch das lateinische Fremdwort: *Generalanästhesie = Vollnarkose.* Solche Verschleierungstaktiken gibt es nicht in Sprachen mit lateinischem Wortgut, wie **Französisch** und **Englisch** (de. *Hirnhautentzündung/ Enzephalitis,* fr. *encéphalite,* en. *encephalitis*) (vgl. COLEMAN 1991, 2).

Tatsächlich finden sich durchaus Hinweise auf „unsachliche" Effekte von Fachsprache, wie in einer empirischen Studie nachgewiesen wurde (vgl. DEPPERT 1996): Bei Texten, die aufgrund des Jargons schwer verständlich sind, wurde der akademische Rang des Textautors von Lesern tendenziell höher eingestuft. Dieser Effekt ist freilich geringer, je höher die fachspezifische Vorbildung der Leser ist, und solche Leser können dann auch den wissenschaftlichen Gehalt vom Jargon als Form unterscheiden und kritisch würdigen.

Merkmale eines **Jargons** treten im Sinne eines bestimmten Schreibstils möglicherweise im Englischen seltener auf als im *Deutschen.*

> ### Beispiel
> Ein <u>deutscher Satz</u> wie: „Das koordinierte Vorgehen mit dem Partnerland und anderen Geberorganisationen ist eine wichtige Bedingung für den Erfolg, da nur im arbeitsteiligen Zusammengehen eine erfolgreiche Finanzsystementwicklung möglich ist.", wäre <u>sinnvollerweise zu übersetzen</u> etwa mit: „We have to cooperate with our partners if we are to improve our financial systems." (Zit. nach NEWMARK 1996, 39).

Ein Kriterium für den Jargon ist es, wenn man denselben Inhalt tatsächlich auch einfacher, klarer oder sogar gemeinsprachlich ausdrücken könnte. Wo dies der Fall ist, fallen die durch das angesprochene Vorwissen bedingten Einschränkungen der Verständlichkeit weg. Dies ist natürlich leichter zu fordern als zu realisieren, denn eine solche Entscheidung wird nur auf dem Hintergrund fundierten Fachwissens getroffen werden können. Außerdem ist es wenig wahrscheinlich, diesbezüglich immer Einigkeit mit dem entsprechenden Verfasser des Ausgangstextes zu erzielen. Weil Übersetzer schließlich mit denselben Erwartungsnormen an einen „wissenschaftlichen Stil" konfrontiert sind wie Autoren, könnte eine allzu verständliche Formulierungsweise unter Umständen zielsprachlich sogar den falschen Eindruck der Unwissenschaftlichkeit erwecken, wenn der Wissenschaftsstil anders aussieht. Sie könnte auch auf ein mangelndes Textverständnis seitens des Übersetzers verweisen, der deshalb zu sehr „banalisiert" hätte. Andererseits sollten allzu offensichtliche **Jargonmerkmale** nicht in das Translat transferiert werden unter dem Vorwand „das steht da so". Das Ziel der interkulturellen Fachkommunikation ist und bleibt die Verständigung.

Ein *Beispiel* für Jargon ist folgendes:

„Im Einklang u.a. mit der kognitiv-pragmatischen Sprachtheorie dient Kommunikation als Teil einer übergeordneten und zweckgeleiteten sozialen Interaktionalhandlung, immer zugleich auch der Kognition als individuell-subjektive wie zugleich auch partiell intersubjektive (Verstehens-) Tätigkeit. Gewiß leistet kommunikatives Handeln, das immer intentional abläuft, d. h. ein übergeordnetes soziales Interaktionsziel wie eine spezifische mehr oder minder komplexe Kommunikationsabsicht seitens des Senders sowie ein kooperatives hermeneutisches Erschließen des Mitteilungsgehaltes (des Gesagten, des Mitgeteilten, d. h. der Textproposition) wie auch des Gemeinten, des mitverstandenen / mitsignalisierten Sagen-Wollens, d. h. des Kommunikats, durch den Empfänger, gebrochen durch dessen spezifische Verstehensvoraussetzungen und Interaktions- wie Kommunikationserwartungen, voraussetzt, auch noch mehr und Anderes als im engeren Sinn Kognitives; doch dominiert letzteres im allgemeinen alle Kommunikationsvorgänge" (WOTJAK 1997, 47).

Im Grunde wird hier nicht mehr ausgesagt, als dass man im Gespräch etwas sagen will (das ist die übergeordnete intentionale Interaktionalhandlung), und einander „mehr oder minder" versteht (der Empfänger erschließt den Mitteilungsgehalt, gebrochen durch seine spezifischen Voraussetzungen).

6.2.5   KULTURELLE ASSOZIATIONSKETTEN, FARBEN

Während sich die kulturellen Grundcharaktere (s. Kap. 6.1.2) vor allem in der mündlichen Kommunikation und in allgemeineren Textstrukturen widerspiegeln, sind für einzelne Formulierungen kulturelle Vorstellungen und **Assoziationsketten** relevant, die mit bestimmten Wörtern im politischen und religiösen Bereich verbunden sind (s. Kap. 2.4.3). Die moderne Kognitionswissenschaft geht davon aus, dass ein großer Teil unseres Wissens in vorgearbeiteten Musterstrukturen gespeichert wird (WILSS 1992, 168). Diese Muster oder **Schemata** können aus dem Gedächtnis abgerufen und in konkreten Situationen angewandt werden, wobei sie je nach den aktuellen Erfordernissen abgewandelt und/oder durch Detailinformationen ergänzt werden. Man kann zwei Hauptbereiche des menschlichen Wissens unterscheiden, das Sprachwissen und das Weltwissen. Das *Sprachwissen* umfasst den Wortschatz und grammatische Kenntnisse eines Sprechers, das *Weltwissen* umfasst unsere Kenntnisse von typischen Sachverhalten, Situationen und geltenden Werten in einer Kultur.

Beispiel

Aufgrund solcher Kenntnisse weiß ein Deutscher zum Beispiel, dass an einer Bushaltestelle die Busse gemäß dem dort angebrachten Fahrplan zu erwarten sind und ohne besondere Aufforderung halten. Ein Mitglied z. B. der brasilianischen Kulturgemeinschaft weiß hingegen, dass man an einer Bushaltestelle meist keinen Fahrplan findet, sondern einfach so lange wartet, bis ein Bus kommt, und diesen dann per Handzeichen anhalten muss. – Solche „Kulturunterschiede" werden gerne in Reiseführern erläutert.

Zum Weltwissen gehören außerdem die **Stereotype**, nämlich die in einer Kulturgemeinschaft vorherrschenden Grundüberzeugungen und **Wertvorstellungen** (s. Kap. 6.1.2.2). Sie sind kognitionspsychologisch eine wichtige Instanz im menschlichen Wahrnehmungsprozess, denn sie helfen die Komplexität der Welt durch Verallgemeinerungen zu verarbeiten.

Beispiele

In einer *kulturvergleichenden Studie* (STOLZE 1998a) ergab unsere Materialanalyse, dass in *Brasilien* als Stereotyp die *Lebensqualität* im Vordergrund steht: körperliche Gesundheit, gutes Essen, familiäres Zusammenleben, Muße, Geborgenheit und Naturverbundenheit des Wohnens stellen hohe Werte dar, oder zumindest gilt, dass unter anderem Werbetexte an solche Wunschvorstellungen appellieren. Ängste betreffen die soziale Unsicherheit durch Raub und Diebstahl.
Im Stadtverkehr von São Paulo werden Fahrzeugtüren generell verriegelt, aus Furcht vor Überfällen in den ständigen Staus, in Deutschland dagegen empfiehlt man, sie offenzulassen, damit man bei einem eventuellen Unfall schneller gerettet werden kann. Die Untersuchung für deutsche Texte ergab demgege-

nüber das Stereotyp der *Wissensbildung*: ein Bescheidwissen des kritischen Verbrauchers, technische Sicherheit, Umweltschutz, naturreine Beschaffenheit von Produkten, gründliche Erfahrung und hoher Wissensstandard scheinen besonders anzustrebende Werte zu sein. Ängste der Deutschen betreffen u. a. die Unsicherheit durch technisches Versagen von Geräten, vor allem Autos.

Der deutsche Diskurs ist lehrhaft, der brasilianische kommt von der Lebenserfahrung her. So verweisen z. B. AZENHA/DORNBUSCH/NOMURA (1997, 113) für die deutsche Version eines bildlichen Hinweises zum Benzinsparen auf eine „didaktische Darstellungsweise" (federleichter Druck aufs Gaspedal), während demgegenüber in Brasilien auf den wirtschaftlichen Spareffekt (Spargroschen) abgehoben wird.

Weitere Beispiele

Bestimmte Gegenstände oder Handlungen haben in Kulturgemeinschaften einen unterschiedlichen Stellenwert. Während in *Frankreich* zum Beispiel der Komfort von Automobilen besonders wichtig ist und ein kulturelles Stereotyp darstellt, sind die *Italiener* eher an Geschwindigkeit, Farbe und Formgebung der Wagen interessiert, und in *Deutschland* muss deren technische Sicherheit und Umweltverträglichkeit betont werden.

Während in *Amerika* gerne Visitenkarten mit Foto verwendet werden, erscheint dies in *Deutschland* als eher weniger seriös. Visitenkarten mit runden Ecken sind in *Japan* nur den Damen vorbehalten. – Während in *Deutschland* in Hotels vielfach die Unglückszahl 13 vermieden wird, ist es z. B. in *Korea* die Zahl 4, die „Tod" bedeutet. – Während man bei uns einer Wöchnerin sagen muß: „Oh, was für ein hübsches Baby", reden die Frauen in *Indonesien* von dessen Hässlichkeit (damit es später schön wird).

Kulturtransfer

Eine Koranübersetzung ins Deutsche trifft auf andere Wertvorstellungen über die islamische Religion, vielleicht aber auf eine ähnliche religiöse Grundhaltung in *Arabien*. – Deutsche Hundeliebe trifft in *Italien* auf Hundeverachtung und -ausbeutung, in *Indien* auf eine ähnliche Haltung zum Tier, aber gänzlich andere Vorstellungen über den „Wert" eines Haustieres. Die Klage einer Vermieterin von Ferienwohnungen über bellende eingesperrte Hunde unter Verweis auf Tierliebe geht daher bei den italienischen Nachbarn wohl ins Leere. –

„Menanders Moralvorstellungen treffen im heutigen Mitteleuropa auf andere Haltungen" (REISS/VERMEER 1984, 26).
Überhaupt ist die „Kenntnis der Sachen" (COSERIU 1980, 114) in Bezug auf <u>Tiere</u> in den Kulturen verschieden. Ein kleiner Text wie *Du blöde Kuh* oder *Dieses Kamel!* könnte nicht nur unverständlich, sondern sogar undenkbar sein in einer Gemeinschaft, in der man mit der Kuh (in Indien ist sie heilig) oder dem Kamel (in Ägypten wertvoll) andere Vorstellungen als in Deutschland verbindet.

Ein Übersetzungsproblem können beispielsweise auch **Farben** mit kulturspezifischem Symbolwert (heilige Farben, rituelle Farben und Trauerfarben) oder Farbkombinationen (Nationalfarben) bilden. Mit solchen Farbvorstellungen sind psychologische Wirkungen verbunden (vgl. KNUF 1988), die in Kulturen verschiedenartig sein können, und hier wären kulturvergleichende Studien interessant (vgl. auch WAGNER 1990). Man betrachte z. B. die Vorstellungen, welche die Farbe „Weiß" evoziert. Fritz DEPPERT hat hier viele Beispiele zusammengetragen (*Darmstädter Echo,* 18.1.1997, S. 8), die wir wie folgt systematisieren und ergänzen könnten:

Beispiel			
Kulturelle Bedeutung	sozialer Ausdruck	künstlerischer Ausdruck	literarischer Ausdruck
Weiß ist physikalisch das ungebrochene Licht, die undifferenzierte Farbe ohne Nuancen und Schattierungen. Es steht daher für Klarheit, bedeutet Reinheit, Unbeflecktheit, Unschuld. Als extremste Opposition zu	Taufkleider sind seit der Antike weiß, Hochzeitskleider seit dem 19. Jh. In frühen Western hatten die guten Helden weiße, die bösen schwarze Hüte. Im römischen Kalender wurden „glückliche Tage" mit Kreide, „unglückliche, schwarze Tage" mit Kohle im Kalender	Grünewalds Schneewunderaltar zur Legende vom Bau der Kirche Santa Maria Maggiore. Der Ort dieser Kirche wurde für Papst Liberius durch Schneefall im Sommer bestimmt. Grünewalds Isenheimer Altar hat Weiß als Trauerfarbe in der trauern-	<u>Logau</u> schreibt vom „Schnee der Haare." <u>Knigge</u>: „Wenn der Winter unseres Lebens unser Haar mit Schnee bedeckt". <u>Kloppstock</u>: „Wie schweigt vor uns das weisze gefild". Thomas <u>Mann</u> rückt im „Zauberberg" die Erfahrung des Schnee-

Schwarz spiegelt Weiß die Dialektik des menschlichen Lebens: Gut und Böse, positiv und negativ, Glück und Unglück.

Der Prophet Daniel im AT (Dan 7, 9) über Gott: „Sein Kleid war weiß wie Schnee".

Weiß bedeutet Vollkommenheit, steht für das Göttliche, für transzendentale Vollendung, für Erleuchtung und Wahrheit, für Triumph und Freude, für Frieden.

Weiß erinnert in Europa auch an Kälte, Schnee, Winter, an Weite, Einsamkeit.

Die Weite bewirkt Ortlosigkeit, zeitlos sein, Stille, Schweigen, Leere.

Der Winter als letzte Jahreszeit, wo die Natur stirbt, wird zum Zeichen für das Alter mit weißem Haar.

markiert.

Südafrikanische Eingeborene färben die Stirn weiß, um bei der Jagd Glück zu haben.

Engel tragen weiße Gewänder, auch das Papstgewand ist weiß.

Die Friedenstaube ist weiß, das Zeichen der Kapitulation ist ein weißes Tuch.

In Indien ist die Farbe des Todes, der Einäscherung Weiß (Asche): Eingang ins Jenseits, Loslösen vom Erdenleben.

In Brasilien finden sich vor allem weiße Blumen auf Friedhöfen.

In der chinesischen Peking Oper ist Weiß die Farbe der Verräter, während Schwarz mit Feierlichkeit und Würde assoziiert wird.

Die Bantus sagen: „Der Schnee haßt den Reisenden".

den Maria mit weißem Gewand.

Breughel malte schöne Winterbilder mit Winterspielen, Caspar David Friedrich malte Schnee- und Eiseinsamkeit, Giovanni Segantini bannt die Kälte und das Weite von Schneelandschaften ins Bild.

Die Musik gestaltete Winter als Thema: Haydns Jahreszeiten oder Leopold Mozarts Schlittenfahrt, Schuberts Winterreise.

Alte mündliche Tradition: Der Schnee von gestern, schwarzen Schnee suchen, ein weißer Rabe, eine weiße Weste haben, einen schwarzen Tag haben.

falls in die Nähe des Todes: „Die Stille ... war unbedingt und vollkommen, eine wattierte Lautlosigkeit... Es war das Urschweigen". Büchner in „Lenz": „Alles so still und die Bäume weithin mit schwankenden weißen Federn", (der Titelheld erlebt) „die einförmigen Flächen und Linien, ... als ob sie ihn mit gewaltigen Tönen anredeten". Bei Grillparzer im „Schneebild" heißt es: „Das Kleid von weißer Unschuldfarbe hernieder". Huchel: „die weiße Kehle der Einsamkeit", Celan: „Weithin gelagertes Weiß./ Drüberhin, endlos/ die Schlittenspur der verlorenen". Karl Krolow: „Schneeblind gebückt über Papierweiß./ Langsam bewegen sich/ Buchstaben über/ ein Schneefeld."

7 DER SPRACHLICHE UMGANG MIT KULTURUNTER-SCHIEDEN

In Betrachtungen über die Beziehungen zwischen Kultur und Technik wird gerne betont, dass die Technik eine über Nationalkulturen hinausgehende „Suprakultur" oder gar eine eigenständige Weltkultur (und damit nicht bloß Teil einer anderen Kultur sei)(vgl. ANTOS 2003, 240), bzw. dass die moderne Kultur technomorph sei, d. h., dass ihre wesentlichen Erscheinungsformen technisch geprägt seien (vgl. BÖHME/MATTUSEK/MÜLLER 2002, 164). Die Kulturanthropologie thematisiert besonders den Einfluss von Technik auf Kultur, aber dies heißt nicht, dass Technik eine eigene Kultur wäre. Vielmehr ist **Kultur der Hintergrund jeder menschlichen Kommunikation**, auch in der Technik.

Die kulturelle Einbettung als BasiBeim Das Übersetzen können implizite kulturelle Referenzen auf bestimmte Strukturen auf der Textebene zurückgeführt werden. Kulturelle Elemente erscheinen im Text auf allen Ebenen, vom Begriffsinhalt und der Form der Wörter über die Satzstrukturen, die Textgestalt und den Wissenschaftsstil bis hin zur Pragmatik.

7.1 KULTUR IN DER LEXIK

7.1.1 DAS METAPHORISCHE BILDFELD ALS ÜBERSETZUNGSAUFGABE

Wo es um den Menschen in seiner Subjektivität geht, wie etwa in den Geisteswissenschaften (s. Kap. 1.5), spielt bildhafte Redeweise eine besondere Rolle. **Metaphern** dienen dazu, etwas assoziativ vergleichend darzustellen, einen Erfahrungsbereich in den Worten eines Anderen verstehbar zu machen. **Kulturelle Vorstellungen** spiegeln sich in bestimmten Formulierungen, im Gebrauch bestimmter sprachlicher Bilder und intertextueller Verknüpfungen. Solche Bilder sind nicht statisch, sondern können sich wandeln und auch untergehen, weil die **Metaphorik** auf einer kulturellen Einbettung beruht. Und wenn bestimmte

Vorstellungen in der Kultur nicht (mehr) vorhanden sind, dann funktioniert die Metapher schlichtweg nicht.

Es stimmt nicht, dass Fachsprachen wegen des Gebots der Präzision völlig frei von Metaphern wären. In **abstrakten Disziplinen**, wie z. B. Musikwissenschaft, Computerelektronik, Technik sowie in den Sozial- und Geisteswissenschaften sind Metaphern nicht nur ein Stilphänomen, sondern bilden sogar einen konstitutiven Bestandteil des fachwissenschaftlichen Selbstverständnisses (ICKLER 1993).

> Nun hat WEINRICH (1976, 277) darauf hingewiesen, dass es in jeder Kultur „noch eine überindividuelle Bildwelt als objektiven, materiellen **Metaphernbesitz** einer Gemeinschaft gibt: (...) Der Einzelne steht immer schon in einer metaphorischen Tradition, die ihm teils durch die Muttersprache, teils durch die Literatur vermittelt wird und ihm als sprachlich-literarisches Weltbild gegenwärtig ist."

Die systematische Analyse des sprachlichen Niederschlags kultureller Stereotype in bestimmten Metaphern bleibt allerdings noch ein Desiderat. Daher wäre es für Übersetzungen auch sinnvoll, die Metaphorik etwa in islamisch geprägten Gesellschaften oder im Hinduismus kontrastiv zu untersuchen (vgl. BIEBUYCK/DIRVEN/RIES 1998).

Aufgrund ihrer Anbindung an das Weltwissen und die in der Sprachgemeinschaft bekannte Bildwelt sind Metaphern ein nicht unwichtiges Mittel zur Herstellung von Verständlichkeit in der fachexternen Kommunikation (s. Kap. 5.1.2.2). Als Stilmittel, die kreativ neuen Sinn anzeigen, Interesse wecken, etwas assoziativ vergleichend darstellen sollen, wie dies besonders in Wirtschaftstexten verwendet wird, bestehen Metaphern keineswegs nur aus einzelnen Wörtern. Sie entfalten vielmehr ihre Wirkung erst durch die Verknüpfung im Kontext eines Satzes oder Abschnitts. Wer also metaphorisch redet, wird nicht allein bestimmte „kreative Ausdrücke" einbauen, sondern das **Bildfeld** muss sprachlich **in den Zusammenhang eingebettet** sein. Ein Journalist würde vielleicht sagen: *„Nu mach' mal einen Punkt"* aber eher weniger *„Nun lass' endlich den Hammer fallen"*. Ein Fischer sagt vielleicht über einen Verstorbenen: *„Er strich die Segel"*, ein Koch sagt *„Er gab den Löffel ab"*, ein

Bauer sagt *„Er biss ins Gras",* ein alter Soldat: *„Er hat sich zu unseren Helden versammelt".* Allerdings sind derartige Metaphern teilweise so lexikalisiert, dass sie schon zum allgemeinen Sprachgebrauch gehören. Auch **Sprichwörter**, die in besonderem Maße dazu dienen, das Weltbild einer Gesellschaft ins Spiel zu bringen, wirken bildkonstituierend im Sinne einer Textisotopie, wenn einzelne Wortelemente im Text wieder aufgenommen und entfaltet werden.

7.1.2 INTERKULTURELLE BEGRIFFSINKONGRUENZ

In der Fachübersetzung muss natürlich die Terminologie sehr sorgfältig geprüft werden. Die Terminologie ist hermeneutisch nur innerhalb eines wissenschaftlichen oder technischen Gebiets verständlich, denn „Termini im Text setzen sowohl für ihren Gebrauch als auch für ihr Verständnis memorierte Kontexte und Verwendungssituationen voraus" (KALVERKÄMPER 1983, 154). Das Verstehen der Terminologie, was unverzichtbar ist für eine korrekte Übersetzung, ist allerdings durch die Konsultation von Lexika und Datenbanken nicht voll garantiert. Natürlich gibt es keine kulturellen Differenzen in der international genormten Terminologie, wie sie z. B. in entsprechenden Datenbanken mit der Kennzeichnung CE oder DIN oder ISO aufgelistet ist (s. Kap. 2.2.3). Doch dieser Bereich der Terminologie stellt eine Minderheit dar.

Es werden beständig neue Termini kreiert, die zum Teil auch inhärente begriffliche Differenzen aufweisen. SCHMITT (1999, 228ff) bringt einige eindrucksvolle Beispiele einer interkulturellen Begriffsinkongruenz, wo auf der Wortebene vergleichbare Terme nicht äquivalent sind, weil die Konzepte, die sie bezeichnen, kulturell verschieden sind.

> *Beispiele*
> Es gibt unterschiedliche **Stahlformen** in den USA und in Deutschland, so etwa ist *carbon steel* nicht äquivalent zu *Kohlenstoffstahl* (wie dies in vielen Wörterbüchern erscheint), es entspricht vielmehr dem *Baustahl,* einer weniger brüchigen Stahlsorte.

> Auch wenn entsprechende Termini gleich lauten, kann die Funktion verschieden sein: siehe *Wärmepumpe* (in Deutschland für umweltfreundliche Hausheizung) – *heat pump* (zum Heizen und/oder Kühlen in den USA). In linguistischer Perspektive haben wir es hier mit "falschen Freunden" zu tun. Eine adäquate Übersetzung, welche die Unterschiede deutlich macht, wäre da expliziter.
>
> Da ist auch das Beispiel von anscheinend gleichen Termini bei der **Kraftwerkskonstruktion** (SCHMITT 1999: 234): *Druckhalter-Wasserstandsmesskanal – pressurizer water level sensing channel* oder *integriertes Blockregelsystem – integrated control system,* etc. Auch wenn die Grundfunktion des entsprechenden Gegenstandes im amerikanischen und im deutschen Kontext dieselbe ist, so sind die Terme dennoch inkongruent, denn die Objekte werden auf unterschiedliche Weise gebaut. – Äquivalenzprobleme sind ganz unterschiedlich zwischen den einzelnen Sprachen. So kennt z. B. das Deutsche und das Englische für die **Fügeverfahren** zweierlei Ausdrücke, je nach Arbeitstemperatur: *löten – to solder; schweißen – to weld.* Das Italienische ist hier zweideutig: *saldare – löten/schweißen,* wohingegen eine andere romanische Sprache wie Französisch *brasage/brasure – Löten* und *soudage/soudure – Schweißen* kennt, was jedoch bisweilen auch verwechselt wird. Wieder andere Sprachen werden andere Differenzen aufweisen. Im konkreten Einzelfall des Übersetzens ist Problembewusstsein gefordert, damit die korrekte Übersetzung recherchiert werden kann.

Manchmal entstehen neue Fachausdrücke durch **metaphorische Terminologisierung** mit Bezug auf Ähnlichkeiten in der Funktion, Form oder Lage eines Objekts (S. KAP. 3.3.1). Aber auch wenn die konkrete Form eines Gegenstands zu ähnlichen kognitiven Vorstellungen in unterschiedlichen Kulturen führen kann, ist dies nicht notwendig immer der Fall. Übersetzungsprobleme entstehen dort, wo die Metaphern zwischen den Sprachen nicht identisch und die Übersetzer sich dieser Möglichkeit nicht bewusst sind, Beispiel:

> male plug – Steckerstift
> head light – Scheinwerfer
> female mould – Negativform
> cable sleeve – Kabelmuffe.

Viele weitere Beispiele könnten genannt werden. SCHMITT (op. cit.) erwähnt auch die unterschiedliche Gesetzgebung zu Herstellungsmethoden, abweichenden Messverfahren, das spezifische Klima, semantische Prototopyen, z. B. ein „Hammer", der verschiedene Formen und damit Bezeichnungen hat (*ball peen hammer* – *Schlosserhammer, cross peen hammer* – *Klauenhammer*), usw. Natürlich kann dieses Problem oft mithilfe eines Wörterbuch gelöst werden, doch die Übersetzer müssen sich dessen überhaupt erst bewusst sein.

Die Ursache für **Begriffsinkongruenz** sind verschiedenartige Sachkonstruktionen aufgrund unterschiedlicher Bau- oder Sicherheitsvorschriften oder Gesetze. Vorschriften können z. B. auf besonderen **klimatischen Bedingungen** beruhen (vgl. die verschiedenen Konstruktionsmerkmale typischer deutscher und typischer amerikanischer Einfamilienhäuser). Dies zeigt, dass Benennungen in verschiedenen Sprachen weder symmetrisch, noch stets aus der Definition herleitbar sind. **Gesetzliche Vorschriften** sind relevant, die sich auf nationale Bestimmungen für Sicherheitshinweise sowie auf unterschiedliche praktische Gepflogenheiten beziehen. Man spricht hier auch von einer kulturspezifischen „Beschreibungstiefe".

Die Terminologiedatenbanken als wichtigstes Hilfsmittel der technischen Übersetzer dürfen also nicht unreflektiert konsultiert werden.

Beispiel

Auf der Rückseite von Elektrogeräten mit Netzsteckern ist sowohl im deutsch- als auch im englischsprachigen Raum meist eine Warnung vor dem Öffnen des Gehäuses angebracht. Die *englische* Formulierung dieser Warnung lautet:
CAUTION
RISK OF ELECTRIC SHOCK. DO NOT OPEN!
CAUTION: TO REDUCE THE RISK OF ELECTRIC SHOCK, DO NOT
REMOVE COVER (OR BACK).
NO USER-SERVICEABLE PARTS INSIDE.
REFER SERVICING TO QUALIFIED SERVICE PERSONNEL.

Die Informationen in diesem Passus gelten für den deutschen wie für den britischen und amerikanischen Benutzer in gleicher

Weise. Es handelt sich also um <u>universelle Informationen</u>, die in der Übersetzung nicht modifiziert werden. Auf der sprachlichen Ebene zeigen sich jedoch kulturspezifische Unterschiede. In der ZS *Deutsch* erscheint hier nämlich eine Standardentsprechung:

Vor dem Öffnen Netzstecker ziehen!

Diese Formulierung hat einen vom AS-Text abweichenden Inhalt, wird jedoch in exakt der gleichen Situation gebraucht und vom deutschsprachigen Leser erwartet, wenn er die entsprechende Aufschrift auf seinem Gerät sieht (GÖPFERICH 1993, 51).

7.1.3 KULTUR IN DER WORTBILDUNG

Sprachen sind der wichtigste Ausdruck kultureller Unterschiede, die sich im Lauf der Geschichte herausgebildet haben. Die Terminologie in Substantiven und Adjektiven nebst einiger Zeitformen sind Charakteristika des funktionalen Kommunikationsstils in den Fachsprachen (s. Kap. 4.1.2.1), doch es gibt **sprachspezifische Formen der lexikalischen Verknüpfung**, die in der Fachübersetzung anzuwenden sind.

Beispiele

Die **Wortkomposition** ist grundsätzlich in deutschen Übersetzungen anwendbar (s. Kap. 3.2.3). So könnte z. B. der Ausdruck *a change in the rate of exchange* übersetzt werden mit *Wechselkursänderung* anstatt "Änderung des Wechselkurses", einer wörtlichen Übertragung, die im fachlichen Bereich zu lang wirkt, auch wenn sie inhaltlich völlig korrekt ist.

Bisweilen verlangt die Analyse sehr **langer Kombinationen** besonderes Fachwissen:

ein planfestgestellter Autobahnabschnitt ist für eine Englischübersetzung "a section of the motorway in planning for which the compulsory purchase order has definitely been agreed among the various partners concerned", vielleicht eine *motorway section finally planned*;

vertaktete Direktfahrten im Nahverkehr ist a "system of public transportation where buses and trains are scheduled suitably to one another in order to prevent too long intervals of waiting for the passengers", vielleicht ein *scheduled direct transport*.

Bei den **Adjektiv-Substantiv-Kombinationen** ist zu prüfen, ob es sich um ein normales qualifizierendes Adjekthiv handelt:

> *long distance, basaltic volcano, textile product* oder vielmehr
> um ein **Relationsadjektiv**: *seasonal worker* (worker for one
> season), *textile industry* (industry producing textiles), *presiden-*
> *tial elections* (election of the president), etc.

Die sprachökonomische Konzentrationsform der Wortkomposition
wächst rasch in vielen europäischen Sprachen. Nun sind freilich kulturelle Sprachunterschiede nicht auf die Wortebene beschränkt, sondern
erscheinen auch in syntaktischen Strukturen.

7.2   KULTUR IN DER SYNTAX

7.2.1   KONTRASTIVE DISKURSANALYSEN

Syntaktische Formen betreffen die Art und Weise, wie die Elemente in
einem Satz idiomatisch kombiniert werden. Während die Sprachen in
der Literatur eine große Vielfalt kreativer linguistischer Formen kennen,
verwendet die Fachkommunikation eine zweckdienliche Reduktion der
stilistischen Mittel (s. Kap. 4.1.1). Kurze Aussagesätze, eine lineare
Thema-Rhema-Organisation, und eine dichte syntaktische Kompression
sind vorherrschend, denn Fachkommunikation ist inhaltsbezogen. Dennoch gibt es auch hier Unterschiede zwischen den Sprachen. Ist die
zielsprachlich übliche Struktur abweichend, so hat der Übersetzer Veränderungen einzubringen, um die Verständlichkeit zu verbessern.

> *Beispiele*
> **Sprachökonomische** explizite Aussagen entstehen im Deut-
> schen durch die Reduzierung mehrerer Nebensätze in eine At-
> tributkonstruktion:
> - *Wenn* sich das Werkstück <u>abkühlt</u>, können Oberflächen-
>   spannungen entstehen> *Beim Abkühlen des Werkstücks*
>   *können …*
> - Die Welle wird durch das Stirnrad angetrieben, <u>das</u> auf der
>   Achse festsitzt.   > Die Welle wird durch <u>das auf der Ach-</u>
>   <u>se festsitzende</u> Stirnrad angetrieben.

> **Syntaktische Unterschiede** bestehen auch in der Bezeichnung
> der direkten Ursache-Wirkung-Relation:
> D: Wenn X gegeben, dann <u>folgt</u> y –
> E: If x is given, y <u>will result</u>;
> F: Étant donné A nous <u>dirons</u> B.

Auch **Diskurszeichen** werden in den Sprachen unterschiedlich genutzt, und sprachliche Interferenzen in Übersetzungen könnten zu unidiomatischen Formulierungen führen (OLOHAN/BAKER 2000, 142). So wurden verschiedene Hypothesen aufgestellt, warum und wann Übersetzer auf eine „**Explizitation**" zurückgreifen um implizite Variationen zu verdeutlichen, und ein hier wichtiger Faktor sind kommunikative Präferenzen des Sprachgebrauchs.

Kontrastive Diskursanalysen zwischen *Englisch* und *Deutsch* deuten darauf hin, dass deutsche Sprecher und Schreiber die Information syntaktisch expliziter präsentieren als die englischen Muttersprachler: „They tend to (overtly) encode or verbalize propositional content rather than leave it to be inferred from the context" (HOUSE 2004, 187). So wäre nach HOUSE eine Neigung zum Explizitieren unter Englisch-Deutsch-Übersetzern einfach der Reflex einer kommunikativen Präferenz im Deutschen. Wir nennen diese Phänomene kulturelle Aspekte, denn sie gehören zum idiomatischen Sprachgebrauch, und dieser sollte auch in der Fachkommunikation nicht vergessen werden.

Bekanntlich ist das *Englische* eher arm an Modalpartikeln oder Satzadverbien zur Gliederung, wie *nur, und, schon, oder, etwa, aber auch, ohnehin, allerdings, nichtsdestoweniger*, wie sie das *Deutsche* gern verwendet und die man im Englischen oft als redundant empfinden würde. Daher bieten Übersetzungen aus dem Deutschen in diesem Punkt oft sprachenpaarspezifische Schwierigkeiten. Diese werden lösbar, wenn man weiß, wie ein englischer Text üblicherweise aufgebaut ist. Man wird dann einen solchen (linearen) Text formulieren, anstatt zu versuchen, Querverbindungen zwischen einzelnen Textzeichen herzustellen. Eine etwaige zielsprachliche Verwendung von Gliederungssignalen orientiert sich an der Gesamttextkomposition und nicht am Vorhandensein oder Fehlen solcher Partikel in der Vorlage. Sie werden nicht „über-setzt", sondern aufgrund des Sprachgefühls eingebracht oder weggelassen.

CHESTERMAN (1994, 155) verweist auch auf die grundsätzliche Tendenz, im **Englischen** in Texten, wo früher der Artikel noch normal war, diesen jetzt wegzulassen. Auch wenn sich solche Ergebnisse vor allem bei der Analyse von Übersetzungen „in die Fremdsprache Englisch" oder von Texten durch Nichtmuttersprachler ergeben, zeigt sich hier klar eine Aufgabenstellung für die Fachsprachendidaktik und den Übersetzungsunterricht. In eine ähnliche Richtung weist auch die Beobachtung von HOUSE/KASPER (1981), dass in der muttersprachlichen Kommunikation der Höflichkeitsmarker *bitte* im Deutschen häufiger und anders gebraucht wurde, als der entsprechende englische Ausdruck *please*.

Strukturelle Differenzen zwischen Sprachen sind besonders sichtbar in funktional vergleichbaren Situationen, zum Beispiel bei rechtlichen Beziehungen. Auch wenn deutsche Ausdrucksformen manchmal expliziter sind, ist festzustellen, dass die englische Sprache oft detaillierte semantische Inhalte mit mehr Wörtern ausgedrückt. Hier finden sich verdoppelte phraseologische Formen, die üblicherweise im Deutschen einer einfachen Form entsprechen. Dies gilt für Objekte wie für Handlungen.

> **Beispiel**:
> *action or proceedings* – Gerichtsverfahren
> *administration & accounting* – Geschäftsbuchhaltung
> *conflict or inconsistency* (in a contract text) – Widerspruch (im Text)
> *costs, charges or expenses* – Kosten
> *custody & support* – Sorgerecht
> *executor & administrator of estate* – Erbschaftsverwalter
> *in force & effect* – in Kraft
> *to agree & warrant* – vereinbaren
> *to alter or modify* – verändern
> *to construe & interpret* – auslegen
> (this agreement is) *made & entered into between* – (dieser Vertrag) wird geschlossen zwischen

Es gibt zahlreiche weitere derartige Beispiele in Texten. Für Übersetzer ist es wichtig, die sprachlichen Unterschiede wahrzunehmen, was eine wörtliche Übersetzung ausschließt.

7.2.2 KULTUR IN DEN TEXTSORTEN

Der kulturspezifische Sprachgebrauch ist eng mit der kommunikativen Situation verknüpft, und wiederkehrende Situationen führen zur Entstehung bestimmter **Textsorten**, denn eine feststehende Textstruktur erhöht die Verständlichkeit für die Kommunikationspartner in ihrer Kultur (s. Kap. 5.1.2.3). Die Textstruktur als ein Reflex kultureller Normen ist besonders sichtbar in Texten, die gänzlich für ihre Situation strukturell standardisiert sind, wie z. B. ärztliche Zeugnisse, Wetterberichte, Steuererklärungen, Schul- und Arbeitszeugnisse, u.v.m. Solche Texte sind individuell im Rahmen ihres kulturellen Hintergrunds genormt, und eine möglicherweise notwendige Übersetzung kann sich je nach dem Zweck entweder auf eine wörtliche und formale Repräsentation oder auf eine zielkulturelle Transformation konzentrieren.

Beispiele

Deutsche *Lebensläufe* beginnen beispielsweise meist mit der Geburt und präsentieren die gesamte Entwicklung der Person von der Schule über die Ausbildungsstationen bis hin zu Arbeitserfahrungen. In anderen Ländern ist die Tradition eher dahingehend, von der gegenwärtigen Situation auszugehen und einen Hinweis zur Vergangenheit beizufügen.

Während deutsche *Arbeitszeugnisse* eine ausführliche Beschreibung von Verhalten und Arbeitsleistung des Angestellten enthalten, sind Amerikanische *Credentials* nur eine einfache Bescheinigung über den Beschäftigungszeitraum und den Tätigkeitsbereich.

Gerichtsurteile in Deutschland bringen zuerst den Tenor des Urteils in einem Satz, worauf dann der Tatbestand und die Entscheidungsgründe folgen, quasi als eine Rechtfertigung des Urteilsspruchs.

Gerichtsurteile in Frankreich beginnen mit dem Tatbestand, gefolgt von den Entscheidungsgründen nebst einer Auflistung relevanter Gesetzesartikel, was schließlich zum Tenor des Urteils als Konsequenz hinführt.

In *Italien* beginnen die *Gerichtsurteile* mit einer Darlegung der anwaltlichen Schlussfolgerungen, gefolgt von einer Beschreibung des Instruktionsverfahrens als Nachweis der Ordnungsmäßigkeit des Urteils, und dann den Entscheidungsgründen, und das Ganze endet mit dem Tenor des Urteils.

In *britischen Gerichtsurteilen* erscheint die Begründung der Entscheidung durch den Einzelrichter oft in einem persönlichen Stil (LASHÖFER 1992: 14/19), wohingegen ein solcher Stil in deutschen Entscheidungen als unangebracht erachtet würde, denn sie berufen sich auf die Gesetze.

In *englischen oder amerikanischen Gerichtsurteilen* finden wir oft eine Ansammlung von Relativsätzen als typisches Textsortenmerkmal. Beispiel:

The court finds that... and that... - In deutschen Texten sind solche langen Hypotaxenketten unüblich und werden daher in Übersetzungen aufgelöst.

Texte als Kommunikationsmittel in einer Kultur sind ja niemals nur eine Reaktion auf externe Bedingungen oder technische Gegenstände, sondern sie sind das Ergebnis des individuellen Sprachgebrauchs. Kulturelle Aspekte sind vor allem in der Struktur des Textganzen sichtbar. So ist es nicht immer leicht, zwischen kulturellen Textstrukturen und Charakteristika eines Texttyps zu unterscheiden. Wir stellen jedoch fest, dass Makrostrukturen durchaus kulturell abweichend sein können, auch wenn die außersprachliche Funktion als solche vergleichbar ist.

Informative Texttypen auf einer höheren Ebene, ggf. mit internationaler Perspektive, wie Benutzerhandbücher und Bedienungsanleitungen, Monographien, Gerichtsurteile, Gesetzesartikel, Kaufverträge u. a., basieren als Texttyp immer noch auf einer spezifischen kommunikativen Situation und sind inhaltlich auf einen spezifischen fachlichen Gegenstand ausgerichtet. Und so finden sich auch hier Spuren der Kultur, die bislang noch nicht international uniform sind.

7.2.3 INTERKULTURELLER TRANSFER IN DER WISSENSCHAFTSSPRACHE

Offensichtlich gibt es kulturell sogar verschiedene **Schreibstile**. Die Bedeutung des kulturellen Stils in akademischen Vorträgen wird aber von Wissenschaftlern, die im Ausland auftreten, oft unterschätzt. Jedermann geht ja intuitiv von den eigenen Vorstellungen der Textstrukturen aus, und dies könnte durchaus zu Akzeptanzproblemen beim Auditorium führen. GALTUNG (1995) hat als erster seine unterschiedlichen Erfahrungen bei Auftritten auf internationalen Tagungen formuliert und beschrieb einen „sachsonischen, teutonischen, gallischen und nipponischen" Stil des wissenschaftlichen Schreiben (s. Kap. 6.2.2). Solche Unterschiede betreffen vor allem das strukturelle Arrangement der Argumentation im Textganzen – sei dies eher linear in kleinen Einzelschritten oder eher theoretisch mit manch angeblich zirkulärer Argumentation, oder man legt vor allem Wert auf eine elegante Ausdrucksweise, oder bemüht sich Vorbilder und Lehrer zu benennen, wodurch freilich die Neuheit der eigenen Ausführungen zurückgenommen wird. Dies ist auch relevant für das Übersetzen entsprechender Artikel oder Redebeiträge.

Wie CLYNE (1991) betont, sind z. B. deutsche Texte der Sozialwissenschaften für angelsächsische Leser schwer lesbar und wenig akzeptabel. Nimmt man nun **Akzeptanz** bei den Empfängern als Maßstab, wird man bei der Übersetzung ins Englische wohl tatsächlich die dortigen Konventionen befolgen, z. B. hinsichtlich des sprachlichen Sendereinbezugs (s. Kap. 4.1.3.2). Ist einem die Darstellung des eigenen Denksystems wichtiger, wird man dies nicht tun (Stolze 2009).

SKUDLIK (1990) bringt deskriptiv eine historische Zusammenstellung der Situation hinsichtlich der verwendeten Publikationssprachen sowie der Orte und Tendenzen im internationalen Informationsfluss, setzt sich aber nicht mit möglichen kulturellen Gründen auseinander. AMMON (1998) verweist auf den dramatischen Rückgang des Deutschen als internationaler Wissenschaftsprache, vor allem in den Naturwissenschaften.[76] Naheliegend ist die Vermutung, dass auch deutsche Publikationen inzwischen zunehmend von den international vorherrschenden Formen der Linearität beeinflusst werden. Ein Problem bei solchen pauschalisierten Darstellungen ist freilich, dass hier nicht die Rolle der Textsortenkonventionen und die Spezifik der Fachzugehörigkeit beachtet wird.

Für deutsche Wissenschaftler, die in einer Fremdsprache publizieren, ist ein Bewusstsein von den stilistischen Unterschieden zwischen der deutschen Wissenschaftssprache und anderen zwar nützlich, dies sollte aber nicht zu einer bedingungslosen Anpassung führen. Solche Unterschiede können auch inhaltlich signifikant werden, wenn SCHRÖDER meint: „Kulturspezifisch ist ebenfalls die Ebene des Inhalts der Texte..." (1993a, 519), und damit können durchaus auch die gerade vorherrschenden „Modethemen" einer Fachrichtung gemeint sein.

Die Frage ist, ob ein deutschsprachiger Wissenschaftler die „Sprachbarriere" zur internationalen, *englischsprachigen* Wissenschaft dadurch überwinden kann, dass er entweder die englische Sprache möglichst gut erlernt oder eine gute Übersetzung anfertigen lässt. Welche Konsequenzen hat es denn wirklich für deutsche Wissenschaftler, auch solche, die auf Englisch publizieren, wenn sie sich stilistisch und inhaltlich von ihren englischsprachigen Kollegen unterscheiden? Werden sie nicht trotzdem gelesen? Wahrscheinlich befindet sich die deutsche Wissenschaft diesbezüglich in einer Art Übergangsphase, deren Endpunkt, jedenfalls in den Geistes- und Sozialwissenschaften, keineswegs eine völlige Anpassung sein sollte. Wichtig ist gerade in einer Übergangszeit die Reflexion bestehender Unterschiede.

Unterschiedliche Wissenschaftsstile können einerseits in anderen Sprachen gewollt oder ungewollt imitiert werden und erweisen sich so als

---

[76] Die deutsche Sprache hat als internationale Wissenschaftssprache erst seit Beginn des 20. Jahrhunderts, ausgehend von ihrer ehemals führenden Position, stark an Bedeutung verloren, vor allem zu Gunsten des Englischen. Der Anteil der deutschsprachigen naturwissenschaftlichen Publikationen lag um 1920 international noch bei 45 % und damit an erster Stelle, während er im Jahr 1980 schon unter 10 % lag und heute nurmehr einen Anteil von 1,2 % hat. Bibliographische Datenbanken werden heute überwiegend in angelsächsischen Ländern produziert.

„hartnäckig" gegenüber Sprachgrenzen, andererseits können sie sich jedoch fast unmerklich unter dem Einfluss anderer Schreibstile auch verändern. Es kommt auf die Wissenschaftsbereiche an. Die Mentalität eines Autors im Wissenschaftsstil in den **Sozialwissenschaften** ist Teil des Textsinns und sollte nicht ausgemerzt werden. Das heißt also, dass nicht alle Texte im interkulturellen Transfer völlig umgeschrieben werden müssten. Textbearbeitungen sind vor allem dort angebracht, wo bestimmte textlinguistische Formalia, wie Gliederungssignale, idiomatische Syntax, metasprachliche Formulierungen, Textsortennormen oder logische Defekte die Textrezeption beeinflussen.

In wissenschaftlichen Fachartikeln der **Medizin oder Naturwissenschaften** herrschen in der *englischsprachigen* Wissenschaftskommunikation allerdings strengere Maßstäbe in Bezug auf den Stil. Während deutsche Forscher durchaus einen grammatisch etwas komplexeren Stil pflegen, sind englischsprachige Papers in der Tat durch kurze Sätze in linearer Anordnung gekennzeichnet. Eine strukturgetreue wörtliche Übersetzung eines solchen deutschen Beitrags würde im Englischen zu einem schwer verständlichen Kauderwelsch führen, wie leider so mancher ahnungslose Wissenschaftler schon erfahren mußte.[77]

Können, dürfen, sollen also (Selbst)Übersetzer deutscher Texte sich beim Umformulieren dem angeblichen „englischen Stil" annähern? Auch hier gilt ja immer, dass eine Änderung der Form stets eine zumindest graduelle Änderung des Sinns bewirkt. Kaum einsichtig wäre allerdings die Forderung, englische Texte sollten durch die Übersetzung ins Deutsche zu theorielastigen Gebilden gemacht werden. Da wäre die Identität eines angelsächsischen Wissenschaftlers nicht gewahrt. CLYNE kommt in seiner kritischen Analyse sozialwissenschaftlicher Texte zu dem Schluss:

> Im Deutschen und Japanischen, zwei Sprachkulturen mit inhaltlicher Orientierung, trägt der Leser die Verantwortung, den Text zu verstehen, der von demjenigen stammt, der das Wissen zu vermitteln hat, d.

---

[77] Dort werden nicht angemessen formulierte Artikel für englischsprachige Fachzeitschriften regelmäßig vom Reviewer abgelehnt. Dies ist natürlich auch ein einfaches Mittel, deutsche Forscher zu verdrängen.

> h. die ungleichen Sozialbeziehungen sollen hervorgehoben werden (...).
> Im Englischen hingegen (...) muß der Autor sich bemühen, einen lesba-
> ren Text herzustellen, wenn er die darin enthaltenen Argumente und
> Informationen verbreiten will (CLYNE 1993, 9).

Dennoch ist es aber vielleicht ein wertvoller Beitrag zur Vielfalt der internationalen Wissenschaft, wenn deutschsprachige Autoren gerade in ihren Artikeln auf Englisch nicht alle dort üblichen Merkmale übernehmen. In jedem Fall lässt erst das wichtige Bewusstsein über interkulturelle Unterschiede dem Einzelnen die Entscheidungsfreiheit, sich gegebenenfalls anzupassen oder nicht.

> Wer die sprachliche Isolierung überwinden will, respektiert kulturelle
> Unterschiede und versucht, jede Art der Erkenntnis zum besseren Ver
> stehen der eigenen und der fremden Kultur zu nutzen. In solcher Wei
> se konstituiert sich ein praktischer interkultureller Zusammenhang. Ei
> ne Kultur lernt von der anderen und grenzt sich zugleich von ihr ab. Es
> entsteht ein produktives Wechselverhältnis von Fremdem und eige
> nem. Das Fremde wird zum Ferment der Kulturentwicklung, und das
> eigene besinnt sich auf die Chancen seiner Eigenständigkeit und Viel
> falt, um die Möglichkeiten des interkulturellen Austauschs zu entde
> cken, zu fördern oder zu intensivieren (PAEPCKE 1989, 1).

Kulturunterschiede in den Textstrukturen machen also das Übersetzen nicht unmöglich, vielmehr ist interkulturelle Fachkommunikation gerade eine **Vermittlung zwischen zwei Kulturen**. Als Referenzpunkt hinter den Mitteilungen wird das Kulturelle meist nur an bestimmten Stellen im Text virulent.

7.3   KULTUR IN DER PRAGMATIK

7.3.1   SPEZIFISCHE GESELLSCHAFTLICH-JURISTISCHE GEGEBENHEITEN

Pragmatik als der **Bezug auf Sender und Empfänger einer Textbotschaft** und zum besprochenen Inhalt ist auch Teil des Textes, und besonders im Blick auf Pragmatik finden wir Spuren des kulturellen Hintergrunds, auf den implizit referiert wird. Es gibt verschiedene gesellschaftliche Verfahren der Organisation des Zusammenlebens, insbesondere durch

Gesetz. Dies spiegelt sich wider in Rechtstexten und in Personenstand-surkunden.

> ### Beispiel
> In einer <u>italienischen Heiratsurkunde</u> aus dem Jahr 2008 findet sich als Fußnote der Satz: *(1) indicare il rito civile, cattolico, ebraico, ecc.* ("bitte die Ehezeremonie angeben: zivil, katholisch, jüdisch, etc.").
> Dies zeigt uns zwei kulturelle Besonderheiten: (a) in Italien sind Eheschließungen durch die Religionsgemeinschaften gesetzlich erlaubt, anders als etwa in Deutschland (nur zivil) oder in den USA (jede Amtsperson), und (b) besonders in Süditalien (Neapel, Messina) leben viele Menschen jüdischen Glaubens.

Verschiedene rechtliche Strukturen spiegeln sich immer auf der Text-ebene. Auf den ersten Blick und ohne zureichendes Hintergrundwissen könnte dies zu einer kaum verständlichen Übersetzung führen.

> ### Beispiel aus einem Geschäftsbrief
> <u>Amerikanischer Ursprungstext</u>:
> As a supplier who has been with D. since it entered into Chapter 11 nearly two years ago, we wanted to share some very important news with you. D. has filed its proposed Plan of Reorganization and related Disclosure Statement with the U.S. Bankruptcy Court.
> The Court will consider the Disclosure Statement at a hearing on October 3, 2007 and if the Disclosure Statement is approved at that hearing, then D. will seek confirmation of the Plan of Reorganization at a hearing before the U.S. Bankruptcy Court on or about November 19, 2007. If the Plan of Reorganization is confirmed at the hearing, then D. will seek to emerge from Chapter 11 by the end of the calendar year.
> <u>Übersetzung (a)</u>:
> Als Zulieferer, der bei D. war, seit diese vor knapp zwei Jahren in Kapitel 11 eintrat, wollen wir Ihnen einige sehr wichtige Informationen übermitteln. D. hat ihren vorgeschlagenen Umstrukturierungsplan und die zugehörige Offenbarungserklärung beim U.S. Bankruptcy Court eingereicht.
> Das Gericht wird die Offenbarungserklärung bei einer Anhörung am 3. Oktober 2007 begutachten, und wenn diese dabei

genehmigt wird, will D. versuchen, bei einer Anhörung vor dem U.S. Bankruptcy Court um den 19. November 2007 eine Bestätigung des Umstrukturierungsplans zu erreichen. Wird dieser bestätigt, wird D. versuchen, gegen Jahresende aus Kapitel 11 hervorzugehen.

(Übersetzungsschwierigkeiten bei „it entered into Chapter 11" *und „file the Plan of Reorganization". Die wörtliche Überset-* *zung ist im deutschen Kontext schwer verständlich, da hier ein* *Bankrott kaum zu überwinden ist und die besonderen Verfah-* *rensschritte in Amerika unbekannt sind.)*

<u>Übersetzung (b):</u>

Ihnen als Zulieferer von D. seit der Zeit, als diese vor fast zwei Jahren ein Verfahren nach Kapitel 11 des Amerikanischen Konkursrechts (Bankruptcy Code) eingeleitet hat, möchten wir einige sehr wichtige Informationen mitteilen. D. hat ihren vorgeschlagenen Reorganisierungsplan und die zugehörige Offenbarungserklärung beim US-amerikanischen Konkursgericht eingereicht.

Das Konkursgericht wird in einem Termin am 3. Oktober 2007 die Offenbarungserklärung prüfen, und wenn diese in dem Anhörungstermin genehmigt wird, wird D. die Bestätigung des Reorganisierungsplans bei einer Anhörung vor dem US-Konkursgericht am oder um den 19. November 2007 anstreben. Wird der Reorganisierungsplan dann bei diesem Termin bestätigt, will D. versuchen, bis zum Ende des Kalenderjahres aus dem Verfahren nach Kapitel 11 heraus zu kommen.

(Diese Übersetzung versucht den impliziten kulturellen / juristi- *schen Unterschied explizierend zu verdeutlichen und so die Mit-* *teilung transparenter zu machen.)*

7.3.2 DER AMERIKANISCHE REDESTIL

Kulturelle Unterschiede beinhalten auch abweichende Vorstellungen von Höflichkeit, sowie Stereotypen fremder Menschen und Images einer Gesellschaft aus Sicht eines anderen Gebietes (s. Kap. 6.1.2.2). Da sich solche Aspekte im Text widerspiegeln, wird jede wörtliche Übertragung in der Zielkultur befremdlich klingen.

In der internationalen Vernetzung der Wirtschaft insbesondere durch multinationale Konzerne können Probleme dadurch entstehen, dass eine Konzernzentrale versucht, ihre Wertvorstellungen auf der ganzen

Welt durchzusetzen, ohne Beachtung kultureller Besonderheiten vor Ort. Dies wird besonders deutlich, wo *Public Relations* ein rapide wachsender Aufgabenbereich in einer zunehmend wettbewerbsorientierten Industriegesellschaft ist.

Nun hat PÜTZ (1990, 187) aufgrund einer Feldforschung auf „gravierende Defizite in der Verständigung zwischen der amerikanischen Hauptniederlassung und der australischen Zweigstelle" eines international operierenden PR-Unternehmens hingewiesen. Die nach außen hin demonstrierte Firmenidentität (Corporate Identity) wird in deutlich ethnozentrischer Weise von New York aus initiiert. Diese Materialien stoßen bei den australischen Rezipienten wegen teilweise auffallend abweichender soziokultureller Interpretationsnormen oft auf entschiedene Ablehnung.[78] Dabei wird insbesondere der oft **„überschwängliche" Stil** amerikanischer Werbetexte oder Pressemitteilungen gegeißelt. Ein Übersetzer hätte bei entsprechenden Übersetzungen die zielkulturelle Norm zu beachten und seine Texte ggf. entsprechend umzuschreiben und vielleicht etwas zu versachlichen oder andere zielsprachliche Werbesignale zu verwenden.

Nachstehend findet sich ein deutscher **Werbetext** über ein Messer-Set, der ganz offensichtlich eine wörtliche Übersetzung aus einem amerikanischen Text darstellt. In dieser Kultur stellt Werbung und Herausstreichen der eigenen Leistung anstelle von falscher Bescheidenheit durchaus einen Wert dar (s. Kap. 6.1.2.1). Dies zeigt sich im Text mit seiner Ansammlung und Superlativen und Attributen in der Beschreibung der angebotenen Messer. Für deutsche Leser klingt dies jedoch sehr selt-

---

[78] So ist sämtliches, weltweit intern verteiltes Informationsmaterial, Werbebroschüren, Arbeitsanleitungen, Selbstdarstellungsvideos etc. vom amerikanischen kulturellen Selbstverständnis geprägt. Doch gerade die von den amerikanischen Autoren so stark herausgestellten Werte, wie z. B. Autorität, aggressive Arbeitsmethoden, individueller „kämpferischer" Einsatz sowie eine laute Betonung der eigenen Qualitäten erfahren im australischen Kulturraum eine andere Bewertung. Dort liegt der Schwerpunkt mehr auf sozialer Gleichheit und Teamarbeit. Außerdem tendiert man – im Gegensatz zu amerikanischen PR-Strategien – eher dazu, klare Inhalte auch in klarer Form auszudrücken, d. h. einen künstlich elaborierten oder mit zahlreichen Superlativen und anderen rhetorischen Elementen versehenen Stil zu vermeiden (PÜTZ 1990, 186).

sam und diese Übersetzung wird sicherlich nicht ihren Werbezweck erfüllt haben.

Beispiel

Die Jagdmessersammlung schlechthin!
Zwölf neue Messer aus feinem Stahl. Aufwendig vergoldet und versilbert mit Messing, Zinn und Hirsch- und Büffelhorn verziert. – Die erste Sammlung, die von der NATIONAL FISH AND WILDLIFE FOUNDATION autorisiert wurde.
Mit aus Stahl gearbeiteten Klingen, die auf Hochglanz poliert wurden. Die Griffe sind in einer Vielzahl verschiedener Materialien von Hand gefertigt.
In jede Klinge ist ein Design eingraviert, das den Griff auf faszinierende Weise ergänzt. Die Sammlung umfaßt sowohl feststehende Messer als auch Klappmesser. Jede Klinge und jeder Griff wird in einem anderen Stil gefertigt. Ein Muß für Naturmenschen und Sammler. Ob skulptiert oder geschnitzt, jeder Entwurf hebt die Schönheit eines jeden Messers einzigartig hervor. – [*ADAC motorwelt*, 2/1993].

Eine idiomatischere deutsche Übersetzung könnte versuchen, die übertriebenen Adjektive und Partizipien (*verziert, gefertigt, gearbeitet, faszinierend, einzigartig*) zu reduzieren, und dafür die Wortkomposition (*handgearbeitet, hochglanzpoliert*) als modernes Sprachsignal zu verwenden. Auch Fremdwörter (*Design, skulptiert*) sind zu überdenken. – Als Werbetext bietet sich allerdings eine völlige Neuformulierung an, welche sich am Werbezweck und der Erscheinungsweise des Produkts orientiert.

Übersetzungsalternative

Jagdmesser als Sammlerstücke!
Jetzt gibt es zwölf neue Messer aus graviertem Edelstahl mit Horngriffen. Die erste von der Umweltorganisation WWF autorisierte Sammlung. Jedes einzelne der feststehenden oder Klappmesser ist anders gestaltet. Alle hochglanzpolierten Stahlklingen mit Spezialvergoldung tragen eine schönes Dekor passend zum handgearbeiteten Griff. –
Ein Muss für jeden Naturfreund und Sammler!

Einen interessanten Hinweis liefert diesbezüglich auch die Feststellung CHESTERMANS (1994) über „quantitative Unterschiede im Sprachstil" als Maßstab der Übersetzungsäquivalenz. Die Erwartungshaltung von Lesern in bezug auf die kommunikative Angemessenheit eines Textes bezieht sich ja nicht allein auf kulturelle, sondern auch auf idiomatische Aspekte, wie zum Beispiel die relative **Frequenz bestimmter Wortarten.** Hier lassen sich empirisch statistische Unterschiede zwischen Einzelsprachen feststellen, die sich aufgrund der Interferenzwirkung oft auch in Übersetzungen einschleichen.

7.3.3 GRUPPENIDENTITÄTEN

Wissenschaftliche Sprache ist auch eine **Gruppensprache**, ein Soziolekt (s. Kap. 6.2.4.1). Die Identität von Gruppen wird durch sprachliche Konventionen betont. In Deutschland gibt es eine klare Unterscheidung zwischen „Wissenschaftlichkeit" und „Populärinformation", und wissenschaftliches Publizieren unterscheidet sich klar vom populärwissenschaftlichen Schreiben, das stärker auf Allgemeinverständlichkeit ausgerichtet ist. Die Kommunikationsebene in bestimmten **Diskursfeldern** mittels eines bestimmten Soziolekts, z. B. in Gruppen wie Jugendlichen, Parteimitgliedern, Gewerkschaften, Kirchen, dem Management mit Firmenidentität, und anderen zeigt sich in deren Texten. Bestimmte Gruppen legen Wert auf politisch korrekte Ausdruckweise: *StudentInnen, ErzieherInnen.*

Dies ist auch besonders bei Texten der weltweiten **ökumenischen Partnerschaft** spürbar (s. Kap. 5.3.4.2). Hier müssen ausgangskulturelle Aspekte oft mit zielkulturell gebräuchlichen Bezeichnungen umschrieben werden, auch wenn dies im Grunde falsch oder nicht gleichermaßen differenziert ist. Doch anderenfalls wären solche Übersetzungen für die Menschen unverständlich.

> **Beispiel**
> Man denke etwa an das komplizierte System der Kirchenverwaltungen und Diözesaneinteilung in Deutschland im Vergleich

zu der einfachen Struktur einer „Kirche" als Ortsgemeinde irgendeiner Denomination im Ausland, ferner die unterschiedlichen Titulaturen wie *Kirchenpräsident, Landesbischof, Propst, Dekan, Superintendent* mit zum Teil eben nicht deckungsgleichen Funktionen in verschiedenen Ländern und Kirchen.

Umgekehrt gibt es im Ausland eingebürgerte Fachbegriffe, die wegen ihrer kulturellen Spezifik bei uns einer eigenen Erklärung bedürfen. C. SMANDEK erläutert „Einige Fachbegriffe zu Arbeitsbeziehungen in Südafrika", wie z. B. *Lean production* (Konzentration auf Kernaufgaben), *Group work* (Verantwortung bei Teams), *Outsourcing* (Vergabe von Aufgaben an Zulieferer), *Fractal factory* (Integration von Zulieferern in den Produktionsprozeß), *Multiskilling* (Erlernen zusätzlicher Tätigkeiten), *Industrial Action* (Legale Maßnahmen südafrikanischer Gewerkschaften), *Grades* (Lohnstufen), *Artisans* (Facharbeiter). [Vgl. *afrika süd* 6/95, S. 25]. – Solche Erläuterungen sind vor allem dort sinnvoll, wo wie im Bereich der Kirchen das ökonomische Fachwissen nicht unbedingt vorausgesetzt werden kann.

Alle diese Spuren der Kultur in einem Text können Verständnisprobleme bei Übersetzern verursachen, denen die entsprechenden Phänomene nicht bekannt sind. Auf den ersten Blick könnten die entsprechenden Aussagen falsch, seltsam oder unangemessen für die Zielempfänger wirken. Hier ist eine **transparente Übersetzung** gefordert, die dem neuen Text Präsenz verleiht und die kulturellen Differenzen, die dennoch implizit die Mitteilung kennzeichnen, verständlich macht.

7.4   VERMITTLUNG DES FREMDEN IN DEN MEDIEN

7.4.1   DIE LESERERWARTUNG

Das übersetzende Neuformulieren von Texten in der interkulturellen Fachkommunikation ist **rezipientenorientiert**, wobei unter Umständen ein Spannungsfeld zwischen Treue zum Original und Leserfreundlichkeit oder Verständlichkeit in der Zielsprache existiert.

Bei **Zeitungsartikeln** aus dem Ausland, die etwa für das heimische Medienpublikum übersetzt werden, ist die **„Gatekeeping"-Funktion** (vgl.

SHOEMAKER 1991) des Übersetzens mitzubedenken, das heißt über die adäquate Ausführlichkeit von Texten zu entscheiden. Für Presseagenturen gilt es zwar als höchster Anspruch, der Information durch den Verzicht auf individuelle Färbungen zum Durchbruch zu verhelfen, um verschiedenen Bearbeitungen und Interpretationen anderer Medien Raum zu geben. Oft wahren die Agenturen aber auch nationale Interessen oder solche eines Kulturkreises, indem sie andere Prioritäten setzen oder zusätzliche Information liefern.

Im Sinne interkulturellen Transfers sind dann meist Ergänzungen oder Erläuterungen erforderlich, und solches kann auch als Übersetzungsauftrag erscheinen. Der Hauptgrund für erläuternde Übersetzungen ist normalerweise das fehlende Vorwissen über fremdkulturelle, z. B. politische Gegebenheiten. Bisweilen spielt hier jedoch auch ein stereotypisches Vorurteil eine Rolle.

> **Beispiel**
> So ist die <u>Sicht der Brasilianer von Deutschland</u> erhellend. Die Tageszeitung *Folha de São Paulo* brachte 1995 in einer Beilage folgende Lobeshymne über Deutschland:
> Alem do enorme tempo livre para o lazer, da alta produtividade e dos altos níveis de renda, os alemães contam com comida excelente, carros excelentes, estradas excelentes, casas excelentes, cidades excelentes circundadas por florestas excelentes e cerveja excelente. Hoje, elas ate são servidas geladas! ... Os alemães costumam ter mais tempo e dinheiro para dedicarem a família. Como resultado disso, ha estabilidade de valores e da vida familiar. Talvez por essa ração o governo alemão tenha aumentado o prazo da licença-maternidade de um ano e meio para três anos, a serem divididos entre o pai e a mãe na proporção que desejarem. ... O sistema de saúde è tido por muitos observadores como o melhor do mundo em termos de qualidade de serviço e è acessível a qualquer pessoa. Os alemães tem mais médicos per capita que os norte-americanos, sãos menos propensos a doenças que a maioria dos japoneses e gastam apenas 8 a 9% do Produto Interno Bruto (PIB) com saúde e assistência social para atingir esses resultados.

Angesichts des bundesdeutschen Lamentierens wirkt dies fast peinlich, aber von draußen gesehen relativiert sich vielleicht das Selbstverständnis. In der Sicht der Brasilianer stellt sich Deutschland nämlich seit langem als „moderne Gesellschaft mit stabiler Wirtschaft, mit Effizienz, Schnelligkeit, Wettbewerbsfähigkeit und Zuverlässigkeit" dar (AZENHA/NOMURA 1992, 25).

Nicht unwichtig beim Übersetzen ist daher die **Leserwahrnehmung** (STOLZE 1992b, 5). Trotz einer sehr genauen textgetreuen Übersetzung eines Buches ergeben sich möglicherweise wesentliche inhaltliche Sinnverschiebungen bei der Leserschaft, wenn sich die Erwartungen dieser ZS-Leser grundsätzlich von den Erwartungen der Leserschaft in der Ausgangskultur unterscheiden.[79] Sehr oft sind die Zielsetzungen von Buchautoren und von Auftraggebern einer Übersetzung verschieden: Hier spielen auch Verleger eine Rolle, die Texte nach Marktchancen beurteilen. Bei sehr großen Abweichungen in der Haltung von Lesern zu einem bestimmten Thema könnte eventuell die Neubearbeitung eines Textes eher den angestrebten Zweck erfüllen, als eine dem Original folgende Übersetzung. Eine entsprechende Entscheidung hat der Übersetzer bewusst zu treffen.

7.4.2 SPRACHE UND FERNSEHEN

Auch das Verhältnis zwischen Sprache und Fernsehen ist interessant. Das **Fernsehen** gilt als ein Bildmedium, weshalb die Thematik der Sprachform seltener Gegenstand wissenschaftlichen Interesses ist. Das Fernsehen hängt aber stark von Sprache ab.[80] Die Sprache hat hier, zum Beispiel bei informativen Nachrichten, ihre **Funktion in der Bildbegleitung**, ähnlich wie in der didaktischen Relation zu Abbildungen in Fach-

---

[79] Dies ist zum Beispiel der Fall bei dem Buch von Ingo Müller: *Furchtbare Juristen* (Kindler 1987, Knaur Taschenbuch 1989). Es gab sehr divergierende Reaktionen auf die amerikanische Ausgabe *Hitler's Justice - The courts of the Third Reich* (Harvard University Press 1991, englisch von Deborah Lucas Schneider). Die Lesererwartung und damit Leserwahrnehmung in beiden Ländern ist völlig verschieden.

[80] So kann man z. B. sehr wohl ohne Bild oder mit abgewandtem Blick am Fernsehprogramm teilnehmen. Ohne Ton aber, oder für gehörlose Menschen ist dies viel schwieriger.

texten (s. Kap. 5.2.4). Bilder haben nur die Funktion, als Authentizitäts-garanten das Gesagte zu illustrieren. Sie haben wenig eigenen Informationswert, können auch manipuliert werden (Ton und Bild werden ja gesondert aufgenommen).

Es können **Zeitungstexte für eine Fernsehsendung** aufbereitet und/oder übersetzt werden. Hierzu muss der Text oft umgeschrieben werden, indem die Sprache für ihre Funktion der Bildbegleitung angepasst wird. Auch dies könnte sich in Übersetzungsaufträgen niederschlagen und setzt dann die entsprechende linguistische und fachliche Kompetenz voraus. Wichtig ist hier kulturelle Sicherheit, ein historisches Bewusstsein, Kenntnis der jeweils gültigen öffentlichen Meinung, der politischen Einstellung des Textautors und Fachwissen.

Spezifisch für die Sprache im Fernsehen ist ihr **gemischter Charakter** (vgl. HOLLY 1992). Es werden keine bestimmten Textsorten bevorzugt, sondern es kommt vieles zur Sprache, weil die Gruppe der Fernsehzuschauer nicht eingegrenzt ist. Die ganze Skala der Sprachvarietäten zwischen mündlicher Rede und Schriftsprache, in Fachbereichen wie im Alltag, kommt hier zum Tagen. Zwar werden Fernsehtexte schriftlich vorbereitet, doch wird gerne die Anmutung der Oralität vermittelt. Stilistische Merkmale gesprochener Sprache sind kurze, einfache Sätze, Satzreihen (Parataxe), Ich-Stil („Lassen Sie mich dies in aller Deutlichkeit sagen..."), Satzbrüche, Verzögerungselemente wie Einschübe, Selbstkorrektur, wenig lexikalische Variation.

Multimediale Botschaften können subjektiv unterschiedlich verstanden werden, weil deren Sprachform „systematisch offen angelegt ist" (HOLLY 1992). Es gibt viele **Leerstellen**, wo der Rezipient etwas einsetzen kann. Solches kann für Translatoren, die stets auf Präzision bedacht sind, zu einem besonderen Problem werden. Viel schwieriger als exakte Meinungen zu übersetzen ist es nämlich, in einer Übersetzung so unspezifisch offen zu formulieren, dass verschiedene Interpretationen möglich bleiben.

Solches Übersetzen verlangt auch den Mut, etwas offen stehen zu lassen. So manche unklare, vielleicht sogar zunächst nicht ganz verstandene Formulierung gewinnt im Horizont des Textganzen plötzlich einen Sinn. Das durchaus im Text sichtbare Gemeinte muss nicht in jedem einzelnen Wort explizit gemacht werden. Dabei ist die Art der Rezeption von Texten und Bildern nicht einheitlich und wenig steuerbar. Es gibt zwar eine aktive, bewusste, kritische Rezeptionshaltung, doch vieles verläuft auch eher unbewusst. An dieser Stelle greift die Werbung ein.

7.4.3 WERBETEXTE ALS HYPERTEXTE

Vor dem Hintergrund der Globalisierung erweist sich das Gestaltungs- problem internationaler Werbeaussagen als eine **Frage nach der Kul- turspezifik**, und viele Fachübersetzer werden damit befasst. Während multinationale Konzerne meist darauf achten, eine kohärente Produkt- und Marketingstrategie im Sinne der Corporate Identity auch weltweit durchzuhalten, hat sich andererseits das Bewusstsein darüber gefestigt, dass in Europa oder Nordamerika konzipierte Werbetexte häufig nicht einfach wörtlich übersetzt werden können, sondern einer kulturell adaptierenden Neuformulierung bedürfen (vgl. PÜTZ 1990).

Werbetexte sollen neue Märkte für innovative Produkte erschließen und bedarfsexpansiv für markteingeführte Produkte wirken. Mit **Appe- tenzsymbolen** sollen die potentiellen Kunden dazu veranlasst werden, sich genauso verhalten zu wollen, wie es in der Werbung gezeigt ist.[81] Ein Zustand der Unzufriedenheit wird aufgegriffen und die Sehnsucht nach Erfüllung in einem angenehmen Zustand mit dem Produkt ver- knüpft.

Werbung vermittelt diese Umdisposition durch **Texte und Bilder,** die in einer spezifischen **Interrelation** stehen. Sie spricht in eine Öffentlichkeit hinein, die grundsätzlich allgegenwärtig, aber durch den lokalen Kontext im voraus bereits festgelegt ist. So müssen Werbetexte auf ihr spezifi- sches Umfeld, etwa den Erscheinungsort der Anzeige abgestimmt

---

[81] Das Wort Appetenzverhalten stammt ursprünglich aus der vergleichenden Verhaltensforschung und meint ein zweckgerichtetes Verhalten höherer Organis- men, das aktiv eine bestimmte Reizsituation anstrebt, welche dann ihrerseits einen angeborenen Mechanismus zum Ansprechen bringt.

sein.[82] Dabei muss der Impuls viele zu gewinnen in deren Umkreis plausibel sein und sich daher an die Wahrnehmung der vielen in der Weise der Alltäglichkeit wenden. Die verwendete Sprache wird eher der allgemein verständlichen Umgangssprache als etwa einem exklusiven Fachstil angenähert sein. Außerdem wird sich die Textgestaltung an den stereotypen Einstellungen der Leser (s. Kap. 6.1.2.2) orientieren und emotional an Stimmungen appellieren.

Gehören aber Textautor und Rezipient verschiedenen Lebens- und Kulturgemeinschaften an, so können sich unterschiedliche Interpretationen einer Mitteilung ergeben, die Absichten des Autors können ins Leere gehen. Eine solche zielkulturelle Interpretation ist darum nicht etwa falsch, sondern sie kommt aufgrund der gleichen Vorgaben in Verbindung mit anderem Weltwissen zustande. Hier haben wir es mit kulturellen Inkongruenzen zu tun.

> **Beispiel**
> Zu beachten sind beispielsweise die schwer fassbaren **Konnotationen**, die den Phantasienamen von Produkten anhaften. Die Globalisierung des Warenaustauschs macht ein gründliches Abwägen bei der Schöpfung von Markennamen erforderlich („internationaler Namenstest"). Die Firma Rolls Royce ließ sich nur mit Mühe überzeugen, mit Rücksicht auf deutsche Kunden einem Autotyp nicht den Namen „Silver Mist" zu geben. (Vgl. S. LATOUR (1996): *Namen machen Marken. Handbuch zur Entwicklung von Firmen- und Produktnamen.* Frankfurt a.M./ New York: Campus).

Die appellative Wirkung der Werbetexte wird durch auffällige **visuelle Signale** eingeleitet. Interkulturell interessant sind vor allem diejenigen Bildelemente, die als Blickfänger die Aufmerksamkeit des flüchtigen Betrachters von Plakatwänden oder Lesers von Zeitschriften festhalten sollen. Bei sehr vielen Werbetexten ist die Text-Bild-Relation produktbezogen zunächst unverständlich, sie hat allein die Funktion, Aufmerk-

---

[82] Sparkassen werben in Jugendzeitschriften anders als in Blättern für soziale Einrichtungen, und wieder anders in einer Tageszeitung mit hohem Anslpruch, oder im ADAC-Heft.

samkeit zu erregen (STOLZE 1998a, 100). Allerdings spiegelt sich in der Auswahl der Bildmotive durchaus der verschiedenartige Stereotypenhintergrund, an den angeknüpft werden soll (GLAS 1993, 240).

Entscheidend für die Appellwirksamkeit der Bilder ist freilich die unauflösliche Verknüpfung mit dem beigegebenen Text. Gemeinsam bilden sie einen „Hypertext", indem das visuelle und das sprachliche Signal einander ergänzen und damit die Aussage verstärken. In diesem Konglomerat kann der verbale Teil in verschiedenen Formen erscheinen: Titel, Slogans, Legenden, Textpassagen. **Hypertexte** sind durch die Aspekte der Nichtlinearität, der synästhetischen Assoziation, der Operationalität und Interaktivität gekennzeichnet (FREISLER 1994, 19). In ihrer bedeutungskonstitutiven Wirkung unterscheiden sie sich daher vom „linearen Text", der nur aus Sprachelementen besteht. Solche Hypertexte sind eine flexiblere Ausdrucksform, denn sie ermöglichen neuartige Assoziationen. Wenn also die Kodierung einer Aussage über zwei verschiedene Darstellungsformen erfolgt, welche das eigentlich Unvereinbare miteinander verknüpfen, dann kann dies über das „Prinzip der inneren Redundanz" (NÖTH 1985, 147) zur Realisierung des psychologischen Appells und zur Verstärkung der Werbeaussage führen.

Der Appell an die **Stereotypen** einer Kulturgemeinschaft erfolgt insgesamt vor allem über die **Schlüsselwörter**, die visuellen Reize hingegen appellieren eher ans Gefühl und sind daher Appetenzsymbole. Doch die Texte bestehen nicht nur aus einzelnen Wörtern, sie arbeiten auch mit bestimmten stilistischen Effekten.

Werbetexte wollen eine ganz bestimmte Reaktion beim Leser auslösen. In der Übersetzungswissenschaft wird daher davon ausgegangen, dass Werbetexte eine Form des „operativen Texttyps" darstellen und dementsprechend „funktionsgerechte Zeichenelemente" enthalten (REISS 1983, 35). Werbetexte wollen ihre Rezipienten ja zum Kaufentscheid veranlassen. In der Werbung steht somit die appellative Sprachfunktion im Vordergrund, und deren Kennzeichen sind verschiedentlich erforscht worden (vgl. RÖMER 1968, BÖDEKER 1971). Wir unterscheiden dabei zwischen sprachlichen Verfahren zur Produktaufwertung, wie etwa moderne Wortbildungselemente aus den Fachsprachen (s. Kap. 3.2.3), Fremdwörter, semantisch aufwertende Bezeichnungen, und solchen der Leserbeeinflussung, die vor allem über **rhetorische Sprachmittel** der Suggestion wie Slogans, Wortspiele, direkte Anrede, Behauptungen, Leerformeln etc. gelingt. Besonders interessant sind hier Relationen der Intertextualität zu anderen multimedialen Texten oder Verknüpfungen im Rahmen ein und derselben Werbekampagne für ein Produkt.

So können Werbetexte nicht einfach substitutiv übersetzt werden. Andererseits gilt aber, dass viele Texte beispielsweise auch Passagen enthalten, die eine neutrale, oft präzise und ausführliche Produktbeschreibung darstellen, was entsprechend übersetzt werden kann. Das Übersetzen von Werbetexten erweist sich als ein komplexes Phänomen.

7.5 KOMPENSATORISCHE ÜBERSETZUNGSSTRATEGIEN

Um Übersetzer für den Umgang mit interkulturellen Unterschieden zu sensibilisieren, erscheint es sinnvoll, die Fülle der in Texten zu beobachtenden Kulturunterschiede, die sich, wie dargestellt, auf den verschiedenen linguistischen Ebenen zeigen, einmal begrifflich zu ordnen. Dann wird es auch möglich, systematisch zu fragen, wie ein Übersetzer auf interpretatorisch festgestellte kulturelle Inkongruenzen zwischen Ausgangs- und Zielkultur in seinen Texten formal sprachlich reagieren kann. Wir unterscheiden:

(1) *reale Inkongruenzen* in Übersetzungstexten, wenn Realia aus einer Kultur in der anderen unbekannt sind und es dafür oft keine Bezeichnung gibt, oder wenn bei Termini eine Begriffsinkongruenz besteht;

(2) *formale Inkongruenzen* betreffen die Übersetzungsschwierigkeit bei Textsorten, die als solche zwar in der Zielkultur auch bekannt, jedoch in anderer sprachlicher Gestalt üblich sind;

(3) *semantische Inkongruenzen* betreffen die kulturspezifischen oder ideologischen Konnotationen von Wörtern und Termini, die in Übersetzungen bei wörtlicher Übertragung abweichende oder unerwünschte Assoziationen auslösen könnten, oder die bei Interpretation

aus der Sicht der Zielkultur den gemeinten Sinn der Mitteilung verfälschen.

Die genannten Inkongruenzen treten nur an den betreffenden Textstellen auf. Daher muss der Übersetzer bestimmte „Kompensationsverfahren" anwenden, damit die Mitteilung insgesamt mühelos bei den Empfängern ankommen kann. Man kann auf kulturelle Inkongruenzen in Texten auf unterschiedliche Weise kompensatorisch reagieren. Am einfachsten und am häufigsten ist als Übersetzungsstrategie ein „explikatives Verfahren" anzutreffen. Damit wird die Inkonsistenz von Texten überwunden, werden unbekannte Fachtermini erläutert und fremdkulturelle Realia verständlich gemacht. Hierher gehört jeder erklärende Zusatz, der in einen Text eingebaut wird (s. Kap. 5.2.3.3). Damit eng verbunden ist ein „paraphrasierendes Verfahren" im Umgang mit einzelnen schwierigen Begriffswörtern.

Eine andere Kompensationsstrategie des Übersetzens ist das „referentielle Verfahren", womit durch Anbindung an Bekanntes das Fremde/Unbekannte einsichtig gemacht werden soll. Dieses in populärwissenschaftlichen Darstellungen beliebte Verfahren stellt schon eine stärkere Abweichung vom Ursprungstext dar. Und schließlich bleibt das „modifizierende Verfahren", wenn die Verständnisbarriere nicht durch Erklärung, Ergänzung oder Vergleich überbrückt werden kann. Dieses Verfahren der Umgestaltung berührt sowohl den Satzbau als auch den Inhalt.

Kompensatorische Übersetzungsstrategien

1. Das explikative Verfahren
Konnektoren – beispielsweise im **Deutschen** *auch, wieder, hier, also, wie etwa, usw.*; Konjunktionen im **Italienischen** wie *tuttavia, dunque, infatti, mentre* und Adverbien wie *cosí, quindi, contrariamente* usw. Dies dient der Sicherung der Kohärenz des zielsprachlichen Textes durch Verdeutlichung der inneren Bezüge.
Metakommunikative Einschübe – *Wie schon gesagt.., d. h. ..., der sogenannte..., der in X. so bezeichnete..., die angeblich...,*

die bekanntlich..., darunter versteht man..., usw. Dies soll einer
Aussage das Befremdliche nehmen.

Syntagmatische Wiederaufnahme – *„Dieses Parament ist in*
Nonnenstichtechnik gefertigt. Nonnenstich ist..."; „*Eine Bild-*
hauerin, Frau Harin, fertigte den Entwurf." Auch die Wiederaufnahme mit Personalpronomen gehört dazu. Ein solches
Verfahren finden wir in gut aufgebauten Bedienungsanleitungen, wenn der Leser folgerichtig entsprechend den chronologischen Arbeitsabläufen und mittels immer differenzierter wer-
dender Begriffserklärungen durch den Text geführt wird (s.
Kap. 5.2.3.2).

Erläuternde Appositionen – Auf simple Weise wird der
deutsche *Sachverständigenrat* (en. *Council of experts*) in einer
Zeitungsmeldung als *German Council of Economic Experts* implizit erklärt.

2. Das paraphrasierende Verfahren

Hervorhebung im Satz durch Anführungszeichen oder Kursiv-
schrift, um Fachausdrücke zu verdeutlichen. Wenn z. B. in einem Ausstellungskatalog viele Termini nicht hervorgehoben
werden, ist daraus zu schließen, dass sich die Texte eher an
Fachleute richten. (Das Publikum, das so einen Katalog erwirbt
und nicht zu den Insidern gehört, könnte hier dann Verständnisschwierigkeiten bekommen.)

Begriffliche Verallgemeinerung – Weil ein Oberbegriff den unteren immer impliziert, kann in Übersetzungen auch ein allgemeinerer Ausdruck für einen spezifischen verwendet, können
schwierige kulturgebundene Ausdrücke durch allgemein verständliche Hyperonyme ersetzt werden, um das Textverstehen
zu sichern. Beispiele: *Altarbehang* statt *Parament, Stickerei*
statt *Nonnensticharbeit, Stoff* statt *Musselin, Nonnengewand*
statt *Habit,* usw. Es ist im Einzelfall des Übersetzungsprozesses
zu entscheiden, ob eine solche Verallgemeinerung zulässig ist,
oder ob nicht doch eher eine erläuternde Apposition oder eine
präzise Äquivalenz gefordert wäre. Die Verallgemeinerung
kann nicht als billige Alternative zur Recherche eines präzisen
Terminus angewendet werden, denn die Übersetzungsstrategie hängt von der Textfunktion ab.

Paraphrase als Umschreibung des unbekannten Wortinhalts –
Der Verallgemeinerung nahe verwandt ist dies beim Umgang
mit fremdkulturellen Realia ein beliebtes Verfahren. Beispiel:
Bolinderspis (Norwegisch) > *Ein moderner Herd* (wenn die *Fir-*
ma Bolinder im Zielbereich unbekannt ist und diese Angabe

auch nicht wesentlich ist). Oder: *eine neue Miele* (deutsches Synonym für Waschmaschine).

3. Das referentielle Verfahren

Adaptation als Ersatz des Fremden durch Bekanntes – Beispiel: Ausländische Zahlen und Datumsangaben werden in einheimische umgerechnet, fremde Eigennamen werden transkribiert, Sigel werden zielsprachlich verändert (*NATO < OTAN*).

Metaphorischer Vergleich als Anbindung an Bekanntes – Dies ist ein beliebtes Verfahren in der fachexternen Kommunikation in den Massenmedien, vgl. die Zeitungsüberschriften: *Advances in the War on Cancer, The Riddles of Saturn, New Marriage of Two Technologies - the Video-disc and the Computer*. Als Vergleichsbasis für die Analogie dienen Wissenselemente, die in einer Kultur intersubjektiv mit bestimmten Schemata verbunden sind.

4. Das modifizierende Verfahren

Neuformulierung einzelner Sätze – Dies ist u. a. notwendig, wenn die ausgangssprachliche Formulierung entweder unverständlich oder zielsprachlich aus pragmatischen Gründen nicht verwendbar ist. BERGLUND (1990, 147) nennt das sprechende Beispiel einer englischen Fehlübersetzung für *„Durchgehend warme Küche"* auf einer deutschen Speisekarte mit *„Kitchen every time"* anstatt *„Hot meals all day"*. Ich erhielt kürzlich ein Schreiben: *„Sehr geehrte..., bitte finden Sie anbei die Information..."*. Nur durch syntaktisch-idiomatische Variation werden manche dunklen Stellen in Textvorlagen einsichtig. Sonst gilt: „Manchmal merkt man erst durch die Übersetzung, wie absurd die Ausgangstexte sind" (*Manager Magazin,* Okt. 1989, S. 208).

Beachtung zielgruppenspezifischer Wortwahl – Übersetzungen wirken zielsprachlich autoritativer, wenn sie dem Sprachgebrauch der Zielgruppe entsprechen, vgl. das Phänomen der Corporate Identity im Wirtschaftsleben (s. Kap. 6.2.4).

Umgestaltung des ganzen Textes nach zielsprachlichen Normen – Ein solches Übersetzungsverfahren wird vor allem in der interkulturellen Fachkommunikation bei formalen Inkongruenzen durch Textsortennormen wichtig, denn hier wirkt die Beeinflussung durch die Zielkultur. Von praktischer Relevanz ist der Umgang mit Familienanzeigen, Visitenkarten und dergleichen (s. Kap. 5.1.3.1). Es handelt sich um Gebrauchstexte, die funktional als solche in beiden Kulturen vorkommen, jedoch unterschiedlich gestaltet werden. Hier kann ein entsprechender Text meist nur als Ganzes nach den textsortenspezifischen Normen der Zielsprache neuformuliert werden. – Bei kirchlichen Texten (s. Kap. 5.3.4), die weltweite Verbreitung finden, wie z. B. dem *Weltgebetstag der Frauen* (jährlich Anfang März) ist es interessant zu sehen, wie die Übersetzungen inhaltlich am Original orientiert sind, während sie sich sprachlich-liturgisch an der Zielkultur ausrichten. Damit soll erreicht werden, dass das Gebetsanliegen der die Texte vorbereitenden Frauen aus einem Land der Welt erhalten bleibt, und dass sich dennoch überall die Gemeinden mit diesem Text als Gottesdienstvorlage mit bekannten Liedern identifizieren können. Oft sind hier kulturspezifische Anpassungen nötig.

Nicht zu vergessen ist hier die Idiomatik der gesprochenen Rede (vgl. das Beispiel bei REISS/VERMEER 1984, 29f): „An einem Werbestand in Deutschland lagen dicke Reiseprospekte für Wales, Großbritannien, aus. Eine Interessentin fragte überrascht: *Are all your booklets in French?* Antwort: *Oh, that would be awful, wouldn't it?*
Übersetzung Typ$_1$: Sind alle Ihre Prospekte auf französisch? Oh, das wäre ja schrecklich, nicht wahr?
Typ$_2$: Haben Sie denn nur französische Prospekte? Um Gottes Willen! Das darf doch nicht wahr sein!" (natürlich idiomatisch angemessener).

Bei Ausländern, die sich dieser Tatsache einer **kulturellen Inkongruenz** nicht bewusst sind, kann man dagegen oft zielsprachlich ungewöhnliche Formulierungsweisen beobachten, die keineswegs nur auf Sprachschwierigkeiten beruhen. Der Übersetzer hat hier die Aufgabe zu entscheiden, ob er einen zielsprachlich unauffälligen Text neu formulieren möchte, oder ob er die kulturelle Eigenart der Textautoren durchscheinen lassen und so den Zieltext markieren will.

Beispiel

So sollte als Übersetzungsauftrag ein Schreiben ins Deutsche übersetzt werden, mit dem Asylbewerber verschiedener Nationalität sich bei der zuständigen Stadtverwaltung am Jahresende für ihre gute Aufnahme und freundliche Betreuung bedanken wollten. Der von ihnen auf *Englisch*, gewiß nicht Muttersprache der meisten, formulierte Text lautete:

We the above mentioned residents of both houses wish to extend and forward our sincere thanks to the head of the M.
community for the humanitarian feelings they have to host us,
with their means in the community, an action which shows
that the M. people have an actual feeling for those of us who
are foreigners living in M. We also wish to extend our sincere
thanks for the second time to Mr. K. We do know that it is not
easy to organise such things, and we wish them to continue
their good work as such action will help to bring different
tribes in the asylum society together. And also we thank Mr.
W. for his contribution towards the people of asylum living
within M. and pray that he should continue his good work towards us. (...)

Eine funktionsgerechte Übersetzung würde daraus ein offiziel-
les, wohlgeformtes Dankschreiben machen, ohne freilich den
allgemeinen Gedankengang zu verändern, in dem die Sender-
intention zum Ausdruck kommt.

8 QUALITÄTSSICHERUNG BEI FACHÜBERSETZUNGEN

8.1 TRANSLATORISCHE ORIENTIERUNGSKATEGORIEN

Kulturelle Elemente in Fachtexten sind Kernthemen für das **Übersetzen als Textproduktion.** Ein Translator wird nur das wiedergeben, was er oder sie vorher aus dem Text verstanden hat, Übersetzen ist ein hermeneutisches Problem. So braucht der Übersetzer als Person (und nicht als Maschine) Orientierungspunkte, um für den Textinhalt empfänglich zu werden und gleichzeitig die vorhandene Wissensbasis zu aktivieren. Wenn ihm oder ihr dann deutlich wird, dass relevantes Fachwissen noch fehlt, sind Suchstrategien angebracht, z. B. Paralleltextanalyse, Befragen von Fachleuten, Suche im Internet. Doch das Bewusstsein hierfür muss erst geschaffen werden. Das ist wie die Suche nach dem rechten Weg in unbekanntem Terrain, der Translator wird eine kognitive Landkarte benutzen. Dabei ist zunächst der eigene Standort festzulegen und der Text als Ganzes ins Auge zu fassen, um erst später die Details zu analysieren.

Es wurden verschiedene Aspekte der fachsprachlichen Textgestaltung und der kulturellen Unterschiede diskutiert, wie sie in Texten sichtbar werden. Jeder Text als eine individuelle Einheit ist anders, und so benötigt der Translator relevantes faktisches und prozedurales Wissen, um die wichtigen Charakteristika zu erkennen. Die reine Beschreibung sprachlicher Formen ist nicht ausreichend. Wir haben vielmehr zunächst den Fachbereich und die „richtige Kultur" als kognitiven Hintergrund des betreffenden Textes zu bestimmen, von dem her die Einzelelemente determiniert werden. Der Translator versetzt sich geistig in die Ausgangssituation, zum zunächst richtig zu erfassen, worum es geht. Das Übersetzen ist dann ein ganzheitliches Formulieren des Zieltextes, wie ein Original, was in der Fachkommunikation der Fortsetzung dieser fachlichen Kommunikation dient.

Die Orientierung in solch einem holistischen hermeneutischen Umgang mit den Texten könnte durch einige „Orientierungskategorien" unterstützt werden, die in allgemeinerer Form für das Literaturübersetzen und in konkretisierter Form für das Fachübersetzen gelten (STOLZE 2003, 244). Die Kategorien für die Fachübersetzung sind in nachstehender Tabelle zusammengefasst und werden im Folgenden besprochen:

Lesen des AS-Textes		
		Fachkommunikation
	Kontext	Historie, Verfasser, Quelle, Wissenschaftsbereich (Natur-/Ingenieurwissenschaften oder Sozial-/Geisteswissenschaften)
	Diskursfeld	Technisches Medium, Domänenspezifik, Fach, Kommunikationsniveau (Experten/Laien)
	Begrifflichkeit	Wissenschaftsspezifische Begriffsbildung der Termini (Definition / Deduktion v. Konvention / Interpretation)
	Aussagemodus	Informationspräsentation der Textsorte, Sprechakte, Satzkonstruktion, Kohäsionszeichen, Fußnotenverwendung, Formeln
Schreiben des ZS-Textes		
		Fachtexte
	Medialität	Medium der Textsorte, Layout, Platzbedarf, Modularität, Rechtsvorschriften, Illustrationen, Leitzeichen, Schriftart
	Stilistik	Typische Textbausteine, Funktionalstil, Phraseologie, Passiv, unpersönlicher Ausdruck, kontrollierte Sprache, Style guide
	Kohärenz	Äquivalenzstatus der Termini, Fachhermeneutik der Begriffswörter, sprachspezifische Wortbildungsformen der Fachlexik
	Textfunktion	Kommunikationsziel, Makrostruktur, Hindurchblicken auf besprochenen Gegenstand, Adressatenspezifik im Kulturraum, Verständlichkeit

8.1.1 Verstehen des Originals

Es ist für den Translator sinnvoll, einen **holistischen Textapproach** zu praktizieren. Als Vorbereitung für das Übersetzen wird zunächst der Kontext hinsichtlich Historie, Verfasser, Quelle, Wissenschaftsbereich geprüft. Dies ist eine textexterne Information, mit welcher der Text adäquat positioniert werden kann. Ein älterer Fachtext wird andere Anforderungen ans Vorwissen über die Terminologie stellen als ein Bericht über neueste wissenschaftliche Ergebnisse auf einem Gebiet. Desgleichen gibt die Feststellung des Wissenschaftsbereichs schon entscheidende Hinweise zur Terminologie. An dieser Stelle schon kann der Übersetzer entscheiden, ob er diesen Text zu übersetzen gedenkt, zuerst noch recherchiert, oder den Auftrag ablehnt – ohne unnötige weitere Analyse und Suchstrategien durchzuführen.

Der kulturelle Kontext umfasst das relevante Diskursfeld, z. B. in der entsprechenden fachlichen Domäne und hinsichtlich des Kommunikationsniveaus. Handelt es sich um einen wissenschaftlichen Text für Experten auf dem Gebiet, oder um eine Kommunikation mit Laien, wie zum Beispiel in Bedienungsanleitungen? Welcher Texttyp liegt vor? Diese Information ergibt sich mit Blick auf den Autor und den Erscheinungsort incl. Medientechnik des Textes, was auch die spezifische Domäne bestimmt. Wenn der Text in einem bestimmten Diskursfeld positioniert ist, so wird dadurch die Aufmerksamkeit für terminologische Besonderheiten, auch für kulturelle Aspekte in den Begriffen oder der Ausdrucksform geschärft.

Das Verstehen von Fachtexten wird sodann durch die Terminologie auf der Textebene gesteuert. Die Begrifflichkeit aus dem Fach im Sektor einer Disziplin ist relevant. Die unterschiedliche terminologische Konzeptualisierung mit Definitionen in der Technologie und Konventionen in den Sozialwissenschaften nebst ihren kulturellen Qualitäten sind für die Übersetzung zu beachten.

Und schließlich wird der Translator sein Augenmerk auf die Aussage-form im Text richten: es geht um die Informationspräsentation, die vor-gefundenen Sprechakte, die Satzstrukturen, die Sprachformeln, das Vorhandensein von Fußnoten als Ausweis für wissenschaftliche Texte, usw. All diese überwiegend syntaktischen Aspekte geben zusätzliche Information für das Verstehen des Textes als Textsorte. Nach einem solchen ganzheitlichen Verständnis können wir auch übersetzen.

8.1.2 ÜBERSETZEN ALS TEXTPRODUKTION

Beim Formulieren der Übersetzung richtet sich nun der Blick dynamisch auf den Zielbereich, losgelöst vom Ausgangstext. Wir betrachten zu-nächst die MEDIALITÄT. Das geforderte Layout, das Platzangebot, das Medium der Textsorte, eine mögliche Modularität webbasierter Texte, die Form der Illustrationen, Leitzeichen, ja sogar die Schriftart usw. können kulturell verschieden sein und sind bei der Übersetzung zu be-achten.

Dann erscheint die STILISTIK als eine wichtige Orientierungskategorie für das Übersetzen. Der für das Medium angemessene Funktionalstil, die Phraseologie, typische Textbausteine der Textsorte, mögliche Passiv-formen, unpersönlicher Ausdruck als Stilmerkmal, kontrollierte Sprache usw. könnten relevant sein. Natürlich muss der Übersetzer über ent-sprechendes prozedurales Vorwissen und die Kommunikationsnormen Bescheid wissen, um sie auch einsetzen zu können. Eine Übersetzung für ein bestimmtes zielsprachliches Diskursfeld hätte kulturelle Unter-schiede, auch hinsichtlich eines Soziolekts besonders zu beachten und ggf. entsprechende Formen in die Übersetzung einzuführen, unabhän-gig von der Gestalt des Ausgangstextes.

Ein Punkt adäquaten Übersetzens ist die KOHÄRENZ des Zieltextes. Dies wird durch Prüfung des Äquivalenzstatus der Termini oder der Fach-hermeneutik der geisteswissenschaftlichen Begriffswörter und durch Beachten sprachspezifischer Wortbildungsformen der Fachlexik er-reicht. Hier werden stets die zielsprachlichen Formen benutzt, auch wenn dies im Ausgangstext anders aussieht, doch strukturelle Interferenzen sollten vermieden werden.

Als letzten Schritt wird man sich auf die TEXTFUNKTION der Übersetzung konzentrieren und dabei den Blick wieder von der Satzebene auf die Makrostruktur des Textes richten. Die Frage zielt auf das Kommunikationsziel, die Adressatenspezifik in deren Kulturraum und Normen der Verständlichkeit, um ein Hindurchblicken auf den besprochenen Gegenstand zu ermöglichen. Ein Text für Laien stellt andere Herausforderungen als einer für Experten, auch wenn der Übersetzer selbst kein Experte auf dem Gebiet ist. Natürlich sind hier wieder kulturelle Elemente virulent, und der Umgang mit ihnen richtet sich nach der Textfunktion insgesamt.

Das Ziel des Übersetzens ist Präzision in der Wiedergabe der Mitteilung, indem fremde kulturelle Vorstellungen transparent gemacht werden, allerdings in einer funktional und idiomatisch angemessenen Formulierung. Denn mit den Orientierungskategorien können solche Abweichungen von der Struktur des Ausgangstextes auf allen Ebenen auch begründet werden.

8.1.3 ANWENDUNG AUF EIN TEXTBEISPIEL

Text:

Reliability Analysis of Open Drainage Channels under Multiple Failure Modes

by Said M. Easa, Member, ASCE

Abstract: Open drainage channel design involves variables that are uncertain. Because the performance of the channel system is also uncertain, reliability analysis is used to measure the reliability of the system performance. In this paper, the reliability of open drainage channels under three possible failure modes is examined. The first failure mode occurs when the runoff exceeds channel capacity. The runoff and channel capacity are random variables that are estimated using the rational method and the Manning equation, respectively. The second failure mode occurs when the actual flow velocity exceeds the maximum allowable velocity for erosion control. The third failure mode occurs when the actual flow velocity is less than the minimum allowable velocity for deposition control. The minimum and maximum allowable velocities are considered random variables. The failure probability of each mode is estimated using the advanced first-order second-moment (AFOSM) method. The overall failure probability of the system that accounts for the correlations between the failure modes is presented. The method was applied to an example and was verified using Monte Carlo simulation. In practice, the method can be used to find the reliability of an existing channel under multiple failures, to evaluate the effects of alternative improvements, and to design a new channel for a specified reliability level.

Introduction

Open drainage channel design is made under conditions of uncertainty in both the demand (runoff) and supply (channel capacity) components of the system. The runoff involves random temporal and areal fluctuations inherent in natural processes that almost always introduce a large amount of uncertainty into the process of runoff generation (Melching et al. 1990; Plate 1986). There is also uncertainty in the design variables related to channel capacity, most notably the friction factor. For a given channel type, minimum, normal, and maximum values of the friction factor have been established (Chow 1959). In both design components, there is often uncertainty in the data caused by measurement inaccuracy and error.

In hydrologic design, research has mostly been related to the reliability analysis of floods (Kite 1977; Kottegoda 1980) and watershed runoff (Melching et al. 1990; Parker 1972; Wood 1976). The output reliability of rainfall-runoff models was analysed by Melching et al. (1991) using the HEC-1 flood hydrograph package (*HEC-1* 1985) and the Australian RORB runoff routing program (Laurenson and Mein 1985). The design of open drainage channels has traditionally been deterministic (Chow 1959; Bedient and Huber 1988). Probabilistic methods involving the uncertainties in the runoff and supply capacity were developed for storm sewer systems by Yen et al. (1976), and for open drainage channels by Easa (1992). The method for drainage channels addresses only one mode of failure (when runoff exceeds the channel capacity), and is useful when channel erosion and other design criteria are not of concern.

In this paper, a reliability method for analysing open draining channels under three possible failure modes is presented. The first failure mode occurs when the runoff exceeds the channel capacity; the second failure mode occurs when the actual velocity exceeds the maximum allowable velocity for erosion control; and the third failure mode occurs when the actual velocity is less than the minimum allowable velocity for deposition control. Each failure mode has a certain probability of occurrence. However, the system failure probability must account for the correlations between the failure modes. A numerical example using the advanced first-order second-moment (AFOSM) reliability method is employed for open drainage channel analysis. The AFOSM method is widely used in structural engineering and soil mechanics (Ditlevsen 1981; Harr 1987; Madsen et al. 1986; Smith 1986). This paper does not consider model structure uncertainty due to imperfect representation of reality. Examples of studies addressing model uncertainty are Melching et al. (1990), Melching et al. (1991), and Ronold and Bjerager (1992). (...)

In: *Journal of Irrigation and Drainage Engineering.* Vol. 120, No. 6, November/December 1994. © ASCE, ISSN 0733-9437/94/0006-1007/$2.00 + $.25 per page. Paper No. 4830.

Übersetzung (A):

Zuverlässigkeitsanalyse für offene Entwässerungskanäle unter multiplen Versagensarten

von M. Easa, ASCE-Mitglied

Abstract: Die Konstruktion offener Entwässerungskanäle impliziert Variablen, die unbestimmt sind. Da die Leistung des gesamten Kanalsystems gleichfalls unbestimmt ist, wird die Zuverlässigkeitsanalyse angewendet, um die Zuverlässigkeit der Systemleistung zu messen. In vorliegendem Beitrag wird die Zuverlässigkeit offener Entwässerungskanäle unter drei möglichen Versagensarten untersucht. Die erste Versagensart tritt auf, wenn die Abflussmenge die Kanalkapazität übersteigt. Die Abflussmenge und die Kanalkapazität sind Zufallsvariablen, die mit der Rationalen Methode bzw. der Manning-Gleichung geschätzt werden. Die zweite Versagensart tritt auf, wenn die tatsächliche Fließgeschwindigkeit die für die Erosionsbekämpfung zulässige Höchstgeschwindigkeit überschreitet. Die dritte Versagensart tritt auf, wenn die tatsächliche Fließgeschwindigkeit geringer ist als die für die Bekämpfung von Ablagerungen zulässige Mindestgeschwindigkeit. Die zulässigen Mindest- und Höchstgeschwindigkeiten werden als Zufallsvariablen angesehen. Die Versagenswahrscheinlichkeit einer jeden Art wird eingeschätzt durch Anwendung der Advanced First-Order Second-Moment (AFOSM)-Methode. Die Gesamtversagenswahrscheinlichkeit des Systems, welche die Korrelationen zwischen den Versagensarten erklärt, wird dargestellt. Die Methode wurde auf ein Beispiel angewendet und mit der Monte Carlo-Simulation überprüft. In der Praxis kann die Methode dazu benutzt werden, die Zuverlässigkeit eines bestehenden Kanals unter verschiedenen Versagensarten zu erfassen, die Auswirkungen unterschiedlicher Verbesserungen zu berechnen, sowie einen neuen Kanal für ein bestimmtes Zuverlässigkeitsniveau zu entwerfen.

Einleitung

Die Konstruktion offener Entwässerungskanäle erfolgt unter Bedingungen der Unbestimmtheit, sowohl bei der Anforderungskomponente (Abfluss) als auch bei der Aufnahmekomponente (Kanalkapazität) des Systems. Der Abfluss beinhaltet zufällige zeitliche und räumliche Schwankungen, wie sie natürlichen Prozessen innewohnen, die fast immer sehr viel Unbestimmtheit in den Prozess der Abflussgenerierung einbringen (Melching et al. 1990; Plate 1986). Ferner gibt es Unbestimmtheit in den Konstruktionsvariablen hinsichtlich der Kanalkapazität, insbesondere beim Reibungsfaktor. Für einen gegebenen Kanaltyp sind Mindest-, Normal- und Höchstwerte des Reibungsfaktors festgelegt worden (Chow 1959). In beiden Konstruktionskomponenten findet sich oft eine Datenunsicherheit, die durch Ungenauigkeit und Fehler in der Messung verursacht ist.

In der hydrologischen Konstruktion haben sich Forschungsarbeiten bisher überwiegend auf die Zuverlässigkeitsanalyse des Abflusses bei Hochwasser (Kite 1977; Kottegoda 1980) und in Flussentwässerungsgebieten (Melching et al. 1990; Parker 1972; Wood 1976) konzentriert. Die Output-Zuverlässigkeit von Regenwasserabflussmodellen wurde von Melching et al. (1991) mit der HEC-1 Flutabflussmengenkurve (*HEC-1* 1985) und dem australischen Abflusslinienprogramm (Laurenson und Mein 1985) analysiert. Die Konstruktion offener Entwässerungskanäle war traditionell deterministisch (Chow 1959; Bedient und Huber 1988). Probabilistische Methoden, welche die Unbestimmtheiten in der Abfluss- und Aufnahmekapazität miteinbeziehen, wurden für Sturmsiel-Systeme von Yen et al. (1976), und für offene Entwässerungskanäle von Easa (1992) entwickelt. Die Methode für Entwässerungskanäle spricht nur eine Versagensart an (wenn der Abfluss die Kanalkapazität übersteigt) und ist brauchbar, wenn die Kanalerosion und andere Konstruktionskriterien ohne Belang sind.

In diesem Beitrag wird nun eine Zuverlässigkeitsmethode für die Analyse offener Entwässerungskanäle unter drei möglichen Versagensarten vorgelegt. Die erste Versagensart tritt auf, wenn die Abflussmenge die Kanalkapazität übersteigt; die zweite Versagensart tritt auf, wenn die tatsächliche Geschwindigkeit die zulässige Höchstgeschwindigkeit für die Erosionsbekämpfung überschreitet; und die dritte Versagensart tritt auf, wenn die tatsächliche Geschwindigkeit geringer ist als die für die Ablagerungsbekämpfung erlaubte Mindestgeschwindigkeit. Jede Versagensart hat eine bestimmte Vorkommenswahrscheinlichkeit. Die Wahrscheinlichkeit des Systemversagens muss jedoch die Korrelationen zwischen den Versagensarten erklären. Dazu wird ein numerisches Beispiel mit der Advanced first-order second-moment (AFOSM)-Zuverlässigkeitsmethode auf die Analyse offener Entwässerungskanäle angewendet. Die AFOSM-Methode findet im Bereich Tiefbau und Bodenmechanik weithin Verwendung (Ditlevsen 1981; Harr 1987; Madsen et al. 1986; Smith 1986). Im vorliegenden Beitrag wird die Unsicherheit in der Modellstruktur wegen unzureichender Darstellung der Wirklichkeit allerdings nicht berücksichtigt. Beispiele für Studien zur Modellunsicherheit sind Melching et al. (1990), Melching et al. (1991) und Ronold/Bjerager (1992). *(Translation R. Stolze)*

Übersetzung (B):

Betriebssicherheitsanalyse offener Entwässerungskanäle unter verschiedenen Ausfallarten
vorgestellt von M. Easa, Mitglied des ASCE
Abriss: Eine offene Entwässerungskanalanlage schließt unbestimmte Variablen ein. Weil die Leistung des Kanalsystems auch unbestimmt ist, wird zur Messung der Betriebssicherheit der Systemleistung die Betriebssicherheitsanalyse benutzt. In diesem Beitrag wird die Betriebssicherheit offener Entwässerungskanäle unter drei möglichen Ausfallarten untersucht. Die erste Ausfallart liegt vor, wenn der Abfluss die Kanalkapazität überschreitet. Der Abfluss und die Kanalkapazität sind unabhängige Variablen, die nach der rationalen Methode und der Manning Gleichung abgeschätzt werden. Die zweite Versagensart liegt vor, wenn die tatsächliche Fließgeschwindigkeit das Maximum der zulässigen Geschwindigkeit für den Erosionsschutz überschreitet. Die dritte Versagensart liegt vor, wenn

die tatsächliche Fließgeschwindigkeit niedriger als das Minimum der zulässigen Geschwindigkeit für den Ablagerungsschutz ist. Die minimal und maximal zulässigen Geschwindigkeiten werden als unabhängige Variablen in Betracht gezogen. Die Ausfallwahrscheinlichkeit der jeweiligen Art wird nach der verwendeten AFOSM-Methode abgeschätzt. Die Gesamtausfallwahrscheinlichkeit des Systems erklärt die Wechselwirkungen der auftretenden Ausfallarten. Die Methode wurde in einem Beispiel angewendet und mit der Monte Carlo Simulation verglichen. In der Praxis kann die Methode angewandt werden, um die Sicherheit eines bestehenden Kanals unter verschiedenen Ausfällen zu bestimmen, die Wirkung von alternativen Verbesserungen zu berechnen und einen neuen Kanal auf einem vorgeschriebenen Sicherheitsniveau zu entwerfen.

Einleitung

Eine offene Entwässerungskanalanlage wird in Abhängigkeit von zwei Systemkomponenten, dem Bedarf (Abfluss) und der Versorgung (Kanalkapazität) entworfen. Der Ablass schließt naturgegebene Prozesse, wie zufällige Temperatur- und Flächenschwankungen ein, die zumeist einen großen Unsicherheitsbetrag im Prozess der Abflussgestaltung ausmachen (Melching und andere 1990; Plate 1986). Die Anlagenvariablen bezüglich der Kanalkapazität weisen vor allem durch den Reibungsfaktor Unsicherheit auf. Die minimalen, normalen und maximalen Werte des Reibungsfaktors sind bei einem gegebenen Kanaltyp festgelegt (Chow 1959). Messungenauigkeit und Fehler liefern bei beiden Anlagenkomponenten unzuverlässige Zahlenwerte.

Bei hydrologischen Verfahren bezieht sich die Forschung zumeist auf Sicherheitsanalysen bei Überschwemmungen (Kite 1977; Kottegoda 1980) und beim Wasserscheidenabfluss (Melching und andere 1990; Parker 1972; Wood 1976). Die Leistungssicherheit der Regenwasserabflussmodelle wurde von Melching und andere (1991) unter Benutzung der HEC-1 Hochwasserganglinien (*HEC-1* 1985) und des Australischen RORB Abflusswegprogramms (Laurenson und Mein 1985) analysiert. Der Plan eines offenen Entwässerungskanals ist traditionell bestimmt. Mögliche Verfahren, die sich durch die Unsicherheiten der Bedarfs- und Versorgungskapazität verkomplizieren, wurden von Yen und andere (1976) für Regenwasserleitungsnetze und von Easa (1992) für offene Entwässerungskanäle entwickelt. Die Methode für Entwässerungskanäle behandelt nur eine Versagensart (wenn der Abfluss die Kanalka-

pazität überschreitet) und ist nur brauchbar, wenn die Kanalerosion und andere Konstruktionskriterien nicht maßgebend
sind.

Dieser Beitrag stellt ein Analyseverfahren der Betriebssicherheit offener Entwässerungskanäle unter drei möglichen Ausfallarten vor. Die erste Ausfallart liegt vor, wenn der Abfluss
die Kanalkapazität überschreitet; die zweite Ausfallart liegt
vor, wenn die tatsächliche Fließgeschwindigkeit das Maximum
der zulässigen Geschwindigkeit für den Erosionsschutz überschreitet; und die dritte Ausfallart liegt vor, wenn die tatsächliche Fließgeschwindigkeit niedriger als das Minimum der zulässigen Geschwindigkeit für den Ablagerungsschutz ist. Jede Ausfallart besitzt eine verschiedene Auftretenswahrscheinlichkeit.
Die Systemversagenswahrscheinlichkeit muss eine Erklärung
für die Wechselwirkungen zwischen den Ausfallarten geben.
Ein Zahlenbeispiel unter Verwendung der AFOSM-Methode
beschäftigt sich mit der Betriebssicherheitsanalyse für offene
Entwässerungskanäle. Die AFOSM-Methode findet in der Baustatik und der Bodenmechanik breite Anwendung (Ditlevsen
1981; Harr 1987; Madsen und andere 1986; Smith 1986). Dieser Beitrag bezieht nicht das Modell struktureller Unsicherheit
aufgrund unvollständiger Darstellung der Realität ein. Beispiele
für Studien des Unsicherheitsmodells finden sich bei Melching
und andere (1990); Melching und andere (1991); und Ronold
und Bjerager (1992).
(Übungsübersetzung)

Kommentar:

Das translatorische Lesen konzentriert sich zunächst auf den
KONTEXT dieses Beispiels wissenschaftlicher Kommunikation.
Wir wissen aus der Quellenangabe, dass es sich hier um den
Anfang eines Beitrags in der Fachzeitschrift *Journal of Irrigation and Drainage Engineering* handelt. Diese extratextuelle Information über den Kontext, die außersprachliche Einbettung
des Textes, ist unverzichtbar und lehrt uns, dass wir es mit wissenschaftlicher Kommunikation im Bereich „Drainage engineering", also Entwässerungskanäle, zu tun haben. Andere fachliche Domänen der Ingenieurstechnik sind damit ausgeblendet.
Um evt. fehlendes Wissen, was hermeneutisch wichtig ist, zu
gewinnen, kann man ein wenig im Internet recherchieren. Dies
ist v. a. dann sinnvoll, wenn einem dieser Fachbereich noch
nicht bekannt ist.

Das DISKURSFELD ist eine interne Kommunikation zwischen Experten als Lesern solcher Fachzeitschriften. Es geht um textinterne Kommunikation auf wissenschaftlicher Ebene, deren Implikationen übersetzungswissenschaftlich untersucht werden können. Der Texttyp ist ein wissenschaftlicher Beitrag, also sicherlich ein „schwieriger Text", aber so etwas muss gelegentlich in der Praxis übersetzt werden.

Wenn nun die Fachsprache in der Regel durch eine spezifische auffällige Sprache gekennzeichnet ist (GLÄSER 1998a:, 201), dann finden wir im Text Fachausdrücke, die in der englischen Wissenschaftssprache durch word compounding gekennzeichnet sind: *open drainage channel design, reliability analysis, system performance, hydrologic design, deposition control, runoff routing program, storm sewer systems,* etc.

Die BEGRIFFLICHKEIT in diesem Text zeigt sich in der exakten technischen Terminologie. Der Text spricht von *variables, reliability analysis of a system, failure modes, models, methods, correlation, simulation.* Auch differenzierende Adjektive kommen vor, wie *deterministic* und *probabilistic.* Dieses Wortfeld als textlinguistisches und übersetzungswissenschaftliches Instrumentarium zeigt uns, dass der Textinhalt nicht die Beschreibung eines Objekts, sondern die Vorstellung von Methoden zur Untersuchung der Zuverlässigkeit einer Kanalkonstruktion in der Computersimulation ist. Der Textanfang ist semantisch immer besonders wichtig, und so finden wir in der ersten Zeile „channel design", also nicht Kanäle als solche, sondern deren Konstruktion, das Design.

Als konkrete Termini erscheinen u. a. *demand, runoff, floods, watershed* und *supply capacity, flow velocity, friction factor, erosion, deposition.* Es gehört zum relevanten Vorwissen eines technischen Übersetzers, die wissenschaftsspezifische Begriffsbildung zu kennen. Im Gegensatz zur konventionellen Vereinbarung und Interpretation der fachbezogenen Bedeutung gesellschafts- und sozialwissenschaftlicher Fachausdrücke, beruhen technische Termini auf einer Definition. Sie haben ihren Standort in einem Begriffssystem (s. Kap. und können so auch deduziert werden. Wir könnten also versuchen, diese Termini einmal in ihrem terminologischen System (s. Kap. 2.1.5) darzustellen, um besser zu verstehen, wovon der Text spricht.

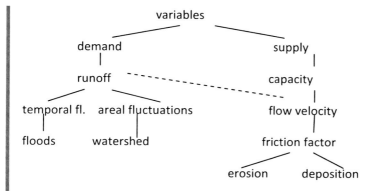

Dies ist sinnvoll als Vorbereitung auf eine funktional angemessene Übersetzung. Mit einer solchen Übung kann auch schon die äquivalente Terminologie in der Zielsprache eruiert werden, bevor mit dem Formulieren der Übersetzung begonnen wird.

Variablen einer Kanalkonstruktion sind also sowohl die Anforderungen an die Aufnahmemenge wegen der nicht vorhersehbaren Überflutungen als auch an die Abflussleistung im Sinne der Kanalgröße, was auch die Neigung einschließt.

Hinsichtlich des AUSSAGEMODUS des Textes finden wir die anonyme Redeform in der dritten Person und im Präsens vor, wie es für wissenschaftliche Darstellungen gefordert ist (Gläser 1998a, 206). Der Bezug auf frühere Studien erscheint im Perfekt: *research has mostly been related to; has traditionally been deterministic.* Das ist ein Textsortenmerkmal für angelsächsische Papers.

 Nach einem anfänglichen globalen Verständnis des Textes können wir nun eine zielsprachliche Version vorbereiten. Im Blick auf die MEDIALITÄT sollte der Übersetzungstext auch den Vorgaben des Texttyps für einen wissenschaftlichen Aufsatz im Deutschen mit einem Abstract folgen. Dies ist inzwischen international so üblich. So wird es in der Übersetzung kaum formale Abweichungen im Vergleich zum Ausgangstext geben, solange etwaige Style Guides eines deutschsprachigen Sammelbandes z. B. nicht etwas anderes vorschreiben.

Im Blick auf die STILISTIK wird man den Funktionalstil der kurzen Sätze mit klarer logischer Anordnung wahren. Es besteht keine Notwendigkeit für wesentliche grammatische Veränderungen, da in solchen Texten inzwischen das angelsächsische Schreibmodell universal geworden ist (s. Kap. 7.5). Jedoch ist in deutschen Texten dieses Typs das Passiv häufiger als in englischsprachigen, sodass es hier auch verwendet werden kann.

Die notwendige KOHÄRENZ des Zieltextes verlangt die Äquivalenz der Terminologie und den Gebrauch derselben Termini durch den gesamten Text, um keine Missverständnisse aufkommen zu lassen. Erscheinen nämlich unterschiedliche Termini, wenn auch als Synonyme, dann denkt der Leser es handele sich um andere Inhalte. Die Terminologie kann mit Lexika oder Datenbanken im Blick auf die angesprochenen Konzepte eruiert werden. So findet sich z. B. im Internet aus Paralleltexten eine Übersetzung von „failure modes" mit „Versagensarten". Eine Übersetzung mit „Ausfallarten" demgegenüber würde sich auf die Terminologie einer Maschinenanlage beziehen, von der hier aber nicht die Rede ist. Auch die fachsprachliche Wortzusammensetzung im Deutschen ist wichtig, damit ein akzeptabler Wissenschaftstext entsteht, siehe z. B. *Versagensarten, Entwässerungskanäle, Wahrscheinlichkeitsrechnung, Zuverlässigkeitsanalyse* statt etwa *Analyse der Zuverlässigkeit,* usw.

Abschließend richtet sich der Blick des Übersetzers auf die TEXTFUNKTION, d. h. es wird überprüft, ob die Übersetzung als Ganzes dem angestrebten Schreibziel entspricht. Eine Revision des Übersetzungsentwurfs könnte unlogische Feststellungen eliminieren und ggf. zu weiterer Recherche bei semantischen Lakunen anregen. Auch könnten einzelne Satzstrukturen im Verhältnis zu ihrem näheren Kontext revidiert werden, sodass der gesamte Text besser an den entsprechenden zielsprachlichen Texttyp angepasst wird. Hierzu können auch Paralleltexte herangezogen werden, wo wir z. B. die Regel finden, dass Quellenangaben mit „et al." bezeichnet werden. Eine solche Revisionsarbeit gelingt erst nach Abschluss eines ersten Entwurfs und kann nicht etwa schon beim satzweisen Vorgehen eingebracht werden. Die Übersetzung (A) versuchte, diesen Kriterien gerecht zu werden.

Wenn wir dies nun mit Übersetzung (B) vergleichen, so zeigt sich, dass schon eingangs „channel design" nicht gesehen wurde und als Entwässerungskanalanlage übersetzt ist. Dadurch wurde das Verständnis und Denken des Übersetzers in Richtung Maschinenwesen gelenkt, also in eine völlig andere Wissenschaftsdomäne. Daher erscheint auch schon in der Überschrift „Betriebssicherheitsanalyse", so als ob es sich hier um eine Röhrenanlage handelte.

Es ist dies eine Übersetzung von Studenten, die zweisprachig satzweise vorgelegt wurde. Diese Form der Präsentation verhinderte jegliche Sicht aufs Ganze des Textes, und folglich fehlt hier auch die Kohärenz. Der einmal eingeschlagene Denkweg wurde stur beibehalten, ohne einmal bewusst einen kritischen hermeneutischen Perspektivwechsel vorzunehmen. Wir finden z. B. ein ständiges Pendeln zwischen „Versagen" und „Ausfall", der terminologische Aspekt wurde gar nicht reflektiert.

Den Übersetzern gelang es auch nicht, den Text in seinem adäquaten Diskursfeld der fachlichen Domäne zu situieren, sie machten daraus stattdessen einen Text über „Entwässerungsanlagen" (sewage installations), einen Bereich des Ingenieurwesens. Dies spiegelt sich in übersetzten Lexemen wie *Betriebssicherheitsanalyse, Entwässerungskanalanlage, Temperatur- und Flächenschwankungen, Anlagenkomponenten, Unsicherheit, Sicherheitsanalyse, Versorgung, Baustatik,* usw. Während „Ausfall" eher ein Terminus des Ingenieurwesens ist, geht es hier eigentlich um das Versagen eines in der Landschaft geplanten Kanalsystems, was durch Simulationsrechnungen abgeschätzt wird.

Der Ausdruck „Abriss" statt „Abstract", der aus der Literaturwissenschaft stammt, zeigt außerdem das fehlende fachsprachliche Wissen eines Laien in Bezug auf einen solchen Fachtext. Auch wenn in Übersetzung (B) der Text als „ein technischer Text" und nicht etwa als gemeinsprachlicher Text aufgefasst wurde, wurden das Diskursfeld und damit die zielsprachliche Textfunktion verfehlt. Durch eine fälschliche linguistische Analyse der englischen Terminologie wurden sogar einige falsche semantische Relationen gebildet und übersetzt, insbesondere im Blick auf die Verben. Es fehlt die abschließende selbstkritische Kontrolle des Ganzen, die zu weiterer Recherche geführt hätte. Beispiele:

▫ The minimum and maximum allowable velocities <u>are considered</u> random variables.
• Die minimal … Geschwindigkeiten werden als unabhängige Variablen <u>in Betracht gezogen</u> (statt *angesehen*).
▫ The method was applied to an example and was <u>verified</u> using the MC-Simulation.
• Die Methode wurde in einem Beispiel angewendet und mit der MC-Simulation <u>verglichen</u> (statt *überprüft*).
▫ The runoff involves random temporal and areal fluctuations inherent in natural processes that almost always <u>introduce</u> … uncertainty.

- Der Abfluss schließt naturgegebene Prozesse, wie zufällige Temperatur- und Flächenschwankungen ein, die zumeist einen großen Unsicherheitsbetrag ... <u>ausmachen</u> (statt *einbringen*).

In unserer Textanalyse sollte deutlich geworden sein, dass die erwähnten translatorischen Kategorien alle miteinander zusammenhängen und der Orientierung des Translators dienen können. Da jeder Text eine Individualität darstellt und immer wieder anders ist, kann daraus freilich keine fixierte Methodik abgeleitet werden.

8.2 UNTERSCHIEDLICHE PERSPEKTIVEN AUF QUALITÄT

Die vorhergehende Darstellung von Faktoren des translatorischen Expertenwissens soll der Qualitätssicherung von Übersetzungen dienen. Die Praxis des Übersetzens steht aber in einem Netz unterschiedlicher Erwartungen, die freilich in einem gemeinsamen Pol, der Übersetzungskompetenz zusammenlaufen. Diese Übersetzungskompetenz integriert ein komplexes Expertenwissen hinsichtlich des betreffenden Fachgebiets, der Terminologie, des Funktionalstils, der Fachtextsortennorm, den Anforderungen an Verständlichkeit und kultureller Besonderheiten. Einige dieser Aspekte sind im Vorangehenden dargestellt worden.

Bei der Frage nach **Bewertungskriterien** ist zunächst zu unterscheiden, ob die Übersetzung als *Produkt,* das eingekauft wird, im *Prozess* ihrer Erstellung, oder als *Objekt* der Analyse betrachtet werden soll. Was ist eine „gute Übersetzung"?

8.2.1 QUALITÄTSANFORDERUNGEN DES AUFTRAGGEBERS

Qualität heißt im Wirtschaftsleben Erfüllung der Anforderungen, die an ein *Produkt* gestellt sind, und die je verschieden aussehen. **Qualitätsmanagement** bei Übersetzungen ist die schematisierte Definition von Anforderungen an Übersetzungstexte seitens der Auftraggeber, sowie deren Überprüfung (s. Kap. 1.2.2). Im Qualitätswesen gilt die Definition nach ISO-Norm[83]: danach ist Qualität „die Gesamtheit von Eigenschaften und Merkmalen eines Produkts oder einer Dienstleistung, die sich auf deren Eignung zur Erfüllung festgelegter oder vorausgesetzter Erfordernisse beziehen." Qualität ist also weder etwas Absolutes noch das maximal Machbare, sondern die Erfüllung definierter Erwartungen. So ist der immer als Ziel genannte „funktionsgerechte Zieltext" (NORD 1993, 17 et p.) oder die „funktionierende Übersetzung" nicht nur eine irgendwie brauchbare Übersetzung, sondern eine solche, die die spezifischen Anforderungen erfüllt. (Das Qualitätslektorat sucht nach definierten „Fehlern", wie Schreibweisen, Layout, Illustrationen, Interpunktionsregeln usw. Dabei werden Fehlerobergrenzen angesetzt.)

Doch die Qualitätsanforderungen müssen erst einmal benannt werden. Qualität als Eigenschaft von Fachübersetzungen ist durchaus an sprachlichen Aspekten festzumachen; Begriffe wie „Richtigkeit" oder „Angemessenheit" oder auch „Vertragserfüllung" reichen hier nicht mehr aus. Die von **Überprüfern in der Praxis** öfter angesetzten Qualitätsanforderungen an eine Übersetzung, die ohne Vergleich mit dem Ausgangstext *prospektiv* auf die eigenen Arbeitsziele hin abgetestet werden, sehen etwa so aus:

Produktbezogene Anforderungen – prospektiv

Layout   Entspricht das Layout der Übersetzung den Vorgaben hinsichtlich Gestaltung, Textlänge, Vollständigkeit? (MEDIALITÄT)

Kohärenz   Ist die Übersetzung klar und verständlich formuliert und frei von unplausiblen Aussagen oder Rechtschreib- und Grammatikfehlern? (KOHÄRENZ)

Terminologie   Stimmen die Fachausdrücke, ist die Terminologie im Textganzen konsistent? (STILISTIK, KOHÄRENZ)

Textsorte   Ist die Übersetzung brauchbar im Sinne der Stilkonventionen der Technischen Redaktion, der juristischen Fachsprache, des erforderlichen Wissenschaftsstils, der Formalia der Korrespondenz? (TEXTFUNKTION)

Stil   Ist die Übersetzung flüssig lesbar und frei von störenden Stilele-

---

[83] DIN EN ISO 8402: 1995-08: Qualitätsmanagement – Begriffe, bzw. DIN EN ISO 9004 9004-2: 1992-06: Qualitätsmanagement und Elemente eines Qualitätssicherungssystems – Teil 2: Leitfaden für Dienstleistungen.

menten (z. B. Kanzleistil, zu poetische Ausdrucksweise, holprige Stellen)? Entspricht sie der Corporate Identity, ist sie mit dem Stil schon vorliegender Textpartien homogen? (STILISTIK, TEXTFUNKTION).

8.2.2 BEGRÜNDUNGSMASSTÄBE DES TRANSLATORS

Anders ist die Perspektive des Translators, der ja in der IFK eine Übersetzung als Text erst erstellen will. Der professionelle Umgang mit Fachtexten im Übersetzungs-*prozess* beinhaltet eine spezifische Haltung, in welcher Sprachsicherheit, Fachwissen und funktionale Formulierungskompetenz zusammenfließen. Übersetzungsprobleme werden weniger ausgehend vom einzelnen diagnostizierten Faktum her, als vielmehr in ihrer Rolle in einer Gesamtstrategie untersucht. Eher intuitiv wendet man seit jeher zunächst *dynamisch* im Blick auf die zu formulierende Übersetzung einige **ganzheitliche** Begründungsmaßstäbe hinsichtlich der Klarheit, Genauigkeit und Wirkung des Zieltextes an:

Prozessbezogene Überlegungen – dynamisch

KLARHEIT   Welches ist die Situation des Textes? Habe ich den Ausgangstext ganz verstanden? Wie ist er aufgebaut und gegliedert? Wo liegen zu verbessernde Defekte? Welcher Texttyp liegt vor? Gibt es kulturelle Abweichungen aus der Sicht der Zielkultur der Übersetzung? (KONTEXT, DISKURSFELD)

GENAUIGKEIT Wie lautet die exakte Terminologie? Gibt es ein dominantes Wortfeld als Isotopie im Text? Welche formalen Gestaltungsmerkmale sind erkennbar? Sind Zahlen und Daten präzisiert? (BEGRIFFLICHKEIT, AUSSAGEMODUS)

WIRKUNG   Für wen ist die Übersetzung bestimmt? Welche Änderungen verlangt der spezifische Übersetzungsauftrag? Welche Stilqualitäten suche ich zu vermitteln? Welche Textsorte ist in der Übersetzung zu realisieren? Verwende ich die Möglichkeiten fachlicher Wortbildung? (MEDIALITÄT, STILISTIK, TEXTFUNKTION).

8.2.3 FEHLERANALYSE IN DER DIDAKTIK

Die Aufgabe für den Übersetzungsunterricht lautet, für diese eher allgemeinen Begründungsmaßstäbe eine wissenschaftliche Grundlage zu liefern. Dabei gilt aber auch, dass in der Didaktik die **Evaluierung** von

Translationsleistungen in Relation zu pädagogischen Rahmenbedingungen, wie etwa Studienjahr, vorausgegangene Wissensvermittlung, pädagogisches Ziel für Lernfortschritte, usw. erfolgt. Die Übersetzung ist hier ein Untersuchungs*objekt*. Es geht um eine nachvollziehbare Fehlerklassifizierung und um Fehlervermeidungstherapie. Dabei erfolgt die Evaluation von Übungsleistungen stets als **Übersetzungskritik** in einer statischen Fehler*analyse* aufgrund des Vergleichs der Übersetzung mit dem Ausgangstext. Die Äquivalenzen feststellende Übersetzungskritik ist per se statisch orientiert (REISS/VERMEER 1984, 139f). Immer wieder wird auch über Fehlerklassifikation gestritten, und es besteht keineswegs allgemeine Übereinstimmung in diesem Punkt. Bei der Bewertung der Schwere der Fehler kann gleichwohl der für eine „Reparatur" des Übersetzungstextes erforderliche Aufwand mit bedacht werden.

Objektbezogene Kriterien – analytisch

G_r – Verstöße gegen Grammatik und Syntax der Zielsprache, evt. durch Interferenz (STILISTIK) (3 Pt).

U_t – Unverständliche Textpassage, Weglassen wichtiger Textstücke, mangelnde Text-kohärenz, verworrene Gedankenführung (KOHÄRENZ) (3 Pt).

S_i – Punktueller Sinnfehler durch falsch verstandenes/falsch geschriebenes Wort, falscher Fachausdruck, falsche Zahlenangabe, oft auch Flüchtigkeitsfehler (BEGRIFFLICHKEIT, KOHÄRENZ) (2 Pt).

T_x – Verstöße gegen typische Textsortenkonventionen, unangebrachte Stilebene (STILISTIK) (2 Pt).

A_s – Ausdrucksfehler als nicht adressatengerechter Ausdruck, zielkulturell unpassend (MEDIALITÄT, TEXTFUNKTION) (1 Pt).

O_t – Orthographiefehler in ZS, meist Flüchtigkeit (1 Pt).

Aus dem Dargelegten wird deutlich, dass die Perspektiven auf Qualität und deren Bewertung bei Übersetzungslehrern, Übersetzerinnen und Auftraggebern durchaus verschieden sind. So stellt sich die Frage, wie denn die **unterschiedlichen Sichtweisen**, nämlich die prospektive, auf die eigenen Ziele gerichtete des Auftraggebers, die dynamische, auf die

Erstellung einer Übersetzung gerichtete des Translators, und die statische, auf die Evaluation dargebotener Leistungen der Studierenden ausgerichtete des Didaktikers miteinander vereinbart werden könnten. Als Grundlage für die Verknüpfung können die oben dargelegten translatorischen Orientierungskategorien dienen.

Diese Kategorien können vielleicht auch helfen, den viel strapazierten Begriff der „Qualität einer Übersetzung" besser zu fundieren. Unter den Einzelpunkten finden sich – untereinander verknüpft – die als Gütemerkmale für Fachtexte zusammengetragenen Erkenntnisse aus Fachsprachenforschung, Germanistik und Übersetzungswissenschaft noch einmal wie in einer Checkliste versammelt.

8.3   ZUSAMMENFASSUNG: INTERKULTURELLE FACHKOMMUNI-KATION

8.3.1   VERNETZUNG UND MERKMALGEWICHTUNG

Interkulturelle Fachkommunikation meint Sprachmittlung für die Verständigung in Fachbereichen über sprachliche und kulturelle Grenzen hinweg. Träger dieser IFK sind historisch und sozial verwurzelte Personen, die über eine entsprechende Vermittlungskompetenz verfügen. Die IFK kann dabei als **fremdsprachliche Formulierung** einer fachlichen Mitteilung oder in Form des Verstehens und **Übersetzens vorliegender Texte** erfolgen. In beiden Fällen sind die Besonderheiten fachsprachlicher Texte und die kontrastiv feststellbaren Unterscheide zu beachten.

Als Individuum ist der Translator frei zum Formulieren. Dies impliziert zwar eine Freiheit von jeglicher Bevormundung durch Didaktisierung, bedeutet aber zugleich die Verpflichtung auf eine kritische Reflexion hinsichtlich rein subjektiver Meinungen und gedankenlose Präferenzen. Gerade in der Fachkommunikation gelten ja, wie ausführlich dargestellt, klar definierte Normen des Redens und Schreibens.

Da eine Sprach- und Kulturgemeinschaft nicht homogen ist, sondern vielerlei schichtenspezifische Gruppierungen umfasst, ist es für die

Übersetzerin wichtig, sich zunächst ihren **eigenen sprachlichen und gesellschaftlichen Standort bewusst** zu machen und von dem in den Übersetzungstexten vorgefundenen zu unterscheiden. Die Einführung in die von der IFK berührten Kulturen ist für den Übersetzer unabdingbare Voraussetzung seiner translatorischen Kompetenz. Er strebt nach einer doppelten Inkulturation, was eigentlich kaum anders verstanden werden kann, denn als Aneignung des Fremden.

Ferner gehört zur Übersetzungskompetenz ein **theoretisches und ein methodisches Wissen.** Mit seinem Vorwissen geht man von außen an die Texte heran und reflektiert sodann auf die Anwendung sprachwissenschaftlicher Methoden und Erkenntnisse, die auf dem Wege förderlich sind. Um sich effizient verhalten zu können, braucht man also eine Wissensbasis, die auf zwei Säulen, einer „epistemischen Struktur" und einer „heuristischen Struktur" ruht.[84] Das spezielle Können des Übersetzers besteht in der **Anwendung jenes Wissens,** denn Fach- und Sprachkenntnisse allein stellen noch keine translatorische Kompetenz dar, entscheidend ist vielmehr die textspezifische Verknüpfung von beidem. Als heuristischer Wissensfaktor ergab sich für uns eine vielfältige **Vernetzung** zwischen den einzelnen Wissenselementen, und zwar an ganz unterschiedlichen Stellen der translatorischen Textbetrachtung auf der Ebene der Wörter, Sätze, Textstrukturen und Situationen. Dies wurde mittels Kapitelverweisen deutlich gemacht.

Im konkreten Einzelfall einer Translation ist dann jeweils zu fragen, welches das **hervorstechende Charakteristikum** des betreffenden Textes ist, dem andere auch feststellbare Texteigenschaften oder zielsprachliche Funktionsmerkmale nachgeordnet sind. Die Übersetzerin sollte unterscheiden können, was an einem Text **fachsprachlicher,** und was **kulturspezifischer** Natur ist. Aufgrund der Individualität eines jeden

---

[84] Wenn man Problemlösen als Informationsverarbeitung versteht, dann meint „epistemische Struktur" hier, dass ein Übersetzer über in seinem Gedächtnis gespeicherte Wissens- und Erfahrungsbestände verfügt, die er im Laufe der Zeit aufgebaut hat. Mit „heuristischer Struktur" ist gemeint, dass die Übersetzerin neben statischem Sachverhaltswissen auch über dynamisches Wissen im Sinne von Problemlösungsverfahren und Methoden verfügt (vgl. DÖRNER 1979, 27).

Textes (STOLZE 1992, 42) ist diese **Gewichtung** der translationsrelevanten Textmerkmale stets aufs neue vorzunehmen.

Beispiel

Fachübersetzen beschränkt sich keineswegs nur auf Terminologiearbeit. So kann in einem technischen Fachtext zwar die exakte Terminologie das Hauptproblem darstellen, doch darüber darf man die Gesetze der Wortbildung und Prinzipien der Textverständlichkeit nicht vernachlässigen. In einem anderen, evt. juristischen Fachtext steht vielleicht die funktionalstilistische Form im Vordergrund, wobei auch fachhermeneutische Probleme auftreten. In einem wirtschaftlichen Fachtext zeigen sich kulturelle Besonderheiten, die einerseits mit einer bestimmten Sprechergruppe zusammenhängen, andererseits aber auch in präzisen Fachausdrücken präsent sind. Es kann sein, dass in einem Text zur Präsentation eines Architektenentwurfs kaum Fachtermini, dafür aber philosophisch-kulturelle Formulierungen vorkommen, und dennoch die fachsprachliche Wortbildung stilistisch gefordert ist. In einem Werbetext könnte die Verbindung moderner Wortbildungsformen mit kulturspezifischen Assoziationen vorrangig sein, in einem anderen eher expressive Sprachformen und rhetorische Leerformeln, wobei sich die Kulturspezifik mehr im visuellen Bereich zeigt. Bei einer Anleitung, gilt vielleicht das Hauptinteresse einer Verständlichkeit auf Gesamttextebene, bezogen auf den fachlichen Hintergrund. Bei einem philosophischen Text kommt es vor allem auf die hermeneutische Interpretation der Begriffswörter und den prozesshaften Stil an. In einem Text zur ökumenischen Kirchenpartnerschaft tritt einerseits das Problem der Institutionenbezeichnungen und andererseits das der sozio-politischen Unterschiede und kulturspezifischen Metaphorik hervor; oft wird auch wirtschaftswissenschaftliche Begrifflichkeit wichtig. Bei einer Resolution steht die Textsortennorm im Vordergrund, während vielleicht die Terminologie kaum Schwierigkeiten bietet. Bei einem Softwaretext oder einem Bericht oder einem Brief kann es neben der Terminologie vorrangig sein, dass er in den vorgegebenen Raum (Kästchen, eine Seite) passt, so dass er u. U. in der Übersetzung gekürzt wird. Bei der Übersetzung eines Vertrags liegt die Schwierigkeit evt. bei den zahlreichen fixierten Textbausteinen, sowie in rechtsbegrifflichen Unterschieden, während es bei einem anderen Vertrag vorwiegend um die Rolle fir-

menspezifischer Ausdrucksweise im Sinne der Corporate Identity gehen mag. In einem <u>medizinischen Fachartikel</u> steht neben den internationalen Termini, fachlicher Wortbildung und
der Textsortennorm vor allem der im Englischen und deutschen unterschiedliche Wissenschaftsstil als Übersetzungsproblem im Vordergrund.
Die genannten Texte sind bestimmte Textsorten, doch wird die
Textkonstitution in der Übersetzung nicht ausschließlich durch
die Textsortennorm oder die kulturelle Einbettung bestimmt.
Andere Aspekte sind jeweils auch relevant.

So hat jeder Text eine **individuelle Problematik** im Rahmen der IFK, die
vom Übersetzer erfasst werden muss. Hierfür ist freilich ein übergrei-
fendes Bewusstsein des professionellen Übersetzers notwendig.

Ziel unserer Ausführungen war es, den Übersetzern und Übersetzerinnen einen Bezugsrahmen zu geben, der eventuell zu besseren Übersetzungen führt. Bestimmte Disziplinen haben sich für das Übersetzen als
besonders fruchtbar erwiesen. In der Fachsprachenforschung, aber
auch in Textlinguistik, Semantik und Pragmatik liegen wertvolle Anre-
gungen vor, die aufzugreifen sich lohnt.

8.3.2 RELATION ZWISCHEN TEXT UND ÜBERSETZUNG

Bei der Frage nach dem direkten Verhältnis zwischen Ausgangstext und
Übersetzung haben wir wiederholt festgestellt, dass mancherlei Abweichungen von einer wörtlichen Übersetzung in „syntaktischer Isomor-
phie" (WILSS 1988, 116) wahrscheinlich sind: aufgrund textgrammati-
scher und idiomatischer Unterschiede, verschiedener Funktionalstile
oder anderer Mentalität im Wissenschaftsstil. Andererseits gibt es, vor
allem im Bereich der Textbausteine und der Phraseologie, auf weite
Strecken standardisierte Formulierungsverfahren.

Anzustreben ist eine „Stimmigkeit" (STOLZE 1992, 72) zwischen beiden
Texten. So wie in der natürlichen Evolution durch zufällige Mutation der
bisherige Zustand nachhaltig verändert wird, so wird im Übersetzungsvorgang durch kreative Einfälle des Übersetzers das Verstehen vertieft.
Es entfaltet sich für ihn ein dialektischer Prozess, bei dem das allmählich

Verstandene stets auch sprachlich immer besser ausgedrückt wird. Dabei ist der **Optimierungsprozess im Formulieren** nicht vom Interpretationsvorgang zu trennen. Und erst mit dem Finden des treffenden Ausdrucks gelangt das Verstehen in intuitiver Evidenz an ein vorläufiges Ende. Übersetzen als dauernder Prozess ist somit ein immer neuer Entwurf. Das Übersetzungsziel der Stimmigkeit zwischen Vorlage und Zieltext erweist sich in einer geglückten, präzisen Übersetzung des Textganzen, wenn das Gemeinte mühelos beim Leser ankommt. Dann ist Übersetzen ein Zugang zur übergreifenden Wirklichkeit des Ganzen, das als Teilganzes auf der Text- und Übersetzungsebene erscheint. Zum Wesen solcher Stimmigkeit gehört daher auch, dass die Einzelelemente nie losgelöst vom Ganzen betrachtet werden. Die Gesamtsymmetrie der Evolution ist in partikularen Einzelstücken kaum erkennbar. Bei unterschiedlicher Gewichtung von Übersetzerentscheidungen können auch verschiedene Übersetzungen desselben Textes jeweils eine optimale Stimmigkeit zur Textvorlage erzielen.

Die IFK ist keine automatisierbare „Transferprozedur". Wer so mechanisch übersetzt, produziert die notorischen Sekundärtexte, denen man das Übersetztsein schon von weitem ansieht. Wir meinen dagegen, dass kreativ gefundene wie mechanisch hergeleitete zielsprachliche Formulierungen jeweils auf ihre semantische und pragmatische Angemessenheit hin überprüft und korrigiert werden müssen. Damit ist eine „Quasi-Selbststeuerung des Übersetzungsprozesses" (WILSS 1988, 116), der genuine Forschungsgegenstand der Maschinellen Übersetzung, in der Humantranslation ausgeschlossen. Der Übersetzungsprozess ist ein im Prinzip unabschließbarer evolutiver Suchvorgang.

8.3.3 Identifikation mit der Sache

Das Übersetzen stellt sich uns sprachlich als ein Weg der heuristischen Entwürfe dar, auf dem im Streben nach optimaler Stimmigkeit zwischen Text und Übersetzung eine Vielzahl einzelner Sprachentscheidungen getroffen wird. Die Hierarchisierung der Formulierungsentscheidungen verläuft dabei keineswegs logisch, geradlinig oder auch didaktisch methodisierbar ab. Das Ziel der Stimmigkeit wird vielmehr erreicht, indem die Übersetzung durch wiederholtes Überarbeiten des ersten Entwurfs empfängeradäquat angepasst wird. Hier steht dann die Frage im Vordergrund, für wen und wozu die Übersetzung angefertigt wird, wie denn eine bestimmte Mitteilung in der Zielsprache situationsgerecht formuliert werden kann. Sodann wird die Übersetzung im sorgfältigen Textvergleich bis in kleine Texteinheiten hinein an die Vorlage herangeführt. Der Vorteil eines solches Vorgehens ist ein zunächst kreativ befreites, idiomatisch sichereres Formulieren in der Zielsprache, und zugleich eine Überprüfung des eigenen Textverständnisses. Es kann ja nur der sinnvoll reden, der etwas zu sagen weiß. In der IFK ist es derjenige, der eine fachliche Textvorlage ganz verstanden und sich angeeignet hat. Dabei unterscheidet sich die Formulierungstätigkeit der Übersetzerin wesentlich von der eines Autors (auch viele Redner denken oft weniger an die vor ihnen sitzenden Hörer als vielmehr ans eigene Mitteilungsanliegen, auch wenn dies rhetorisch falsch ist). Der Übersetzer als Träger der IFK hat jedoch die **Verantwortung**, rezipientenorientiert zu formulieren. Theoretisch ist dennoch nicht der Empfänger, sondern vielmehr das Sprachbewusstsein des Translators selbst einer der „Faktoren des übersetzerischen Handelns" (WILSS 1988, 55). Die Empfänger beeinflussen seine Sprachentscheidungen indirekt insofern, als er gemäß seiner Vorstellung von den Empfängererwartungen formuliert.

Eine wichtige Bedingung der nichtbeliebigen Entscheidung für angemessene Formulierungen in der Zielsprache ist zunächst die **Aneignung der Sache**. Man bewegt immer sich in einem historisch-sozialen Kontext, und die Übersetzungstheorie sollte diese konkrete Erfahrung des Übersetzers als Person mit reflektieren. Das genannte Ziel einer Stimmigkeit zwischen Text und Übersetzung ist eine Wahrheit im Modus der Teilhabe durch Identifikation mit dem Textinhalt. So ist Übersetzen ein Nachgestalten von Mitteilungen in dem Sinne, dass der Übersetzer eine Textaussage so mitteilt, wie ein Experte des entsprechenden Fachgebiets sich ausdrücken würde und sich damit zum Anwalt des Auftraggebers macht. Es geht um die „Kunst, Echtheit zu schaffen" (Kevin Stiers), eine Kunst authentischen Formulierens, die heute in der kundenorientierten Rede sehr hochgeschätzt wird.

Eine solche „parteiliche" Vergegenständlichung der aneignend verstandenen Textbotschaft hat nichts mit Subjektivität oder Ideologie zu tun. Vielmehr setzt sie eine klare Selbstreflexion des Übersetzers voraus, wodurch seine Formulierungsentscheidungen letztendlich begründbar werden.

Aufgrund ihrer Rolle als Sprachmittler in den Rahmenbedingungen der IFK ist die Übersetzerin freilich gezwungen, zu einem bestimmten Zeitpunkt den Suchprozess abzubrechen und das Resultat als vorläufig optimale Entsprechung anzusehen. (In der Praxis ist die Zeit ohnehin meist viel zu kurz.) Der Übersetzer sollte und darf sich daher bewusst sein, dass er es nicht mit Fixierungen, sondern mit heuristischen Entwürfen zu tun hat. Er braucht auch nicht an seinen eigenen Formulierungen zu hängen. Die ständige Bereitschaft zur **Selbstkorrektur** und Abwandlung einzelner Aspekte gehört wesenhaft zum Übersetzen und befreit die sprachliche Kreativität. Dem entspricht ein tentativer Denkstil, der im intuitiven Entdecken und kritischen Überprüfen immer wieder aufs neue ansetzt.

9 BIBLIOGRAPHIE

ABELSON, R. P. /BLACK, J. B. (1986): „Introduction". In: J. A. GALAMBOS/R. P. ABELSON [eds.] (1986): *Knowledge Structures*. Hillsdale NJ: Erlbaum, 1-18.

ALBRECHT, Jörn (1992): „Wortschatz versus Terminologie: Einzelsprachliche Charakteristika in der Fachterminologie." In: ALBRECHT/BAUM [Hrsg.] (1992), S. 59-78.

ALBRECHT, Jörn/BAUM, Richard [Hrsg.] (1992): *Fachsprache und Terminologie in Geschichte und Gegenwart*. Tübingen: Narr (FFF 14).

ALBRECHT, Jörn/DRESCHER, Horst W./GÖHRING, H./SALNIKOW, H. [Hrsg.] (1987): *Translation und interkulturelle Kommunikation*. Frankfurt/Bern: Lang (= Publikationen des Fachbereichs Angewandte Sprachwissenschaft der Johann-Gutenberg-Universität Mainz, Bd. 8).

AMMON, Ulrich (1998): *Ist Deutsch noch internationale Wissenschaftssprache?* Berlin: W. de Gruyter.

ANTOS, G./KRINGS, H. P. (1990): „Schreiben in der Technik." In: SPILLNER [Hrsg.] (1990), S. 247-249.

ANTOS, Gerd (2003): „Technik als Weltkultur – Wissen und Wissenstransfer im Kontext interkultureller Kompetenz. Oder: Über den Nutzen der Falknerei beim Bau von Flughäfen." Karl R. KEGLER/Max KERNER (Hg.): *Technik Welt Kultur: Technische Zivilisation und kulturelle Identität im Zeitalter der Globalisierung*. Köln u.a.: Böhlau, 235-253

ARNOLD, V. (1973): „Kritische Analyse des Sprachgebrauchs der Wirtschaftsjournalistik in Tageszeitungen – Vorschläge für eine Unterrichtseinheit der Sekundarstufe II." In: *Projekt Deutschunterricht. Bd. 4*. Stuttgart: Klett, S. 94-119.

ARNTZ, Reiner (1992): „Interlinguale Vergleiche von Terminologien und Fachtexten." In: BAUMANN/KALVERKÄMPER [Hrsg.] (1992), S. 108-122.

ARNTZ, Reiner (1993): „Fachtexttypologie und Übersetzungsdidaktik." In: HOLZ-MÄNTTÄRI/NORD [Hrsg.] (1993), S. 153-168.

ARNTZ, Reiner (1994): „Interlingualer Fachsprachenvergleich und Übersetzen." In: SNELL-HORNBY/ PÖCHHACKER/KAINDL [Hrsg.] (1994), S. 235-246.

ARNTZ, Reiner [Hrsg.] (1988): *Textlinguistik und Fachsprache*. Akten des Internationalen übersetzungswissenschaftlichen AILA-Symposions Hildesheim, 13.-16. April 1987. Hildesheim/Zürich/New York: Olms.

ARNTZ, Reiner/EYDAM, Erhard (1993): „Zum Verhältnis von Sprach- und Sachwissen beim Übersetzen von Fachtexten". In: BUNGARTEN [Hrsg.] (1993), S. 189-227

ARNTZ, Reiner/PICHT, Heribert/MAYER, Felix (2002): *Einführung in die Terminologiearbeit*. 4. Aufl. Hildesheim/Zürich/New York: Olms.

ARNTZ, Reiner/THOME, Gisela [Hrsg.] (1990): *Übersetzungswissenschaft. Ergebnisse und Perspektiven*. Festschrift für Wolfram Wilss. Tübingen: Narr.

ARRAS, Ulrike (1998): „Das Problem der Stereotype und Vorurteile – mit besonderer Berücksichtigung des Fremdsprachenunterrichts." In: *Pandaemonium Germanicum, Revista de estudos germânicos.* Dept. de letras modernas, FFLCH/USP São Paulo, N° 02, 1998, S. 257-288.

AUSTIN, J. L. (1972): *Zur Theorie der Sprechakte.* (Übersetzung von *How to Do Things with Words*). Stuttgart: Reclam.

AZENHA JR., J./DORNBUSCH, C./NOMURA, M. (1997): „Imagem, texto, sensibilização, criatividade." In: *Pandaemonium Germanicum, Revista de estudos germânicos.* Dept. de letras modernas, FFLCH/USP São Paulo, N° 01, 1997, S. 99-119.

AZENHA JR., João (1996): „Kulturelle Aspekte bei der Übersetzung technischer Texte deutsch-portugiesisch (brasilianisch): Theorie und Praxis." In: *Die Unterrichtspraxis/Teaching German.* [A Publication of the American Association of Teachers of German], Vol. 29, N° 1, Spring 1996, S. 73-76.

AZENHA JR., João/NOMURA, Masa (1992): „Interculturalidade e prática de tradução." In: *PROJEKT – Revista de Cultura Brasileira e Alemã* nº 8/1992. São Paulo, p. 24-26.

BACHMANN, Roland (1992): „Übersetzen technischer Fachtexte. Was muß man können? Wie kann man es lernen? Ein Beitrag aus praktischer und didaktischer Sicht." In: *Lebende Sprachen* 4/1992, S. 145-151.

BALLSTAEDT, Steffen-Peter/MANDL, Heinz/SCHNOTZ, Wolfgang/TERGAN, Sigmar-Olaf (1981): *Texte verstehen, Texte gestalten.* München/Wien/Baltimore: Urban & Schwarzenberg.

BALLUFF, Christine Michaela (1997): *Fatores condicionantes da tradução da interface do usuário de um software: Alemão – Português.* (2 volumes). Dissertação de Mestrado apresentada ao Departamento de Letras Modernas da Faculdade de Filosofia, Letras e Ciências Humanas da Universidade de São Paulo.

BARCZAITIS, Rainer (1992): „BDÜ-Fortbildungsveranstaltung in Zusammenarbeit mit der Universität Hildesheim (26.-28. September 1991)." In: *Mitteilungsblatt für Dolmetscher und Übersetzer* 1/1992, S. 5-7.

BARCZAITIS, Rainer/ARNTZ, Reiner (1998): „Fachübersetzung in den Naturwissenschaften und der Technik. Artikel 82." In: *HSK – Fachsprachen,* S. 792-800.

BAUMANN, Hans-Dieter (1986): „Der Versuch einer integrativen Betrachtung des linguistischen Phänomens 'Fachtext'." In: *Deutsch als Fremdsprache* 2/1986, S. 96-112.

BAUMANN, Klaus-Dieter (1987): „Die Bedeutung des Fachdenkens bei der Untersuchung von Fachtexten." In: R. GLÄSER [Hrsg.] (1987): *Beiträge zur anglistischen Fachsprachenforschung,* Leipzig: Berichte der Sektion Fremdsprachen der Karl-Marx-Universität, S. 92-108.

BAUMANN, Klaus-Dieter (1987a): „Die Makrostruktur von Fachtexten – ein Untersuchungsansatz." In: *FACHSPRACHE International Journal of LSP,* 1-2/1987, S. 2-18.

BAUMANN, Klaus-Dieter (1992): „Die Fachlichkeit von Texten als eine komplexe Vergleichsgröße." In: BAUMANN/KALVERKÄMPER [Hrsg.] (1992), S. 29-48.

BAUMANN, Klaus-Dieter/KALVERKÄMPER, Hartwig [Hrsg.] (1992): *Kontrastive Fachsprachenforschung.* Tübingen: Narr (FFF 20).

BAUSCH, Karl-Heinz/SCHEWE, Wolfgang H. U./SPIEGEL, Heinz-Rudi [Hrsg.] (1976): *Fachsprachen. Terminologie, Struktur, Normung.* Berlin/Köln: Beuth (DIN Normungskunde, Heft 4).

BEAUGRANDE, Robert de (1988): „Text and Process in Translation." In: ARNTZ [Hrsg.] (1988), S. 413-432.

BECKER, Thomas/JÄGER, Ludwig/MICHAELI, Walter/SCHMALEN, Heinrich [Hrsg.] (1990): *Sprache und Technik. Gestalten verständlicher technischer Texte.* Aachen: Alano/Rader.

BEIER, Rudolf (1978): „Zur Syntax der Fachsprachen." In: MENTRUP [Hrsg.] (1979), S. 276-301.

BEIER, Rudolf (1983): „Fachexterne Kommunikation im Englischen. Umrisse eines forschungsbedürftigen Verwendungsbereichs der Sprache." In: SCHLIEBEN-LANGE/KREUZER [Hrsg.] (1983), S. 91-109.

BEINER, Marcus (2009): *Humanities. Was Geisteswissenschaft macht. Und was sie ausmacht.* Darmstadt: Wiss. Buchgesellschaft (Lizenzausgabe).

BENEKE, Jürgen (1988): „Metaphorik in Fachtexten." In: ARNTZ [Hrsg.] (1988), S. 197-213.

BENEŠ, Eduard (1981): „Die formale Struktur der wissenschaftlichen Fachsprachen in syntaktischer Sicht." In: T. BUNGARTEN [Hrsg.] (1981): *Wissenschaftssprache. Beiträge zur Methodologie, theoretischen Fundierung und Deskription.* München: Fink, S. 185-212.

BENEŠ, Eduard (1966): „Syntaktische Besonderheiten der deutschen wissenschaftlichen Fachsprache." In: *Deutsch als Fremdsprache* 3.1966, S. 26-36.

BENEŠ, Eduard (1970): „Fachtext, Fachstil und Fachsprache." In: *Sprache und Gesellschaft. Beiträge zur soziolinguistischen Beschreibung der deutschen Gegenwartssprache.* Jahrbuch 1970 des Instituts für dt. Sprache (Sprache der Gegenwart 13). Düsseldorf: Päd. Verlag Schwann, S. 118-132.

BERGENHOLTZ, H. et al (eds.) (1994): *Translating LSP Texts. Conference Papers. OFT SYMPOSIUM* Copenhagen Business School, 11-12 April 1994. Copenhagen: CBS.

BERGLUND, Lars O. (1990): „The search for social significance." In: *Lebende Sprachen* 4/1990, S. 145-151.

BIEBUYCK, Benjamin/DIRVEN, René/RIES, John (eds.) (1998): *Faith and Fiction. Interdisciplinary Studies on the Interplay between Metaphor and Religion.* A Selection of Papers from the 25th LAUD-Symposium of the Gerhard Mercator University of Duisburg on 'Metaphor and Religion'. Frankfurt/Bern/New York/Paris/Wien: Lang.

BLATT, A./FREIGANG, K.-H./SCHMITZ, K.-D./THOME, G. [Hrsg.] (1985): *Computer und Übersetzen. Eine Einführung.* Hildesheim/Zürich/New York: Oldenbourg.

BLECKMANN, Albert (1977): „Ermessensmißbrauch und détournement du pouvoir." In: K.-H. BENDER/K. BERGER/M. WANDRUSZKA [Hrsg.] (1988): *Imago Linguae. Beiträge zu Sprache, Deutung und Übersetzen.* Festschrift zum 60. Geburtstag von Fritz Paepcke. München: Fink, S. 95-101.

BÖDEKER, Johann D. (1971): *Sprache der Anzeigenwerbung. Ein Arbeitskurs zum Verständnis appellativen Gebrauchs der Sprache.* (Sprachhorizonte H. 2). Karlsruhe: Braun.

BÖHME, Hartmut/ MATTUSEK, Peter/ MÜLLER, Lothar (2002): *Orientierung Kulturwissenschaft: Was sie kann, was sie will.* 2. Aufl. (rowohlt enzyklopädie 55608.) Reinbeck b. Hamburg: Rowohlt

BOLTEN, Jürgen (1992): „<Fachsprache> oder <Sprachbereich>? Empirischpragmatische Grundlagen zur Beschreibung der deutschen Wirtschafts-, Medizin- und Rechtssprache." In: T. BUNGARTEN [Hrsg.] (1992): *Beiträge zur Fachsprachenforschung: Sprache in Wissenschaft und Technik, Wirtschaft und Rechtswesen.* Tostedt: Attikon, S. 57-72.

BONE, Diane/GRIGGS, Rick (1993): *Qualität am Arbeitsplatz.* Dt. Ausgabe. Wien.

BRAASCH, Anna ET AL. (1994): „Domain Restricted Translation." In: BERGENHOLTZ [ed.] (1994), p. 91-126.

BRETTHAUER, Peter (1997): „Der falsche Freund im öffentlichen Dienst." In: *Lebende Sprachen* 1/1997, S. 19-21.

BRINKMANN, Karl-Heinz (1979): „Der Einsatz von Terminologiedatenbanken zur Lösung von Übersetzungsproblemen im fachsprachlichen Bereich." In: *FACHSPRACHE International Journal of LSP*, 1.1979, S. 33-42.

BUDIN, Gerhard (2002): „Wissensmanagement in der Translation". In: J. BEST/S. KALINA [Hrsg.]: *Übersetzen und Dolmetschen.* Tübingen/Basel: Francke, 74-84.

BÜHLER, Karl (1934): *Sprachtheorie. Die Darstellungsfunktion der Sprache.* Jena. 2. Aufl. Stuttgart 1965: Gustav Fischer. Neudruck Stuttgart 1982 (UTB 1159).

BUNGARTEN, Theo [Hrsg.] (1993): *Fachsprachentheorie.* Tostedt: Attikon. (Bd. 1 Fachsprachliche Terminologie, Begriffs- und Sachsysteme, Methodologie).

CARTER, Daniel R. (1992): *Writing Localizable Software for the Macintosh.* Reading: Addison-Wesley.

CHESTERMAN, Andrew (1994): „Quantitative Aspects of Translation Quality." In: *Lebende Sprachen* 4/1994, S. 153-156.

CHILD, Barbara (1992): *Drafting Legal Documents: Principles and Practices.* American Casebook Series. St. Paul, MN: West Publishing Co.

CLAS, André (1988): „Une matrice terminologénétique en plein essor: les binominaux juxtaposés." In: ARNTZ [Hrsg.] (1988), S. 215-227.

CLAUSS, Karl (1974): „Scheinpräzision in der Rechtssprache." In: *Muttersprache* 84.1974, H.1, S. 21-38.

CLYNE, Michael (1987): „Cultural differences in the organization of academic texts. English and German." In: *Journal of Pragmatics* 11/1987, S. 211-247 (North-Holland: Elsevier Science Publishers).

CLYNE, Michael (1991): „Zu kulturellen Unterschieden in der Produktion und Wahrnehmung englischer und deutscher wissenschaftlicher Texte". In: *Info DaF* 18, 4/1991, S. 376-383.

CLYNE, Michael (1993): „Pragmatik, Textstruktur und kulturelle Werte. Eine interkulturelle Perspektive." In: SCHRÖDER [Hrsg.] (1993), S. 3-18.

COLEMAN, Hilary (1991): „Probleme und Freuden der medizinischen Fachübersetzung." In: *Mitteilungsblatt für Dolmetscher und Übersetzer* 6/1991, 2-3.

COLLIER, Mary Jane/THOMAS, Milt (1988): „Cultural Identity. An Interpretive Perspective." In: *Theories in Intercultural Communication.* Ed. by Y. Yun KIM/William B. GOODYKUNST. Newbury Park/London/New Delhi: Sage (= International & Intercultural Communication Annual, vol. XII 1988), p. 99-120.

COSERIU, Eugenio (1980): *Textlinguistik. Eine Einführung.* Hrsg. u. bearb. von J. ALBRECHT. Tübingen: Narr.

DAUM, Ulrich (1998): *Fingerzeige für die Gesetzes- und Amtssprache.* Wiesbaden.

DAUM, Ulrich (2005): *Gerichts- und Behördenterminologie.* Eine Handreichung zur Vorbereitung auf die Aufgabe Nr. 6 der staatlichen Prüfung für Übersetzer und Dolmetscher in Bayern. Berlin: Schriften des BDÜ 11.

DE CORT, J./HESSMANN, P. (1977-78-79): „Die wissenschaftliche Fachsprache der Wirtschaft. Eine Untersuchung ihrer syntaktischen und syntaktischlexikalischen Merkmale." Teil I: Syntaktische Merkmale, In: *LA XI/1977,* S. 27-89. Teil II: Syntaktisch-lexikalische Merkmale. In: *LA XII/1978,* S. 233-260. Teil III: Schluß und Bemerkungen zu der Didaktisierung. In: *LA XIII/1979,* S. 55-102. [*LA = Linguistica antverpiensia*].

DENZIN Norman K./ LINCOLN, Yvonna S. (eds) (1994): *Handbook of Qualitative Research.* London: Sage.

DEPPERT, Alex (1996): *Inhaltliche und sprachliche Komplexität – Verständlichkeit am Beispiel psychologischer Fachtexte.* Unveröffentlichte Diplomarbeit der THD, Darmstadt.

DEPPERT, Alex (1997): „Die Wirkung von Fachstilmerkmalen auf Leser unterschiedlicher Vorbildung. Eine empirische Untersuchung an psychologischen Fachtexten", *FACHSPRACHE International Journal of LSP,* 2/1997, S. 111-121.

DEPPERT, Alex (2001): *Verstehen und Verständlichkeit. Wissenschaftstexte und die Rolle themaspezifischen Vorwissens.* Wiesbaden: Deutscher Universitäts-Verlag.

DIETZ, Gunther (1995): *Titel wissenschaftlicher Texte.* Tübingen: Narr (FFF 26).

DILLER, H.-J./KORNELIUS, J. (1978): *Linguistische Probleme der Übersetzung.* Tübingen: Niemeyer.

DÖRNER, D. (1979): *Problemlösen als Informationsverarbeitung*. 2. Auflage. Stuttgart/Berlin/Köln/Mainz: Kohlhammer.

DREHSEN, Volker (1996): „'Von dem Länderreichtum des Ich'. Multikulturalität und die Voraussetzungen des Fremdverstehens". In: *Pastoraltheologie. Monatsschrift für Wissenschaft und Praxis in Kirche und Gesellschaft.* Göttingen: Vandenhoeck & Ruprecht, 85. Jg., 1996/1, S. 17-32.

DRESCHER, Martina (1994): „Für zukünftige Bewerbungen wünschen wir Ihnen mehr Erfolg – Zur Formelhaftigkeit von Absagebriefen." In: *Deutsche Sprache* 2/94, S. 113-137.

DROZD, Lubomír/SEIBICKE, Wilfried (1973): *Deutsche Fach- und Wissenschaftssprache. Bestandsaufnahme – Theorie – Geschichte*. Wiesbaden: Brandstetter.

EBELING, Gerhard (1983): „Wort Gottes und Sprache" (1959). In: M. KAEMPFERT [Hrsg.] *Probleme der religiösen Sprache*. Darmstadt: Wissenschaftliche Buchgesellschaft, S. 72-81.

EICHINGER, Ludwig (1987): „Be ambiguous. Wider ein naives kommunikatives Modell für die Übersetzung von Vertrags- und Gesetzestexten." In: Provincia Autonoma di Bolzano [ed.] (1987): *Tradurre. Teorie ed esperienze*. Band 14, Bolzano, S. 93-107.

FELBER, H. (1984): *Terminology Manual*. Paris: Unesco, Infoterm.

FELBER, H. (1990): *Allgemeine Terminologielehre und Wissenstechnik*. 2. Aufl. Wien: TermNet-Verlag (IITF-Series 1).

FLECK, Klaus (1969): „Streifzüge durch die moderne deutsche und französische Wirtschaftsterminologie." In: *Lebende Sprachen* 5/1969, S. 136-140 und 6/1969, S. 167-173.

FLEISCHMANN, Eberhard (1997): „Überlegungen zur Gestaltung einer kulturwissenschaftlichen Komponente und zu ihrer Integration in das Übersetzer-/Dolmetscher-Studium." In: FLEISCHMANN/KUTZ/SCHMITT [Hrsg.] (1997), S. 399-409.

FLEISCHMANN, Eberhard/KUTZ, Wladimir/ SCHMITT, Peter A. [Hrsg.] (1997): *TRANSLATIONSDIDAKTIK. Grundfragen der Übersetzungswissenschaft*. Tübingen: Narr.

FLUCK, Hans-Rüdiger (1996): *Fachsprachen. Einführung und Bibliographie*. 5. Aufl. Nachdruck der 2., durchges. u. erw. Aufl. von 1976. Tübingen: Francke.

FLUCK, Hans-Rüdiger ET AL. (1975): „Zur Sprache des Wirtschaftsteils von Tageszeitungen – eine Unterrichtseinheit in der Berufsschule." In: *Linguistik und Didaktik 23*, 1975.

FORNER, Werner (1992): „Sinn und Text in technischer Kommunikation. Fachsprachliche Vertextungsstrategien eines häufigen Argumentationsschemas – am Beispiel von französischen Texten zur Elektrotechnik." In: ALBRECHT/BAUM [Hrsg.] (1992), S. 197-221.

FREIBOTT, Gerhard/GREWE, Katharina (1995): „Die Bedeutung von Terminologie-werkzeugen in der Technischen Dokumentation." In: *Mitteilungsblatt für Dolmetscher und Übersetzer* 1/1995, S. 1-2.

FREISLER, S. (1994): „Hypertext – Eine Begriffsbestimmung." In: *Deutsche Sprache*, 22. Jg., 1/1994, S. 19-50.

FREITAG, Brigitte (1978): *Domaine public – ouvrage public. Der übersetzungswis-senschaftliche Status von Grundbegriffen des französischen Verwaltungs-rechts.* Diss. d. Neuphilolog. Fakultät Heidelberg 1978. Unveröffentlicht.

FUCHS-KHAKHAR, Christine (1987): *Die Verwaltungssprache zwischen dem Ans-pruch auf Fachsprachlichkeit und Verständlichkeit.* Tübingen: Stauffenburg.

GALLAGHER, John D. (1986): „English Nominal constructions as a problem for the Translator and for the Lexicographer." In: *Lebende Sprachen* 3/1986, S. 108-113.

GALTUNG, Johan (1985): „Struktur, Kultur und intellektueller Stil. Ein verglei-chender Essay über sachsonische, teutonische, gallische und nipponische Wissenschaft." In: WIERLACHER [Hrsg.] (1985), S. 151-193.

GERBERT, Manfred (1972): „Technische Übersetzungen und das Problem des Fachwissens." In: H. SPITZBARDT [Hrsg.] (1972): *Spezialprobleme der techni-schen und wissenschaftlichen Übersetzung.* Halle (Saale): Niemeyer, 59-72.

GERZYMISCH-ARBOGAST, Heidrun (1987): „Passepartoutwörter als fachsprachli-ches Übersetzungsproblem." In: *TEXTconTEXT*, vol. 2/1987, S. 23-31.

GERZYMISCH-ARBOGAST, Heidrun (1989): „The Role of Sense Relations in Translat-ing Vague Business and Economic Texts." In: SNELL-HORNBY (ed.) (1989), S. 187-196.

GERZYMISCH-ARBOGAST, Heidrun (1994): *Übersetzungswissenschaftliches Propä-deutikum.* Tübingen: Francke (UTB 1782).

GLAS, Peter (1993): „Bild- und Textsymbolik in der Anzeigenwerbung. Kulturse-miotische Anmerkungen zur Symbolik des 'finnischen Schwanes'." In: SCHRÖDER [Hrsg.] (1993), S. 239-256.

GLÄSER, Rosemarie (1990): *Fachtextsorten im Englischen.* Tübingen: Narr (FFF 13).

GLÄSER, Rosemarie (1996a): „How to handle proper names in scientific and technical translation (with reference to English and German)". In: *Proceed-ings Volume 1*, XIV World Congress of the Fédération Internationale des Traducteurs FIT, 12-16 February 1996, Melbourne, Australia. Ed. AUSIT (The Australian Institute of Interpreters and Translators), p. 157-167.

GLÄSER, Rosemarie (1998): „Fachtextsorten der Techniksprachen: die Patent-schrift. Art. 58." In: *HSK – Fachsprachen*, S. 556-562.

GLÄSER, Rosemarie (1998a): „Fachsprachen und Funktionalstile. Art. 16." In: *HSK – Fachsprachen*, S. 199-208.

GLÄSER, Rosemarie [Hrsg.] (1996): *Eigennamen in der Fachkommunikation.* Frankfurt am Main: Peter Lang (Leipziger Fachsprachen-Studien Bd. 12).

GNUTZMANN, Claus [Hrsg.] (1988): *Fachbezogener Fremdsprachenunterricht.* Tübingen: Narr (FFF 6).

GÖPFERICH, Susanne (1992): „Eine pragmatische Typologie von Fachtextsorten der Naturwissenschaften und der Technik." In: BAUMANN/KALVERKÄMPER [HRSG.] (1992), S. 190-210.

GÖPFERICH, Susanne (1993): „Die translatorische Behandlung von Textsortenkonventionen in technischen Texten". In: *Lebende Sprachen* 2/1993, S. 49-53.

GÖPFERICH, Susanne (1995): *Textsorten in Naturwissenschaft und Technik. Pragmatische Typologie – Kontrastierung – Translation.* Tübingen: Narr (FFF 27).

GÖPFERICH, Susanne (1998): *Interkulturelles Technical Writing. Fachliches adressatengerecht vermitteln.* Tübingen: Narr (FFF 40).

GRAHAM, John (1990): „Identity and Language. Identification with Language." In: G. KINGSCOTT/J. MATTERSON (eds.) (1990): *Corporate Language Policy.* Papers presented at the 15th annual conference of the International Association for Language and Business held at Nottingham 23-24 November 1989. Nottingham: Praetorius Ltd., S. 2-4.

GREIMAS, Algirdas J. (1971): „Die Isotopie der Rede." In: W. KALLMEYER ET AL. [Hrsg.] (1974): *Lektürekolleg zur Textlinguistik. Band II: Reader.* Frankfurt am Main: Fischer (FAT 2051), S. 126-152.

GREULE, Albrecht (1998): *Sprache – Gebet – Liturgie.* Vortrag für die Gesellschaft für deutsche Sprache e.V., Darmstadt am 3.2.1998 (Manuskript).

GRICE, H. P. (1975): „Logic and Conversation". In: P. COLE/J. L. MORGAN [eds.] (1975): *Syntax and Semantics. Vol. 3: Speech Acts.* New York: Academic Press, p. 41-58.

GROEBEN, Norbert (1982): *Leserpsychologie: Textverständnis – Textverständlichkeit.* Münster/Westf.

GRONDIN, Jean (1994): *Der Sinn für Hermeneutik.* Darmstadt: Wissenschaftliche Buchgesellschaft.

GROOT, Gérard-René de (1990): „Die relative Äquivalenz juristischer Begriffe und deren Folge für mehrsprachige juristische Wörterbücher." In: M. THELEN/B. LEWANDOWSKA-TOMASZCYK [eds.]: *Translation and Meaning, Part I.* Proceedings of the 1990 Maastricht-Lodz Duo Colloquium on Translation and Meaning. Maastricht: Euroterm, p. 122-128.

GUDYKUNST, William B./MATSUMOTO, Yuko (1996): „Cross-Cultural Variability of Communication in Personal Relationships." In: W.B. GUDYKUNST/S. TING-TOOMEY/T. NISHIDA [eds.] (1996): *Communication in Personal Relationships Across Cultures.* Thousand Oaks, CA: Sage, p. 19-56.

GUDYKUNST, William B./TING-TOOMEY, Stella (1988): *Culture and interpersonal communication.* Newbury Park, CA: Sage.

GÜLICH, Elisabeth/RAIBLE, Wolfgang (1977): *Linguistische Textmodelle. Grundlagen und Möglichkeiten.* München: Fink (UTB 130).

GÜNTHNER, Susanne (1990): „Sprichwörtliche Redensarten in interkulturellen Kommunikationssituationen zwischen Deutschen und ChinesInnen." In: SPILLNER [Hrsg.] (1990), S. 53-61.

HABERMAS, Jürgen (1977): „Umgangssprache, Wissenschaftssprache, Bildungssprache." In: *Jahrbuch der Max-Planck-Gesellschaft 1977,* Göttingen: Vandenhoeck & Ruprecht, S. 36-51.

HACKER, Winfried (1990): „Arbeitstätigkeitsleitende Texte: Zu arbeitspsychologischen Grundlagen der Bewertung von Tätigkeits- und Bedienanleitungen". In: BECKER/JÄGER/MICHAELI/SCHMALEN [Hrsg.] (1990), S. 33-65.

HACKER, Winfried (1996): „Diagnose von Expertenwissen. Von Abzapf- (broaching) zu Aufbau- ([re-]construction-) Konzepten. (Sitzungsberichte der Sächsischen Akademie der Wissenschaften in Leipzig. Philologisch-historische Klasse. Band 134, 1996, H. 6). Berlin: Akad.-Verlag.

HAHN, Dieter (1966): *Rechtssprache und Kommunikation.* Berlin.

HAHN, Jürgen H. (1994): *Jetzt zieh den Zipfel durch die Masche. Das Buch der Gebrauchsanweisungen.* Zürich: Ammann.

HAHN, Walther v. (1973): „Fachsprachen." In: *Lexikon der Germanistischen Linguistik,* hrsg. v. H. P. ALTHAUS ET AL. Tübingen: Niemeyer, S. 283-286.

HAHN, Walther v. (1983): *Fachkommunikation: Entwicklung, linguistische Konzepte, betriebliche Beispiele.* Berlin/New York: de Gruyter (Sammlung Göschen 2223).

HALL, Edward T. (1976): *Beyond culture.* Garden City, NY: Doubleday.

HALLSTEINSDÓTTIR, Erla (1997): „Aspekte der Übersetzung von Phraseologismen am Beispiel Isländisch – Deutsch." In: FLEISCHMANN/KUTZ/SCHMITT [Hrsg.] (1997), S. 561-569.

HAY, Peter (1987): *Einführung in das amerikanische Recht.* Darmstadt: Wiss. Buchgesellschaft.

HEIERMEIER, Beate (1983): *Rechts- und Sprachfiguren des Verwaltungshandelns. Eine übersetzungswissenschaftliche Untersuchung im Sprachenpaar Französisch-Deutsch.* Heidelberg: Esprint.

HERMANS, Fritz (1985): „Schreiben im Vergleich. Zu einer didaktischen Grundaufgabe interkultureller Germanistik." In: WIERLACHER [Hrsg.] (1985), S. 123-139.

HERRMANN, Karin (1989): *Geisteswissenschaftliche und naturwissenschaftlich-technische Fachsprachen: Gegensatz oder Verwandtschaft?* Vortrag für die Gesellschaft für deutsche Sprache e. V., Darmstadt 29.6.1989 (Manuskript).

HESSELING, Ulla (1982): *Praktische Übersetzungskritik, vorgeführt am Beispiel einer deutschen Übersetzung von Erich Fromm's „The Art of Loving".* Tübingen: Stauffenburg.

HOBERG, Rudolf (1994): „Probleme bei der Erstellung fachsprachlicher Textbanken für Deutsch als Fremdsprache." In: *Technik in Sprache und Literatur.* Hrsg. v. R. HOBERG. Darmstadt 1994, S. 333-348.

HOBERG, Rudolf (1994a): „Die Rolle der deutschen Sprache in Wissenschaft und Technik." In: *DIN-Mitteilungen* 73/1994, Nr. 5, S. 329-335.

HOBERG, Rudolf (1998): „Methoden im fachbezogenen Muttersprachenunterricht. Art. 98." In: *HSK – Fachsprachen*, S. 954-960.

HOFFMANN, Lothar (1985): *Kommunikationsmittel Fachsprache. Eine Einführung.* 2. völlig neu bearb. Aufl. Tübingen: Narr (FFF 1).

HOFFMANN, Lothar (1988): *Vom Fachwort zum Fachtext. Beiträge zur Angewandten Linguistik.* Tübingen: Narr (FFF 5).

HOFFMANN, Lothar (1998): „Syntaktische und morphologische Eigenschaften von Fachsprachen. Art. 41." In: *HSK – Fachsprachen,* S. 416-427.

HOFFMANN, Lothar (1998a): „Fachtextsorten: eine Konzeption für die fachbezogene Fremdsprachenausbildung. Art. 46." In: *HSK – Fachsprachen,* S. 468-482.

HOFSTEDE, Geert H. (1991): *Cultures and organizations: Software of the mind. Intercultural cooperation and its importance for survival.* London: McGraw-Hill.

HOHNHOLD, Ingo (1988): „Der terminologische Eintrag und seine Terminologie." In: *Mitteilungsblatt für Dolmetscher und Übersetzer*, 5/1988, S. 4-17.

HOHNHOLD, Ingo (1993): „Fachsprache konstituierende Gegenstände, Vorgänge, Maßnahmen und Strukturen auf dem Weg von Begriffen und Benennungen zum Fachtext." In: BUNGARTEN [Hrsg.] (1993), S. 111-154.

HOLLY, Werner (1992): *Sprache und Fernsehen.* Vortrag für die Gesellschaft für deutsche Sprache e. V., Darmstadt 19.11.1992 (Manuskript).

HOLZ-MÄNTTÄRI, Justa (1986): „Translatorisches Handeln – theoretisch fundierte Berufsprofile." In: SNELL-HORNBY [Hrsg.] (1986), S. 348-374.

HOLZ-MÄNTTÄRI, Justa/NORD, Christiane [Hrsg.] (1993): *TRADUCERE NAVEM.* Festschrift für Katharina Reiss zum 70. Geburtstag. Tampere: studia translatologica (ser. A, vol. 3).

HORN-HELF, Brigitte (1997): „Der fachsprachliche Ausgangstext – ein 'heiliges Original'? Anmerkungen zu einem Trugbild." In: FLEISCHMANN/KUTZ/SCHMITT [Hrsg.] (1997), S. 464-474.

HORN-HELF, Brigitte (1997a): „Interkulturelles Technical Writing." In: *Mitteilungsblatt für Dolmetscher und Übersetzer* 6/1997, S. 35-37

HOUSE, Juliane (2004). "Explicitness in Discourse across Languages." In: J. HOUSE/W. KOLLER/K. SCHUBERT (Hrsg.) (2004): *Neue Perspektiven in der Übersetzungs- und Dolmetschwissenschaft.* Festschrift für Heidrun Gerzymisch-Arbogast zum 60. Geburtstag. Bochum: AKS-Verlag, S. 185-207

HOUSE, Juliane/BLUM-KULKA, A. (eds.) (1986): *Interlingual and Intercultural Communication.* Tübingen: Narr.

HOUSE, Juliane/KASPER, G. (1981): „Politeness markers in English and German". In: P. COLE/J. MORGAN (eds.) (1981): *Conversational routine.* The Hague: Mouton.

HSK – Fachsprachen – Languages for specific purposes. Hrsg. v. L. HOFFMANN/H. KALVERKÄMPER/H. E. WIEGAND. Berlin: de Gruyter 1998, 1. Halbband.

HUNDT, Markus (1998): „Typologien der Wirtschaftssprache: Spekulation oder Notwendigkeit. In: *FACHSPRACHE International Journal of LSP,* 3-4/1998, S. 98-115.

ICKLER, Theodor (1993): „Zur Funktion der Metapher, besonders in Fachtexten." In: *FACHSPRACHE International Journal of LSP,* 3/1993, S. 96-110.

ILUK, Jan (1990): „Zur Übersetzbarkeit von Namen öffentlicher Einrichtungen." In: SPILLNER [Hrsg.] (1990), S. 193-198.

ISCHREYT, Heinz (1965): *Studien zum Verhältnis von Sprache und Technik. Institutionelle Sprachlenkung in der Terminologie der Technik.* Düsseldorf: Pädagogischer Verlag Schwann (Sprache und Gemeinschaft 4).

JACOBSEN, Arnt Lykke (1994): „Translation – A Productive Skill." In: BERGENHOLTZ ET AL. [ed.] (1994), p. 41-70

JAHR, Silke (1996): *Das Verstehen von Fachtexten. Rezeption – Kognition – Applikation.* Tübingen: Narr.

JAHR, Silke (2005): "Zur Einheit und Differenz der Naturwissenschaften und Geistes- bzw. Sozialwissenschaften." In: *Fachsprache. International Journal of LSP,* 27. Jg./Vol. 1-2/2005, 18-31.

JAKOBSON, Roman (1960): "Closing statement: Linguistics and poetics." In: Th. A. SEBEOK (ed.): *Style in language.* Cambridge, Mass.: MIT Press, p. 350-377.

JAMIESON, John (1993): „The 'Spoonful of Sugar' Principle in the Translation into English of Sci-Tech and Press Material." In: *Current Trends and Developments in the Field of Translation: Towards the global Sharing of Information and Technology.* Proceedings of the International Conference on Translation. Persekutan Penterjemah Malaysia dan Dewan Bahasa dan Pustaka, Kuala Lumpur, p. 135-142.

JESSNITZER, Kurt (1982): *Dolmetscher. Ein Handbuch für die Praxis der Dolmetscher, Übersetzer und ihrer Auftraggeber im Gerichts-, Beurkundungs- und Verwaltungsverfahren.* Köln: Carl Heymanns.

JUMPELT, Rudolf Walter (1961): *Die Übersetzung naturwissenschaftlicher und technischer Literatur: sprachliche Maßstäbe und Methoden zur Bestimmung ihrer Wesenszüge und Probleme.* Berlin: Langenscheidt.

KADE, Otto (1968): „Kommunikationswissenschaftliche Probleme der Translation". In: W. WILSS (Hrsg.) (1981): *Übersetzungswissenschaft.* Darmstadt: Wissenschaftliche Buchgesellschaft (Wege der Forschung Bd. 535), 199-219.

KALVERKÄMPER, Hartwig (1983): „Textuelle Fachsprachen-Linguistik als Aufgabe." In: SCHLIEBEN-LANGE/KREUZER [Hrsg.] (1983), S. 124-166.

KALVERKÄMPER, Hartwig (1987): „Vom Terminus zum Text". In: M. SPRISSLER [Hrsg.] (1987): *Standpunkte der Fachsprachenforschung.* Tübingen: Narr (FAL 11), S. 39-69.

KALVERKÄMPER, Hartwig (1988): „Fachexterne Kommunikation als Maßstab einer Fachsprachen-Hermeneutik: Verständlichkeit kernphysikalischer Fakten in spanischen Zeitungstexten." In: H. KALVERKÄMPER [Hrsg.]: (1988): *Fachsprachen in der Romania*. Tübingen: Narr, S. 151-193.

KALVERKÄMPER, Hartwig (1990): „Gemeinsprache und Fachsprachen – Plädoyer für eine integrierende Sichtweise." In: *Deutsche Gegenwartssprache: Tendenzen und Perspektiven*. Hrsg. v. G. STICKEL. Jahrbuch 1989 des Inst. f. dt. Sprache. Berlin/New York: de Gruyter 1990, S. 88-133.

KALVERKÄMPER, Hartwig (1990a): „Der Begriff der Fachlichkeit im modernen Italienischen. Lexikalische Systematik und textuelle Integration." In: *Quaderne di Semantica 11,* S. 79-11.

KALVERKÄMPER, Hartwig (1992): „Die kulturanthropologische Dimension von 'Fachlichkeit' im Handeln und Sprechen. Kontrastive Studien zum Deutschen, Englischen, Französischen, Italienischen und Spanischen." In: ALBRECHT/BAUM [Hrsg.] (1992), S. 31-58.

KALVERKÄMPER, Hartwig (1993): „Das fachliche Bild. Zeichenprozesse in der Darstellung wissenschaftlicher Ergebnisse." In: SCHRÖDER [Hrsg.] (1993), S. 215-238.

KALVERKÄMPER, Hartwig (1998a): „Fach und Fachwissen. Art. 1." In: *HSK – Fachsprachen,* S. 1-24.

KALVERKÄMPER, Hartwig (1998b): „Rahmenbedingungen für die Fachkommunikation, Art. 2." In: *HSK – Fachsprachen*, S. 24-47.

KALVERKÄMPER, Hartwig/WEINRICH, Harald [Hrsg.] (1986): *Deutsch als Wissenschaftssprache. 25. Konstanzer Literaturgespräch des Buchhandels 1985.* Tübingen: Narr (FFF 3).

KJÆR, Anne Lise (1999): „Überlegungen zum Verhältnis von Sprache und Recht bei der Übersetzung von Rechtstexten der Europäischen Union." In: P. SANDRINI [Hrsg.] (1999): *Übersetzen von Rechtstexten. Fachkommunikation im Spannungsfeld zwischen Rechtsordnung und Sprache*. Tübingen: Narr, S. 63-79.

KNAPP-POTTHOFF, Annelie (1998): *Wege zur interkulturellen Kommunikationsfähigkeit: Beispiele für den Fremdsprachenunterricht*. Vortrag im Fremdsprachendidaktischen Kolloquium der Technischen Universität, Darmstadt 24.6.1998 (Manuskript).

KNUF, J. (1988): *Unsere Welt der Farben. Symbole zwischen Natur und Kultur.* Köln: Du Mont.

KOCH, Wolfgang (1986): „Das Modalverb als Handlungsevaluator." In: W. WEIß/H. WIEGAND/M. REIS [Hrsg.] (1986): *Kontroversen, alte und neue. Akten des VII. Internationalen Germanistenkongresses, Göttingen 1985; Bd. 3.* Tübingen: Niemeyer, S. 381-392.

KOCOUREK, Rostislav (1991): „La nature du français technique et scientifique (Essai)". Nachwort zu: KUČERA/CLAS/BAUDOT (1991): *Compact Wörterbuch der exakten Naturwissenschaften und der Technik, Band II Deutsch-Französisch.* Wiesbaden: Brandstetter.

KOLLER, Werner (1992): *Einführung in die Übersetzungswissenschaft.* 4., völlig neu bearbeitete Auflage. Heidelberg/Wiesbaden: Quelle & Meyer (UTB 819).

KREFELD, Thomas (1985): *Das französische Gerichtsurteil in linguistischer Sicht: Zwischen Fach- und Standessprache.* Frankfurt: Lang (Studia Romanica et linguistica. 17).

KRETZENBACHER, Heinz L. (1998): „Fachsprachen als Wissenschaftssprache. Art. 9." In: *HSK – Fachsprachen,* S. 133-142.

KRINGS, Hans P. (1988): „Blick in die 'Black Box' – Eine Fallstudie zum Übersetzungsprozeß bei Berufsübersetzern." In: ARNTZ [Hrsg.] (1988), S. 393-412.

KRUTH, Veijo (1986): „Das Übersetzen von Arbeitszeugnissen – kultureller Transfer oder wörtliches Übersetzen?" In: *TEXTconTEXT,* vol. 4/1986, S. 219-233.

KUßMAUL, Paul (1978): „Kommunikationskonventionen in Textsorten am Beispiel deutscher und englischer geisteswissenschaftlicher Abhandlungen." In: *Lebende Sprachen* 2/1978, S. 54-58.

KUßMAUL, Paul (1990): „Instruktionen in deutschen und englischen Bedienungsanleitungen." In: ARNTZ/THOME [Hrsg.] (1990), S. 369-379.

LADO, Robert (1976): „Vergleich zweier Kulturen – wie?" In: H. WEBER (ed.): *Landeskunde im Fremdsprachenunterricht.* München: Kösel, S. 57-71.

LAKOFF, George/JOHNSON, Mark (1980): *Metaphors we live by.* Chicago University Press.

LAMBERT, José (1993): „Auf der Suche nach literarischen und übersetzerischen Weltkarten." In: A. P. FRANK ET AL. [Hrsg.]: *Übersetzen, verstehen, Brücken bauen. Geisteswissenschaftliches und literarisches Übersetzen im internationalen Kulturaustausch.* Berlin: Schmidt, S. 85-105.

LAMPE, E. J. (1970): *Juristische Semantik.* Bad Homburg: Verlag Gehlen. [Studien und Texte zur Theorie und Methodologie des Rechts. Bd. 6]

LANGER, Inghard (1979): „Verständliche Gestaltung von Fachtexten." In: MENTRUP [Hrsg.] (1979), S. 229-245.

LANGER, Inghard/SCHULZ VON THUN, Friedemann/TAUSCH, Reinhard (1981): *Sich verständlich ausdrücken.* (Anleitungstexte, Unterrichtstexte, Vertragstexte, Amtstexte, Versicherungstexte, Wissenschaftstexte u. a.), 3. Aufl. 1993. München/Basel: E. Reinhardt.

LARSEN, Aase V. (1998): „Informationsstrukturen in deutschen Verträgen". In: *FAGSPROGSFORSKNINGEN I NORDEN,* NETVÆRK LSP SSP. Nyhedsbrev Nr. 13, April 1998. Handeshøjskolen i Århus, Fuglesangs Allé 4, DK-8210 Århaus V, S. 87-103.

LASHÖFER, Jutta (1992). *Zum Stilwandel in richterlichen Entscheidungen.* Münster/New York: Waxmann.

LAVIC, Eva/OBENAUS, Wolfgang/WEIDACHER, Josef (2008): „'We have been able to increase our export quota again.' False friends and other semantic interlinguistic pitfalls in business English and French." In: *Fachsprache. International Journal of LSP.* 1-2/2008, 2-29.

LEHMANN, D. (1985): „A confrontation of *say, speak, talk, tell* with possible German counterparts." In: J. FISIAK [ed.]: *Papers and Studies in Contrastive Linguistics.* Poznan: Adam Mickiewicz Universität, S. 105.

LEHRNDORFER, Anne (1996): „Kontrollierte Sprache für die Technische Dokumentation – Ein Ansatz für das Deutsche." In: KRINGS, H.-P. [Hrsg.] (1996): *Wissenschaftliche Grundlagen der Technischen Kommunikation.* Tübingen: Narr (FFF 32).

LEHRNDORFER, Anne (1996a): „Kontrolliertes Deutsch. Ein neuer Standard für die Technische Dokumentation?" In: *Technische Dokumentation* 3/1996, S. 18-20.

LEISI, Ernst (1985): *Praxis der englischen Semantik.* 2. Aufl. Heidelberg: Winter.

LEPENIES, Wolf (1986): „Die Notwendigkeit des Jargons – Zur Fachsprache der Soziologie." In: KALVERKÄMPER/WEINRICH [Hrsg.] (1986), S. 124-128.

LEPSCHY, Anna L./LEPSCHY, Giulio (1986): *Die italienische Sprache.* Tübingen: Francke.

LEWIS, K. David (1969): *Convention. A Philosophical Study.* Cambridge (Mass.): Harward Univ. Press.

LÜDTKE, Jens (1983): „Reflexivität in fachsprachlichen Texten." In: SCHLIEBEN-LANGE/KREUZER [Hrsg.] (1983), S. 48-58.

LUTHER, Gerhard (1960): *Einführung in das italienische Recht.* Darmstadt: Wissenschaftliche Buchgesellschaft.

MAILLOT, Jean (1969): *La traduction scientifique et technique.* Paris: Editions Eyrolles.

MALBLANC, Alfred (1968): *Stylistique comparée du français et de l'allemand. Essai de représentation linguistique comparée et étude de traduction.* 4e éd. 1973, Paris: Didier.

MALETZKE, Gerhard (1996): *Interkulturelle Kommunikation: zur Interaktion zwischen Menschen verschiedener Kulturen.* Opladen: Westdt. Verlag.

MARKL, Hubert (1986): „Die Spitzenforschung spricht englisch." In: KALVERKÄMPER/WEINRICH [Hrsg.] (1986), S. 20-25.

MASING, Walter [Hrsg.] (1994): *Handbuch Qualitätsmanagement.* München: Carl Hanser.

MENTRUP, Wolfgang [Hrsg.] (1979): *Fachsprachen und Gemeinsprache.* Jahrbuch 1978 des Instituts f. dt. Sprache. Düsseldorf: Schwann (Sprache der Gegenwart 46).

MIKUS, Rudolf (1990): „The Language Expert and the Emergence of Global Financial English. An Essay of Financial and Linguistic Features." In: G. KINGSCOTT/J. MATTERSON [eds.] (1990): *Corporate Language Policy. Papers presented at the 15th annual conference of the International Association for Language and Business held at Nottingham 23-24 November 1989.* Nottingham: Praetorius Ltd, p. 78-85.

Möhn, Dieter (1977): „Zur Entwicklung neuer Fachsprachen." In: *Deutscher Dokumentartag 1976* [hrsg. v. Deutsche Gesellschaft für Dokumentation DGD, bearb. v. M. von der Laake/P. Port]. München 1977, S. 311-321.

Möhn, Dieter (1998): „Fachsprache als Gruppensprache. Art. 11." In: *HSK – Fachsprachen,* S. 150-157.

Möhn, Dieter/Pelka, Roland (1984): *Fachsprachen – Eine Einführung.* Tübingen: Niemeyer (Germanistische Arbeitshefte 30)

Morris, Marshall (ed.) (1995): *Translation and the Law.* ATA Scholarly Monograph Series, vol. VIII. Amsterdam/Philadelphia: Benjamins.

Mounin, Georges (1967): *Die Übersetzung. Geschichte, Theorie, Anwendung.* München: Piper (Sammlung Dialog 20).

Müller, Bodo (1975): *Das Französische der Gegenwart. Varietäten, Strukturen, Tendenzen.* Heidelberg: Winter.

Müller-Tochtermann, Helmut (1969): „Struktur der deutschen Rechtssprache. Beobachtungen und Gedanken zum Thema Fachsprache und Gemeinsprache." In: *Muttersprache* 69, S. 84-92.

Neubert, Albrecht (1990): „Übersetzen als ‚Aufhebung' des Ausgangstextes." In: Arntz/ Thome [Hrsg.] (1990), S. 31-39.

Neubert, Gunter (1985): „Kenntnisse über terminologische Bildungselemente und -regeln – eine Voraussetzung für erfolgreiches Übersetzen wissenschaftlich-technischer Literatur." In: H. Bühler [Hrsg.] (1985): *X. Weltkongress der FIT 1984, Kongressakte.* Wien: Braumüller, S. 281-285.

Neubert, Gunter (1989): „Kurzgefaßte Gegenüberstellung der Fachwortbildung im Englischen und Deutschen." Nachwort zu: Kučera, A. (1989): *The compact Dictionary of Exact Science and Technology. Volume I English-German.* Wiesbaden: Brandstetter.

Newmark, Peter (1996): „The Ethics of Translation: Diverging from the Source Language Text." In: *Übersetzungswissenschaft im Umbruch. Festschrift für Wolfram Wilss zum 70. Geburtstag.* Hrsg. v. A. Lauer/H. Gerzymisch-Arbogast/J. Haller/E. Steiner. Tübingen: Narr (1996), S. 37-41.

Nielsen, Joel Nordborg (1994): „Professions, Specific Purpose Languages, and Professional Texts. Elements of the Professional Translator's Knowledge." In: Bergenholtz [ed.] (1994), p. 15-39.

Nord, Christiane (1993): *Einführung in das funktionale Übersetzen.* Tübingen/Basel: Francke.

Nöth, W. (1985): *Handbuch der Semiotik.* Stuttgart: Metzlersche Verlagsbuchhandlung.

Oeser, Erhard/Seitelberger, Franz (1988): *Gehirn, Bewußtsein und Erkenntnis.* Darmstadt: Wissenschaftliche Buchgesellschaft.

Oksaar, Els (1979): „Sprachliche Mittel in der Kommunikation zwischen Fachleuten und zwischen Fachleuten und Laien im Bereich des Rechtswesens." In: Mentrup [Hrsg.] (1979), S. 100-113.

OKSAAR, Els (1986): „Gutes Wissenschaftsdeutsch. Perspektiven der Bewertung und der Problemlösungen." In: KALVERKÄMPER/WEINRICH [Hrsg.] (1986), S. 100-118.

OKSAAR, Els (1988): *Fachsprachliche Dimensionen*. Tübingen: Narr.

OLOHAN, Maeve/BAKER, Mona (2000): "Reporting *that* in translated English: Evidence for Subconscious Processes of Explicitation?" In: *Across Languages and Cultures* 1 [2], 141-158.

OTTO, Walter (1978): *Amtsdeutsch heute, bürgernah und praxisnah*. Stuttgart/München/Hannover: Klett.

PAEPCKE, Fritz (1971): „Das Französische in einer evolutiven Welt." In: PAEPCKE (1986), S. 176-202.

PAEPCKE, Fritz (1975): „Gemeinsprache, Fachsprachen und Übersetzen." In: PAEPCKE (1986), S. 291-312.

PAEPCKE, Fritz (1979): „Übersetzen als Hermeneutik." In: PAEPCKE (1986), S. 102-120.

PAEPCKE, Fritz (1980): „Zum Problem von Sprache und Recht. (Verwaltungsrechtliche Grundbegriffe im Sprachenpaar Französisch-Deutsch)." In: PAEPCKE (1986), S. 242-270.

PAEPCKE, Fritz (1986): *Im Übersetzen leben. Übersetzen und Textvergleich*. Hrsg. von K. BERGER und H.-M. SPEIER. Tübingen: Narr.

PAEPCKE, Fritz (1986a): „Die Illusion der Äquivalenz. Übersetzen zwischen Unschärfe und Komplementarität." In: *Suche die Meinung*. Festschrift für Karl Dedecius. Hrsg. von E. GRÖZINGER und A. LAWATY. Wiesbaden: Harrassowitz, S. 116-151.

PAEPCKE, Fritz (1989): „Der Übersetzer im Dienste der Technik und als Wegbereiter des Dichters." In: *Mitteilungsblatt für Dolmetscher und Übersetzer* 5/1989, S. 1-10.

PICHT, Heribert (1987): „Fachsprachliche Phraseologie – Die terminologische Funktion von Verben." In: *Terminologie et Traduction* N° 3 – 1987, S. 65-78.

PICHT, Heribert (1990): „Die Fachwendung – ein Stiefkind der Fachübersetzung." In: ARNTZ/THOME [Hrsg.] (1990), S. 207-215.

PICHT, Heribert (1998): „Wirtschaftslinguistik: ein historischer Überblick. Art. 30." In: *HSK – Fachsprachen*, S. 336-341.

PLACK, Iris (1997): *Zur Positionierung des Adjektivs „pubblico" in der juristischen Fachsprache. Eine monographische Untersuchung zum Stellungsproblem des attributiven Adjektivs „pubblico" anhand von juristischen Fachtexten des Italienischen*. Unveröffentlichte Diplomarbeit am IÜD, Heidelberg.

PÖRKSEN, Uwe (1986): *Deutsche Naturwissenschaftssprachen. Historische und kritische Studien*. Tübingen: Narr (FFF 2).

PÖRKSEN, Uwe (1988): *Plastikwörter*. Stuttgart: Klett-Cotta.

PÜTZ, Andrea (1990): „Public Relations als Wirtschaftskommunikation im interkulturellen Kontext." In: SPILLNER [Hrsg.] (1990), S. 185-186.

PUURTINEN, Tiina (1994): „Dynamic style as a parameter of acceptability in translated children's books." In: SNELL-HORNBY/PÖCHHACKER/KAINDL [Hrsg.] (1994), S. 83- 90.

RANDOW, Elise von (1990): „Aspekte sozialwissenschaftlicher, insbesondere soziologischer Fachtexte." In: SPILLNER [Hrsg.] (1990), S. 146.

REHBEIN, Jochen [Hrsg.] (1985): *Interkulturelle Kommunikation.* Tübingen: Niemeyer.

REINEKE, Detlef/SCHMITZ, Klaus-Dirk [Hrsg.] (2005): *Einführung in die Softwarelokalisierung.* Tübingen.

REINKE, Uwe (1994): „Zur Leistungsfähigkeit integrierter Übersetzungssysteme." In: *Lebende Sprachen,* 3/1997, S. 104.

REINKE, Uwe (1996): „Déjà-vu-Erlebnis. Integrierte Übersetzungssysteme für die Übersetzung 'verwandter' Texte." In: *Technische Dokumentation,* 5/1996, S. 8-10.

REISS, Katharina (1978): „Textsortenkonventionen. Vergleichende Untersuchungen zur Todesanzeige." In: *Le Langage et l'Homme* 35/1977, S. 46-54 und 36/1978, S. 60-68.

REISS, Katharina (1983): *Texttyp und Übersetzungsmethode. Der operative Text.* 2. Aufl. Heidelberg: Groos.

REISS, Katharina/VERMEER, Hans J. (1984): *Grundlegung einer allgemeinen Translationstheorie.* Tübingen: Niemeyer.

ROELKE, Thorsten (1999): *Fachsprachen.* Berlin: Erich Schmidt.

RÖMER, Ruth (1968): *Die Sprache der Anzeigenwerbung.* Düsseldorf: Schwann (Sprache der Gegenwart, Bd. 4).

ROSSENBECK, Klaus (1989): „Lexikologische und lexikographische Probleme fachsprachlicher Phraseologie aus kontrastiver Sicht." In: SNELL-HORNBY [ed.] (1989), S. 197-210.

RÖSSLER, Gerda (1979): *Konnotationen. Untersuchungen zum Problem der Mit- und Nebenbedeutung.* Wiesbaden: Steiner.

SACHTLEBER, Susanne (1992): „Texthandlungen und thematische Entfaltung in der Wissenschaftssprache." In: A. GRINDSTED/J. WAGNER [Hrsg.] (1992): *Communication for Specific Purposes. Fachsprachliche Kommunikation.* Tübingen: Narr, S. 113-124.

SAGER, Juan C. (1990): *A Practical Course in Terminology Processing.* Amsterdam/Philadelphia: Benjamins (UMIST).

SAGER, Juan C./DUNGWORTH, David/ MCDONALD Peter F. (1980): *English special languages. Principles and practice in science and technology.* Wiesbaden: Brandstetter.

SALMON, Wesley C. (1998): *Causality and Explanation.* New York: OUP.

SAMEL, Ingrid (1995): *Einführung in die feministische Sprachwissenschaft.* Berlin: Erich Schmidt.

SANDIG, Barbara (1972): „Zur Differenzierung gebrauchssprachlicher Textsorten im Deutschen." In: E. GÜLICH/W. RAIBLE [Hrsg.] (1972): *Textsorten: Differen-*

zierungskriterien aus linguistischer Sicht. Frankfurt a.M.: Athenäum, S. 113-124.

SANDRINI, Peter (1997): „Terminologieausbildung im Curriculum für Sprachmittler." In: FLEISCHMANN/KUTZ/SCHMITT [Hrsg.] (1997), S. 497-506.

SANDRINI, Peter (2008): „Hypertexte als Zieltexte: Kulturspezifika und ihre Rolle für die Translation." In: M. KRYSZTOFIAK (Hrsg.) (2008): *Ästhetik und Kulturwandel in der Übersetzung.* Frankfurt am Main: Lang, 225-237

SANDRINI, Peter [Hrsg.] (1999): *Recht und Übersetzung. Die Übersetzung von Rechtstexten im Spannungsfeld zwischen Rechtsordnung und Sprache.* Tübingen: Narr

ŠARCEVIC, Susan (1988): „The challenge of legal lexikography: Implications for bilingual and multilingual dictionaries." In: M. SNELL-HORBNY [Hrsg.] (1988): *ZüriLEX '86 Proceedings. Papers at the EURALEX International Congress.* Tübingen: Narr, S. 307-314.

ŠARCEVIC, Susan (1994): „Translation and the law. An interdisciplinary approach." In: SNELL-HORNBY/PÖCHHACKER/KAINDL [Hrsg.] (1994), S. 301-308.

SAUSSURE, Ferdinand de (1931, ^{2}1967): *Grundfragen der allgemeinen Sprachwissenschaft.* Hrsg. v. Ch. BALLY und A. SECHEHAYE. Berlin: de Gruyter.

SCHÄFFNER, Christina (1991): „World knowledge in the process of translation." In: *TARGET International Journal of Translation Studies,* 3/1991, p. 1-16.

SCHÄFFNER, Christina/HERTING, Beate (1994): „'The Revolution of the Magic Lantern': A cross-cultural comparison of translation strategies." In: SNELL-HORNBY/PÖCHHACKER/KAINDL [Hrsg.] (1994), S. 27-36.

SCHEEL, Harald (1997): „Fachtextsortenspezifische Verbumgebungen und ihre lexikographische Beschreibung." In: FLEISCHMANN/KUTZ/SCHMITT [Hrsg.] (1997), S. 487-493.

SCHIFKO, Peter (1992): „Morphologische Interferenzen im Bereich des fachsprachlichen Wortschatzes." In: ALBRECHT/BAUM [Hrsg.] (1992), S. 295-301.

SCHLIEBEN-LANGE, Barbara/KREUZER, Helmut [Hrsg.] (1983): *Fachsprache und Fachliteratur.* Göttingen: Vandenhoeck-Ruprecht (*LiLi* 13/1983, Heft 51/52).

SCHMITT, Christian (1989): „Zur Ausbildung technischer Fachsprachen und Terminologien im heutigen Französisch." In: W. DAHMEN/G. HOLTUS/J. KRAMER/M. METZELTIN [Hrsg.] (1989): *Technische Sprache und Technolekte in der Romania.* Tübingen: Narr, S. 173-219.

SCHMITT, Christian (1992): „Titelkonnotation. Ein Beitrag zur französischen Rechtssprache." In: ALBRECHT/BAUM [Hrsg.] (1992), S. 171-178.

SCHMITT, Peter A. (1985): „Interkulturelle Kommunikationsprobleme in multinationalen Konzernen." In: *Lebende Sprachen* 1/1985, S. 1-9.

SCHMITT, Peter A. (1986): „Die 'Eindeutigkeit' von Fachtexten: Bemerkungen zu einer Fiktion." In: SNELL-HORNBY [Hrsg.] (1986), S. 252-282.

SCHMITT, Peter A. (1990): „Was übersetzen Übersetzer? – Eine Umfrage." In: *Lebende Sprachen* 3/1990, S. 97-106.

SCHMITT, Peter A. (1990a): „Kulturspezifik von Technik-Texten: Ein translatorisches Problem." In: SPILLNER [Hrsg.] (1990), S. 87-89.

SCHMITT, Peter A. (1998a): „Defekte im Ausgangstext. Art. 41." In: M. SNELL-HORNBY/H. G. HÖNIG/P. KUSSMAUL/P.A. SCHMITT (Hrsg.) (1998): *Handbuch Translation*. Tübingen: Stauffenburg, 147-151.

SCHMITT, Peter A. (1998b): „Anleitungen / Benutzerhinweise. Art. 54." In: M. SNELL-HORNBY/H. G. HÖNIG/P. KUSSMAUL/P.A .SCHMITT (Hrsg.) (1998): *Handbuch Translation*. Tübingen: Stauffenburg, 209-213.

SCHMITT, Peter A. (1999): *Translation und Technik*. Tübingen: Stauffenburg.

SCHMITT, Peter A. (2003): „Ingenieur vs. Übersetzer: Wird Hochtechnologie zu hoch für Übersetzer?" FLEISCHMANN, Eberhard/SCHMITT, Peter A./WOTJAK, Gerd [Hrsg.] (2003): *Translationskompetenz*. Tagungsakten der LICTRA 2001, VII. Leipziger Internationale Konferenz zu Grundfragen der Translationswissenschaft. Tübingen: Stauffenburg.

SCHMITZ, Klaus-Dirk (1993): „Rechnergestützte Terminologieverwaltung in der Praxis." In: *Kongress „Das berufliche Umfeld des Dolmetscher und Übersetzers – aus der Praxis für die Praxis"*. 23.-25. April 1993. BDÜ, Bonn, S. 210-214.

SCHMITZ, Klaus-Dirk (2002): "Softwarelokalisierung – ein neues Arbeitsfeld für Übersetzerinnen und Übersetzer." In: *LINGUISTICA ANTVERPIENSIA, 1/2002: Linguistics and Translation Studies* (ed. L. Van Vaerenbergh). Antwerpen, S. 375-392.

SCHREIBER, Michael (2004): „Sprechakte in Bedienungsanleitungen aus sprachvergleichender Sicht", in: *Lebende Sprachen* 2/2004, S. 52-55.

SCHRÖDER, Hartmut (1987): *Aspekte sozialwissenschaftlicher Fachtexte*. Hamburg: Buske (Papiere zur Textlinguistik Bd. 60).

SCHRÖDER, Hartmut (1988): „Fachtext, interkulturelle Kommunikation und Aufgaben einer spezialisierten Didaktik/Methodik des fachbezogenen Fremdsprachenunterrichts." In: GNUTZMANN [Hrsg.] (1988), S. 107-124.

SCHRÖDER, Hartmut (1993a): „Interkulturelle Fachkommunikationsforschung. Aspekte kulturkontrastiver Untersuchungen schriftlicher Wirtschaftskommunikation." In: BUNGARTEN [Hrsg.] (1993), S. 517-550.

SCHRÖDER, Hartmut [Hrsg.] (1993): *Fachtextpragmatik*. Tübingen: Narr.

SCHUBERT, Klaus (2007): *Wissen, Sprache, Medium, Arbeit. Ein integratives Modell der ein- und mehrsprachigen Fachkommunikation*. Tübingen: Narr (FFF 76).

SCHULZ VON THUN, Friedemann (1989): *Miteinander reden 2. Stile, Werte und Persönlichkeitsentwicklung*. Hamburg.

SCHUMACHER, Nestor (1988): „Metaphern des europäischen Sprachgebrauchs." In: *Terminologie et Traduction* N° 1-1988, S. 55-79.

SEARLE, J. R. (1969): *An Essay in the Philosophy of Language*. New York/London.

SEARLE, J. R. (1976): "A Taxonomy of Illocutionary Acts", in: *Language in Society* 5, p. 1-23.

SHOEMAKER, P. (1991): *Gatekeeping.* London.

SIMONNÆS, Ingrid (1998): „Textsorten und Terminologie: Zum Stand des Fachwissens beim Leser von 'Urteilsurkunden' – Ein Beitrag zur modernen Fachsprachenforschung". In: *FAGSPROGSFORSKNINGEN I NORDEN,* NETVAÆRK LSP SSP. Nyhedsbrev Nr. 13, April 1998. Handeshøjskolen i Århus, Fuglesangs Allé 4, DK-8210 Århaus V, S. 204-221.

SKUDLIK, Sabine (1990): *Sprachen in den Wissenschaften. Deutsch und Englisch in der internationalen Kommunikation.* Tübingen: Narr (FFF 10).

SMITH, Ross (1998): „Problems with impersonal constructions in translation – a case study." In: *The Linguist* (ITI, London), vol 37 No 5, 1998, p. 135f.

SNELL-HORNBY, Mary (1988): *Translation Studies – An Integrated Approach.* Amsterdam/ Philadelphia: John Benjamins.

SNELL-HORNBY, Mary [ed.] (1989): *Translation and Lexicography. A special Monograph.* Paintbrush. A Journal of Poetry (Translations and Letters 16).

SNELL-HORNBY, Mary [Hrsg.] (1986): *Übersetzungswissenschaft – Eine Neuorientierung.* 2. Aufl. 1994. Tübingen: Francke

SNELL-HORNBY, Mary/PÖCHHACKER, Franz/KAINDL, Klaus [Hrsg.] (1994): *Translation Studies an Interdiscipline.* Amsterdam/Philadelphia: Benjamins.

SOELLNER, R. (1980): „Form und Inhalt. Betrachtungen zur literarischen und technischen Übersetzung.". In: S.-O. POULSEN/W. WILSS [Hrsg.] (1980): *Angewandte Übersetzungswissenschaft. Internationales übersetzungswissenschaftliches Kolloquium an der Wirtschaftsuniversität Århus/Dänemark, 19.-21. Juni 1980.* Århus, S. 165-179.

SPILLNER, Bernd (1978): „Textsorten im Sprachvergleich. Ansätze zu einer kontrastiven Textologie". In: W. KÜHLWEIN/G. THOME/W. WILSS [Hrsg.]: *Kontrastive Linguistik und Übersetzungswissenschaft.* Akten des Internationalen Kolloquiums Trier/Saarbrücken 25.-30.9.1978. München 1981, S. 239-250.

SPILLNER, Bernd [Hrsg.] (1990) *Interkulturelle Kommunikation. Kongreßbeiträge zur 20. GAL-Tagung.* Frankfurt: Lang (Forum Angewandte Linguistik Bd. 21).

SPITZBARDT, Harry [Hrsg.] (1972): *Spezialprobleme der wissenschaftlichen und technischen Übersetzung.* Halle (Saale): VEB Max Niemeyer Verlag. (Lizenzausgabe Hueber, München).

STANDARDFORMULIERUNGEN für deutsche Vertragstexte. Mit Übersetzungen in englischer, französischer und spanischer Sprache. 3rd edition 1992. Terminological Series issued by the Foreign Office of the Federal Republic of Germany, vol. 4. Berlin: Walter de Gruyter.

STELLBRINK, Hans-Jürgen (1987): „Der Übersetzer und Dolmetscher beim Abschluß internationaler Verträge." In: *TEXTconTEXT* 2/1, S. 32-41.

STOLZE, Radegundis (1982): *Grundlagen der Textübersetzung.* Heidelberg: Groos.

STOLZE, Radegundis (1992): *Hermeneutisches Übersetzen. Linguistische Kategorien des Verstehens und Formulierens beim Übersetzen.* Tübingen: Narr.

STOLZE, Radegundis (1992a): „Rechts- und Sprachvergleich beim Übersetzen juristischer Texte." In: BAUMANN/KALVERKÄMPER [Hrsg.] (1992), S. 223-230.

STOLZE, Radegundis (1992b): „Übersetzen und Leserwahrnehmung. Ein Bericht." In: Mitteilungsblatt für Dolmetscher und Übersetzer, 4/1992, 5-6.

STOLZE, Radegundis (1998): „Die Übersetzung sozialwissenschaftlicher Texte. Artikel 81." In: HSK – Fachsprachen, S. 784-791.

STOLZE, Radegundis (1998a): „Stereotype – Bilder – Texte – Übersetzungen. Beobachtungen an Werbetexten in Brasilien und Deutschland." In: Lebende Sprachen 3/1998, S. 97-104.

STOLZE, Radegundis (2003): Hermeneutik und Translation. Tübingen: Narr.

STOLZE, Radegundis (2004): „Die Übersetzung von Gebrauchstexten aus sprachwissenschaftlicher Perspektive (Artikel 71)." In: H. KITTEL, A. P. FRANK ET AL. [Hrsg.] (2004): Übersetzung – Translation – Traduction Vol. 1. Ein internationales Handbuch zur Übersetzungsforschung. Walter de Gruyter, Berlin/New York, S. 649-654.

STOLZE, Radegundis (2008): Übersetzungstheorien – Eine Einführung. 5. überarb. und erw. Aufl. Tübingen: Narr (narr studienbücher).

STOLZE, Radegundis (2008a): „Sprechakte in der Rechtsübersetzung". In: Hans P. KRINGS/Felix MAYER (Hrsg.) (2008): Sprachenvielfalt im Kontext von Fach-kommunikation, Übersetzung und Fremdsprachenunterricht. Festschrift für Reiner Arntz zum 65. Geburtstag, (FFF 83) Berlin: Frank & Timme, S. 359-368.

STOLZE, Radegundis (2009): "Worlds of discourse in Translation Studies". In: ACROSS Languages and Cultures. A Multidisciplinary Journal for Translation and Interpreting Studies. Ed. by K. KLAUDY, Budapest, volume 10, issue 1/2009, p. 1-19.

STOLZE, Radegundis/DEPPERT, Alex (1998): „Übersetzung und Verständlichkeit deutscher und englischer Wisssenschaftstexte." In: FACHSPRACHE International Journal of LSP, 20. Jg., 3-4/1998, S. 116-130.

STRAUß, Gerhard/ZIFONUN, Gisela (1985): Die Semantik schwerer Wörter im Deutschen. Bd. 1 Lexikologie schwerer Wörter. – Bd. 2 Typologie und Lexi-kographie schwerer Wörter. Tübingen: Narr.

SVENSSON, A. (1980): „Ein heißgelaufener Motor auf einer Woge widriger Winde – oder Wie sollen wir uns die Wirtschaft vorstellen." In: Osnabrücker Bei-träge zur Sprachtheorie 16, S. 112-117.

THIEL, Gisela/THOME, Gisela (1988): „Isotopiekonzept, Informationsstruktur und Fachsprache. Untersuchung an wissenschaftsjournalistischen Texten." In: ARNTZ [Hrsg.] (1988), S. 299-331.

THIEL, Gisela/THOME, Gisela (1993): „Vermutungsäußerungen in wissenschafts-journalistischen Texten." In: HOLZ-MÄNTTÄRI/NORD [Hrsg.] (1993), S. 169-199.

THOME, Gisela (1980): „Die Aufforderung in der französisch-deutschen Überset-zung." In: S.-O. POULSEN/W. WILSS [Hrsg.] (1980): Angewandte Überset-zungswissenschaft. Internationales übersetzungswissenschaftliches Kolloquium an der Wirtschaftsuniversität Åarhus/ Dänemark, 19.-21. Juni 1980. Århus, S. 58-81.

TIEMANN, Susanne (1993): „Das berufliche Umfeld des Übersetzers im Kontext der Tätigkeit der EG – aus der Praxis für die Praxis." In: *Kongreß „Das berufliche Umfeld des Dolmetschers und Übersetzers – aus der Praxis für die Praxis."* 23.-25. April 1993. BDÜ, Bonn, S. 11-17.

TRATSCHITT, D. (1982): „Über die Anleitungen, Anweisungstexte verständlich abzufassen." In: GROSSE, S./MENTRUP, W. [Hrsg.] (1982): *Anweisungstexte.* Forschungsberichte des Instituts für deutsche Sprache, Band 54. Tübingen: Narr.

TRIANDIS, Harry C. (1995): *Individualism and collectivism.* Boudler, CO: Westview.

TROSBORG, Anna (1994): „'Acts' in contracts: Some guidelines for translation." In: SNELL-HORNBY/PÖCHHACKER/KAINDL [Hrsg.] (1994), S. 309-318.

VERMEER, Hans J. (1978): „Ein Rahmen für eine allgemeine Translationswissenschaft." In: *Lebende Sprachen* 23/1978, S. 99-102.

VERMEER, Hans J. (1982): „Translation als 'Informationsangebot'." In: *Lebende Sprachen* 3/1982, S. 97-101.

VERMEER, Hans J. (1986): „Übersetzen als kultureller Transfer." In: SNELL-HORNBY [Hrsg.] (1986), S. 30-53.

VERMEER, Hans J. (1994): „Translation today: Old and new Problems." In: SNELL-HORNBY/PÖCHHACKER/KAINDL [Hrsg.] (1994), S. 3-16.

VLACHOPOULOS, Stefanos (1997): „Übersetzungsorientierte Stilanalyse eines common law-Vertrages." In: *Lebende Sprachen* 1/1997, S. 10-12.

WAGNER, Hildegard (1970): *Die deutsche Verwaltungssprache der Gegenwart. Eine Untersuchung der sprachlichen Sonderform und ihrer Leistung.* Düsseldorf: Schwann.

WAGNER, Johannes (1990): „Kommunikative Handelsbarrieren – Am Beispiel Dänemark und Westdeutschland." In: G. KINGSCOTT/J. MATTERSON [eds.] (1990): *Corporate Language Policy.* Papers presented at the 15th annual conference of the International Association for Language and Business held at Nottingham 23-24 November 1989. Nottingham: Praetorius Ltd., S. 15-25.

WARNER, Alfred (1966): *Internationale Angleichung fachsprachlicher Wendungen der Elektrotechnik. Versuch einer Aufstellung phraseologischer Grundsätze für die Technik.* Berlin: VEB Verlag (Beiheft 4 Elektrotechnische Zeitschrift).

WARNING, Rainer (1988): *Rezeptionsästhetik.* München: Fink.

WASSERMANN, Rudolf (1979): „Sprachliche Mittel in der Kommunikation zwischen Fachleuten und Laien im Bereich des Rechtswesen." In: MENTRUP [Hrsg.] (1979), S. 114-124.

WEINRICH, Harald (1975): „Die Wahrheit der Wörterbücher." In: *DIE ZEIT,* Nr. 27, 27. Juni 1975.

WEINRICH, Harald (1976): *Sprache in Texten*. Stuttgart: Klett.

WEINRICH, Harald (1994): „Wissenschaftssprache, Sprachkultur und die Einheit der Wissenschaft." In: H. KRETZENBACHER/H. WEINRICH [Hrsg.] (1994): *Linguistik der Wissenschaftssprache*. (Akademie der Wissenschaften zu Berlin. Forschungsbericht 10). Berlin/New York: Akad.-Verlag, S. 155-174.

WEISS, Bert (1992): „Lernziel Explizität: Hauptschwierigkeiten frankophoner Studenten beim Übersetzen französischer Wirtschaftstexte ins Deutsche." In: ALBRECHT/BAUM [Hrsg.] (1992), S. 302-318.

WEISSENHOFER, Peter (1994): „Zur Rolle der terminologischen Begriffslehre in der Translationswissenschaft." In: SNELL-HORNBY/PÖCHHACKER/KAINDL [Hrsg.] (1994), S. 319-326.

WERLEN, Iwar (1984): *Ritual und Sprache*. Tübingen: Narr.

WERLICH, Egon (1975): *Typologie der Texte*. Heidelberg: Quelle & Meyer.

WICHTMANN, Herbert (1969): „Typische Schwierigkeiten bei der Übersetzung französischer mathematischer Texte." In: *Lebende Sprachen* 4/1969, S. 103-106.

WICKLER, Wolfang (1986): „Englisch als deutsche Wissenschaftssprache." In: KALVERKÄMPER/WEINRICH [Hrsg.] (1986), S. 26-31.

WIERLACHER, Alois [Hrsg.] (1985): *Das Fremde und das Eigene. Prolegomena zu einer interkulturellen Germanistik*. München: Iudicium.

WIERLACHER, Alois [Hrsg.] (1993): *Kulturthema Fremdheit: Leitbegriffe und Problemfelder kulturwissenschaftlicher Fremdheitsforschung*. München: Iudicium.

WILSS, Wolfram (1979): „Fachsprache und Übersetzen." In: H. FELBER/F. LANG/G. WERIG [Hrsg.] (1979): *Terminologie als angewandte Sprachwissenschaft*. Gedenkschrift für Eugen Wüster. München/New York/London/Paris: Saur, S. 177-191.

WILSS, Wolfram (1986): *Wortbildungstendenzen in der deutschen Gegenwartssprache. Theoretische Grundlagen – Beschreibung – Anwendung*. Tübingen: Narr.

WILSS, Wolfram (1988): *Kognition und Übersetzen. Zu Theorie und Praxis der menschlichen und der maschinellen Übersetzung*. Tübingen: Niemeyer.

WILSS, Wolfram (1989): „Möglichkeiten und Grenzen der Disambiguierung in einem System der maschinellen Übersetzung." In: SNELL-HORNBY [ed.] (1989), S. 165-175.

WILSS, Wolfram (1992): *Übersetzungsfertigkeit. Annäherungen an einen komplexen übersetzungspraktischen Begriff*. Tübingen: Narr.

WILSS, Wolfram (1998): „Übersetzen und Dolmetschen im 20. Jahrhundert. Teil 1: Die Zeit von 1945-1990." In: *Lebende Sprachen* 4/1998, S. 145-149.

WILSS, Wolfram (1998a): „Adjektiv/Substantiv-Kollokationen. Gemeinsprachliche und fachsprachliche Aspekte". In: *FACHSPRACHE International Journal of LSP* (20. Jg/ H. 3-4/1998), S. 142-148.

WIMMER, R. (1973): *Der Eigenname im Deutschen. Ein Beitrag zu seiner linguistischen Beschreibung.* Tübingen: Niemeyer.

WINKLER, Beate (1991): „Kulturpolitik für eine multikulturelle Gesellschaft." In: S. ULBRICH [Hrsg.] (1991): *Multikultopia. Gedanken zur multikulturellen Gesellschaft.* Vilsbiburg: Arun.

WOTJAK, Gerd (1997): „Kommunikative und kognitive Aspekte des Übersetzens." In: FLEISCHMANN/KUTZ/SCHMITT [Hrsg.] (1997), S. 467-53.

WRIGHT Sue Ellen/WRIGHT, Leland (eds.) (1993): *Scientific and Technical Translation.* Amsterdam/Philadelphia: Benjamins.

WRIGHT, Sue Ellen/BUDIN, Gerhard (1995): *Handbook of Terminology Management.* Amsterdem/Philadelphia: Benjamins.

WÜSTER, Eugen (1931): *Internationale Sprachnormung in der Technik. Besonders in der Elektrotechnik.* Berlin 1931. 3. erg. Aufl. 1970, Bonn: Bouvier.

WÜSTER, Eugen (1970): „Die internationale Terminologie im Dienste der Informatik." In: *Monda Lingvo-Problemo,* vol 2/1970, S. 138-144.

WÜSTER, Eugen (1979): *Einführung in die allgemeine Terminologielehre und terminologische Lexikographie.* Wien: Springer. 3. Aufl. 1991, Bonn: Romanistischer Verlag.

YALLOP, Colin (1996): „Reporting in English, French and German." In: Proceedings Volume 1, XIV World Congress of the Fédération Internationale des Traducteurs FIT, 12-16 February 1996, Melbourne, Australia. Ed. AUSIT (The Australian Institute of Interpreters and Translators), p. 315-321.

FORUM FÜR FACHSPRACHEN-FORSCHUNG

⌐F Frank & Timme

Verlag für wissenschaftliche Literatur

FORUM FÜR FACHSPRACHEN-FORSCHUN(

Band 85 Nancy Hadlich: Analyse evidenter Anglizismen in Psychiatrie und Logistik. 458 Seiten. ISBN 978-3-86596-380-2. EUR 49,80

Band 86 Eva Martha Eckkrammer (Ed.): La comparación en los lenguajes de especialidad. 302 Seiten. ISBN 978-3-86596-216-4. EUR 34,80

Band 87 Maria Mushchinina: Rechtsterminologie – ein Beschreibungsmodell. Das russische Recht des geistigen Eigentums. 396 Seiten. ISBN 978-3-86596-218-8. EUR 39,80

Band 88 Sylvia Reinart: Kulturspezifik in der Fachübersetzung. Die Bedeutung der Kulturkompetenz bei der Translation fachsprachlicher und fachbezogener Texte. 562 Seiten. ISBN 978-3-86596-235-5. EUR 59,80

Band 89 Radegundis Stolze: Fachübersetzen – Ein Lehrbuch für Theorie und Praxis. 420 Seiten. ISBN 978-3-86596-257-7. EUR 28,00

Band 90 Carmen Heine: Modell zur Produktion von Online-Hilfen. 318 Seiten mit CD. ISBN 978-3-86596-263-8. EUR 44,80

Band 91 Brigitte Horn-Helf: Konventionen technischer Kommunikation: Makro- und mikrokulturelle Kontraste in Anleitungen. 614 Seiten mit CD. ISBN 978-3-86596-233-1. EUR 59,80.

Band 92 Marina Adams: Wandel im Fach. Historiographie von DaF als Fachsprachen-Disziplin in der DDR. 460 Seiten. ISBN 978-3-86596-269-0. EUR 49,80

Band 93 Carsten Sinner: Wissenschaftliches Schreiben in Portugal zum Ende des *Antigo Regime* (1779–1821). Die *Memórias económicas* der *Academia das Ciências de Lisboa*. 714 Seiten. ISBN 978-3-86596-277-5. EUR 79,00

ℾ Frank & Timme

Verlag für wissenschaftliche Literatur

FORUM FÜR FACHSPRACHEN-FORSCHUNG

Frank & Timme

Verlag für wissenschaftliche Literatur